关于本书

陈笃生是新加坡华人社会极具影响力的领袖，亦是新加坡最杰出的开拓者之一。1820年代初期，陈笃生响应莱佛士爵士打造新加坡自由港的号召，遂成为日后的优秀企业头家，更崛起为华人社会的领袖翘楚。同时，他也是大慈善家，领导福建社群修筑天福宫，使其成为福建人的中心；亦创建陈笃生医院，为新加坡人提供医疗照护。

本书对陈笃生的一生做了全面的记述，追溯他的生平事迹乃至其所遗留下来的宝贵资产，亦论述陈笃生及其家族所做出的贡献。陈氏家族人才辈出，本书也涵括陈金钟、陈德源、陈武烈、陈齐贤、陈温祥等人的生平足迹，他们功名显赫，建树颇丰，对新加坡乃至区域周边国家社会，产生了巨大的影响。

通过对陈氏家族成员生平及贡献的书写，我们得以一窥殖民时期海外华人移民的社会、政治及商业运作各层面。他们的财富资产甚至跨越了新加坡地界，凸显出南洋华人的分布形态及其区域经商网络。在新加坡历史进程的大框架和各种事件、里程碑之外，这些故事亦带来了多元性和差异性，能让公众更好地去理解和审视新加坡。

家風傳承

陈笃生家族史

柯木林　林孝胜　陈继廉 ◎ 主编

社会科学文献出版社
SOCIAL SCIENCES ACADEMIC PRESS (CHINA)

Copyright © 2022 by Global Publishing

All rights reserved. This book, or parts thereof, may not be reproduced in any form or by any means, electronic or mechanical, including photocopying, recording or any information storage and retrieval system now known or to be invented, without written permission from the Publisher.

Adapted edition arranged with Global Publishing, an imprint of World Scientific Publishing Co Pte Ltd, Singapore.

关于主编

柯木林

海外华人研究的知名历史学者，新加坡南洋大学历史系一等荣誉文学士（1970年）。大学毕业后，服务于新加坡政府部门及法定机构，有多年在中国工作的经验。柯木林担任许多社会职务，现为新加坡宗乡会馆联合总会理事兼学术委员会主任。柯木林著述甚丰，主要编著有《新加坡华人通史》（中英文版）。由于热衷推广文化活动，2019年5月获新加坡华族文化中心颁给新加坡华族文化贡献奖（个人奖）。

林孝胜

新加坡南洋大学文学士（1965年），美国夏威夷大学硕士（1968年），专攻东南亚史。曾任新加坡口述历史馆副馆长（1985-1992年）、新加坡历史博物馆（今新加坡国家博物馆）馆长（1996-2003年）。主要著作有《新加坡华社与华商》、《新华研究：帮权、人物、口述历史》。

陈继廉

陈笃生第五代裔孙，对历史有着浓厚兴趣。研究奖学金与剑桥奖学金得主，于1973年考获新加坡大学社会科学硕士文凭。他是凝聚起庞大的陈氏家族的关键人物，在2005年至2017年间举办了五次家族聚会。现为陈笃生医院保健基金委员会主席，于2010年获国立保健集团颁发最杰出贡献奖。

出版前言

我深感荣幸受邀为这本叙述我祖先陈笃生及家族的著作作序。当斯坦福·莱佛士爵士于1819年登陆新加坡时，先祖就南迁定居于此。我们家族的历史可说是与新加坡历史紧密地联系着。这种关系在2019年新加坡开埠200年纪念庆典时就显现出来了。陈笃生的雕像与另外四位历史人物（山尼拉乌他玛、莱佛士、纳莱依那比莱和文西阿都拉）的雕像共同树立于皇后坊供观瞻。基于先祖与新加坡的历史渊源，我相信新加坡人和历史学家会对这本书感兴趣。

《家风传承：陈笃生家族史》一书由著名新加坡历史学者柯木林和林孝胜联合编撰。他们执意为我们家族著史，认为陈氏家族200年来对新加坡的贡献显著，应充分记录且与新加坡人民分享。他们也认为现今一般新加坡人对陈氏家族的认识甚少，对一般群众而言，他们只知道以陈笃生命名的医院而已。

经过多番努力和耐心研究，包括出国寻找资料等，作者终于完成并出版了这本《家风传承：陈笃生家族史》。本书有中英文两种版本，能更广泛地让新加坡与周边区域读者阅读。

谨此感谢柯木林和林孝胜为本书的出版所做的努力。我也得感谢堂兄陈继廉，他是出版此书的共同发起人，并监督计划的进行。

最后，我谨代表陈笃生家族感谢新加坡国家文物局给予本书的经费赞助与支持，感谢国家档案馆和国家图书馆允许我们引用相关资料与记录，感谢世界科技出版集团对出版事宜的协助。最后，我也要感谢所有曾热心支持的人士和组织，这里无法尽录。

陈笃生第五代裔孙

陈柔浩

2020 年 12 月 28 日

---

* 廖文辉、何国宏译。

序

陈笃生是新加坡早期华人历史上一位家喻户晓的人物。陈笃生医院的存在及发展，让他声名远扬。该医院最初是作为"济贫院"为穷人和病人提供医疗服务的，后来发展为一所大型综合性医院，并成为新加坡医学研究与服务的重要机构。

陈笃生是一位成功的企业家，他在东南亚建立了牢固的商业王国。他同时也是新加坡一位备受敬仰的闽帮侨领。不过，他的长子陈金钟后来居上，名声更胜其父。陈金钟成功在东南亚和东亚，尤其是海峡殖民地、马来土邦和暹罗（今泰国），缔造了一个商业帝国。凭借闽帮首领的身份，陈金钟成为整个华社公认的领袖。

陈金钟还进一步巩固其父陈笃生与暹罗王室建立起来的友好关系。1863年，他被任命为暹罗驻新加坡领事；1886年，被提升为总领事。此外，陈金钟在（马六甲）海峡、马来土邦乃至暹罗南部，也具有相当大的政治影响力。因此，英国海峡殖民地政府请他出面解决吡叻拉律地区马来贵族之间以及华人会党之间的争端，最终促成了在1874年签订的著名的《邦咯条约》，这是英国直接干预马来土邦的一个风向标。

本书是第一本研究新加坡华人家族史的专著，它是学者们与陈笃生家族后裔共同研究的成果。本书的两位主要撰稿人柯木林先生和林孝胜先生是研究新加坡华人史的著名学者，他们在该研究领域知名学者的支持下，主编出版了一部关于新加坡华人的重要著作——《新加坡华人通史》（中文版与英文版）。

柯木林和林孝胜的文章构成了本书的主体。陈笃生、陈金钟和陈武烈的

社会经济、文化和教育面貌，他们三人是陈氏家族三代极具代表性的人物。逸他亚（Vitthya Vejjajiva）梳理了泰文资料和档案，其文章清晰呈现了陈氏家族和暹罗王室之间的关系。而宫田敏之则在日文资料的基础上，进一步描述了陈笃生家族在东南亚的大米生意。陈笃生的玄孙陈继廉先生为本书撰写了多篇文章，他是这项家族史研究计划的推动者，他的文章呈现了不少陈氏家族鲜为人知的事情。

令人鼓舞的是，学者对东南亚华人的研究，特别是对新加坡和马来西亚华人的研究，已经从通史发展到各帮群（客、潮、闽、琼）历史，且进一步发展到传记和家族史研究。这表明了一种专题化的趋势，是海外华人研究趋于成熟的标志。

已故珍妮弗·库什曼（Jennifer W. Cushman）的《家族与国家：1797~1932年中泰锡矿采集朝代的形成》（新加坡和纽约：牛津大学出版社，1991年）是一本有关区域华人家族史比较研究的著作。作为泰国早期经济史专家，她以槟城和泰南的许氏家族为对象，撰写了这部杰出的专著。她于1989年7月英年早逝，无法进一步为东南亚华人家族史研究做出贡献。

与上述著作相比，本书涵盖了陈笃生家族主要成员乃至其他家族成员的方方面面，并考察了陈笃生家族与当代新加坡医疗保健和慈善事业的关联性，述及范围很广。

阿德莱德大学人文学院历史系

颜清湟
终身名誉教授
2022年4月13日

目 录

| i | 出版前言 | 陈柔浩 |
| iii | 序 | 颜清湟 |

| 1 | 导论 | 柯木林 |

| 15 | 第一章 | 陈笃生祖源踪迹 | 柯木林 |

| 31 | 第二章 | 异乡变故乡 | 林孝胜 |

| 45 | 第三章 | 陈笃生企业之路 | 林孝胜 |

69	第四章	陈金钟面面观	
70	第一节	暹王朝中人	逸他亚
91	第二节	陈金钟企业王国的沧桑	林孝胜
122	第三节	陈金钟与暹罗米业	宫田敏之
143	第四节	陈金钟与东南亚地缘政治	黄裕端

159	第五章	陈笃生家族与天福宫	柯木林
160	第一节	天福宫的时代意义	
169	第二节	陈笃生父子与天福宫	
185	第三节	陈武烈重修天福宫	

197	第六章	解密陈武烈		柯木林
207	第七章	陈笃生医院的前世今生	陈琬琳	蔡淑仪
208	第一节	从贫民医院开始（1844~1909年）		
229	第二节	开辟新篇章（1909~2000年）		
243	第三节	新型综合医院（2000~2021年）		
261	第八章	历史遗迹		
262	第一节	寻找陈金钟商行		陈琬琳
275	第二节	暹宫		吴庆辉
289	第三节	金钟大厦		陈继廉
300	第四节	陈德源大厦		陈继廉
311	第九章	陈笃生家族的慈善精神		蔡淑仪
331	第十章	陈笃生后人的五次聚会		谢燕燕

349	附录
351	参考资料
380	索引
398	参与撰写本书作者
399	鸣谢

导论

"家风"是建立在中华文化上的集体认同,又称"门风",指的是家庭或家族世代相传的风尚、生活作风,即一个家庭的风气。家风给家中后人树立价值准则,对家族的传承有着重要影响。

一个家庭当以什么传家?以权传家者,易生无能之辈,而且在权力的魔力下,往往产生各种斗争甚至仇杀;以钱传家者,易生奢侈之徒,古人常说富不过三代,富有家庭往往容易养出纨绔子弟。唯有以德传家,方能长久。

《周易》曰:"君子以厚德载物。"中国有很多大家族都是以德传家,比如孔子家族、范仲淹家族,至今人丁兴旺、人才辈出。父母长辈有良好的品德,子孙后代继承并发扬良好的品德,这个家族才能长久兴盛。

陈笃生家族就是如此!

本书缘起

陈笃生是新加坡家喻户晓的人物,声名远播。2005年5月20日,中国国务院总理温家宝在人民大会堂会见参加第三届世界华侨华人社团联谊大会的代表时,还特地提及陈笃生等人的贡献。[①] 然而这位大慈善家的事迹除了散见于殖民地档案和早期英文报章的零星报道,至今没有一本完整的、学术性的著作,这不能不说是一种缺憾。

有鉴于此,2019年3月,我们开始撰写有关陈笃生的历史,成书为《家风传承:陈笃生家族史》,这项计划也得到新加坡国家文物局的支持。《家风传

---

① 参阅《温家宝总理会见第三届世界华侨华人社团联谊大会代表》,《侨务工作研究》2005年第3期特别报道,http://qwgzyj.gqb.gov.cn/tbbd/124/227.shtml。

承：陈笃生家族史》记录了陈笃生家族五代人的事迹，本来计划于2021年7月完成，作为陈氏家族三年一度聚会的献礼。然而2020年初疫情来袭，许多研究工作如口述访谈、田野调查等无法顺利展开，因此不得不延后至2022年7月才出版。

从目前已出版的有关图书来看，本书可说是迄今所有研究陈笃生的著作中比较完整的，具有一定的学术价值。撰写陈笃生家族的历史，说难也难，说容易也容易。困难之处在于资料匮乏，尤其是陈笃生祖父辈在家乡的情况，以及陈笃生本人早年在马六甲与新加坡的生活，几乎一片空白。毕竟在学术领域，研究这类专题的学者不多，这也是我们撰写工作面临的最大挑战。但庆幸的是，陈笃生后人保存了一些资料，家族中年长者尚健在，可以进行口述历史访谈。家族后人陈继廉（Roney Tan）是一名业余历史学者，对家族历史很感兴趣，收集了不少资料，他本人也参与了撰写工作，为我们提供了许多方便。

文献资料、田野考察及口述历史是本书写作的基础。我们跟随陈月中（陈笃生父亲）、陈笃生及子孙足迹，走访陈笃生故乡漳州、月港和其出生地马六甲，大范围收集、查阅资料。历史遗址、名人故居都是实物，能引发研究者与古人直接沟通的感觉，对撰述有一定作用，这正是我们坚持田野考察的原因。

由于陈笃生家族与暹罗王室关系密切，我们特别邀请泰国驻美国第31任大使逸他亚（Vitthya Vejjajiva，任期1988~1991年）[①]及日本东京外国语大学教授宫田敏之（Toshiyuki Miyata）撰写专文。全书除了引用中英文资料外，也引用泰文资料与日文资料。我们从散布在多种语言写成的图书、杂志、报告中，搜罗信息碎片，广泛查阅和认真梳理，希望出版一本比较完整的陈笃生家族史的实录，不让历史留有空白。

---

① 逸他亚曾任泰国驻加拿大大使（1981~1984年）、驻比利时大使与驻欧洲共同体大使（1984~1988年）、驻美国大使（1988~1991年）和泰国外交部常任秘书（1991~1992年）。

五大内容

《家风传承：陈笃生家族史》全书内容可归纳为五大方面：（1）从《海澄峨山陈氏家谱》解读陈笃生祖源；（2）陈月中、陈笃生所处时代背景，陈月中定居马六甲前的生活及南来原因；（3）陈笃生医院的前世今生；（4）陈笃生、陈金钟、陈武烈祖孙三代的贡献，亦旁及陈德源、陈齐贤及陈温祥等人的事迹；（5）古迹遗存，如陈金钟商行、金钟大厦、陈德源大厦，还有暹宫（陈金钟故居）。

根据《海澄峨山陈氏家谱》所载，陈笃生祖籍福建省漳州市龙海区海澄镇仓头村后许社。陈氏祖先由于传世祖不同，分为"北庙南院"两大支派，北庙祭祀开漳圣王陈元光，南院奉祀陈邕。《海澄峨山陈氏家谱》记录了陈笃生家族属"南院派"，但陈氏家族长期以来一直奉祀开漳圣王陈元光，不知何故，或许因为陈元光名气较大。陈金钟与陈明水（陈金声之子）于光绪四年（1878）在新加坡联合创建的陈氏宗祠保赤宫奉祀的就是陈元光。祖源不清所造成的混淆情况已经争论了好几百年（见第一章）。

"南来"改变了陈氏家族的命运。陈笃生的祖父和父亲在故乡漳州海澄一直是穷苦的农民。根据《漳州府志》与《海澄县志》的记载，1754年至1776年，漳州干旱、大雪、大水、地裂等灾害不断，农民生活十分困苦。为了脱贫，陈笃生的父亲陈月中约于1776年（即陈月中母亲于1775年去世后的第二年）决定前往南洋谋生。之所以选择马六甲，是因为这里是漳泉华人聚集之地。时任马六甲甲必丹的蔡士章就是漳州海澄人。陈月中最终在马六甲定居下来。

然而此时的马六甲正处于历史转折点，政治风云激变。因英国托管荷兰辖下的马六甲问题，战事有一触即发的可能，前途未卜，人心惶惶。陈笃生的青少年期就是在这样的环境下度过的。兹后时局平稳，英国在马六甲以东开拓新地，埋下新加坡开埠后陈笃生南下发展的伏笔（见第二章）。

亮点概述

撰写本书亦收获不少惊喜。除了发掘前所未有的资料外，也解决了某些方面的困惑，破解了一些历史谜团，举例如下。

陈笃生发迹之谜

根据一般说法，陈笃生来新加坡前从事一些零散工作或小贩行业，[①] 帮助父亲维持家庭生活，这一说法或许是受1850年2月26日陈笃生逝世时《海峡时报》讣告的影响。讣告说他出身寒微。此次收集资料发现，这种说法不一定可靠。与之相反，陈笃生一家在马六甲的生活实际上已达到小康水平，而且有钱蓄奴。所谓奴隶，主要是指家庭佣人或工人。在荷兰和英国托管统治下的马六甲，蓄奴是财富和社会地位的象征（见第二章）。

《新加坡自由西报》的资料显示，[②]1828年2月25日时陈笃生已是地主，拥有政府契据1号的土地（Government Lease No. 1 of Grant No. 39, situated in Kling Street），面积2236平方尺（1平方尺=0.11平方米）。此时新加坡才开埠9年，他迁徙来新的日子应该上溯若干年。这是有力旁证，说明陈笃生南来时，不是如《海峡时报》讣告中所说的出身寒微，他或许是携带资本过来的。

陈笃生南来新加坡的具体时间，《海澄峨山陈氏家谱》未详，迄今亦未见有确切史料记载，但近年来学界认为，大部分马六甲华商约于1822年至1823年到这块新天地寻找机会。比陈笃生大一岁的二哥陈有郎发家较早。1830年所立《恒山亭碑》记录了闽帮设立恒山亭公冢的捐款人名录，陈有郎捐200西班牙元，陈笃生捐80西班牙元。[③] 陈有郎五女陈荫娘（陈笃生侄女）嫁入豪门，夫婿薛茂

---

① 藤布尔（Mary Turnbull）等人认为陈笃生是白手起家。参阅 C.M. Turnbull, *A History of Singapore 1819–1975* (Kuala Lumpur: Oxford University Press, 1977), p. 15。
② 参阅 *Singapore Free Press and Mercantile Advertiser*（以下简称 *Singapore Free Press*), 13 October 1859, p. 3, "To be Sold by Public Auction, at the Godowns of Messrs A. L. Johnston & Co., on Monday, the 4th January next at Noon, by order of the Administratrix of Tan Tock Sing, deceased"。
③ 陈荆和、陈育崧编著《新加坡华文碑铭集录》，香港：香港中文大学出版部，1970，第222页。

元（一作薛茂源）是新加坡福建帮开山鼻祖薛佛记第四子，这桩婚事对陈笃生的事业有很大帮助。

陈笃生是马六甲移民，与他同世代的马六甲华商多以仲介商起家。因此，陈笃生也是以仲介商起家，并开拓出入口业务，成为新加坡转口贸易的先驱华商。陈笃生至迟于1836年进入货运行业。林孝胜根据英文报章《新加坡纪事报》、《新加坡自由西报》与《海峡时报》的资料，按抵达日期、货船吨数、来往港口、载货内容等信息，整理了1836~1837年与1845~1849年笃生商行（Tocksing & Co.）的货运情况，很有参考价值（见第三章）。现存最早的1846年《新加坡指南》刊登陈笃生的商行属独资企业，是地址在吻基的999年地契、编号为56号与57号两地段，[①]他和家人就住在店里。

与暹罗王室关系

陈家兴旺的原因是复杂的，然而，陈笃生及其后世子孙与暹罗王室的密切关系，是不可忽视的因素。陈笃生是如何与暹罗王室联系上的呢？

19世纪，新加坡在暹罗已广为人知，暹罗知道新加坡得益于传教士。传教士常往返世界各地，他们在新加坡停留休整，再出发前往其他各处。当时暹罗王储蒙固（Mongkut，中文名称郑明）是一个渴望学习西方科技知识的年轻人。王储想通过传教士在新加坡找一个华人代理。陈笃生曾与教会有过交往，又懂得中英文，可以帮暹罗王储处理事务，因而与王室接上关系（见第四章第一节）。

陈笃生作为暹罗王室驻新加坡代理，与王储私交甚密，扮演着王储与外界联系的驿站及获取西方知识的窗口的角色。陈笃生与暹罗王储的关系至迟于1845年或更早以前就已经建立。1845年9月，陈笃生租暹罗王室的暹罗三桅帆船"狮子号"（Lion）载货到曼谷。陈笃生后世子孙也在这基础上继续与王室交往，陈笃生与暹罗王室的交往为后来陈金钟被委任为暹罗驻新加坡总领事

[①] *Straits Times*, 4 June 1850, p. 4.

及成为暹罗著名米商铺好了道路（见第三章）。

凭借父辈与暹罗王室的关系，陈金钟成为暹王在新加坡的代理人，并受赠"Luang Phitheetphaanit"头衔，表明他是与暹罗王室家族利益相关的外籍商人（见第四章第一节）。暹罗王室及使节的邮寄文件、信函和包裹，都经过新加坡并由陈金钟中转；接待途经新加坡的王室成员及外交使节也是陈金钟的重要任务，陈金钟的最终头衔为"披耶"（Phraya Anukul Siamkij）。

陈金钟的长孙陈武烈继承家族传统，继续与暹罗王室保持密切关系。作为同盟会会员，陈武烈主张革命倒清，为孙中山的挚友与忠诚支持者。[1]1907年12月，他在曼谷举行剪辫仪式，许多王室显要均参与其盛。[2]1920年6月8日（星期二），暹罗王储查拉邦思王子（Somdech Chao Fa Chakrabongse Bhuvanardh, Krom Luang Bisnulok Prajanardh，1883~1920年，拉玛五世朱拉隆功的儿子）访问新加坡，旅途中感染肺炎，6月13日在陈武烈住宅西门斯路八号（8 Simons Road）逝世。[3]之后暹王为感激陈武烈照顾王子之功，颁予陈武烈"Phra Anukul Sayamkich"的荣衔，陈武烈成为当时暹罗侨社的显赫人物。[4]

陈金钟遗嘱

陈金钟有没有留下遗嘱，一直是史学界关心的问题，这也是我们撰写本书时所关注的。

如果说陈笃生为陈家奠定了百年昌盛的基础，陈金钟就是把家族发扬光大的一位重要人物。陈金钟继承父亲的庞大家业并发扬光大，在新加坡、暹罗及中国都有业务。他是新加坡历史上的杰出人物，不仅贡献新华社会，对马来半岛北部的政治也有重大的影响（见第四章第四节）。

---

[1] 陈武烈的名字被清楚记录在《星洲同盟会录》会员的名单中。陈武烈与孙中山的关系，参阅黄贤强《革命志士陈武烈在南洋和中国的跨域活动》，《孙学研究》（台北）第16期，2014年，第129~133页。

[2] "Well-known Chinese Baba Discarding the Queue", *Eastern Daily Mail & Straits Morning Advertiser*, 19 December 1907, p. 3.

[3] "Siamese Prince's Death", *Straits Times*, 14 June 1920, p. 9.

[4] Vitthya Vejjajiva, "Siam's Old Singapore Ties", *Journal of Siam Society*, Vol. 103 (2015), p. 116.

陈金钟企业王国的建立与发展分为三个阶段：振成商行（1850~1859年）、振成号（1859~1865年）及振成公司（1865~1892年）（见第四章第二节）。我们的研究员陈琬琳与蔡淑仪根据新加坡旧地图、国家档案馆和土地管理局资料及现场勘查，确定了陈金钟的振成号地址位于驳船码头28号，没有资料证明他拥有驳船码头26号的地产（见第八章第一节）。百年沧桑，旧建筑物虽然犹存，但已改为餐厅。

1851年至1892年，新加坡与海峡印刷所每年出版的《新加坡与海峡指南》（*The Singapore and Straits Directory*）都有陈金钟商行的简单资讯（如商行地址、各地分行、主要职员等）。这些资讯有助于我们勾勒出陈金钟企业的管理结构与企业发展的轮廓和轨迹。

1853年是陈金钟企业发展的转折点。他的能耐大致已经取得华社、商界及政府方面的肯定，业务也在这一年进展快速。从19世纪60年代起，陈金钟不仅是福建会馆（前天福宫）的会长，也很可能是义兴会福建分舵的重要人物。这两个职位使他被称为"华人甲必丹"（见第四章第四节）。

陈金钟热衷于地产投资，但具体有多少，无人知晓。谜底在他去世21年后揭晓。

1913年10月初，新加坡各大报章刊登陈金钟遗产拍卖的消息。陈金钟房地产拍卖详情具有重要经济史料价值，它为历史学家、经济学家及社会学家提供了20世纪初新加坡资本市场的重要数据（见第四章第二节）。受托负责拍卖陈金钟遗产的是庄庆利拍卖行（Ching Keng Lee & Company）。该公司从1913年10月3日至12月10日分10次举行拍卖会，① 由于反响热烈，临时决定加添两天。此次拍卖会被誉为1913年最重大的拍卖盛会，拍卖共得1695970元（海峡钱币）。

陈金钟是否留有遗嘱，他的后裔也不能确定。但根据1892年2月29日《新加坡自由西报》的讣告指出，陈金钟生前早已签署了一份遗嘱，可是他又

---

① *Straits Times*, 3 October 1913；《叻报》1913年10月4日；《总汇新报》1913年10月6日。

准备了另一份新的遗嘱，而新遗嘱未及签署，陈金钟就去世了。既然新遗嘱未签署，旧遗嘱如果未被撤销，则仍然有效。根据1906年2月2日《海峡时报》登载的启事，明确指出陈金钟的遗嘱立于1888年5月2日，可知陈金钟确实立有遗嘱，但其后裔至今尚未找到，成为一桩历史悬案。

陈武烈谜踪

1850年天福宫第一任大董事陈笃生辞世后，其子陈金钟继任。从1850年到1892年的42年，陈金钟是天福宫的主要领导人物。1892年陈金钟辞世后，天福宫领导层几经波折，1897年陈武烈终于登上历史舞台（见第六章）。

陈武烈无疑是19世纪和20世纪之交的新加坡华人社会领袖。他是陈笃生的曾孙、陈金钟的长孙。陈武烈在新加坡华人社会崭露头角，始于1897年的天福宫董事选举。

自19世纪中叶开始，新加坡华人社会的最高领导机构就一直是天福宫。陈武烈是带领天福宫进入20世纪的重要人物，在他任内天福宫另有一番新气象，进入一个新的发展阶段。他改革赛神风俗，支持社会慈善活动，兴办学校，并为福建会馆建立新会所。1897年到1915年，他是闽帮的最高领导人，叱咤风云。陈武烈对天福宫的领导结束于1915年，此后有关他的资料极少。

1934年10月17日（星期三），《星洲日报》刊载陈武烈在上海去世的消息，享年60岁，其遗骸运回新加坡安葬。2009年，陈继廉花了一个多月的时间，四次上武吉布朗坟山才寻获陈武烈之墓。在离开新加坡的那段日子，陈武烈到底去了哪里？（见第六章）

我们从泰国方面的资料知悉当时掌管"振成栈"的陈武烈，慷慨资助1903年暹罗华侨创建的泰京天华慈善医院及1910年的报德善堂。在《天华医院成立八十周年纪念特刊》中的"光绪甲申年捐题倡建本院芳名录"部分，有"陈振成捐银四千铢"的记载。

可见陈武烈在卸下天福宫职务后，专注于其家族企业"振成号"在暹罗所经营的米业，长期旅居暹罗。与此同时，他在东沙岛的开发，也因对在海岛居住、生产的困难估计不足，忽视了后勤保障的重要性而未能取得成功（见第六章）。

更不幸的是，振成栈被大火烧毁。有关振成碾米厂和振成公司的记录最后出现于1913年的《暹罗工商名录》，1914年以后就不再看到这两家公司的记录。振成碾米厂可能于1912年或1913年发生火灾，因为1929年2月13日在《曼谷时报》刊登的斯玛特（W. S. Smart）的讣告中记载了振成碾米厂被大火烧毁一事（见第四章第三节）。振成栈失火可能是由于商业竞争。

振成栈的衰败或与这场大火有关。受到致命打击的陈武烈的事业从此走下坡路。1913年到1914年的报章中，都可以看到他拍卖陈金钟遗产的广告。1930年，暹罗中华总商会新会所开幕，出版《暹罗中华总商会开幕纪念刊》。该刊记载陈武烈捐250泰铢，说明他此时的经济情况已大不如前，这是陈武烈在暹罗的最后记录。1932年陈武烈移居上海，两年后在上海辞世。

文献资料

如前所述，除了《海澄峨山陈氏家谱》，有关陈笃生家族的资料散见于殖民地档案和早期英文报章的零星报道中，还有泰文与日文方面的记录。泰文和日文的资料是我们此次研究的重要文献。

陈笃生何时与暹罗王室建立关系，始终是个谜。在泰国档案中，有一封暹罗王储蒙固于1849年8月写给在缅甸的美国传教士耶德逊（Rev. Adoniram Judson）的信函，称陈笃生为"我的挚友"。这封信指明了陈笃生家族和暹罗王室建立关系的时间点，是一大突破。陈家一直与暹罗王室维持密切关系。暹王蒙固拉玛四世（1851~1868年在位）特别信任陈金钟，称他为"朕忠诚的特使"（见第四章第三节）。

《陈金钟：暹罗新加坡首位总领事披耶爵的生活与领事工作》一书中有不少关于陈金钟的记录。此书为纪念曼谷开埠两百年出版，作者纳塔武·素提宋干（Nattawut Suthisongkram，1918~2004年）曾被授予泰国王家学院历史类别的最高荣誉。奇怪的是，该书将一些讹传也收录其中。比如，书中记载陈金钟是暹王抚养长大的。然而，此书也并非一无是处。书中对暹王拉玛五世朱拉隆功访问新加坡由陈金钟接待一事有详细记录，尤其是朱拉隆功亲手描绘的暹宫地图，弥足珍贵（见第八章第二节）。

学界向来认为陈金钟于1853年被委任为暹罗驻新加坡领事，这是受1853年9月30日《新加坡自由西报》新闻的误导。《新加坡指南》依据此错误报道列陈金钟为暹罗领事。其实，当时的陈金钟只是暹罗王室及部分贵族的驻新商贸代理（见第四章第一节）。1863年，陈金钟正式成为暹罗驻新加坡首任领事。[1] 1885年升为总领事，承担处理暹罗与海峡殖民地外交事务的重任。

至于日文资料方面，尤其是陈金钟在曼谷的米业发展有很详细的记录。这些资料可以让我们比较清楚地了解陈金钟在曼谷的米业经营概况。日本学者宫田敏之告诉我们，陈金钟是19世纪暹罗和新加坡的大米商，致力于生产高质量的暹罗大米（田园米），是发展暹罗、新加坡及中国之间的转口贸易网络的先驱（见第四章第三节）。

家风传承

现在我们看到的陈笃生的名字，中文是"陈笃生"，英文是"Tan Tock Seng"，然而在1850年之前，陈笃生一直用"陈卓生"作为名字，在殖民地档案中，其英文名为"Tan Tock Sing"，何时改名，不得而知。改名后的陈笃生，在新加坡家喻户晓（见第一章）。

"富则兼济天下"是中国传统社会的理想境界。《陈笃生医院缘起》碑文明确阐述这一理念，陈笃生开启了新加坡慈善事业的篇章，为往后百年华社立下规矩：领袖不只要有钱，还要肯出钱，这样才能取得华社的敬重。人们把陈笃生誉为"新加坡慈善之父"，他当之无愧。

---

[1] Vitthya Vejjajiva, "Siam's Old Singapore Ties", *Journal of Siam Society*, Vol. 103 (2015), p. 119.

创办陈笃生医院的过程是曲折而艰辛的。19世纪的新加坡充满着各种各样的问题，因贫困而出现的拐骗妇孺、逼良为娼、人口买卖等案件时有发生。由于帮派林立引起的纠纷、械斗层出不穷，欺诈、霸凌、强占财产等事件屡见不鲜。贫穷，是一切问题的罪魁祸首。

根据1845年9月23日《海峡时报》报道，当年新加坡华人有36000人，其中1/3的人口在贫困线上。警方披露每年约有6000人挨饿，超过100人饿死、病死街头。面对这样严峻的社会环境，有慈悲之心的陈笃生当然不能坐视不理。从1843年至1850年，陈笃生为饿死街头的乞丐提供了1032副棺材，价值1073西班牙元3分。

陈笃生医院就是在这样的背景下设立的。初创时由于资金不足，陈笃生率先捐出7000西班牙元，1844年在原址珍珠山（Pearl Hill）创办贫民医院，1861年迁至实龙岗路（Serangoon Road）。48年后的1909年4月21日，再迁至摩绵路（Moulmein Road）直至今日。

1961年，政府有意将陈笃生医院更名为第二中央医院，由于陈笃生第四代裔孙陈温祥（Tan Hoon Siang）的反对，这项更名计划没有成功。2001年，陈温祥之子陈柔浩（John Tan Jiew Hoe，陈笃生第五代裔孙）捐10万新加坡元在医院内设立陈笃生医院历史博物馆（Tan Tock Seng Hospital Heritage Museum），展示陈笃生医院的历史，以志永远。

经过175年的岁月，陈笃生医院已发展为一所大型综合性医院。无论是19世纪的贫病乞丐还是当今的艾滋病患者，陈笃生医院一直都在尝试用各种方式去照顾与服务社会受歧视群体。本书第七章对陈笃生医院从草创至今天的发展历程有详细介绍。

在解决市民饮水困难问题上，陈笃生也有贡献。1845年11月，陈笃生在新剧场建造两个水箱，方便市民使用。[①]1846年3月19日的《新加坡自由西报》报道他与一名欧籍商人詹姆斯·史蒂芬（James Stephens）联合捐款在大

[①] *Straits Times*, 18 November 1845, p. 2.

会堂设两个水箱。① 同年，又在面向谐街（High Street）的王家山脚下挖掘两个水井，供公众使用（见第三章）。虽然其在意义上与陈金声的自来水工程有所不同，但在致力解决市民饮水困难的问题上，陈笃生比陈金声还早了十年。

陈笃生长子陈金钟叱咤风云，为当年新加坡华社炙手可热的人物。陈金钟主政天福宫期间，在天福宫建立婚姻注册制度，许多福建籍新婚夫妇在天福宫两侧厅堂举行婚礼。根据威汉（Jonas Daniel Vaughan）的记载，陈金钟凭借崇高的社会地位为他们主持证婚。这项服务被认为对华人社会很有益处，而且越来越受到人们的接受。②

值得一提的是，当年陈金钟创建了两个具有时代意义的组织：一个是陈氏宗祠保赤宫；另一个为乐善社。这两个组织的影响力和贡献超越帮派的范围而惠及整个华人社会。保赤宫历经百余年，至今还在运作；乐善社在推广文教方面颇有成就。19世纪中叶，新华社会中华文风盛行，这与陈金钟等人的不懈努力有着密切关系（见第五章第二节）。

陈金钟长孙陈武烈不但重视教育，更是开拓新华社会女子教育的先驱，为许多女孩子提供教育机会。陈武烈在1889年与林文庆、宋旺相等人创办新加坡华人女子学校，并兼任财政一职。福建会馆在1915年创建的崇福女校是会馆名下的第一所女子学校。同时还设有戒烟会，戒烟会得到民众的支持，短期内数百人报名戒烟，取得良好的效果。

从2005年开始，陈笃生家族后裔每三年举办一次家族聚会，在新加坡已举办五次。来自世界各地的后人彼此联系，参与人数从2005年的956名增至2017年的3070名，而且人数还在不断增加。历经170年，陈氏家族已繁衍至第九代，仍然十分兴旺，百年不衰（见第十章）。

我们的研究显示，陈笃生是首位取得华社、商界及政府方面肯定的华人领

---

① *Singapore Free Press*, 19 March 1846, p. 2.
② Jonas Daniel Vaughan, *The Manners and Customs of the Chinese of the Straits Settlements* (Singapore: Mission Press, 1879), p. 56.

袖。自19世纪中叶至20世纪20年代的75年，陈笃生、陈金钟、陈武烈祖孙三代领导福建帮乃至整个新加坡华人社会超过一个甲子。他们关注华人的福利和社会问题，其事迹至今为人所称道。陈笃生留下良好家风——慈善为怀。在百年后的今天，陈笃生家族后人仍然协助管理陈笃生医院，并积极参与社会公益活动（见第九章）。①

柯木林

2021年8月5日

---

① 时任新加坡总理李显龙吁请国人以先贤陈笃生、李光前和邱德拔等人为榜样，"事业有成后亦不忘回馈社会"。参阅 *Straits Times*, 20 August 2007。

第一章

陈笃生祖源踪迹

柯木林

陈笃生（Tan Tock Seng，1798~1850年）是新加坡家喻户晓的人物。然而，除了陈笃生医院外，人们对他一知半解，甚至知之甚微。陈笃生到底是一个怎样的人物呢？

19世纪中叶至20世纪初，陈笃生与其子陈金钟、曾孙陈武烈祖孙三人领导福建帮乃至新加坡华人社会超过一个甲子。陈氏家族百年不衰，时至今日，其后人仍然热心公益，积极参与管理陈笃生医院。[1]2019年6月，陈笃生医院庆祝成立175周年，举办慈善义走活动，陈笃生后人亦参与其盛。此次活动为陈笃生医院社区基金筹集了100万新加坡元善款，比原定目标高出一倍。除了帮助病人外，陈笃生医院社区基金也资助医疗研究和社区健康计划等。[2]

有关陈笃生早期的资料匮缺，除了《海澄峨山陈氏家谱》外，存留的只有一些零星记录，如早期的府县方志、匾额碑文或殖民地档案、报章杂志等。除利用文献资料外，我们跟随陈笃生的足迹，还前往陈笃生的祖籍地福建漳州、出生地马六甲以及商业网络所在地泰国等进行实地考察，将零星的资料与田野报告相结合，希望拼凑出一个比较完整的陈笃生人物形象。

家谱

《海澄峨山陈氏家谱》（以下简称《家谱》）是研究陈笃生家族最权威的第一手材料。这是现存的一本成书年代较早的家谱，补充了一些历史细节，具有一定的史料价值。《家谱》目前保存在后人陈福财（Eric Tan Hock Chye）手中，2009年由陈笃生第五代裔孙陈继廉借出，影印后分发给其他族人收藏及参考。

《家谱》是陈水源于"同治十年辛未岁端月"根据旧谱修订编写而成，陈咸温以秀丽毛笔字书写。同治十年辛未岁端月即1871年2月，此时陈笃生已辞世21年矣。《家谱》只修到十九世，以后不再继续编修，原因不详。

《家谱》长33厘米，宽22厘米，记录了陈氏家族的迁徙及子孙繁衍情况。

---

[1] 陈笃生玄孙陈继廉现任陈笃生医院保健基金委员会主席。
[2]《走一遍陈笃生生平足迹 纪念医院成立175年》，《联合早报》2019年6月24日（星期一），第3页。

《家谱》开宗明义写道:"(福建省泉州府)始祖开基店前,自跟惠公传世,迁移漳州府,建南院,分支海澄县,圳美保、过田社……我本原正过田御史世祖后裔,迁移许坑又移苍头二十三保后许社,传十三世国华祖立业。"(见图1-1)根据这记载,有以下几点值得注意。

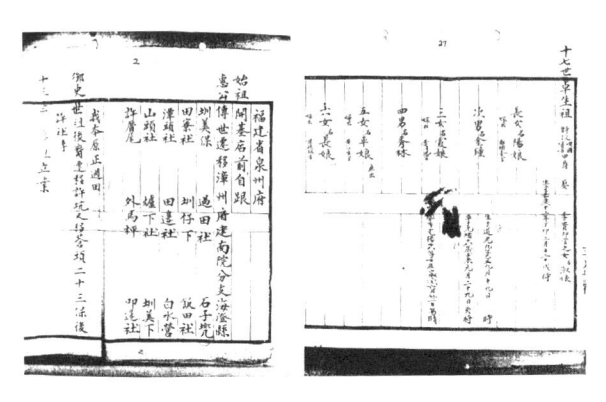

图1-1 《海澄峨山陈氏家谱》部分内容

(1)"跟惠公"(即陈均惠,一作陈跟惠,"跟"是闽南话,与"均"同音)从泉州店前(今厦门殿前)到漳州,建南院,分支海澄县;

(2)漳州府南院在海澄县分支甚多;[①]

(3)陈笃生远祖先在过田社,后迁许坑,再迁苍头二十三保后许社,陈国华是陈家在漳州苍头后许社的开基祖,在《家谱》中为第十三世;

(4)从始祖陈均惠到十三世陈国华开基后许社,其间整整十二代断层,没有记录。

因此,这就解释了为什么《家谱》从陈国华开始写起。从陈国华下传四代,陈国华—陈重器—陈良—陈月中—陈笃生,到陈笃生是十七世。换言之,陈国华是陈笃生的高祖父。[②] 根据《家谱》,陈国华育有三男,即十四世的长子

[①] 根据《家谱》所载,漳州府南院在海澄县分支甚多,计有:圳美保、过田社、石子兜、田寮社、圳仔下、饭田社、潭头社、田邉社、白水营、山头社、炉下社、圳美下(俊美社)、许厝尾、外马枰、叩邉社。2011年,来自陈笃生家族的32名成员,首次访问祖先故里漳州苍头镇后许社。

[②] 《海澄峨山陈氏家谱》,第3页。

重启、次子重器及季子重发。陈笃生家族源自陈国华次子重器（第二房）。陈重器也育有三个儿子，依序即十五世的陈兴、陈佛与陈良。第三房的陈良是陈笃生的祖父（见图1-2）。

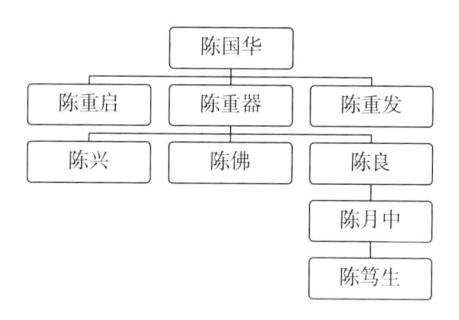

```
            陈国华
    ┌─────────┼─────────┐
  陈重启    陈重器    陈重发
    │         │         │
  陈兴      陈佛      陈良
                        │
                      陈月中
                        │
                      陈笃生
```

图1-2 陈笃生祖系

图片来源：据《海澄峨山陈氏家谱》绘制。

远祖

闽南陈姓人口众多，由于传世祖不同，分成几十个支派。其中，最负盛名的是漳州的"开漳圣王派"与"南院派"两大支派，俗称"北庙南院"。陈氏开漳圣王派奉祀的始祖陈元光（657~711年），唐朝人，曾任漳州刺史，被封为鹰扬大将军，所传子孙被称为"将军派"；因漳州市内有北庙祭祀陈元光，故所传子孙又被称为"北庙派"。陈氏南院派奉祀的始祖陈邕（665~760年），也是唐朝人，曾任太子太傅，所传子孙被称为"太傅派"；因陈邕曾在漳州建南院寺庙，故所传子孙又被称为"南院派"。[①]陈元光[②]与陈邕都是陈氏族人崇

[①] 参阅"南院古寺太傅祠"，中国华文教育网，http://www.hwjyw.com/zhwh/regional_culture/mwh/bmcs/200706/t20070620_1837.shtml。

[②] 陈元光，字廷炬，号龙湖，光州固始（今河南固始）人。唐朝时期大臣，归德将军陈政之子。博览经书，贯通文史，自学兵法，服习骑射。年十三，领乡荐第一。仪凤二年（677），承继父职，授玉铃卫翊府左郎将。永隆二年（681），授左玉铃卫中郎将、岭南道行军总管。后迁正议大夫、漳州刺史，成为漳州历史上的首位刺史。陈元光治государ有方，开科选才，任用贤士，招抚流亡，烧荒屯垦，兴办学校，劝民读书，还在州内设36个堡，立行台于四境，作为军事绥靖和政治教育的据点。对山越人以招抚为主，德威并重，和亲通婚，娶山越女子为夫人。对叛唐的人施以武力，愿归顺者划地居住，自己管理自己，称"唐化里"，亦称"九龙里"，推动号称"蛮荒"之地的闽南实现经济文化的迅速发展，成为促进中原文化与闽越文化融合的奠基者。景云二年（711），加号怀化大将军，讨伐潮州贼寇，战死沙场，追赠临漳郡侯，谥号忠毅，成为闽台地区重要的民间信仰之一，尊号"开漳圣王"。

祀的先祖。《家谱》记录了陈均惠到漳州，属南院派海澄分支。因此，陈笃生家族应为南院派，远祖为陈邕[①]。

然而根据《重修俊美始祖陵寝碑记》（2010年）所载，南院派海澄分支的开基祖陈均惠（1254~1332年），号仁轩，谥文通，宋元交替时人。陈均惠于元朝至元年间（1264~1294年）定居海澄县俊美，系俊美发祥地始祖，"开漳圣王二十五世"（北庙派），[②]和《家谱》记录所属南院派不同。因此，许多俊美陈氏族人又以陈元光为远祖（毕竟陈元光名气大），故而造成祖源不清的混淆情况。据当地人说，这种争论已经持续了好几百年。

图 1-3 漳州南山寺

陈均惠墓地在漳州海澄县东园镇（今漳州市龙海区东园镇）过田村峨山东南麓网前山（凤翔山），自元朝至顺年间（1330~1333年）至今已近700年。每年春冬二祭，陈氏家族后裔前往拜祭，陈均惠是海澄县俊美开基祖无疑。[③]

[①] 陈邕，字崇福，号南山，唐朝人，为漳州陈姓南院派（又称太傅派）开基祖。原籍京兆府万年县（今陕西省内）洪固乡胄桂里，后迁至河南光州固始县。开元二十四年（736）因与宰相李林甫不和，被贬，入闽。贬谪时期，曾于漳州南驿路南厢山（今福建云霄县内）建漳州南院，却因此宅第规模宏大而被人诬告意图谋反，最后只好听从其女金花建议将宅第捐作"南山寺"，女儿金花亦削发为尼，而陈邕全家也在这件事之后搬至海澄（今龙海区内）三都后水头（今镇头宫水潮社）。陈邕于唐肃宗乾元三年（760）逝世，终年95岁，葬于三都镇内海澄水头社，谥忠顺王。
[②] 俊美陈氏理事会编《俊美陈氏大宗祠堂文化》（出版年代不详），第43页。
[③] 《俊美陈氏大宗祠堂文化》，第42~43页。

但他是否为开漳圣王陈元光的二十五世裔孙,这将决定陈笃生族人是属"北庙派"还是"南院派",这桩悬案有待学者进一步考证。

图 1-4　陈均惠墓地

图片来源:陈笃生家族珍藏。

故乡

《家谱》明确记录了陈笃生祖籍福建省海澄县,具体位置即今福建省漳州市龙海区海澄镇仓头村后许社。此地距月港仅五公里之遥,一直以来都有造船通番的习俗。

月港位于海澄县九龙江入海处,因其港道(海澄月溪至海门岛)"一水中堑,环绕如偃月",故名"月港"。月港是明朝中后期唯一合法的对外贸易商港,它与唐朝时期的福州甘棠港、宋元时期的泉州后渚港、清朝时期的厦门港,并称福建古代"四大商港",它们是不同历史时期的对外口岸。当年明朝政府为方便管理,在月港设立海澄县,取"海疆澄清"之意。根据《海澄县志》记载:"月港自昔号巨镇,店肆蜂房栉比,商贾云集,洋舶停泊,商人勤贸,航海贸易诸蕃。"月港在当时已是"农贾杂半,走洋如适市,朝夕皆海供,酬酢皆夷产",是"闽南一大都会"。

图 1-5 福建省漳州市龙海区海澄镇仓头村后许社

图片来源：陈笃生家族珍藏。

从 15 世纪末至 17 世纪，月港"海舶鳞集，商贾成聚"，十分繁荣。当时有许多诗篇赞美月港，如"市镇繁华甲一方，古称月港小苏杭"。从月港出发，中国与泰国、柬埔寨、北加里曼丹、印尼、苏门答腊、马来亚、朝鲜、琉球、日本、菲律宾等 47 个国家与地区有直接商贸往来，又通过菲律宾吕宋港，与欧美各国贸易。月港开辟了中国古代海洋贸易的新局面，推动了中国参与世界全球化发展的历史进程。福建省较大规模的、有组织的移民也从这个时候开始，移民目的地包括中国台湾、琉球、日本和东南亚。正如顾炎武（1613~1682 年）在《天下郡国利病书》中说的："闽人通番，皆自漳州月港出洋。"

陈笃生的故乡离月港很近，整个地区弥漫着一种海洋文化的氛围。陈笃生的父亲陈月中在这样的环境下长大，耳濡目染，当然会萌生"过番"谋生的念头。

图 1-6 繁华的月港

图片来源：漳州月港博物馆。

出洋

陈笃生祖父陈良（1723~1758年），生于"雍正元年癸卯四月廿六日"（1723年5月30日），娶比他小12岁的张左娘（陈笃生祖母）为妻。张左娘生于"雍正十二年甲寅岁五月初六日"（1734年6月7日）。两人育有一对儿女，长女初娘，次男月中（即陈笃生的父亲）。[1]

根据《家谱》记载，陈月中字永耀，生于"乾隆二十年岁乙亥二月十九日"（1755年3月31日），卒于"道光十九年岁己亥十月初四日"（1839年11月9日），享年85岁。[2] 陈月中自幼丧父，三岁时父亲陈良去世（卒于"乾隆二十三年戊寅五月初六日"，1758年6月11日），靠母亲张左娘抚养长大，生活不是很好。张左娘24岁时守寡，负起当家的重担。清朝的农村重男轻女，女子当家压力倍增。由于家境清贫，陈月中可能没有受教育的机会。陈月中在"过番"谋生的浓厚氛围中长大，幼年时为了脱贫而一直想往外发展是很自然的事。

在陈月中前往南洋谋生之前，陈家一直生活在漳州海澄故乡，是淳朴的农户。陈月中出洋后在马六甲定居，从此改变了家族的命运。然而，他为什么选择马六甲而不去别的地方呢？

---

[1] 《海澄峨山陈氏家谱》，第12页。
[2] 《海澄峨山陈氏家谱》，第18页。

唯一的解释是，马六甲是漳泉华人聚居处。照常理推断，陈月中在青壮年时期出洋，时间大概在1770~1780年，此时正是蔡士章（祖籍福建漳州海澄，1750~1802年）任马六甲甲必丹的时期。① 此前1740年巴达维亚（今雅加达）发生的"红溪惨案"②，在故乡必有传闻，陈月中当然不会选择这个不欢迎华人的地方定居。显然，陈月中选择马六甲，是有一定考虑的。出洋时，月港已经没落，取而代之的是厦门。③ 因此，陈月中应该是从厦门出发前往马六甲。

上文述及，陈月中"过番"，很大原因是为谋求更好的生活。移民是出洋人口的主要组成部分。在当年，移民海外有一定风险。④ 估计陈月中从厦门乘坐帆船前往马六甲，在海上要颠簸20天至30天或40天才能抵达。⑤ 他在马六甲定居成家，夫人是当地娘惹，《家谱》中记录的是"娶后坑侯汉官之女名玉娘"为妻，婚后育有三男二女，"长男名孟郎、次男名有郎、三男名卓生（笃

---

① 华人甲必丹（马来语：Kapitan Cina）简称为甲必丹（闽南语：Kap-pit-tan），是葡萄牙及荷兰在东印度群岛和马来亚的殖民地所推行的侨领制度，即任命前来经商、谋生或定居的华侨领袖为侨民的首领，以协助殖民政府处理侨民事务。在东南亚历史中，巴达维亚是实施甲必丹制度时间最长的地方。在马来亚，葡萄牙、荷兰和英国殖民政府都曾经设置甲必丹的职衔，专门负责管理和解决华侨的各种民事纠纷，如果甲必丹无法解决的话，则提交由殖民政府处理。到了19世纪，甲必丹在英属马来亚和海峡殖民地的权力和影响力扩大至影响殖民政府的威信，故此，殖民政府设置华民护卫司署（Chinese Protectorate）直接插手管理华侨事务，在1902年以后不再委任吉隆坡甲必丹。1935年以后，甲必丹制度在英属马来亚全面废除。
② "红溪惨案"（Angke Massacre or the 1740 Batavia Massacre）发生在1740年10月。当年荷兰殖民当局在爪哇巴达维亚城大规模屠杀华侨，因城西有一条河名红溪（印尼语：KaliAngke），是肇事地点之一，故称"红溪惨案"。
③ 明朝隆庆至万历年间（1567~1620年），月港的发展达到顶峰，盛况空前。然而，自天启年间（1621~1627）开始，月港逐渐衰落。到了清朝顺治年间（1644~1661年），为了瓦解在台湾和福建沿海郑成功的反清力量，清政府在福建沿海实行"禁海令"和"迁界令"，海澄县人口锐减。康熙年间（1662~1722年）统一台湾后，虽然一定程度恢复了福建沿海地区的海上贸易，但是厦门已经取代月港而成为新的沿海对外贸易中心。康熙二十三年（1684），清朝在厦门正式设立海关，曾经作为明朝时期东南沿海重要贸易口岸的月港从此销声匿迹。参阅《福建月港：当年的东南第一港怎么就衰落了？》，https://www.sohu.com/a/291807883_486911。
④ 《大清律例》继承了《大明律》的规定，明文禁止任何形式的海外移民，任何非法的移民都被认为是奸民逃犯，一旦捉获即处以重刑。光绪二年（1876）以后，清政府才改变对海外华侨的政策，态度从敌视变为友善。次年在新加坡设立第一处领事馆，在最大的能力限度内保护华侨。但传统侨务政策的正式废止则是在1893年底。1893年8月，驻英法意比四国公使薛福成在奏折中列举各种理由，以证明改变此一过时的移民政策的必要。经总理衙门奏复，禁止移民条文才从《大清律例》中删除。
⑤ *Singapore Chronicle*, 23 April 1829, p. 2.

生)";二女为罔娘、缘娘。① 三男卓生就是日后鼎鼎大名的陈笃生,1798 年在马六甲出生,是个地地道道的峇峇。

陈月中在马六甲的生活如何,目前没有明确史料说明。《先驱陈笃生》一书认为,陈月中可能受雇于港口,或在马六甲市郊从事农业种植。② 若此论属实,则此时他的生活并不富裕。然而,与陈月中同时代的一些马六甲华人,有的是富商,有的从事文书、记账员及出纳员等与商业相关的工作,没有人从事体力劳动。因此,陈月中在马六甲到底从事哪种工作,至今仍然是谜。但我们的研究显示,陈月中曾捐款给慈善机构,而且还拥有奴隶。这些事实可以说明陈月中或许财力一般,但并非贫困之辈。有关陈月中当时的生活,我们会在第二章陈述。

1839 年陈月中去世,当时陈笃生已经功成名就。奇怪的是,我们找不到当年陈月中葬礼的任何报章报道,《家谱》中记载了陈月中"葬在嘛吠呷武吃新绒坐坤向艮兼未丑用缝针辛未辛丑分金"。③ "嘛吠呷武吃新绒"这地方到底在哪里?"嘛吠呷"即指马六甲;"武吃"即马来语"Bukit"的谐音,"山"的意思;"新绒"与"St. John"发音相似;"武吃新绒"即"St. John Hill"。2019 年 11 月,在陈笃生后人陈继廉带领下,我们在马六甲一间汽车厂后面的一块空地找到陈月中的墓葬,具体位置就在 St.John Hill, Jalan Ujong Pasir, Melaka。这里原是墓地,但随着时间的推移,周边已被建筑物掩蔽。陈月中之妻侯玉娘的墓则在 Jabatan Kerja Raya Compound, Jalan Taming Sari, Melaka。夫妻葬在不同地点。④

---

① 《海澄峨山陈氏家谱》,第 17 页。
② Kamala Devi Dhoraisingam & Dhoraisingam S. Samuel, *Tan Tock Seng: Pioneer* [Kota Kinabalu: Natural History Publication (Borneo), 2003], pp. 2 & 4.
③ 《海澄峨山陈氏家谱》,第 18 页。
④ 陈月中妻侯玉娘(1771~1851 年),谥淑贞,于"咸丰元年辛亥八月十八日"(1851 年 9 月 13 日)辞世,时年八十有一,"葬在嘛吠呷铺尾吗礁龟静本山穴坐庚向甲兼西卯分金庚申庚寅毕三度正计"。参阅《海澄峨山陈氏家谱》,第 18 页。

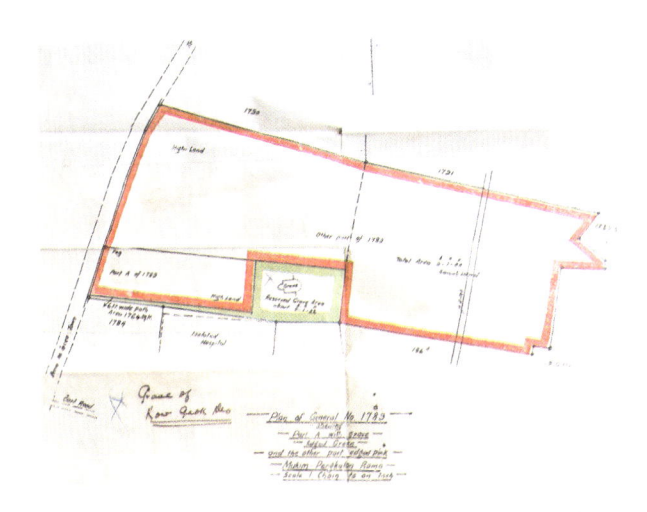

图 1-7 记录了侯玉娘墓地位置的老地图

图片来源：陈笃生家族珍藏。

转变

陈笃生家族命运的改变始自陈月中"过番"。"过番"，才有日后陈笃生南来新加坡大展宏图，从而奠定陈家兴旺的基础。

现在我们看到陈笃生的名字，中文是"陈笃生"，英文是"Tan Tock Seng"，然而在1850年以前，陈笃生的中文名一直是"陈卓生"，[1] 而在殖民地档案中，其英文名为"Tan Tock Sing"，[2] 何时改名，不得而知。改名后的陈笃生，在新加坡家喻户晓。

早年新加坡为英属海峡殖民地（Straits Settlements），俗称"三州府"，即新加坡、槟城、马六甲三地，主要人口由华人、马来人、印度人组成。新加坡作为海峡殖民地首府，亦是政治、经贸、文化和华工集散中心，吸引了大量华人移民来此经商、贸易和谋生。

---

[1] 1828年恒山亭兴建时，在"陈卓生"名下记有捐金80元。见《恒山亭碑》，陈荆和、陈育崧编著《新加坡华文碑铭集录》，第221~222页。1838年至1839年，陈笃生买地筹建天福宫作为福建帮总机构，在地契文件上的所有亲笔签名，都用"陈卓生"，与《海澄峨山陈氏家谱》的名字一致。但在1850年《建立天福宫碑记》碑文中，已改为"陈笃生"。

[2] Straits Settlements Records 中的记录多为"Tan Tock Sing"；陈笃生医院中有一块1854年的石碑，碑文中陈笃生的英文名也是"Tan Tock Sing"，还有1841年12月23日在 Singapore Free Press 刊登的"Tock Sing & Co."的广告。

陈笃生何时来新加坡，《家谱》不详。但根据《新加坡自由西报》的报道，①1828年2月25日时他已是地主，拥有政府契据1号的土地（Government Lease No. 1 of Grant No. 39, situated in Kling Street），面积2236平方尺，并在吻基（Boat Quay，今驳船码头）开设"陈笃生商行"，经营土产生意。此时新加坡才开埠9年，他来新加坡的时间，应该上溯若干年。经过数年奋斗，到1828年陈笃生拥有一定的财富，且热心社会公益。《恒山亭碑》（1830年）刻录了他捐金80元，排第15位，②此时陈笃生30岁。陈笃生的母亲于1851年辞世时留有遗嘱，可见陈家此时已是相当富裕了。③

　　从《家谱》记录看，陈笃生兄弟三人颇有冒险精神。大哥陈孟郎"往安南水途失事，不知其踪迹"。④二哥陈有郎（Tan Oo Long，1797~1867年）比陈笃生大一岁，也比他早发达，恒山亭兴建时，陈有郎捐金200元排第六位。⑤陈有郎五女陈荫娘（Tan Im Neo），即陈笃生的侄女，嫁入豪门，夫婿薛茂元是新加坡福建帮开山鼻祖薛佛记第四子，⑥薛家是新呷（呷指马六甲）两地豪门，这桩婚事肯定对陈笃生的事业有很大帮助。1840年，陈笃生一跃成为天福宫大董事，薛佛记退居二线，回马六甲任青云亭第二任亭主，这都是有历史渊源的。陈笃生以天福宫为中心团结族人而赢得"绅权"（帮领导权），从而获得华社支持，成为整个华社的领袖人物，从此天福宫成了陈笃生家族祖孙三代领导华社的基地。天福宫正殿原有"泽被功敷"一匾，是陈笃生立的，现保存于新加坡福建会馆。有关陈笃生家族与天福宫的关系可参阅本书第五章。

　　改变陈笃生命运的，除上文所述，还有一点十分重要，就是他遇到了贵人。陈笃生移居新加坡后，结识了一位英国商人怀特海（J. Horrocks

---

① 参阅 Singapore Free Press, 13 October 1859, "To be sold by public auction, at the Godowns of MESSRS A. L. Johnston & Co., on Monday, the 4th January next. At Noon. By order of the Administratrix of Tan Tock Sing, deceased"。
② 见《恒山亭碑》（1830年），陈荆和、陈育崧编著《新加坡华文碑铭集录》，第221~222页。
③ 参阅 Last Will and Testament of Kow Geok Neo, deceased, 11 June 1851。
④ 《海澄峨山陈氏家谱》，第22页。
⑤ 见《恒山亭碑》（1830年），陈荆和、陈育崧编著《新加坡华文碑铭集录》，第221~222页。
⑥ 《海澄峨山陈氏家谱》，第23页；薛茂元是薛佛记第四子，参阅《东山薛氏家谱》，第10页。

Whitehead），这成为改变其命运的转折点。他们二人合作，输出热带产物，如甘蜜、胡椒，同时输入建筑材料。从此，陈笃生业务扩展迅速，其也借此积累巨资，成为新加坡大富商和商界领袖。怀特海于1846年9月逝世，年仅36岁，陈笃生特地在其位于福康宁山（Fort Canning）旧坟场的墓碑上刻上"as a token of affection on the part of a Chinese friend, Tan Tock Seng"，以示不忘旧情，可见陈笃生是一个很讲人情味的人。[1]

我们有理由相信，早在陈笃生时代，陈家就已经和暹罗王室有联系。[2]陈笃生辞世两年后，他23岁的儿子陈金钟出任暹王代理，并在34岁时被委为暹罗驻新加坡首任领事。而曾孙陈武烈与王室关系也非同一般，暹罗王子在1920年6月访新期间在其家中逝世。早在1907年12月，陈武烈在曼谷举行剪辫仪式，暹罗王室也参与其盛。[3]陈金钟与陈武烈祖孙二人都曾被暹王颁予荣衔。与王室关系如此密切，是需要一段很长时间的经营的。这种基础，应该在陈笃生在世时就已奠定了。[4]

然而，陈笃生是怎么和暹罗王室联系上的呢？

19世纪时的新加坡在暹罗已广为人知，暹罗知道新加坡是因为传教士，传教士常往返世界各地，他们会到新加坡停留休整，再出发前往其他各处。当时的暹罗王储蒙固是一个渴望学习西方科技知识的青年，他想通过传教士在新加坡找一个华人代理。陈笃生曾与教会有过交往，[5]又懂得中英文，可以帮暹罗

---

[1] Song Ong Siang, *One Hundred Years' History of the Chinese in Singapore* (*Singapore*: Oxford University Press, 1984), p. 66.
[2] Francis Wayland, *A Memoir of the Life and Labors of the Rev. Adoniram Judson, D.D.* (Boston: Phillips, Sampson and Company, 1853), p. 323.
[3] "Well-known Chinese Baba Discarding the Queue", *Eastern Daily Mail & Straits Morning Advertiser*, 19 December 1907, p. 3.
[4] 根据记载，当蒙固仍为王子时，陈笃生已和暹罗王室有密切联系。在一封写给艾多奈拉姆·耶德逊牧师的信中，蒙固亲密地称陈笃生为"我的挚友"。参阅 Francis Wayland, *A Memoir of the Life and Labours of the Rev. Adoniram Judson*, D.D., p. 323.
[5] 1839年至1843年，伦敦传道会（London Missionary Society）积极向陈笃生传教，但为他所拒。他坚决反对基督教信仰，并施压阻止别人信教。陈笃生十分清楚，一旦信奉耶稣基督，将被同胞排斥，影响业务和社会地位。而且接受基督教，就得放弃祖先崇拜及民间信仰，这是华社无法接受的。参阅柯木林主编《新加坡华人通史》，新加坡：新加坡宗乡会馆联合总会，2015，第543页。

王储处理事务，因而与王室接上关系。陈笃生后世子孙也在这基础上，继续与王室有交往。

成就

自祖辈南来至陈笃生这一代，他们已是定居马六甲的第二、三代华人。陈笃生从马六甲来到新加坡，人称"Baba Tock Seng"，是位有名望的峇峇。他经商致富，并投身于公益事业，在新加坡社会获得极高声誉。陈家完成从平民家庭到峇峇名门的转变，得益于陈笃生的辛勤付出。

陈笃生为华社领袖，他为华人排难解纷，在新华社会拥有崇高声望。1846年，英国殖民地政府封他为太平局绅（Justice of the Peace），以表扬他为社会所做出的成就与贡献，陈笃生也因此成为华人中首位获得此荣衔者。[1] 有关陈笃生的成就与贡献，可参阅本书第三章、第五章第二节及第七章第一节。

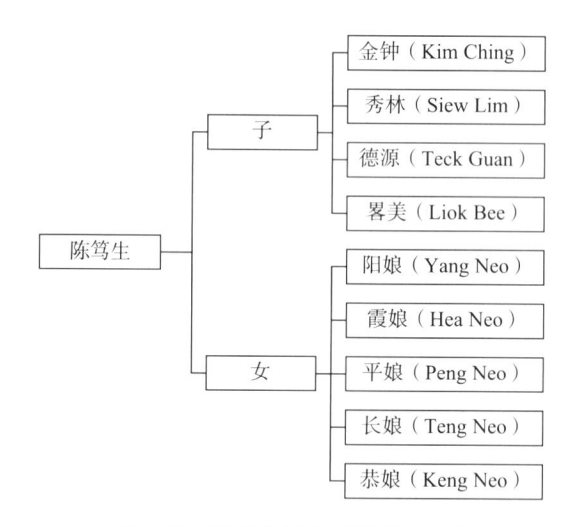

图 1-8　陈笃生子女（四男五女）

图片来源：据《海澄峨山陈氏家谱》绘制。

1850年2月24日（星期日），陈笃生在新加坡逝世，享年52岁。[2] 出

---

[1] *Straits Settlements Records*, V9 (1844), p. 185.
[2] *Straits Times*, 26 February 1850, p. 4.

殡行列壮观，大批观众围观，许多欧籍友人前来吊唁，并跟随送葬队伍到坟地。[①] 陈笃生葬欧南山（Outram Hill）北麓，墓地至今保存完好。墓碑上刻有其子女名字（四男五女），子：金钟（Kim Ching，一作 Kim Cheng）、秀林（Siew Lim，一作 Sue Lim）、德源（Teck Guan）、署美（Liok Bee）；女：阳娘（Yang Neo）、霞娘（Hea Neo）、平娘（Peng Neo）、长娘（Teng Neo）、恭娘（Keng Neo）。[②]

新呷两地一衣带水，早年新华社会是呷华社会的翻版，在很长的一段历史时期里，两地华社拥有同一批领袖，今日新加坡的繁荣，有马六甲华人先贤的贡献。陈笃生是马六甲移民，下一章我们将集中讨论早年陈家在马六甲的生活情况。

[①] *Straits Times*, 19 March 1850, p. 4.
[②] 位于欧南山麓的陈笃生墓于1969年因拓路工程险遭摧毁，幸得其后裔及时抢救阻止，得以保存至今。参阅 "Historic Grave in Danger of Demolition", by Ow Wei Mei, *Straits Times*, 22 April 1969。

第二章

异乡变故乡

林孝胜

根据《海澄峨山陈氏家谱》，陈笃生家族从开基祖十三世陈国华之后就没有人出过洋，陈笃生的父亲陈月中（十六世）是家族里第一个出洋成员，于18世纪到海外闯天下。但是，家谱并没注明他出洋的时间点。本章试图找出陈月中早期生活中可能促使他出洋的原因。

家乡海澄镇

陈月中（Tan Guat Tiong）于乾隆二十年二月十九日（1755年3月31日）在家乡海澄出生。他与父亲陈良（1723~1758年）、母亲张左娘（1734~1775年）及姐姐初娘住在一起。陈月中的父亲是佃农，家贫。《漳州府志》列明"漳纱、漳缎、漳绒，漳之物产也"，[①] 说明当时漳州有纺织家庭手工业。因此，他的母亲或许在家纺织贴补家用。陈良早逝（1758年去世），年仅35岁，葬在海澄，留下一对年幼儿女给24岁的张左娘抚养，当时陈月中才3岁。因此，陈月中是在闽南农村的一个单亲家庭而没有父爱的环境下长大。他从3岁起就和母亲及姐姐相依为命，是母亲一手把他抚养长大。张左娘24岁时守寡，负起

图 2-1 海澄后许社陈氏宗祠

图片来源：陈笃生家族珍藏。

---

① （清）沈定均修，（清）吴联薰增纂，陈正统整理《漳州府志》，中华书局，2011，第2112页。

当家的重担。清朝的农村重男轻女,女子当家压力倍增。由于家境清贫,陈月中没有受教育的机会。因为缺乏父爱,母亲又为生活奔波,陈月中自幼在逆境中成长,也让他很小就有冒险精神及自立的品质。如果他留在家乡,也许就会像父亲一样,一辈子都只能当佃农。

农民靠天吃饭,天气好带来丰收,天灾则带来灾难。我们查阅乾隆二十七年(1762)编修的《海澄县志》及光绪三年(1877)编修的《漳州府志》中有关漳州在陈月中成长时期的气象资料,令人震惊的是,从陈月中的童年起,漳州几乎每隔一年半就发生一次自然灾害,如表2-1所示。

表2-1 漳州天灾情况(1754~1776年)

年份	陈月中年龄	天灾
1754	—	(海澄)风雨大作,西南二溪淹没庐舍四千八百五十余间,田园人畜损伤极多,槥柩有被漂流入海
1755	陈月中出生	
1757	2岁	春旱,田无播种
1758	3岁	复旱,河渠皆涸
1763	8岁	霜陨禾穗,岁大饥
1764	9岁	大雪
1765	10岁	旱
1770	15岁	大水,漳浦、海澄尤甚,潮水冲决沿海堤岸数十处
1771	16岁	地裂
1773	18岁	雨雹
1774	19岁	旱
1775	20岁(丧母)	天雨泥如鸟粪
1776	21岁	大水

资料来源:1.(清)沈定均修,(清)吴联薰增纂,陈正统整理《漳州府志》,第2112页;
2.乾隆《海澄县志》,上海书店出版社,2000,第619页。

可以想象,陈月中母亲是如何艰难地把儿女抚养长大的。当张左娘于1775年10月去世时,陈月中20岁。18世纪,在闽南农村里,女孩普遍早婚,姐姐可能早已出嫁，家里剩下他一个人。第二年，又遇大水淹没农田，生计大受影响。陈月中首次独自一人面对灾难，想必特别失落与茫然。这次的痛苦感受对他打击很大。就是在这关键时刻，他有了移民的念头。

另外，海澄镇仓头村后许社靠近同乡出洋的古港月港，陈月中可以听到一无所有的同乡在海外发迹后衣锦还乡的故事，尤其是海澄乡亲蔡士章出洋成为马六甲华社领袖的事迹。在1776年的艰难时刻，蔡士章的成就肯定激励了许多像陈月中那样的年轻人。思前想后的结果是，在母亲去世一两年后，陈月中毅然出洋，去了马六甲。

马六甲的初期生活

陈月中选择马六甲，除了蔡士章的影响外，还因为那里有许多漳州同乡。马六甲在16世纪至17世纪是东南亚的贸易中心，万商云集，已有不少漳泉人到马六甲定居。17世纪初，葡萄牙宇宙志学者易利迪亚（Emanuel Godinho de Erédia）在著作中写到，马六甲"中国村"的居民主要是来自福建的漳泉人，书中附上的地图中出现了"漳州门"及"中国渠"的地标。[①]

地处东西海上交通要道、位在马六甲海峡中部的古城马六甲，是15世纪马六甲王朝（即中国古籍中的"麻剌加"，Malacca Sultanate）时代的东南亚贸易基地。后来马六甲先后成为葡萄牙与荷兰在东南亚的殖民地。1641年，荷兰攻占葡萄牙自1511年就开始统治的马六甲，马六甲成为荷兰的殖民地。荷兰在马六甲的政权延续到19世纪初。当陈月中于1776年或1777年抵达马六甲时，马六甲正处于荷兰统治时期。

---

① *Erédia's Description of Malacca, Meridional India, and Cathay*, translated from the Portuguese with notes by J.V. Mills (Singapore: Malayan Branch, Royal Asiatic Society, 1930); 张礼千：《马六甲史》，新加坡：郑成快先生纪念委员会，1941，第329页。

图 2-2 易利迪亚绘制的马六甲"中国村"

陈月中家庭

陈月中抵达马六甲后发现他再也不能当农民了。因为在马六甲,只有住在郊区的马来人才从事农耕工作。由于缺乏陈月中在马六甲的资料,我们推测他也和许多出洋的华人一样,受益于海外侨社流传已久的乡亲互助机制。他可能在同乡的引介下到市区同乡的店里工作。

根据陈笃生家谱,陈月中在马六甲娶侯玉娘为妻,何年结婚,不详。侯玉娘出生于1771年,比陈月中小16岁。她是地地道道的土生娘惹,其父是祖籍福建后坑名不见经传的峇峇侯汉,也许经商。婚后他们育有三男二女:长男孟郎(家谱没有记载出生日期),成年后在往安南途中失事,不知所踪。次男有郎于1797年出生,第二年原名为卓生的笃生出生,两个女儿冈娘和缘娘,出生日期不详。当1797年次男陈有郎出生时,陈月中已经42岁,其夫人26岁。由此推论,他结婚时已年近40岁。

陈月中晚婚有助于追查其生平线索。他结婚时已经工作了20余年,积蓄肯定不少。于是,他以20年的积蓄开店做小生意,和家人安居乐业。1821年,已经有余资的他捐款给教会慈善团体,[①] 可见他创业以来生意良好。

---

① 《察世俗每月统记传》卷七,道光元年(1821),第3页。

但是马六甲的局势却不平静，局势动乱源于欧战爆发。1794年法国占领荷兰。荷兰共和国总督避难伦敦，下令将海外殖民地包括巴达维亚和马六甲交由英国托管。翌年8月，英国东印度公司槟城驻扎官派数千人强大部队接管马六甲，如果在地荷兰总督抗命，即奉命强攻马六甲。而在地荷兰总督也准备顽抗，不惜一战。面对一触即发的战事，马六甲各族居民慌乱逃入深山避难，新婚的陈月中和侯玉娘也混在避难人群中。[1] 兵力有限的荷兰总督在最后一刻放弃抵抗，让英军和平接管马六甲，避难的居民才松了一口气，恢复正常生活。

陈笃生的童年

陈笃生的童年和青少年岁月是在法夸尔（William Farquhar）治理马六甲时期（1803~1818年）度过的。这十余年，马六甲居民包括陈笃生一家面对前途未卜的时局惶恐不安。动荡不安的时局对陈笃生的人生观有一定的影响。

1805年，陈笃生第一次深感时局不安定。那年，英国启动放弃马六甲的计划，把大部分驻守马六甲的军队撤回槟城，并摧毁坚固的马六甲堡垒及公共设施，计划将马六甲居民迁徙到槟城。陈月中一家（陈笃生时年七岁）跟其他各族居民又一次陷入危机，惶恐度日。虽然英国政府提供免费交通工具接送居民到槟城，但是世代居住在马六甲的居民，生于斯，业于斯，要他们连根拔起搬迁到人地生疏的槟城从零开始，他们坚决拒迁，并向政府陈情反对迁移到槟城。[2]

法夸尔与莱佛士两人在这关键时刻出现。1803年至1818年，法夸尔出任马六甲驻扎官。他是个亲民的驻扎官，还娶了一个当地妇女，当地居民给他取昵称为"马六甲王"。他同情居民的反迫迁行动。1806年，法夸尔向槟城总督

---

[1] K. S. Sandhu & Paul Wheatley (eds.), *Melaka: The Transformation of a Malay Capital, c. 1400–1980* (Kuala Lumpur: Oxford University Press, 1983). Vol I, p. 243.

[2] K. S. Sandhu & Paul Wheatley (eds.), *Melaka: The Transformation of a Malay Capital, c. 1400–1980*, p. 244.

陈情留守马六甲的重要性。[1]迁徙问题迟迟未决，前途未卜的居民依旧生活在水深火热之中。

1808年下半年，时任槟城总督助理秘书的莱佛士到马六甲养病，下榻法夸尔官邸。休养期间，他目睹马六甲堡垒被拆除以及各族居民惶恐度日的情景，他惊觉有关当局放弃马六甲及迁徙人口的失策。同年10月，莱佛士休完病假回到槟城，呈上报告给其总督上司，指出伦敦当局下令放弃马六甲，以及迁徙世代居住于马六甲的近两万人口的决策是错误的。总督将莱佛士的报告转呈伦敦与印度孟加拉当局。翌年3月，驻扎在印度的大总督根据莱佛士的报告下令停止迁徙命令，这才让马六甲居民安心过上几年平静的日子。[2]

陈笃生的童年就是在这动荡时局下度过的。英国东印度公司当局放弃马六甲及人口迁徙政策导致的当地居民和陈笃生父母的极度焦虑，陈笃生必定感同身受。童年留下的阴影，可能促使他比其他同龄孩子成熟，且更具强烈的危机意识。

陈笃生的成长岁月

陈笃生的父亲陈月中为第一代移民，母亲是土生土长的娘惹。因此，陈笃生兄妹是在融合了中国传统文化和峇峇文化的家庭环境下长大的。陈笃生兄妹从父亲那里学会了家乡的闽南话，能和父亲及华社中其他第一代移民沟通。他们也从母亲那里学会了掺杂着闽南话的峇峇马来语。马来语是当时马六甲华社的通用语及社交语言，对于与当地居民和土生华人做生意至关重要。再加上后来掌握的英语，都对陈笃生日后到新加坡发展大有帮助。

身为一家之主的陈月中主外，娘惹侯玉娘主内，负责家庭事务，尤其是三餐。因此，每天餐桌上主要是甜酸、辛香、微辣的口味浓重的娘惹菜肴。娘惹

---

[1] Nadia H. Wright, *William Farquhar and Singapore: Stepping Out from Raffles' Shadow* (Penang: Entrepot Publishing, 2017), p. 48.

[2] Nadia H. Wright, *William Farquhar and Singapore: Stepping Out from Raffles' Shadow*, p. 48.

菜肴是加入了马来菜元素的中国菜，是南洋风味佳肴之一，所用酱料由起码十种以上的香料（如椰浆、香茅、南姜、辣椒、肉桂、班兰叶等）调配而成。还有以椰奶、椰糖、黑糯米为材料的特殊南洋风味娘惹糕点，如糯米糕、木薯糕、千层糕、红龟粿等。

陈笃生一家也和其他峇峇家庭一样信奉中国传统的民间信仰，家里有神座，供奉观音、关帝及灶神。峇峇也信奉祖先崇拜，在屋里设祖先牌位。① 峇峇每年庆祝的华人节日包括春节、清明节、端午节、中元节、冬节，春节前会大扫除、送灶神、祭祖、挂春联等。大部分峇峇的祖籍是闽南地区，在元月初九拜天公。②

陈笃生在海峡殖民地档案里的端正华文签名是用毛笔写的，③ 可见他曾经在马六甲接受华文教育。因此，探讨19世纪初马六甲的华文教育情况，可以揭开陈笃生华文教育背景之谜。19世纪前半叶，陈笃生处于求知欲最旺盛的青少年时代。

图 2-3　陈笃生中文签名

图片来源：新加坡国家档案馆。

19世纪初，马六甲华社已有私塾的记录。根据1820年1月伦敦传道会在马六甲出版的季刊《印中搜闻》（*Indo-Chinese Gleaner*）的报道：1815年，马

---

① Tan Chee Beng, *The Baba of Melaka* (Kuala Lumpur: Pelanduk Publications, 1988), p. 147.
② 林源瑞：《漫步古城老街谈故事》，马六甲：作者，2010，第60~62页。
③ *Straits Settlements Records*, S10, 17 October 1843, p. 146.

六甲有九所华文私塾,其中八所供福建子弟入学,有 150 名学童,另一所供广东学童入学的私塾有 10~12 名学童。

伦敦传道会传教士米怜（William Milne）在 1815 年由澳门来到马六甲不久后出版《察世俗每月统记传》及创设中文义学,到处张贴《立义馆告贴》:"今定在呷地而立一义馆,请中华广、福两大省各兄台,所有无力从师之子弟,来入敝馆从师学道成人。其延先生教授一切之事,及所有束金、书、纸、笔、墨、算盘等项,皆在弟费用。"[1]虽然缺乏陈笃生就读哪一所学堂的相关资料,但陈笃生到其中一所福建私塾肄业的可能性最大。

当时福建私塾实行全日制,各私塾都设有孔子神坛,挂"万世师表"牌匾。由《三字经》启蒙,然后才读"四书"。朗诵、背诵临字帖是中国旧式教育的教学法。私塾的入学仪式隆重庄严,学生会带鸡蛋、豆浆送给老师作为见面礼,寓意日后老师的教导会顺利无阻地"流"入学生的大脑里。[2]学费则是贫穷学生每年 8 元,富有学生双倍以上。学费美其名为"脩金",在学年结束时缴交。家长须提供孩子的桌椅、课本、纸、毛笔、墨砚等。上课时间为每天早上六时到傍晚六时,早上及中午有两小时至三小时休息和吃午饭时间。农历十二月至元月中放年假,其他假期并不多,只有四季重大节日如春节、清明节、中秋节及孔夫子生日才放假。[3]

《三字经》是中国的传统启蒙教材,浅显易懂。内容包罗万象,从文史、天文地理到人伦义理、忠孝节义等,还教导学童礼义廉耻等做人做事的道理。陈笃生就在这种福建私塾的教育中受教与成长。虽然家庭的多元语言环境使他学习进度缓慢,可是数年的学堂教育为陈笃生奠定了中文基础,也让他学习了中国传统文化与伦理道德,扩展了他的人生视野。

1844 年 2 月 3 日,陈笃生在新加坡的市政厅主持一场与欧洲人的会议,这一史实使我们推测他也可能曾就读于 1815 年米怜开办的华文教会学校,在

---

[1] 《察世俗每月统记传》卷二,嘉庆二十年（1815）,第 4 页。
[2] *Indo-Chinese Gleaner*, Vol. XI (January 1820), pp. 267–268.
[3] *Indo-Chinese Gleaner*, Vol. XI (January 1820), pp. 267–268.

那里他第一次接触到欧洲人，并学到一些英语以及欧洲文化。传教士米怜创办的"马六甲华人济困疾会"（Malacca Chinese Samaritan Society）之所以受到马六甲华人包括陈月中等的热情捐助（详后），可能是为了感谢米怜给他们的孩子提供免费教育。

陈笃生也可能从家教老师那里学习英文。文西阿都拉（Munshi Abdullah）在其自传中说，欧亚籍英文家教老师大部分来自印度马德拉斯或荷兰属地。[1] 在法夸尔治理马六甲期间，由于英语已成为官方与各族上流社会的流行语言，一时间，马六甲掀起一股学英文的风气，尤其是富贵人家。可以合理推论，陈笃生、陈有郎以及同世代的峇峇如蔡沧浪、陈金声等，都曾经在家教老师的辅导下学习初阶英文。学习英文有助于陈笃生日后在新加坡与外商和官方往来及洽商生意。

陈笃生来新前的经济状况

最近发现的陈月中和陈有郎的档案资料，使我们得以重新评估陈笃生、陈有郎两兄弟移居新加坡前夕，陈笃生一家在马六甲的经济状况。新资料显示，陈笃生一家在马六甲已经是小康之家，而非如《新加坡自由西报》特稿所述的那般经济拮据。该报在陈笃生于1850年去世不久刊登一篇讣告式特稿，讣闻说："陈笃生的职业生涯几乎全部在新加坡，他在殖民地建立后不久来到新加坡，当时他没有任何资财，唯一的资本是勤勉和节约。他开始做小生意，到乡下买蔬菜、水果、家禽等，然后在城里零售。"[2]

1821年，默默无闻的陈月中的名字出现在马六甲一个慈善团体——马六甲华人济困疾会的捐款人名单里，陈月中捐金1元给该慈善团体。[3] 该慈善团体虽然是米怜于1819年在马六甲所创立的，但获得华商大力支持，由时任甲

---

[1] Abdullah bin Abdul Kadir, translated by A.H. Hill, *Hikayat Abdullah* (Kuala Lumpur: MBRAS, 2009 reprint), p. 97.
[2] *Singapore Free Press*, 1 March 1850.
[3] 《察世俗每月统记传》卷七，道光元年（1821），第3页。感谢颜清湟教授提供此材料。

必丹曾有亮担任主席，执委会成员包括三名闽帮代表、三名粤帮代表以及包括米怜在内的两名欧洲人代表。其宗旨是协助贫穷、困苦、残疾的孤苦伶仃人士，包括老年人、无父无母的孤儿、寡妇等，受惠人士不分省籍与姓氏。同期捐款人还包括：王猜（1830年任新加坡恒山亭总理）1元、许荣科（1838年任青云亭炉主）2元、庆德会会员王彩凤8钫（fanams，英国东印度公司时期印度流通货币）、陈天成2元与颜元珍6钫等。① "慈善捐款"或"义捐"意味着陈月中业已脱贫。

再者，陈笃生一家在新加坡开埠前也和马六甲富有人家一样，蓄有家奴做粗重工作和家务。马六甲自17世纪由荷兰政府统治以来，各族富有人家的蓄奴之风很盛。蓄奴也被视为社会地位及财富的象征，即使在英国托管马六甲期间（1795~1818年），蓄奴也无法取缔，只能做到禁止家奴作为礼物而已。② 1824年英国统治马六甲后，下令对家奴进行注册，陈有郎也出现在须为家奴注册之列。根据家奴注册名录，蓄奴5人以上的华人大户有：甲必丹曾有亮蓄奴13名、陈送10名、蔡沧杰（蔡沧浪兄弟）10名、许荣科5名等。③ 陈有郎被列为蓄奴小户（5名以下）。④ 蓄奴名册是以陈有郎之名注册的，而非其父亲陈月中。这一事实显示出陈有郎在陈家和家族生意中的重要角色，而陈笃生那时也许已经在马六甲的家族生意里学习经商了。

上述义捐与蓄奴记录，证明了陈笃生一家在南下新加坡前已属小康。峇峇社会盛行门当户对的婚配风气，陈笃生的妹妹缘娘嫁给马六甲富商曾举荐，⑤ 侄女荫娘（陈有郎的女儿）嫁给恒山亭大董事薛佛记之子薛茂元。这种联姻关系也加强了陈家经济条件不错这一论证的可信度。

---

① 《察世俗每月统记传》卷七，道光元年（1821），第3页。
② Nadia H. Wright, *William Farquhar and Singapore: Stepping Out from Raffles' Shadow*, pp. 41–42.
③ *Straits Settlements Factory Records*, 169, cited in Nordin Hussin, *Trade and Society in the Straits of Melaka: Dutch Melaka and English Penang, 1780–1830* (Singapore: NUS Press, 2006), pp.180–181.
④ *Straits Settlements Factory Records*, 169, cited in Ling Siang Chih, "Notes on Five Chinese Kapitans of Malacca in Dutch Sources", *Asian Culture*, No. 42 (December 2018), p. 121.
⑤ 曾举荐为萃英书院创立时董事，为天福宫捐金170元（1840年）。

图 2-4　在马六甲的陈月中墓

图片来源：陈笃生家族珍藏。

陈笃生的父亲陈月中于 1839 年在马六甲去世，享年 85 岁。陈笃生母亲侯玉娘在其去世后一年也在马六甲过世，享年 81 岁。陈笃生父母都葬在马六甲。侯玉娘立遗嘱将次男陈有郎列为遗嘱执行人。遗嘱规定分别给已去世的三男陈笃生及四女罔娘、幼女缘娘各 5 西班牙元；扣除上述分配、葬费及债务后的资产，由遗嘱执行人全权处理。①

---

① *Last Will and Testament of Kow Geok Neo, deceased, 11 June 1851.*

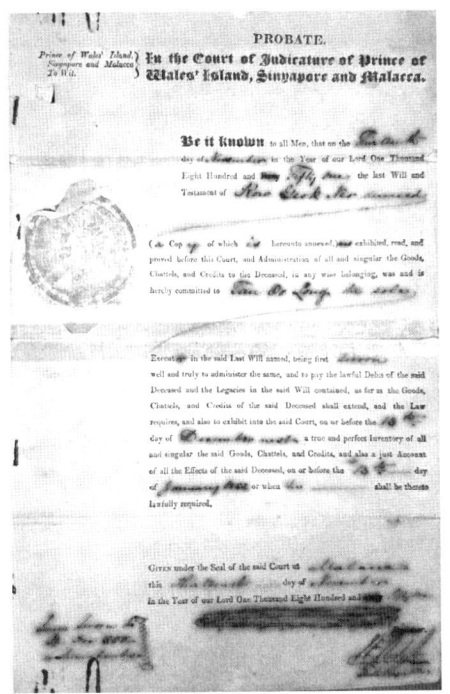

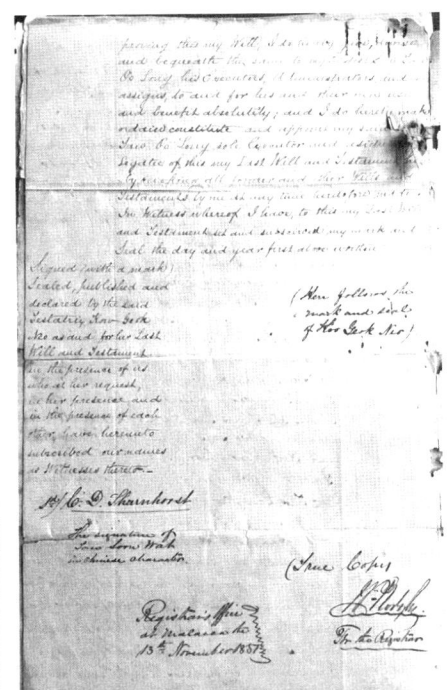

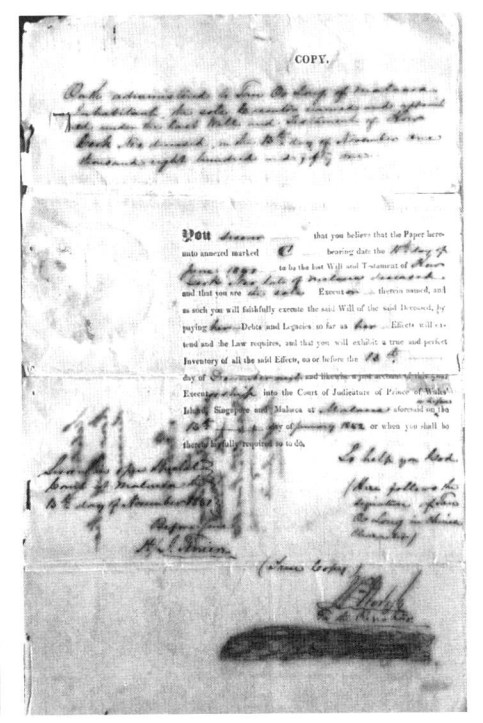

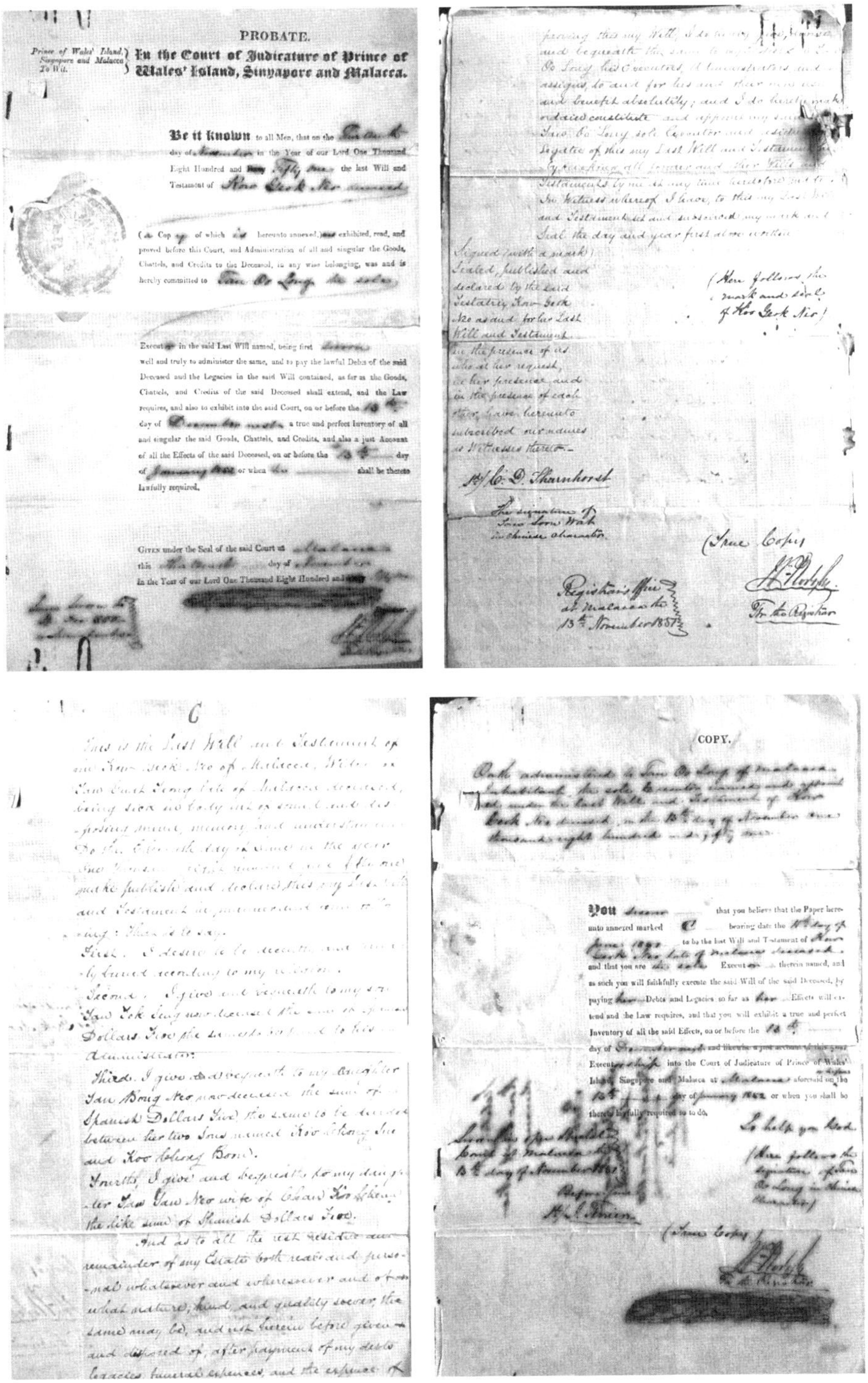

图 2-5　侯玉娘遗嘱

图片来源：陈笃生家族珍藏。

第三章

陈笃生企业之路

林孝胜

1819年2月6日，英国东印度公司与马来酋长东姑隆〔Tengku Long，即后来成为新加坡苏丹的胡申（Sultan Hussein）〕和天猛公阿都拉曼（Temenggong Abdul Rahman）签订条约后，正式在马来半岛南端的新加坡建立贸易站，并于1820年8月12日宣布新加坡为自由港。其实早在1818年把马六甲交还给荷兰人之前，莱佛士与法夸尔忙着在马六甲海峡东部寻找建立新商站已是公开的秘密。因此，具有冒险精神的马六甲华商，包括陈笃生和兄长陈有郎前来新加坡闯天下只是时间问题而已。

何时来新加坡？

与人们的普遍说法相反，陈笃生一家在马六甲实际上已是小康之家，而且有钱蓄奴①（见第二章）。陈笃生绝不是一穷二白的移民，提着两篮食物在城里兜售，就如一些电视纪录片和戏剧中常描绘的那样。

近年来学界研究显示，陈笃生及大部分马六甲华商约于1822年至1823年移居新加坡。开埠之初，涌入新加坡的第一波华人大部分是来自各地（如槟城、马六甲）跟建筑业有关的劳工和技工。法夸尔的首要任务是引进大批劳工和技工来建设桥梁、

图 3-1 陈笃生画像
图片来源：陈笃生家族珍藏。

---

① 所谓奴隶，主要是家庭佣人或工人。在荷兰和英国托管统治下的马六甲，蓄奴是财富和社会地位的象征。有关蓄奴课题，参阅 Nordin Hussin, *Trade and Society in the Straits of Melaka: Dutch Melaka and English Penang, 1780–1830*, p.177; 以及 Anthony Reid, "Introduction: Slavery and Bondage in Southeast Asian History", in Anthony Reid (ed.), *Slavery, Bondage, and Dependency in Southeast Asia* (New York: St. Martin's Press, 1983)。

道路等各种基础设施。自1820年起，这批劳工和技工（千余人）聚居在新加坡河南岸吻基的沼泽地带。[①] 虽然海峡殖民地档案记录了陈送及蔡沧浪于1820年至1822年来到新加坡，[②] 但华商涌入的趋势还未形成。由于南下新加坡的唯一通道是危险的海路，途中会遭遇海盗和荷兰巡逻艇的攻击，同时新加坡的基础设施如排水系统、道路、桥梁等也还有待建设。因此，这些因素可能让马六甲华商暂时采取观望态度。

1822年底或1823年初，莱佛士开始进行城市规划，并积极招商。莱佛士特别指示要将具有商业价值的土地如海岸及新加坡河西南岸开辟为商业区，供各族商人开店经商与设立货仓之用。1822年，居住在吻基的华人劳工、技工被迫搬迁。[③] 1823年，在莱佛士亲商人的城市规划成形后，马六甲华商纷纷南下新加坡发展。

1823年12月28日，当首任驻扎官法夸尔辞官离开新加坡返回英国时，社会各界热烈欢送。临别前夕，各界为其举行了送别会，由各族商界代表致告别词，陈送代表华商致辞，致辞充满感性。在讲稿后签名的95名华人中，包括41名闽商、14名粤商以及40名海员（可惜没有附上姓名）。[④] 过后，华商代表还赠送了一个在英国特制的精美银盘给法夸尔作纪念，以表达华商对法夸尔在新呷公平施政的感谢。银盘上刻有一段文字："作为他们（华商）高度评价他（法夸尔）的品格与其在马六甲和新加坡的施政的标志。"[⑤] 法夸尔对华商代表团说："你们中的许多人都有在马六甲和新加坡政府体制下生活了20多年的经历，所以你们很乐于赞扬……"[⑥] 银盘上的刻字及法夸尔的演讲中都刻意强调"马六甲"一词，表示这41名闽南籍商人大多来自马六甲。可以合理地

---

① *Straits Settlements Records*, L6, 4 December 1822, pp. 25–28.
② *Straits Settlements Records*, L4, 24 February 1821, p. 303; L13, 29 April 1823, pp. 130–131.
③ C. B. Buckley, *An Anecdotal History of Old Times in Singapore* (Singapore: University of Malaya Press, 1965 reprint), pp. 116–117.
④ Nadia H. Wright, *William Farquhar and Singapore: Stepping Out of Raffles' Shadow*, pp. 223–225.
⑤ John Bastin, *The Farquhar Silver Epergne Presented by the Chinese Inhabitants of Singapore* (Singapore: National Museum, 1993), unpaged.
⑥ Nadia H. Wright, *William Farquhar and Singapore: Stepping Out from Raffles' Shadow*, p. 224.

推测，这41名闽帮商人中可能也包括陈笃生和陈有郎。

陈笃生起初在新加坡经营小本生意，是一个零售商。民以食为天，因此他从食物供应做起，每天到郊外村庄收购蔬菜、水果、家禽等，拿到城里卖。[1]他的业务发展迅速，不久就在新加坡河岸开店。[2]

根据宋旺相的记载，在1828年，陈笃生与陈有郎的名字也出现在了直落亚逸街和新加坡河南岸吻基地契名单中，[3]显示两兄弟已经在新加坡创业，并有余资投资地产。陈笃生于1828年在吉宁街购置一块土地，面积2236平方尺，属于999年地契（从1828年2月25日起），地契编号为39号，地租每年4西班牙元。[4]

南下新加坡发展之初，陈有郎的经济条件比弟弟陈笃生强。1830年立的《恒山亭碑》所记录的闽帮设立恒山亭公冢捐款人名录中，陈有郎捐金200西班牙元，陈笃生捐金80西班牙元。[5]陈有郎于19世纪30年代初与多名著名华商如龚光传、周梅（音译Chew Boay）、梅记（音译Buay Kee）合伙做生意。[6]但到了1840年，陈笃生已经成为新加坡华商的领头羊了。是年，他率领闽帮建立天福宫，并荣任大董事，成为闽帮及华社领袖。在1850年所立的天福宫创立碑的捐款人名录中，陈笃生捐款最多，捐金3074西班牙元，而陈有郎只捐200西班牙元。[7]

1830年至1840年这10年，陈笃生的企业发展神速，从仲介商转型为区域出入口商。

---

[1] *Singapore Free Press*, 1 March 1850, p. 2.
[2] Song Ong Siang, *One Hundred Years' History of the Chinese in Singapore* (Singapore: University of Malaya, 1967 reprint), p. 66.
[3] Song Ong Siang, *One Hundred Years' History of the Chinese in Singapore*, pp. 25–26.
[4] *Singapore Free Press*, 13 October 1859, p. 3.
[5] 陈荆和、陈育崧编著《新加坡华文碑铭集录》，第222页。
[6] *Singapore Chronicle*, 30 June 1831, p. 1; 14 July 1831, p. 1; 1 December 1831, p. 1.
[7] 陈荆和、陈育崧编著《新加坡华文碑铭集录》，第58~59页。

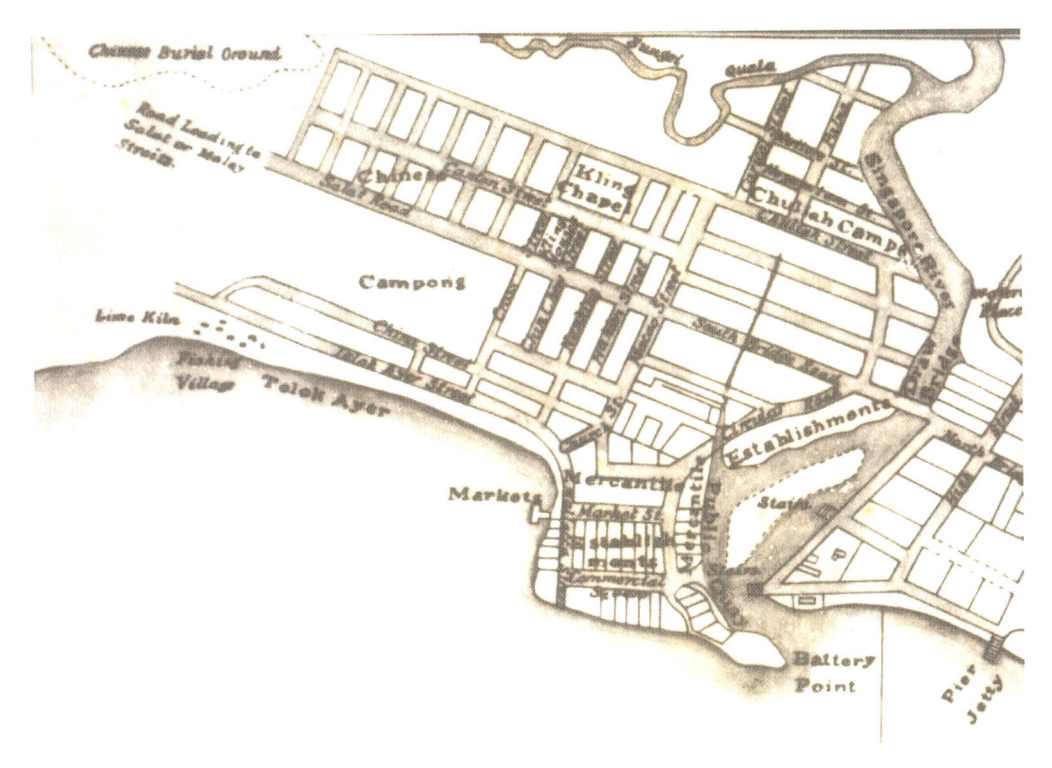

图 3-2　1828 年杰克逊中尉所绘新加坡城市规划

图片来源：新加坡测量局、新加坡国家档案馆提供。

仲介商起家

吻基，即新加坡河畔的驳船码头，是陈笃生起家的福地。吻基位于新加坡河南岸，是新加坡转口贸易的中心。当年，大型商船都停泊在外海，货物由驳船运到新加坡河西南岸的洋行与华商的货仓。为方便货物起落及囤货，从事转口贸易的公司多设在吻基。同时期在吻基设立的众多商行与货仓中，还有著名商人如牙直利（James Guthrie）、怀特海、杨佛应（Hooding）、陈金声、薛文仲、胡亚基（Whampoa）、花莎尼（MacLaine Fraser）及所罗门（Abraham Solomon）等。

陈笃生的商号的中文名为"振成号"，[①] 英文名为"Tocksing & Co."（陈

---

① "Letter of Tan Tock Seng to Governor Butterworth", *Straits Settlements Records*, S10, 17 October 1843, p. 146 & enclosure, 信末有陈笃生的中文签名，加盖振成号印章。

笃生商行），属于独资企业，设在吻基56号与57号的两个地段，为999年地契。①（关于这两个地段的更多详情，见第八章第一节）他和家人就住在店里。现存最早的1846年《新加坡指南》刊登的振成号地址是"新加坡吻基"。②陈笃生后裔陈金钟、陈武烈都沿用"振成"作为商号。因此，"振成"成为陈笃生家族企业的名号。

图 3-3　陈笃生的中文签名与印章

图片来源：新加坡国家档案馆。

美国海军军官查尔斯·威尔克斯（Charles Wilkes）的海外探险队曾于1842年1月19日至2月26日访问新加坡。他目睹当时的吻基景观如下："（新加坡河两岸的）旧与新城区显示出不同风格的建筑和居民。前者（吻基）位于河的西南或左手边，沿着码头有一排漂亮的粉刷过的仓库。大部分建筑的底层由短距离柱子支撑着。它们只有两层楼高，没有建筑装饰，但却是方便贸易的建筑物。在右边可以看到政府办公大楼。"③威尔克斯看到的仓库，其中一间就是陈笃生的商行。

---

① *Straits Times*, 4 June 1850, p. 4.
② *Singapore Almanack and Directory for the Years 1846–1869*.
③ Charles Wilkes, *The Singapore Chapter of the Narrative of the United States Exploring Expedition during the Years 1838, 1839, 1840, 1841, 1842* (Singapore: Antiques of the Orient, 1984), p. 3.

19世纪30年代,陈笃生及同世代的马六甲华商都以仲介商起家。

黄麟根教授对新加坡转口贸易的具体运作有很好的阐述。他指出,新加坡的经济几乎完全依赖于转口贸易。新加坡是欧洲、印度和中国等地商品和产品交换的集市,也是马来群岛和邻近的亚洲国家如中国、暹罗、越南及柬埔寨的商品交易中心。欧洲和印度的制成品和农产品在进口后没有经过加工就转运(出口)到其他地方。同样,中国、马来群岛、暹罗和交趾(泛指越南)的产品通过新加坡被转运到印度和欧洲市场。中国和马来群岛之间的货运也通过新加坡。[①]

在殖民地经济体系里,新加坡的在地洋行代表着母国工业家的利益。他们大部分是欧洲公司托运制度下的代理商行,操控了新加坡的转口贸易,比如英国剩余的制成品就由他们代销、抽佣。洋行在获得货物托运后并没有直接将商品出售给亚洲贸易商,由于数量少、族群不同和语言不通的关系,他们必须依赖华商来完成原料生产和交换的经济活动。华商除了有特殊人脉和销售网外,更了解各邻近市场的需求。[②] 由于这些华人仲介商资本薄弱,欧商别无选择,只能赊销商品。因此,殖民地政府和洋行也鼓励华商在岛屿贸易和与中国贸易中收集区域土产转卖给洋行,以及让华商协助洋行销售欧美工业制成品给消费者。

1829年4月23日,《新加坡纪事报》报道了该年4月几艘来自厦门和广州的中国帆船抵达新加坡时,华商及船长在船上展开的实际交易场景,验证了黄麟根所描述的仲介商作业运作。[③]

1829年4月,有三艘厦门帆船及五艘广州帆船抵达新加坡,船的载重量介于250吨到400吨。两地商船运来的货物大同小异。厦门帆船带来的商品主要是陶器,建筑材料如瓷砖与花岗石板,纸伞,面条,干果,香烛,冥纸,烟叶,蓝、绿、黄色棉布及生丝等,货值约五六万西班牙元。广州帆船的货物除了上述各商品外,还带来绸缎、樟脑、糖果、茶叶和大量蓝、绿及黄色棉布

---

① Wong Lin Ken, *The Trade of Singapore 1819–69* (Kuala Lumpur: Malayan Branch of the Royal Asiatic Society, 2003 reprint), p. 160.
② Wong Lin Ken, *The Trade of Singapore 1819–69*, p. 160.
③ *Singapore Chronicle*, 23 April 1829, p. 2.

以及生丝，货值和厦门帆船的商品货值相同。货物都属于人在新加坡的船东所有，船长及大副（本身也带 100 担至 200 担不等的商品来卖）负责售卖船东的货物和购买回航的货物。在船抵达新加坡当天，各路华商即刻登船检验各种货物的数量。接下来几天，船长会上岸了解当地市场，与商家进行贸易。这些货物通常在一两周内售罄，主要供应给华人市场。新加坡华商成为这些货物的出入口商，以及输出到马来半岛及荷属东印度群岛的头盘商。在地的头盘商则再转销给二盘商、三盘商等。另一部分商品如丝绸、生丝及茶叶则供应给欧洲市场，也要通过华商之手转销给欧洲洋行，由洋行转运到欧洲市场。至于各色棉布，则通过华商之手转售给婆罗洲（Borneo）和武吉士（Bugis）土著。而来自厦门及广州的帆船在回航时带回的货物大致相同，有东南亚各式各样的土产如燕窝、鱼翅、樟脑、海参、樟木、乌木、玳瑁壳、藤、打火石等。此外，广州帆船也带回锡、胡椒、甘蜜、鸦片。[1]

报道明确指出，陈笃生及同世代华商在区域经济及殖民地经济体系下扮演着两大仲介商角色。其一，作为给本地和区域华人市场提供华人生活用品，给欧洲市场提供中国的高值丝绸、生丝及茶叶，以及给马来群岛土著市场提供中国棉布的仲介商。他们控制了这批货物的供应线和转销线，商机无限。其二，在整个殖民地经济体系内，华商、洋行（欧商）、中国及东南亚土著商基于共同的商业利益，形成了一个紧密交织、互补的商业网络。在 19 世纪中叶或中国五口通商以前，他们组成了一个牢固的东西方之间的转口贸易链。

19 世纪 20 年代至 30 年代，扎根于新加坡的陈笃生成功地扮演了关键性的在地仲介商角色，促成了中国产品、欧洲工业制成品及东南亚土产的交换和流通。在此基础上，陈笃生购买欧洲包括英国等地的制成品、中国商品及南洋土产，然后转售给洋行，或与来到新加坡的亚洲贸易商进行物物交易。陈笃生能从 1830 年的普通商人一跃而成 1840 年的大商人，也充分证明他是一个成功的仲介商。也许是他出色的表现引起了英国著名商人怀特海的注意，怀特海对

---

[1] *Singapore Chronicle*, 23 April 1829, p. 2; 25 March 1830, p. 1.

陈笃生后来的人生亦产生了很大的影响。

陈笃生的贵人

约翰·怀特海是一名英籍商人，在远洋托运界颇负盛名。他约于1830年来新加坡发展，并以新加坡为基地，经营往返马六甲、槟城、中国及马来群岛的转口贸易托运业务。1835年2月，他加入格雷汉麦肯兹公司（Graham MacKenzie & Co.）成为主要合伙人及业务执行人，并将公司改组，更名为肖怀特海公司（Shaw，Whitehead & Co.）。其托运业务除马来半岛、中国和东印度群岛外，也扩张到伦敦、加尔各答（Calcutta）及中南半岛。除租货船外，公司还拥有一艘重约240吨名为"塞缪尔·霍洛克斯号"（Samuel Horrocks）的三桅帆船。从1833年至1835年，他被海峡殖民地总督委任为新加坡的陪审员。

陈笃生什么时候认识怀特海，不得而知。据推测应该是在19世纪30年代，那时陈笃生因为业务关系，结交了不少欧商包括怀特海。19世纪30年代初，乔治·厄尔（George Windsor Earl）曾经到访新加坡，他对马六甲华商比其他商人更成功留下了深刻印象。厄尔在他的著作《1832~34年东海或印度群岛的航行与冒险》中写道："出生于马六甲的华人与欧商的交往比其他人更为直接……他们这群人有些曾经在马六甲书院接受教育，许多人的英语说得还不错，而且通过与欧洲人的不断交流，他们在某种程度上养成了西方人的一般习惯和交易方式，这使他们比那些没有享受到类似优势的人更容易让后者接受他们。他们都从事商业活动，许多是独立的商人……"①

华商加入洋行成为股东，在19世纪是颇不寻常的事。在那个年代，合伙生意一般上是欧商之间合伙，而跨族群合伙很特殊；华商寻求合伙对象则更偏向同乡或同方言群，而跨帮合伙也不多见。19世纪30年代，新加坡商会由洋行垄断，在商场上，洋行至上，华商只是依附于洋行而存在的仲介商。陈笃生

---

① George Windsor Earl, *The Eastern Seas or Voyages and Adventures in the Indian Archipelago in 1832–33–34* (London: W.H. Allen & Co., 1837), p. 365.

能够成为洋行的股东的唯一可能是受怀特海之邀而加入。因此，两人之间的密切业务来往，也是顺理成章的事。

总之，这一历史性的华洋生意合伙是互惠互利的。怀特海借助陈笃生十余年来周旋于抵达新加坡的中国帆船和马来群岛舢板之间，掌握了有关中国及马来群岛货品市场的第一手情报，而陈笃生则借助怀特海给他的平台去深入了解转口贸易托运环节的运作窍门，以及西方经营与管理之道。这次合伙拓展了陈笃生的视野，也提高了他在新加坡商界的地位。

如前所述，陈笃生在19世纪20年代末已经购置了部分英国殖民地政府在新加坡市中心发放的84个地段。他与怀特海的商业伙伴关系，肯定有利于进一步增加他的地产投资组合。[①]

1841年12月7日，陈笃生商行授权登报代售属于肖怀特海公司拥有的塞缪尔·霍洛克斯号三桅帆船，[②]表明陈笃生和此公司的关系匪浅。这种合伙关系在怀特海去世前三个月终止。1847年4月8日，陈笃生在《新加坡自由西报》登载一则启事，公告各界他与怀特海于1846年6月30日终止合伙关系。

1846年9月21日，怀特海去世，享年36岁，葬在福康宁山的基督教坟场。陈笃生

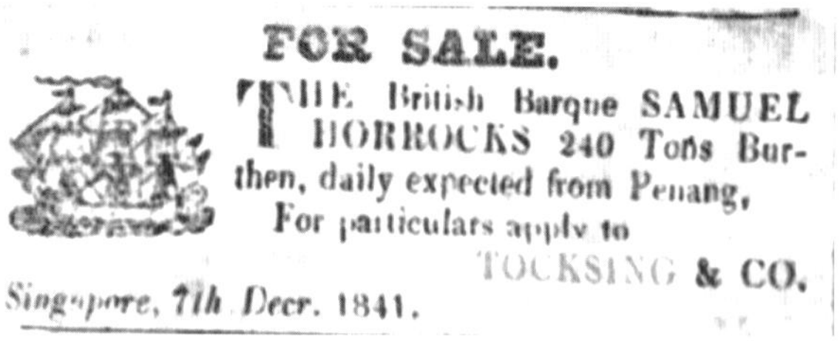
FOR SALE.
THE British Barque SAMUEL HORROCKS 240 Tons Burthen, daily expected from Penang, For particulars apply to
TOCKSING & CO.
Singapore, 7th Decr. 1841.

图3-4　陈笃生商行在《新加坡自由西报》登载代售帆船启事（1841年12月7日）

图片来源：*Singapore Free Press*, 23 December 1841。

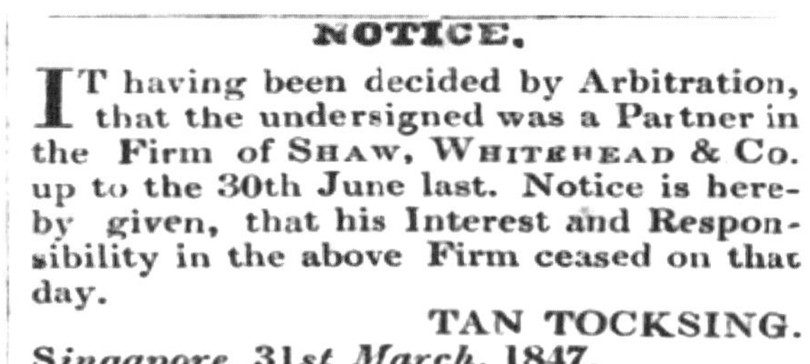
NOTICE.
IT having been decided by Arbitration, that the undersigned was a Partner in the Firm of SHAW, WHITEHEAD & Co. up to the 30th June last. Notice is hereby given, that his Interest and Responsibility in the above Firm ceased on that day.
TAN TOCKSING.
Singapore, 31st March, 1847.

图3-5　陈笃生与怀特海于1846年6月30日终止合伙关系

图片来源：*Singapore Free Press*, 8 April 1847。

① *Singapore Free Press*, 1 March 1850, p. 2.

② *Singapore Free Press*, 23 December 1841, p. 1.

为他立墓碑，并刻上“象征一位华籍朋友陈笃生的感恩和思念”。

成为出入口商

入伙肖怀特海公司的同时，陈笃生也开拓出入口业务。根据现有资料，陈笃生于1836年或更早的时候就正式进入货运行列成为出入口商，经营往返中国、马来群岛、中南半岛、印度及伦敦的转口贸易业务。1836年1月，陈笃生包租一艘来自廖内、名为“福建号”（Hockien）的英国双桅帆船停泊在新加坡港口，准备开往马六甲。陈笃生商行为该船代理商行。[①] 这是陈笃生经营货运的最早记录。他包租该船运载货物由原产地廖内经过新加坡转口到马六甲，突破了洋行对货运的垄断，成为转口贸易的先驱华商。

SHIPPING IN THE HARBOUR.

DATE.	VESSEL'S NAMES.	COMMANDERS.	CONSIGNEES	WHERE FROM	DESTINATION
Nov 23	British bark *Jean Graham*	Warren	Spottiswoode & Connolly	London	London
Dec. 19	British ship *Margaret*	Johns	Douglas, Mackenzie & Co.	China	London
Jan 2	British bark *Singapore*	Lock	Maclaine, Fraser & Co.	Batavia	London
„ „	Dutch brig *Snoek*	Sompong	A. L. Johnston & Co	Minto	Minto
„ 16	Cochin C. ship *Phan Rang*	....	....	Siagon	Pinang
„ „	British brig *Helen*	Macalister	A. L. Johnston, & Co.	Calcutta	Madras
„ 28	E. I. C. schnr. *Zephyr*	Congalton	The Honorable Company	Malacca	
„ „	British ship *Earl of Clare*	Scott	A. L. Johnston & Co.	Calcutta	China
„ 29	British bark *Ruby*	Warden	do.	Calcutta	China
„ „	British brig *Hockien*	Beek	Tocking & Co.	Rhio	Malacca
„ 30	British brig *Vanguard*	Walker		China	

图 3-6 陈笃生经营货运的最早记录

图片来源：*Singapore Chronicle and Commercial Register*, 30 January 1836。

19世纪30年代，陈笃生虽然刚进入被洋行垄断的转口贸易领域，但由于他十余年来与邻近港口的商行建立了很好的人脉，他已经熟悉了上述市场的行情。因此，如表3-1显示，陈笃生的货运区域主要涵盖他熟悉的槟城、马六甲以及东印度群岛的廖内、泗水和三宝垄，加强了东印度群岛和马来半岛的土产与中国产品及欧洲工业制成品在区域内的交换和流通。

① *Singapore Chronicle*, 30 January 1836, p. 4.

表 3-1　1836 年至 1837 年陈笃生商行货运情况

年份	抵达日期	代理	货船	吨位	来自	开往	载货	附注
1836	1月29日	陈笃生商行			廖内	马六甲		
	4月9日	陈笃生商行	英双桅帆船霍京号（Hoginne）	180	槟城	槟城		
	4月	陈笃生商行	英双桅帆船霍京号（Hoginne）		槟城	泗水		
	4月21日	陈笃生商行	英双桅帆船霍京号（Hoginne）		槟城	三宝垄		
	6月2日	陈笃生商行	英双桅帆船霍京号（Hoginne）		三宝垄	马六甲		
	8月5日	陈笃生商行	英双桅帆船霍京号（Hoginne）		北帝（印尼苏门答腊北岸）	马六甲等		
	9月	陈笃生商行	英双桅帆船霍京号（Hoginne）		槟城	槟城		
	10月	陈笃生商行	英双桅帆船霍京号（Hoginne）		槟城	槟城		
	11月	陈笃生商行	英双桅帆船霍京号（Hoginne）		马六甲	槟城		
1837	1月	陈笃生商行	英双桅帆船霍京号（Hoginne）		槟城/马六甲	马六甲/槟城		
	3月6日	陈笃生商行	英双桅帆船霍京号（Hoginne）		马六甲	槟城		
	3月22日	陈笃生商行	英双桅帆船飞来号（Fly）		槟城	马六甲		
	8月6日	陈笃生商行	荷帆船泰拉喜号（Thoy La He）	291	廖内	三宝垄		

资料来源：*Singapore Chronicle, Singapore Free Press, Straits Times*, 1836—1837。

辉煌岁月

陈笃生的出入口业务在 19 世纪 40 年代达到高峰。除了来自马六甲的华商陈坤水曾短暂加股，陈笃生公司属于独资家族企业。陈坤水的股东身份于 1842 年 9 月 26 日结束。[①] 家族企业的特征是拥有权和管理权合一，管理结构

---

① *Singapore Free Press*, 10 November 1842, p. 2.

很简单。陈笃生集东家、决策人及主管于一身。19世纪40年代末，长男陈金钟加入商行学习经商。商行也聘请了记账员、书记与仓库看守员。陈笃生商行有一位欧亚籍老员工，即书记员约翰尼斯·加百列（Johannes Gabriel）。1860年，他还在陈金钟的振成公司当书记。①

在此期间，陈笃生的业务扩展到中国、印度及伦敦的新市场。而促使他的公司在19世纪40年代迅速发展的两大原因是鸦片战争后中国市场的开放，以及他与暹罗王室建立起密切的关系。

19世纪40年代，在中国五口（广州、厦门、福州、上海、宁波）通商的刺激下，庄士顿（Johnston）、莫实德（Boustead）及牙直利等老字号洋行先后涌入中国市场。陈笃生及新冒起的华商如陈金声的丰兴号，也加入并发展与中国、马来半岛的东海岸、爪哇等地的贸易。当时新闻报道指出，中国五口通商后确实提高了欧洲商人对欧洲纺织品进入中国市场的殷切期望，因而促使在华和新加坡的洋行数量大增。之前以中国贸易为主的新加坡洋行只有12家，现在已增加到18家。与此同时，欧商也震撼于大量华商的涌现，他们在没有欧商或洋行帮助的情况下，与中国、马来半岛东海岸、东印度群岛等进行了很多大宗贸易。以前这类贸易主要是掌握在洋行手中。②

面对这千载难逢的商机，陈笃生走出东南亚，向南亚、东亚及欧洲进军，其转口贸易网络扩展到暹罗、缅甸、加尔各答、上海及伦敦（见表3-2）。

表3-2显示1847年陈笃生通过远洋海运将80余英担（1英担=50.8千克）的植物蜡运往英国伦敦。③ 表3-2也显示陈笃生非常重视印度和中国两大市场。除了包租货船外，他还特地建造两艘货船——"金福兴号"与"金福泰号"，分别往返于新加坡—加尔各答及新加坡—上海之间。运往上海和加尔各答的货物包括鸦片、布匹、锡和暹罗苏木。④

---

① *Singapore Almanack and Directory for the Year 1860.*
② *Straits Times*, 18 November 1846, p. 2.
③ *Singapore Free Press*, 7 December 1847, p. 2.
④ *Singapore Free Press*, 7 October 1847, p. 2; 4 November 1847, p. 3; 16 November 1849, p. 1.

表3-2 1845年至1849年陈笃生商行货运

年份	抵达日期	代理	货船	吨位	来自	开往	载货	附注
1845	3月29日	陈笃生商行	英双桅帆船泰隆号（Tyrone）	154	缅甸若开（Arakan）	4月8日启航往龙目		
	9月	陈笃生商行	暹罗三桅帆船狮子号（Lion）	250	暹罗	9月23日启航往仰光		狮子号为暹罗王室众多商船之一
1846	6月	陈笃生商行	荷三桅帆船泰源号（Thai Goan）		巨港	6月20日开往廖内及三宝垄		
	8月	船主陈笃生	帆船金福兴号	300	新加坡	加尔各答		途中遭遇恶劣天气
1847	9月	陈笃生商行	英三桅帆船亚吕敦鸭加号（Arratoon Apcar）		新加坡	加尔各答	45担锡	
	10月	陈笃生商行	英货船架华治家族号（Cowasjee Family）		新加坡	加尔各答	120担又60斤锡	
	10月	陈笃生商行	英货船波比号（Poppy）		新加坡	加尔各答	216磅锡 460担又暹罗苏木	
	11月	陈笃生商行	英三桅帆船艾尔弗雷德号（Alfred）		新加坡	伦敦	80余担又24磅植物蜡	
1848	4月	陈笃生商行	暹罗三桅帆船名人号（Celebrity）	336	新加坡	暹罗		
	11月	陈笃生商行	英三桅帆船罗博罗易号（Rob Roy）	255	新加坡	加尔各答		
	6月	陈笃生商行	英三桅帆船罗博罗易号（Rob Roy）		新加坡	中国		
1849	8月，9月	船主陈笃生	帆船金福泰号	250	新加坡	5月20日离新加坡开往上海		途中停靠海南岛海口，被海盗抢劫并带走
	8月	陈笃生	英三桅帆船罗博罗易号	255	新加坡	加尔各答		
	11月	陈笃生	英三桅帆船罗博罗易号	255	新加坡	加尔各答		

资料来源：*Singapore Free Press, Straits Times*, 1845—1849。

金福兴号与金福泰号皆在暹罗建造。两艘船皆以航行品质而闻名，而且每艘船上都有一个两天的天文表，桅杆、索具、帆等全部镀铜。金福兴号重约300吨，金福泰号重约250吨。①

这两艘船在航运过程中都发生过意外事件。金福兴号于1846年8月开往槟城与加尔各答途中，在苏门答腊海岸遭遇恶劣天气，船身严重受损。华籍船员起哄，要求欧籍船长回航。船长起初拒绝，后同意返回新加坡。② 金福泰号于1849年5月20日离开新加坡前往上海，途中停靠海南岛海口，被一群海盗劫走。后缴交1000西班牙元赎金后，船才归还给船长。③

与暹罗王室关系

与暹罗王室密切的个人和企业关系给了陈笃生第二对羽翼，使其业务达到新的高度。19世纪40年代，陈笃生的转口贸易扩展到暹罗，并与王室建立私交，为后来陈金钟被委为暹罗驻新加坡领事及成为暹罗著名米商铺路。

陈笃生家族和暹罗王室建立关系的时间点始终是个谜。学者一致认为陈笃生与暹罗王室有联系，但都无法确定年代。④ 下面这封信是个突破口，是解密的开端。暹罗王储蒙固于1849年8月在曼谷致信身在缅甸的美国传教士艾多奈拉姆·耶德逊，信中他称陈笃生为"我亲爱的朋友"，有关部分如下：

> 如果你有时间想到暹罗，不要从陆路来，因为国王下令禁止陌生人从北方入境……，你最好先登上开往新加坡的轮船，在我亲爱的朋友陈笃生的家小住一段时间，我可以请他给予你热忱招待。（然后）乘坐几乎每个月都到新加坡的暹罗船来我国，在你往返新加坡（和曼谷）之间，你不需

---

① *Straits Times*, 14 May 1850, p. 3.
② *Straits Times*, 22 August 1846, p. 2; *Singapore Free Press*, 17 December 1846, p. 21.
③ *Singapore Free Press*, 10 August 1849, p. 2; 4 September 1849, p. 1.
④ Vitthya Vejjajiva, "Siam's Old Singapore Ties", *Journal of the Siam Society*, V. 103 (2015), p. 116; Hong Lysa, *Thailand in the Nineteenth Century: Evaluation of the Economy and Society* (Singapore: ISEAS Publishing, 1984), p. 66.

要花任何费用。如果你（预先）让我知道（行程），我可以为你支付或知照船主。无论何时你想给我寄包裹或信件，或寄给你的某些朋友，你应该通过海邮寄到新加坡，写上"新加坡陈笃生转交暹罗曼谷王储蒙固殿下"即可。①

陈笃生扮演着暹罗王储与外界联系的驿站及获取西方知识的窗口角色。这层关系自然有助于发展他在新暹之间的帆船贸易。既然1849年陈笃生和暹罗王储已是知交，两人建立关系的时间点必在更早以前。这意味着两人至迟于1845年或更早之前就已经建立了商贸关系，因为在1845年9月陈笃生租下了暹罗王室的暹罗三桅帆船狮子号载货到曼谷。②

19世纪40年代，陈笃生将业务扩展到暹罗，此时暹罗国王拉玛三世正施行对外开放政策。陈笃生自1836年开始经营货运，到了40年代已有足够经验去扩展货运业务。刚巧这时候暹罗政府的外贸政策有利于亚裔商行，在位的拉玛三世与王储蒙固主张开放政策，积极推广外贸，吸收西方知识。可是，拉玛三世对来暹罗贸易的洋行征收重税。1848年，新加坡商会曾就此上书印度大总督，要求英国政府向暹罗交涉。③陈情书指出，英船对暹罗进口1万担糖要缴近千英镑的重税，简直无利可图，而马来商人或华商进口数量相同的糖则免税。

暹罗王室于19世纪40年代已有船队往返马来群岛和中国之间，积极参与外贸活动。上述蒙固王储的信，透露出在1849年，每个月都有暹罗船往返于新暹之间。实际上，这些船大部分属于王室船只。表3-2记录了1845年9月陈笃生以暹罗三桅帆船狮子号载货到曼谷。④这艘船为王室船只之一。后来陈

---

① Francis Wayland, *A Memoir of the Life and Labors of the Rev. Adoniram Judson, D. D.*, p. 323. 感谢本书作者之一陈婉琳提供此资料。
② *Singapore Free Press*, 25 September 1845, p. 4.
③ *Singapore Free Press*, 7 February 1848, p. 1.
④ *Singapore Free Press*, 25 September 1845, p. 4.

笃生被王室委任为驻新代理,在暹罗建造了两艘船——金福兴号和金福泰号。

火药仓库被盗

1843年,陈笃生火药仓库被盗一案让我们可以一窥他务实的管理风格与架构。

1843年3月28日晚上10时左右,陈笃生的一名书记发现在新加坡河边的陈笃生火药仓库[①]被盗。[②]仓库也租给其他洋行寄放火药。

案发时,三名住在仓库附近的看守员毫不知情。八名窃贼被捕,被控上法庭。何姓书记在法庭透露,案发时仓库内有5000桶火药,其中五家洋行[包括西密公司(Syme & Co.)、史卜迪士及高路厘(Spottiswoode & Connolly)等公司]寄放的192桶火药也被偷窃。陈笃生当晚立即报案。经初步调查,犯罪嫌疑人在直落亚逸街开商店,和陈笃生相识。于是,陈笃生和警察到直落亚逸街店屋搜查,人赃俱获。陈笃生也随同警察一行人乘坐小船到丹戎禺盗窃者藏身处,查获了更多被盗的火药。结果是店主和盗窃者偷窃罪名成立,被驱逐出境。

此案件显示,陈笃生商行除了一位非华裔书记,还有另两名书记及三名仓库看守员。案件也透露了陈笃生鲜为人知的另一面,陈笃生在法庭上说他通常在晚上10点钟以前就寝。他广交附近商家以建立人脉,做事亲力亲为,偶尔也到仓库巡视。

企业家与领袖风范

毫无疑问,19世纪40年代是陈笃生一生中最辉煌的岁月,其企业发展、社会地位及慈善事业皆达高峰。1840年,他荣任闽帮及华社最高机构天福宫

---

① 据推测,陈笃生火药仓库坐落在保赤宫所在的马可新路(Magazine Road),该路因曾经有火药仓库而得名。
② *Singapore Free Press*, 13 April 1843, p. 2.

的大董事（见第五章）。1844年，他出资协助政府设立惠及全民的陈笃生贫民医院（见第七章）。

在公共服务方面，1844年2月，海峡殖民地总督巴特卫（W. J. Butterworth）封陈笃生为太平局绅。[①] 他是新加坡首位非欧籍的亚裔太平局绅。

1844年初，陈笃生率领华民致函卸任不久的前海峡殖民地总督蒙咸（S.G. Bonham），感谢其治理有方，使新加坡各族人民和睦共处、安居乐业。华民还送给他一把在中国定制、用上等丝绸绣成的万民伞，以示敬意。[②]

在那个牛车运送水的年代，新加坡卫生条件很差。1845年11月，陈笃生在新剧场建造了两个水箱，以方便公众使用。[③] 翌年，他与欧籍商人詹姆斯·史蒂芬联合捐款在大会堂设置两个水箱。[④] 同年，陈笃生又在面向谐街的王家山脚下挖掘一口水井，供公众使用。[⑤]

图3-7　1890年王家山脚下的陈笃生水井（图片正前方）

图片来源：新加坡国家博物馆。

[①] *Singapore Free Press*, 29 February 1844, p. 5.
[②] *Singapore Free Press*, 18 January 1844, p. 4; 23 May 1844, p. 5.
[③] *Straits Times*, 18 November 1845, p. 2.
[④] *Singapore Free Press*, 19 March 1846, p. 2.
[⑤] *Straits Times*, 2 September 1846, p. 3.

1847年，意识到新加坡河南岸的商业增长，陈笃生在今爱伦波街（Ellenborough Street）新巴刹边地段（之前以7000元购得）建造一排新式砖砌建筑物，由著名政府测量师约翰·登布尔·汤申（John Turnbull Thomson）精心设计。这些建筑被描述为"巴拉甸风格"（Palladian style），"建筑细节比这种店屋通常使用的（样式）更加精致"。[1] 整个建筑物有63家店铺，中心有一个大货仓，成为当年那一带的地标。在爱伦波街新巴刹与陈笃生建的爱伦波店屋之间也曾经有一条陈笃生街（见图3-8）。[2]

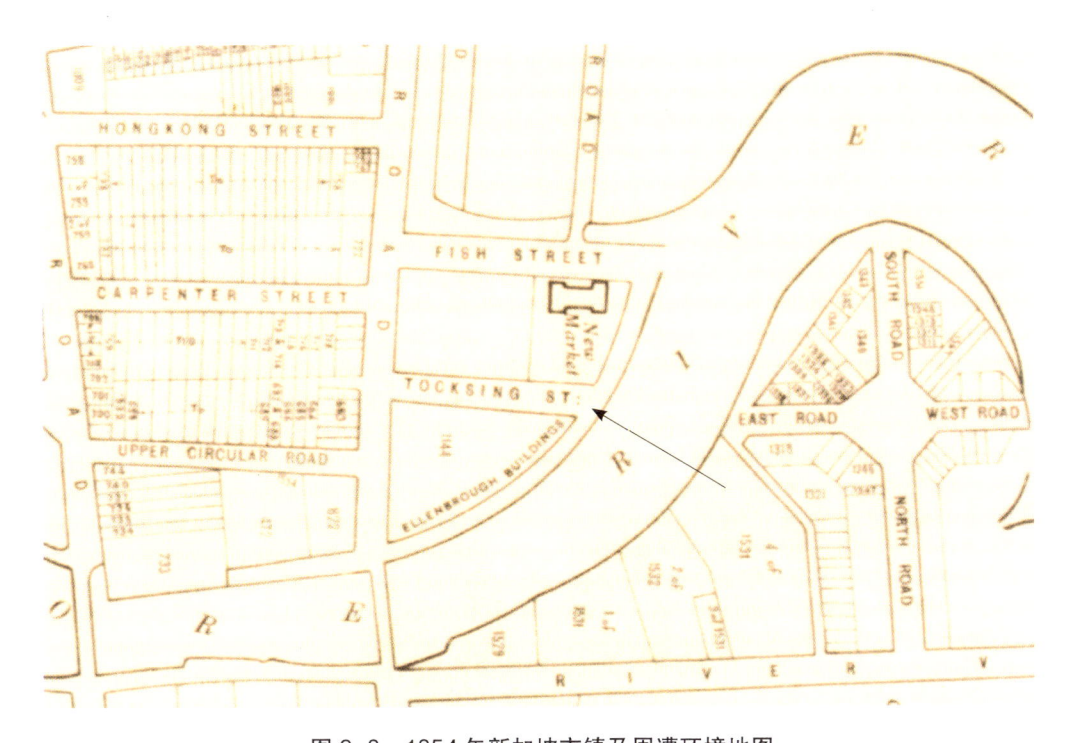

图 3-8　1854 年新加坡市镇及周遭环境地图

图片来源：新加坡市区重建局，新加坡国家档案馆提供。

---

[1] *Singapore Free Press*, 1 January 1846, p. 2; Lee Kip Lin, *The Singapore House, 1819–1942* (Singapore: Marshall Cavendish, 2015), p. 126; Ray Tyers, *Singapore Then and Now* (Singapore: Landmark Books, 2018).

[2] Victor Savage & Brenda Yeoh, *Singapore Street Names: A Study of Toponymics* (Singapore: Marshall Cavendish, 2013).

图 3-9　爱伦波店屋（1849 年）

图片来源：Jason Toh, *Singapore Through 19th Century Photographs* (Singapore: Editions Didier Millet, 2009)。

19 世纪 60 年代，政府在这排店铺附近建了一条横跨新加坡河的木桥——"马真桥"，也被称为"陈笃生桥"（1889 年木桥被拆，重建为今天的"李德桥"）。20 世纪 90 年代，陈笃生建的爱伦波店屋被拆，在原地建造克拉码头地铁站及克拉码头购物中心。

图 3-10　克拉码头购物中心

图片来源：陈笃生家族珍藏。

家属与遗产

1850年2月24日,陈笃生在新加坡病逝,享年52岁,留下原配夫人李淑娘与一妾(无名氏),四男五女。表3-3列出陈笃生各子女已知生年和卒年。括弧内显示子女出生时陈笃生的年龄。

表3-3 陈笃生子女

子女名	生年(当时陈笃生年龄)	卒年	婚姻
长女阳娘	?	?	嫁郑掬荞
次男金钟	1829年(31岁)	1892年	娶蔡延龄之女霞娘
三女霞娘	?	1892年	嫁李清池
四男秀林	1838年?*	1885年	
五女平娘(庶出)	?	?	嫁黄江生
六女长娘	1840年(42岁)	1924年	嫁梁德瑞
七男德源	1844年(46岁)	1891年	娶蔡秀玲娘(音译)
八女恭娘	1846年(48岁)	?	
九男暑美(庶出)	?	?	

注:*陈金钟于1859年11月宣布陈秀林为振成号合伙人,表明陈秀林已经21岁,据此推算他可能于1838年出生。

资料来源:《海澄峨山陈氏家谱》、http://malayan-b-m-d.blogspot.com、*Singapore Free Press*。

陈笃生遗留下的庞大资产包括房地产、船只、物件、现金等。当时报载,其资产估计近30万西班牙元,其中大部分是鸦片和金粉,也有估计说是50万元,各不相同。[①] 由于没有立遗嘱,遗孀李淑娘于1850年4月经法院指定为陈笃生遗产管理人。[②] 她委任牙直利、戴维森(M.F.Davidson)及陈金钟为代理人处理遗产事务。[③] 表3-4显示,陈笃生的遗产大部分是不动产如房产、地段、园丘、帆船等。

---

① *Straits Times*, 30 April 1850, p. 4; *Singapore Free Press*, 1 March 1850, p. 2.
② *Singapore Free Press*, 3 May 1850, p. 1; *Straits Times*, 30 April 1850, p. 4.
③ *Singapore Free Press*, 3 May 1850, p. 1.

表 3-4　陈笃生遗产一览

	房地产—新加坡
1	一栋位于吻基的砖屋，999 年地契编号 56 与 57 的陈笃生住宅两地段
2	位于吻基的各式各样砖砌货仓和办公室，前为肖怀特海公司货仓，999 年地契编号 3
3	一栋位于圣安德烈座堂对面的住宅和外屋，999 年地契编号 730
4	一栋位于甘榜格南美芝路的住宅和办公室，999 年地契编号 209
5	两栋位于禧街半建成的小房子，99 年地契编号 126 与 127
6	一栋位于北干拿路（今新拿阁街）的住宅和外屋，99 年地契编号 505
7	五栋位于北干拿路的住宅和外屋，99 年地契编号 471~475
8	一栋位于直落亚逸街的住宅和外屋，999 年地契编号 159
9	一栋位于新桥路的住宅和外屋，99 年地契编号 679
10	九栋位于甘榜格南的小木板屋，99 年地契编号 77 与 78
11	位于新桥路的新巴刹边一排店屋，有 63 间砖砌店铺和建筑物，中心有一大仓库，99 年地契编号 1103
12	19 间位于爱伦波商店对面的砖砌商铺，99 年地契编号 822
13	12 间位于亚伯拉罕·所罗门大桥附近的砖砌店铺，999 年地契编号 241
14	两间店铺，在志华（音译 Chewah）华人庙宇附近，999 年地契编号 92
15	两间位于老巴刹的砖砌店铺，999 年地契编号 79 与 80
16	五间位于直落亚逸街的砖砌店铺，999 年地契
17	五间砖砌店铺，甘榜马六甲，99 年地契编号 823 与 824
18	一间砖砌店铺，史各士山附近，999 年地契编号 261
19	一间砖砌店铺，史各士山附近，999 年地契编号 514
20	一块地，禧街王家山脚下，999 年地契编号 1528
21	位于丹绒巴葛的一座小山，999 年地契编号 6
22	位于芽笼的椰园，999 年地契编号 5、18 与 19
23	吉宁街的一块土地，面积 2236 平方尺，999 年地契，地契编号 39 号（从 1828 年 2 月 25 日起），每年地租 4 西班牙元；房产上有两间屋子，住户分别为沃佛史里德（Woodford & Schreeder）公司与赛益奥玛（Shaik Omar bin Salim）
24	位于吻基旧桥附近的九间砖砌，店铺门牌 62~70 号（上述店铺租金总额为每月 240 西班牙元；今八间店铺以每月 216 元租出）

续表

	房地产—新加坡		
	房地产—马六甲	帆船	其他
1	一间砖屋及地皮	金福兴号，在暹罗建造。船的桅杆、索具、帆等全部镀铜。重约300吨。船上有一个两天的天文表	2000个（盖戳）银元
2	一间砖砌马厩和地皮	金福泰号，在暹罗建造。船的桅杆、索具、帆等全部镀铜。重约250吨。船上有一个两天的天文表	100个英国金币
3			5桶瑞典焦油
4			10桶漆
5			38盒茶叶
6			若干茶叶罐及2000个麻袋

资料来源：*Straits Times*, 14 May, 4 June, 24 September 1850; *Singapore Free Press*, 13 October 1859。

陈笃生去世时，长男陈金钟以下的子女都未满21岁。根据法律，他们属于未成年子女，有权平分遗产的2/3。可是在未达法定年龄之前，属于他们的遗产金额将由政府总会计师保管，并在保管期间投资东印度公司证券生息。1853年，由于遗产事务已大致完成，李淑娘请求法官命政府总会计师将累积的遗产金额178686西班牙元平分为五份，即每份35737西班牙元，汇入原配所生未成年的霞娘、秀林、长娘、德源及恭娘的户口（仍旧由政府总会计师保管，直至他们达到法定年龄21岁可以向法院申请领出）。但是，庶出的平娘与畧美都不在列。上述分配给每人的金额，加上多年累积下来的利息及投资所得，等他们达到法定年龄，领出的金额都增加不少。例如幼女恭娘于1867年领出的金额是53177西班牙元，[①]增加了17440西班牙元。

李淑娘及陈恭娘在上述法庭文件上都打圈，而陈秀林则以英文签名。由这点推论，陈笃生的儿子受到良好教育，而其女儿则没机会上学。

由于陈笃生迟婚，又英年早逝，他病逝时9个子女中满21岁的有长女阳娘及陈金钟，陈金钟刚满21岁。这是陈家的大危机。不言而喻，这个庞大家

---

① *Petition of Tan Keng Nio, 27 February 1867.*

族企业继往开来的重任就落在刚成年的陈金钟身上,这也是他所面对的最大挑战。第四章将详述陈金钟如何面对这些挑战,将危机转化为机遇,并开辟新天地。

图 3-11 坐落在新加坡欧南山的陈笃生墓

图片来源:陈笃生家族珍藏。

第四章

陈金钟面面观

第一节　暹王朝中人

第二节　陈金钟企业王国的沧桑

第三节　陈金钟与暹罗米业

第四节　陈金钟与东南亚地缘政治

第一节
暹王朝中人

逸他亚

虽说新加坡杰出慈善家陈笃生与暹王蒙固或拉玛四世有着深厚交情,但在两人交往的一段长时间里,蒙固只是一位出家修行的王储,还没有继位为王。因此,从严格意义上说,陈笃生当时不能算是"暹王朝中人"。1850年,暹王拉玛三世驾崩,其弟蒙固正式继位为暹王拉玛四世,陈笃生也在那年逝世。

尽管如此,陈笃生与蒙固的交往情况可从当时的历史背景得知。

在暹王蒙固27年的修行期间,他对知识尤其是科学与现代科技的渴望,促使他将目光转向新加坡这座开埠仅30载就实现了莱佛士"商贸总汇"梦想的港口。于是,蒙固通过他的新加坡代理人,获得书籍、地图和现代设备等各式物品。当他从美国订购平版印刷机时,陈笃生的名字就赫然出现在1849年2月18日蒙固写给人在纽约的艾迪的信件中,信中指示卖家将印刷机送至"我新加坡的华裔代理人,名为陈笃生或陈笃生商行"。[1]

陈笃生在此之前或许已是蒙固的代理人。那次采购以后,同年8月,蒙固致信缅甸的耶德逊牧师,建议他若要拜访暹罗,应先走海路到新加坡,并"在我亲爱的朋友陈笃生家中稍住几日,我可请他好好款待您……"[2]蒙固还为他那仅仅自学了4年的英文水平而致歉。

从上述函件来看,蒙固与陈笃生显然是彼此熟识。然而他们之间的往来通

---

[1] *Ruam Phrarajanibondh nai Phrabatsomdat Phrachomklaochaoyuhua Rueng Phrarajhatlekha Nai Phrabatsomdet Phrachomklaochaoyuhua [Collection of King Mongkut's Correspondence*,以下简称 *Collection*] (Committee for the Bicentenary of His Birth, Fine Arts Department, 18 October 2004), p. 10。

[2] Francis Wayland, *A Memoir of the Life and Labors of the Rev. Adoniram Judson, D.D.*, p. 323.

信，目前尚未发现。陈笃生是位成功的富商，涉足大量商贸活动，尤其是新加坡和曼谷之间蓬勃的帆船交易，这或许是他在曼谷能会见蒙固的原因。① 陈笃生这位足智多谋的企业家曾经在曼谷建造一艘型号同英国舰船一样的舰船，但船帆的绳索却是中国样式，其目的是将舰船伪装为帆船，以便在暹罗海关取得更低的征税。②

在陈笃生52岁病逝后，长男陈金钟继承了他的生意，并继续担任刚登基的暹王拉玛四世的代理人。陈金钟尽忠职守地为暹王效劳，可称为"暹宫之人"或"为陛下服务者"。实际上，他现身曼谷朝廷的次数不多，间隔时间也久。暹王登基不久后，赏赐陈金钟"銮"（Luang，子爵）衔，是为"Luang Bidesbanij"，意为"外地商人"。数年后，暹王将他的头衔晋升为"帕"（Phra，伯爵），陈金钟因此在暹罗官僚中被称为"Phra Bidesbanij"。③

在拉玛四世治下

拉玛四世蒙固登基之时，暹罗正经历着一场激烈的变化。蒙固在出家27年间，熟谙大量的国际事务，特别是那些影响到亚洲区域的变局。他认为暹罗必须摒弃过去的保守、孤立，并开放国门以欢迎国外贸易和交流，还要学习西方知识和治国之道。④

暹王决定首先重视外交事务。随着1855年与英国签订全方位的《鲍宁条约》（Bowring Treaty），以及之后与欧洲各国签订的类似条约，暹罗已准备派出外交使节到欧洲与西方国家取得联系，而伦敦就是第一个目标。1857年，蒙固到英国拜访维多利亚女王，在往返途中经过新加坡，而接待暹罗代表团的东道主就是暹王的忠实代理人陈金钟。

使团口译员蒙拉育泰（Mom Rajothai）的游记《伦敦航行》（*Niras*

---

① 有文献间接表明陈笃生曾出现在昭拍耶河的停泊处，但这是孤证。
② Hong Lysa, *Thailand in the Nineteenth Century: Evolution of the Economy and Society*, p. 65.
③ *Singapore Free Press*, 30 September 1853, p. 3.
④ A.B. Griswold, *King Mongkut of Siam* (New York: Asia Society, 1961), p. 1.

London ），记载了这有史以来的第一次使团出访。他在描述新加坡的同时，也不忘详述暹王代理人陈金钟那宽敞的宅邸，陈金钟在这里以丰盛的中餐招待使团。书中也描绘了山腰上的花园"种满了檀木和丁香树"。[1] 陈金钟的款待受到高度的赞赏，接待任务在往后的数年内还会出现。

暹王蒙固终身学习英语，也看重英语的实用性及重要性。他自然会让子女从小学习英语，他要从大都会新加坡聘雇家庭女教师，而陈金钟在这方面也扮演了重要角色。蒙固在 1862 年 2 月 27 日给婆罗洲有限公司（Borneo Co. Ltd.）经理威廉·亚当森（William Adamson）的信中写道："朕忠诚的特使陈金钟已致信于朕，说您与贵夫人向他推荐李奥诺文斯（Anna Leonowens）女士在此担任英校女教师，月薪为 150 元，住处在邻近本地的新教传教处……"[2]

暹罗驻新加坡领事

在西方帝国主义猖獗的时期，委任领事是件大事。殖民帝国拥有治外法权，更宣称对殖民地国民行使主权，还在管辖权与税务等方面侵害殖民地的权益。西方列强在亚洲各国部署领事，却不允许各国有安排驻外领事的互惠权。当时暹罗深受治外法权的侵害，也深受外国领事的干预和不当行为的困扰，却无处申诉。因此，暹罗外交政策的目的之一就是往西方国家派驻领事。鉴于列强对此事本就缺乏兴趣，在经过多番努力后，暹罗才终于在英国设立领事馆。暹王蒙固决定在新加坡建立第一所领事馆。

然而，在委任领事初期，暹罗并无前例可循，不知从何下手。幸得陈金钟挺身而出，他和友人李德（W. H. Read）为曼谷提供了委任领事相关程序和办法等信息。[3] 陈金钟在收到英国政府颁发的领事证书后，根据 1863 年 10 月 21 日

---

[1] Nattawut Suthisongkram, *Cheewit laeNgarn Kongsounthaikhong Phraya Anukulsiamkij [Life and Career of Phraya Anukul Siamkij (Tan Kim Ching), Consul-General in Singapore]* (Bangkok: Rung Rueng Sarn Printing Company, 1982), p. 28.

[2] "Letter No. 3", *Collection*, p. 416.

[3] "Hor Jotmaihethaeng Chart", National Archives of Thailand (NAT), Foreign Affairs Series, Microfilm Filed Document Mor Kor Tor (Lor) 15/110.

的《王家宣言》正式受委为暹罗首任驻新加坡领事。① 他是第一位驻亚洲的暹罗领事，而下一位领事则在数月后才受委驻巴黎。1863 年 10 月，红底白象的暹罗国旗首次在新加坡的领事馆升起，这栋现代建筑的主人是陈金钟的母亲，领事馆位于新加坡商业区域的中心地段驳船码头。② 暹罗领事馆屹立于此 30 余载。

对于陈金钟而言，受暹王任命为领事一职，象征着暹罗与暹王正式承认并表彰他在其父逝世以后的 13 年来所提供的忠诚服务。他顺利延续家业，成绩斐然，尤其在稻米贸易方面，并在新加坡和马来亚北部的华人社群中成为具有影响力的人物。此外，他也在政界与商界备受欧洲人尊崇，③ 能够畅行无阻地执行各项领事职务，从看管船员的日常工作，到帮助受困的穆斯林朝圣信徒和解救被迫成为奴隶的暹罗少女的行动。④ 除了上述领事职责，陈金钟也能提供极其有用的服务，在收到曼谷下达的指令后，收集、核对并提供重要讯息。如法国在柬埔寨的阴谋计划就受到暹罗官方和新加坡英国政府的密切关注。通过广阔的人脉，他得以打通信息渠道，适时汇报分析报告。暹罗外交大臣对陈金钟的优秀报告给予高

图 4-1 《陈金钟：暹罗新加坡首位总领事披耶爵的生活与领事工作》书影（泰文版）

---

① NAT Mor Kor Tor (Lor) 15/110.
② NAT Mor 5 Kor Tor (Lor) 3/113。该建筑物无息抵押给暹罗政府，可以免付租金并以连续 10 年的年租赎回。第二次按揭是在暹王蒙固当政晚期的 1870 年。
③ Song Ong Siang, *One Hundred Years' History of the Chinese in Singapore* (Singapore: University of Malaya Press, 1967 reprint), p. 92.
④ 这或许是控诉陈金钟"蓄奴"的原因之一，他之后没有被定罪。

度赞赏。① 公职之外，陈金钟也经常与暹王有直接联系，为暹王服务，如购买科学仪器设备或管理暹王的私产。② 这些工作对精力充沛的陈金钟而言胜任有余，故暹王将更多工作托付于他，这些工作也将他带到离新加坡更远的地方。

甲武里府府尹

陈金钟尝试进入锡矿开采业，暹王蒙固于1866年委任其为南暹罗甲武里府（Kraburi）府尹（Governor）。当时，因罐头业蓬勃发展，锡矿需求大增。除了马来半岛，沿着暹罗安达曼海岸的丰富锡矿区尤其是普吉岛，也有大规模的锡矿开采活动。陈金钟获得西海岸州府的锡矿勘测权，并看上了一座位于克拉地峡的小镇克拉（Kra）。这里正是传奇"运河"的起点，因其潜在的地缘政治而衍生出了系列活动和计谋。

不久前，在法国的推动、设计和运作下，苏伊士运河成功开凿。在这个节骨眼上，人们普遍认为法国有意在克拉地峡开凿一条相似的运河，连接印度洋和太平洋，以让船只绕过新加坡和马六甲海峡。因此，法国皇帝拿破仑三世发出指示以试探暹罗政府。暹王蒙固严正看待此事，他认为，如果该运河挖成，英国将会因新加坡处于劣势而快速占领马来半岛北部的马来邦国，这些邦国当时都是暹罗的藩属；法国也或许会要管控运河沿途和附近的区域。因此，无论如何，运河都不该开挖。③ 英国抢先第一步行动，要求占领一座位于河口且具有战略地位的无人小岛高当（Koh Song），若运河挖掘完成，该河口将会成为运河的渠首。最后，暹王蒙固同意了英国的要求［该小岛后来被命名为维多利亚角（Victoria Point）］。

---

① NAT Kor Lor 5 Kor Tor (Lor) 3/17，当时的外交大臣是昭披耶·提帕戈拉翁（Chao Phya Thipakornwong），原名坎·汶那（Kham Bunnag）。
② 那是一块盖有建筑物并属于暹王蒙固的土地，之后被赠给朱拉隆功。
③ Prince Damrong Rajanubhab, *Ruang Tamnaan Muang Ranong [History of Ranong Province]*, Prachoom Phongsawadarn Phaak thi hasib [Collection of the Chronicles] (Bangkok: Kurusabha, 1968), Part 50, p. 23.

单就暹罗的对策而言，陈金钟征求克拉采矿特许权的时机似乎恰逢其时。暹王决定将该小城镇升为州府，1868 年委任陈金钟为该州府府尹并加封"Phraya Asdongkhotthisraksa"①头衔［意为"西方守护者"，"披耶"（Phraya）为侯爵］，简称为"Phraya Asdong"。这项任命有背后的缘由。

根据暹王蒙固之子、著名的"泰国历史之父"昙隆亲王（Damrong Rajanubhab）所述，暹罗认为英国在这个事件中有可能是受委屈的一方，并担忧他们会臆断暹罗站在法国一边。陈金钟之所以被任命为甲武里府府尹，并非在于他的锡矿开采成功，而是因为他是英籍人士。若他成为府尹，那法国有意开凿穿越半岛运河的谣言就会"影响英国"，而陈金钟的职位或许可以阻挠法国觊觎克拉的诡计。②无论如何，谣言最终散去。多年后，法国以苏伊士运河开凿功臣雷赛布之名提出具体的挖掘计划，但遭暹王拉玛五世拒绝，克拉地峡开凿运河一事算是告一段落。事实上，有关开凿克拉地峡运河一事依旧风声不断，但至今亦只是一个臆想。

陈金钟可能一早就料想到这件地缘政治事件的收场，他虽然担任甲武里府府尹，却总不在该地居住。

在拉玛五世治下

暹王蒙固于克拉运河事件的那一年驾崩，享年 64 岁。其长子——15 岁的朱拉隆功王子继承其位，为拉玛五世，委任颂德昭披耶·西·索里亚翁［(Somdet Chao Phya Sri Suriyavongse，原名川·汶那（Chuang Bunnag）］摄政。这位国内权势最大的摄政王年少时即以进步、开放和自由著称，在暹王蒙固的指导下累积了不少施政经验。1861 年，索里亚翁奉命拜访新加坡，实地调查英国治下新加坡发展和进步的方法与原因。③这位摄政王选择了新

---

① Prince Damrong Rajanubhab, *History of Ranong Province*, Part 50, p. 23.
② Prince Damrong Rajanubhab, *History of Ranong Province*, Part 50, p. 24.
③ Prince Damrong Rajanubhab, *Khon dee thi Khaphachao Rujak (Good People I Have Known)* (Bangkok: Anon, 2006), Vol. 2, p. 96.

加坡作为年轻暹王朱拉隆功出访的第一站。于是，在朱拉隆功执政的 42 年（1868~1910 年）里，他与这座"通向世界的大门"结下了不解之缘。

年少的新王朱拉隆功在父亲良好的教育与培养下，具备了其父的许多品质，尤其渴望新知，对外交事务有着浓厚兴趣。更重要的是，他一心想要全面改革暹罗，意识到暹罗严重缺乏现代化发展所必要的基础建设。而新加坡，正是西方科技融入东方社会的优良典范。

王家游学

暹王朱拉隆功的首次出国访问是带有游学性质的。此前，暹罗外交大臣已吩咐驻新加坡领事谨慎查明海峡殖民地政府对此次访问的态度，以确保一应礼节和规格都做到位。当领事完成这项任务后，前往新加坡和巴达维亚的航海日期便确定下来了。

1871 年 3 月 14 日早晨，暹王带领 27 名随从搭乘战船抵达新加坡。当战船行至柔佛海峡时，陈金钟与海峡殖民地政府官员和暹罗官员组成的迎宾团队登船觐见暹王。船只在然申码头（Johnston's Pier）停泊后，暹王和官方代表前往总督府，他们一行期间都居住于此。海峡殖民地政府也给暹王最高的荣誉和待遇。

招待官员得知暹王勤奋好学，将行程安排得满满的。在为期一周的访问中，暹王多数时间都在参观、考察各单位，如邮局、电报局、消防队、医院（陈笃生医院）、学校、市场、船厂和监狱，[①] 对政府行政系统的视察也在行程之中。领事陈金钟全程陪伴暹王。闲暇时，陈金钟会在其宽敞的宅邸安排悠闲活动，让暹王得到放松，适时献上中餐佳肴。陈金钟尽心尽责，以让本次暹王出访尽善尽美。在公务或商业社交场所上，陈金钟的引荐功劳尤为显著。这不得不归功于他强大的交际网络，也为他将来结交更多关系打下基础。

[①] Patricia Lim Pui Huen, *Through the Eyes of the King: The Travels of King Chulalongkorn to Malaya* (Singapore: ISEAS Publishing, 2009), p. 16.

实际上，许多后续工作都直接落在了陈金钟的肩上。暹王回国后，从曼谷来的特派团就在新加坡学习监狱制度。在驻新领事馆协助下，军事训练员被派到暹罗协助重组、改革军队，尤其是御林军（Royal Page Corps）。暹王在新加坡看到的新式马路和建筑物也在曼谷逐渐建成，为此雇用了许多技艺精湛的工匠。领事馆也索要了几匹强壮的阿拉伯种马以利培育繁殖。这些记录皆留存于泰国国家档案馆，大多以缩微胶卷的形式保存。种种请求层出不穷，把我们如今常说的技术合作体现得淋漓尽致，开启了生机勃勃的局面。[1]然而，王家游学中最显著的成果还是在教育领域。

暹王在短暂的新加坡行程中对莱佛士书院（Raffles Institution）留下深刻印象。一所教导小孩阅读书写的"教学堂"在曼谷很快建成了，这也是我们所知的第一所正规学校。与此同时，14位年轻王子被选派到莱佛士书院求学。1871年底，暹王拜访印度，途中暂驻新加坡，王子们都前来陪伴，校方给予配合。此外，校方进行配合，并设立特殊部门为王子们的特别需求提供帮助。[2]陈金钟受托为王子们的监护人，除了注意他们的福祉安康，也偶尔向暹王报告情况（这些报告仍存于泰国国家档案馆）。然而不久后，这些"海外留学生"先锋大部分被召回国，到一所新成立的英语学校就读，只有几位王子留下来继续在莱佛士书院完成学业，并利用英文知识成为暹罗现代行政服务中的第一代官员。其中最著名的是派驻伦敦的第一位暹罗特使布里斯当（Prisdang Jumsai）王子，他同时也是派驻欧洲和美国特使。19世纪末，暹罗外交部的许多官员都在新加坡接受教育，莱佛士书院和其他新加坡学校在往后的数十年间都继续为暹罗精英阶层的子女提供英语教育。[3]

---

[1] NAT Kor Ror 5 Kor Tor (Lor) 3/17, 55.
[2] Patricia Lim Pui Huen, *Through the Eyes of the King: The Travels of King Chulalongkorn to Malaya*, pp. 17, 24.
[3] 其中包括蒙昭切·依帕翁（Mom Chao Chek Nophawongse，"Mom Chao"为"王孙殿下"之意），也是14位"先锋"学生之一。他与另一位蒙昭坎恰·依帕翁（Mom Chao Kanchiak Nophawongse）都成了部长。

暹王与陈金钟领事

人们对历史上暹罗王家首次到访新加坡了解颇多，这多亏了暹王朱拉隆功赠送的铜象，这是他第一次拜访的纪念象征。铜象下的纪念碑刻着中、泰、英、巫四种语言的铭文，铜象至今仍屹立于新加坡艺术之家（Arts House，前新加坡国会大厦）前。

作为暹王的第一个出访目的地，新加坡给他留下了深刻的印象，这里是他踏入世界舞台的第一个地方。人们赞叹暹王的所见所学，同他接触过的人更是对他印象很好。他们都认为暹王是一位诚挚、好学且下定决心准备将暹罗带往现代世界的统治者。在当时，通信系统并未完备，英国殖民政府官员有很大的自主性，他们的观点和个性，也会牵动暹罗的利益，其影响甚至不亚于官方政策。因此，暹王朱拉隆功从父亲那里也学到了如何与英殖民政府官员建立友好关系。[1]在后来一起涉及暹王的政治事件中，新加坡总督克拉克爵士（Sir Andrew Clarke）在其中的友好角色，就是很好的佐证。

图 4-2 暹王朱拉隆功访问新加坡时赠送的铜象

在新加坡常伴随暹王左右的陈金钟，对暹王的才能和威信深感钦佩且充满敬意，他们惺惺相惜，进一步巩固了彼此的友情。

1871 年的王家访问结束后，暹王也常与领事（即陈金钟）书信往来。泰

---

[1] Patricia Lim Pui Huen, *Through the Eyes of the King: The Travels of King Chulalongkorn to Malaya*, p. 160.

籍史家尝试汇编这些信件。[1] 可惜的是，汇编仅收录了暹王从 1874 年到 1882 年这 8 年所寄出的 40 封信。这些信件书写的时间与暹王执政时期吻合，即 1873 年索里亚翁摄政结束后数年，当时 20 岁的暹王与年轻的"官员和绅士"们刚开始推行现代化改革。这项决策引起了保守派的强烈反对。如此形势下，暹王朱拉隆功于 1874 年面临执政以来最严峻的"宫廷危机"。当时的副王（威猜参，暹王的堂兄）因担心生命安全受到暹王威胁，而到英国领事馆寻求庇护。[2] 曼谷陷入恐慌，国外势力即将干涉暹罗内政的谣言四起。

在这关键时刻，暹王写信给当时人在曼谷的陈金钟，以"有事相商"为由邀请他翌日到王宫觐见（当时未有电话或手机，所以便条不可或缺，否则许多历史事实和趣闻逸事亦无法流传下来）。这封信写于 1874 年 12 月 24 日，是 40 封信中的第一封。[3] 由于没有会面记录，暹王与领事"相商"的内容与实情不得而知，只能事后推论。

约两周后，暹王的第二封信[4] 清楚写到他与英国总领事诺克斯爵士（Sir Thomas Knox）开会讨论如何调解当下的危机。暹王对诺克斯断言，此事须由他的大臣和"殿下"（Somdet）决定。这位殿下就是布姆拉（Bumrab）王子，即王族成员中最年长的一位。他是拉玛二世之子，即马拉库（Malakul）家族的长者。暹王在信中表示忧虑，唯恐这位长者王子选择诺克斯为调解人。诺克斯经常显露出对暹王的敌意，他或许会支持副王。因此，暹王吁请领事尽力劝阻布姆拉王子支持诺克斯。后面的发展没有留下任何记录，但极为肯定的是陈金钟一定认识这位王子，以及其他王室成员和高官；否则暹王也不会提出让他去会见王子，并设法劝阻。

---

[1] Nattawut Suthisongkram, *Life and Career of Phraya Anukul Siamkij (Tan Kim Ching), Consul-General in Singapore*, p. 87.
[2] Patricia Lim Pui Huen, *Through the Eyes of the King: The Travels of King Chulalongkorn to Malaya*, p. 163.
[3] Nattawut Suthisongkram, *Life and Career of Phraya Anukul Siamkij (Tan Kim Ching), Consul-General in Singapore*, p. 87.
[4] Nattawut Suthisongkram, *Life and Career of Phraya Anukul Siamkij (Tan Kim Ching), Consul-General in Singapore*, p. 88.

至于调解人选，暹王选择了当时的新加坡总督克拉克爵士。实际上，是暹王首先接触克拉克，而他也乐于接受暹王的委托，甚至在伦敦政府点头前就挑明说自己时刻都能给予协助。[1] 得到许可后，克拉克即刻前往曼谷，根据国际法规进行调解事务，并迅速地完成了这项"拯救"任务。结果，他提出的方案不但维持了"现状"，还巩固了暹王的地位及英暹的关系。

克拉克爵士即刻就接受了暹王的请托，这正好印证了上文所说，殖民地官员在当时通信系统并未完备的情况下拥有"很大的自主性"，他们可以根据自身观点行使酌处权。事实上暹王与克拉克爵士两人彼此尊重，从他们之间的通信和暹王的名声来推断，克拉克对这位"思想进步的"年轻国王印象深刻。[2]

暹王在危机初期就让陈金钟介入，陈金钟想必也对此事相当清楚，他的角色可能是充当暹王与克拉克之间的"信鸽"。而实际上，事后的一些往来书信也都由领事陈金钟经手。[3] 暹王与陈金钟的交往信件中，涉及的事件不仅限于上述的前宫危机，还包括其他家国要事。

信中的国事主要涉及暹罗在马来半岛北部四邦吉打、吡叻、吉兰丹和丁加奴的宗主权（这是一种松散的、形式上的统治，大致体现在这些藩属每年向暹罗国王进贡微型的金质、银质树状雕塑），四邦在西方殖民时代英国极具侵略性的干预政策下逐渐受到挑战。由于陈金钟对四邦极为了解，在四邦的影响力极大（尤其是吉打），暹王常向他"征求意见"。1879年的信件中提及了吉打苏丹驾崩所引起的王位继承问题，暹王请求陈金钟跟进事件的发展，并向他汇报。经过暹罗官方的调解，利益各方（包括争权的吉打王室成员）在曼谷集会，新王位继承顺序也终于达成共识。从最后一封信件的语气来看，暹王似乎

---

[1] Patricia Lim Pui Huen, *Through the Eyes of the King: The Travels of King Chulalongkorn to Malaya*, p. 163.

[2] Xie Shunyu, *Siam and the British, 1874–75: Sir Andrew Clarke and the Front Palace Crisis* (Bangkok: Thammasat University Press, 1988), p. 43.

[3] Nattawut Suthisongkram, *Life and Career of Phraya Anukul Siamkij (Tan Kim Ching), Consul-General in Singapore*, p. 112 (Letter No. 18 dated 16th August 1877).

对最后的安排感到满意。①

在这长达八年的书信往来中，两人持续谈论个人事务与家事。(暹王的信件里，几乎都会引述领事的上一封信内容)除了每年为暹王生日写贺词，陈金钟经常会寄送一两件暹王感兴趣的物品。众所周知，暹王朱拉隆功喜爱花园及相关物品，他在其中一封信中感谢陈金钟从新加坡寄来的一本园艺图书。有时他还会告诉这位领事挚友有关自己家族的琐事，如暹王有一次开心地写到新生儿的喜讯，可惜婴孩在几周后夭折；暹王还告诉陈金钟关于苏南达（Sunanda）王后的火葬仪式一事，她是暹王最心爱的王妃，因船祸溺水身亡。在陈金钟的母亲去世不久后，他的妻子也接着离世，暹王还致信表示哀悼。至于陈金钟的子嗣，暹王在信中不但提及了他的长子，也提到了在驻新加坡暹罗领事处担任副领事并持有"坤"（Khun）头衔的次子陈纯道（暹名为"Khun Rasdaborirak"）和另一儿子陈克让，并称赞他们睿智聪敏。②

从暹王与陈金钟领事之间所交换的信息可见两人的亲密和信息的机密，这是毋庸置疑的。暹王在一封日期为1875年10月10日的信中，还赞扬领事将报告给暹罗外交部的内容也直接告知他，该信由暹王亲手书写。他担心领事的秘书无法看懂他的手迹，忧心陈金钟不能完全领会他的含义。他请领事据实相告，好让抄写员或秘书可以把字迹写得更清楚。"但朕宁可你亲自阅读这些信件，如此则可以谈及其他人不该知道的事情。"暹王在信中结语时更是肯定地说："请了解朕真得对你完全信任。"③他在另一封日期为1879年5月2日的信上提及前一封用英文书写的信件，之所以用了许多泰文谚语，是因为他希望这只是他们之间的秘密聊天。他继续写道："朕担心国内强大的间谍会到新加

---

① Nattawut Suthisongkram, *Life and Career of Phraya Anukul Siamkij (Tan Kim Ching), Consul-General in Singapore*, pp. 128–132, 135 (Letters Nos. 23, 24 & 26 dated 13th, 19th July & 15th September 1877, respectively).

② Nattawut Suthisongkram, *Life and Career of Phraya Anukul Siamkij (Tan Kim Ching), Consul-General in Singapore*, p. 134 (Letter No. 25 dated 14th August 1879), p. 148 (Letter No. 35 dated 20th July 1880).

③ Nattawut Suthisongkram, *Life and Career of Phraya Anukul Siamkij (Tan Kim Ching), Consul-General in Singapore*, pp. 94–95 (Letter No. 5 dated 10th October 1875).

坡。"① 暹王有次还在信件的结尾用英文署名"你真诚的朋友"。② 对于暹王而言，陈金钟不仅是值得信赖的同事，还是关系坚定的挚友。

竞标饷码经营权

上述某些信件详细描述了陈金钟在暹罗南部克拉地峡担任甲武里府府尹的事情，就在他于1866年通过暹王蒙固的恩典获得矿场经营权之后。然而陈金钟从未在甲武里居住，反而留在新加坡执行他身为驻新加坡暹罗领事的职责。他之后将甲武里的采矿生意交给代理人，矿场似乎没有想象中多产，这项投资并不成功。

百折不挠的他在西边蕴含丰富锡矿的临海州府寻找下一个地点，并找到了锡矿采集繁荣的普吉岛。这段时期，陈金钟不像之前那样只把目标锁定在锡矿开采上，而将目标放在了税收特许权上，甚至想在普吉岛独占所有的税收权。③

正如中国等亚洲国家及其他殖民地如荷属东印度爪哇等地，饷码制度在暹罗也是由来已久。④ 至少18世纪末的拉达那哥欣时代已有饷码制度。国家所征收的任何税金都会通过竞标的方式授出征收权，得标者为承诺提供最高税金给国家的一方，而剩余的金额可作为自己的收入。这项制度涵盖许多项目，从一般家庭物品如燃料、烟草、鸦片和酒类，到半工业产品如糖和锡矿的税务，都包含在内。暹罗各州府都有众多得标者或税收承包人，大多为富有的华商。这项制度并没有禁止承包人收取一种以上的税金，只需在府尹底下的州府官员陪同下收税。

在暹王蒙固或拉玛四世一朝（1851~1868年），暹罗从克拉地峡邻近锡产

---

① Nattawut Suthisongkram, *Life and Career of Phraya Anukul Siamkij (Tan Kim Ching), Consul-General in Singapore*, pp. 117–118 (Letter No. 20 dated 2nd May 1879).
② Nattawut Suthisongkram, *Life and Career of Phraya Anukul Siamkij (Tan Kim Ching), Consul-General in Singapore*, pp. 92–93 (Letter No. 4 dated 7th June 1875).
③ Prince Damrong Rajanubhab, *Good People I Have Known*, p. 24.
④ Hong Lysa, *Thailand in the Nineteenth Century: Evaluation of the Economy and Society*, p. 75.

丰富的拉廊府（Ranong）开始，即惯常由一位承包人收集所有税金，而承包人多半是该州府尹。这一做法是由足智多谋的许氏家族之首所提出的，他也是拉廊府府尹（其后裔获赐"纳拉廊"姓氏），他在征得国家批准之后便获得饷码经营权（或垄断权），得以征收各种税收。此税收制度为国家带来极高的税金，收税更为高效，州府将收到的税金剩余又投资到公共建设工程，使州府变得更为繁荣。王廷有鉴于饷码制度带来的好处，故将之套用于其他州府，包括普吉岛。然而，实际上交给政府的税金远比总税收少。尽管如此，这项制度却节省了中央政府在远方州府的行政费用。[①] 在此背景和基础上，陈金钟在1872年对普吉岛饷码经营权深感兴趣。

得知当时的普吉府府尹独占饷码经营权且只汇付微不足道的税额给曼谷后，陈金钟决定在竞标时将汇给曼谷的税金提高20倍，即32万泰铢。暹罗政府被陈金钟所提高的税金打动，却担心将普吉岛饷码交给一名非当地府尹者所引发的后果。曼谷担心他把这些应付税金汇给政府后，剩余的税金"只会成为他的个人收益，而不留下一分钱改善公共设备及提升当地人民的福利。"[②]

政府需要迅速解决这个棘手问题，而唯有像摄政王索里亚翁这样聪明能干又有影响力的人才能解决这个问题。此时摄政王也即将结束任期，他建议普吉府府尹在竞标时提高税金缴交额，较陈金钟的金额还多出16000泰铢。普吉府府尹正式提高标价后，便得到王家命令继续担任普吉岛的税收员。[③]

永不言弃的陈金钟还在继续努力争取。1874年，他以同样的策略竞标普吉岛饷码经营权，却又因为政府同样的考量和做法而落败。他于是将注意力转向势力更小的拉廊，并与他的主要对手——正在崛起的许氏家族之首，有着"披耶"（Phraya Ratanasethi）侯爵头衔的拉廊府府尹许泗漳竞标。许泗漳和他的族人与陈金钟不同，他们此前已宣誓效忠，对政府而言具备"有力的证

---

① Hong Lysa, *Thailand in the Nineteenth Century: Evaluation of the Economy and Society*, p. 93.
② Prince Damrong Rajanubhab, *Good People I Have Known*, p. 25.
③ Hong Lysa, *Thailand in the Nineteenth Century: Evaluation of the Economy and Society*, p. 93.

明"。① 陈金钟再次落败，最后于 1882 年左右退出税收垄断之争。

已故著名澳大利亚东南亚研究学者库什曼（Jennifer W. Cushman）逝世后出版的《家族与国家：1797~1932 年中泰锡矿采集朝代的形成》② 一书中详细分析了当时的锡矿业及政治，其中包括了陈金钟在锡矿业上的商业冒险。

库什曼表示，若饷码系统在当时的运作是为了使国家收入最大化，那提出最高价的竞标者理应得到经营权。但实际上，竞标的结果是由其他因素决定的，与标价高低关系不大。她指出，虽然陈金钟与曼谷的当权者关系良好，但王室站在政治的角度，认为让一个与海峡殖民地关系密切的人担任如此重要的职位并不适合。库什曼间接提到陈金钟之前的职位并加以评论："虽然（暹罗政府）可以接受利用他身为英籍民的身份，在克拉地峡阻挡法国人，但要给他控制暹罗的财政权力是难以接受的，尤其这些地方还被想要在半岛得到更多权力的英籍官员看上。"③

从更广泛的角度而言，库什曼说："那个时期的暹罗政策反映出国家着重在真正的自我利益这一实效观点，换句话说，甚至有可能会背离国内改革目标以维护领土的完整性。"④

显而易见地，即使陈金钟身为驻新加坡暹罗领事并享有高官和暹王的信任，他还是难以摆脱地缘政治的漩涡且深陷其中。从暹王给负责此事的国防大臣寄去的信件中得知，暹王确实知悉此事。⑤ 暹王的关键原则是收到的税金应该有益于当地人和地方，暗示陈金钟缺乏这一要素是无法通过考验的。显然，暹王不会允许自己对陈金钟的个人情感和其身为领事所建立的功劳而蒙蔽了自

---

① Jennifer W. Cushman, *Family and State: The Formation of a Sino-Thai Tin-Mining Dynasty 1797–1932* (Singapore: Oxford University Press, 1991), p. 54, n. 10. 库什曼在书中指出昙隆王子在论及许氏家族历史时一再强调这点。见 Prince Damrong Rajanubhab, *Good People I Have Known*, p. 68。

② Jennifer W. Cushman, *Family and State: The Formation of a Sino-Thai Tin-Mining Dynasty 1797-1932*.

③ Jennifer W. Cushman, *Family and State: The Formation of a Sino-Thai Tin-Mining Dynasty 1797-1932*, p. 36.

④ Jennifer W. Cushman, *Family and State: The Formation of a Sino-Thai Tin-Mining Dynasty 1797-1932*, p. 120.

⑤ Nattawut Suthisongkram, *Life and Career of Phraya Anukul Siamkij (Tan Kim Ching), Consul-General in Singapore*, pp. 80–85.

身的判断。在饷码经营权事件期间,暹王与陈金钟来往的许多信件里的其中一封信的第一段如此写道:"我们已收悉你提及有关锡矿税收的信件,但我们无暇处理此事。目前还不能让你知道我们会如何处理……"[①]

暹王确实曾认真审慎考虑此事,他与国防大臣争论说要确保公平公正原则,如此可见一斑。值得注意的是,暹王那时已有管理全国的权力,然而他也开始具有了如库什曼所述的实用主义和政治权宜的手段。

至于陈金钟,他有理由辩称,是自己间接协助政府征收了更多的税金,他的对手为了击败他得标,也必须提高报价。再者,他在普吉岛和暹罗南部区域竞标饷码经营权的尝试,更象征着饷码制度几近消亡,这项制度后来被暹王在同期开展的全国税收系统所取代。[②]

身为商场上的老手,成熟且有钱有势的陈金钟(当时已年近六十)极富商业和政治经验。他可以沉着忍受挫折并处之泰然,继续服务让他晋升为暹罗驻新加坡总领事(Consul-General)的暹王,而他的这项任命更是暹罗史上的第一人。[③]同时,自陈金钟于1882年辞去甲武里府府尹一职后,他便得到暹王赏赐的"Phraya Anukulsiamkij"头衔,与之前的"披耶"侯爵头衔同级。他也以这个新头衔和更高的官职,在有生之年继续为这位暹王兼朋友忠诚服务。

暹王第二次访问新加坡

自从暹王朱拉隆功即位初期第一次拜访新加坡及尔后的印度之旅以来,他被国事缠身尤其是索里亚翁摄政结束后,根本无暇出国。尽管如此,暹王仍希望有朝一日能访问欧洲列国,参观这些世界"学术殿堂",并结识其他君主及

[①] Nattawut Suthisongkram, *Life and Career of Phraya Anukul Siamkij (Tan Kim Ching), Consul-General in Singapore*, p. 139 (Letter No. 30 dated 2nd December 1879).
[②] Hong Lysa, *Thailand in the Nineteenth Century: Evaluation of the Economy and Society*, pp. 116–130. 她在此所述的是饷码制度末期所产生的问题,以及介绍"现代"的政府税收。
[③] Jennifer W. Cushman, *Family and State: The Formation of a Sino-Thai Tin-Mining Dynasty 1797–1932*, p. 54, n. 12. 这里指出,这项委任是让陈金钟辞去甲武里府府尹一职后的保全面子之策。

政治领袖，借此谋求国家长久利益。

在一封日期为1880年3月13日的信件里，暹王向领事（陈金钟）透露了他欲亲眼看看欧洲的愿望，但他也承认，若无法将国事安全交托给前摄政王索里亚翁，自己就无法出国。然而，那时的索里亚翁却已身卧病榻，即使他认为自己很快痊愈，但暹王在信的结尾断言：只要前摄政王还在世，自己就没机会出访，因为"我们不认为他的病情会好转"。[1] 两年后前摄政王逝世，但暹王却要等到15年后即1897年，才得以首次出访欧洲。

由于无法长时间出国，暹王只能满足于国内出巡。长期以来暹罗的交通运输系统都较为落后，但随着铁路的兴建且从首都通往全国各地的路线逐步完工，他感到欣慰，也得以游历暹罗南北去主持仪式或为新政府部门的启用开幕。他也自此养成悄悄溜出曼谷到附近乡下微服私访的习惯，与亲密友人和亲属组成的小队去跟人民打交道，探访民情。暹王的这类微服私访被称为"帕拔之旅"（Phrabat Ton，意即暹王出巡），也常被认为是表明暹王"民主"意向的指标。陈金钟或许没有参与这些私访，但他肯定知道这些事，而只有在暹王出游到暹罗以外的地区才会有他的参与。

其中的一次旅程是在1890年。[2] 为了亲眼看看马来土邦在暹罗宗主权下的情况，暹王首先从水路到东岸的春蓬府（Chumphorn），转陆路到西岸的拉廊府，再经普吉岛乘船南下马来半岛北部，抵达藩属吉打以及英属槟城，之后再继续向南到海峡殖民地马六甲和新加坡。之后，暹王一行绕马来半岛到东岸，探访另两个藩属丁加奴和吉兰丹，再回国内的宋卡府（Songkhla），最后回到曼谷。

抵达马六甲时，马六甲代理驻扎官、陈金钟之弟陈德源与另一名马六甲名

---

[1] Nattawut Suthisongkram, *Life and Career of Phraya Anukul Siamkij (Tan Kim Ching), Consul-General in Singapore*, pp.142–143 (Letter No. 32 dated 13th March 1880).

[2] Nattawut Suthisongkram, *Life and Career of Phraya Anukul Siamkij (Tan Kim Ching), Consul-General in Singapore*, p. 220.

绅也登上了暹王一行搭乘的王家游船，觐见暹王。① 跟随暹王出访的沙旺·瓦他那王后（Savang Vatana，即后任暹王拉玛九世普密蓬的祖母）之后也登陆马六甲。她在马六甲的行程除了观光旅游，也在陈德源位于荷兰街（Heeren Street，今敦陈祯禄路）的宅邸接受款待。②

王家游船和其他船队在当天傍晚扬帆起航，第二天下午抵达新加坡。船队原本预计停泊在丹戎巴葛，陈金钟安排的四轮马车已在那里等候，但船队却停靠在然申码头。由于对船队的确切抵达时间产生了些许误会，结果只有穿着"极其漂亮唐装"的陈金钟一人迎接暹王。暹王直接来到陈金钟位于桥北路（North Bridge Road）的宅邸，宅子专为本次接待早已装饰得华丽且灯光璀璨。③

图 4-3　暹王朱拉隆功访问新加坡

图片来源：英国国家档案馆。

虽然暹王坚持此次出访为私人出访，但海峡殖民地当局无法不给予暹王

---

① Song Ong Siang, *One Hundred Years' History of The Chinese in Singapore*, p. 178.
② Patricia Lim Pui Huen, *Through the Eyes of the King: The Travels of King Chulalongkorn to Malaya*, p. 54.
③ Patricia Lim Pui Huen, *Through the Eyes of the King: The Travels of King Chulalongkorn to Malaya*, p. 55.

最高级别的招待，并安排了一些正式会面和社交聚会，如拜访总督和军事指挥官。有趣的是，与暹王的其他出访不同，暹王在个人日记里详细记录了此次出访的所有内容，巨细靡遗。

若阅读他的日记，① 便可发现暹王心思细腻，他观察并确实记录下许多事情，还附上了自己的评语。例如他下榻陈金钟名为"暹宫"的宅邸时，将所有事情皆加以记录，如暹宫的位置、附近电车道于不寻常时间发出令人讨厌的噪声等。他也画出暹宫的平面图，无论是草药园、每间房间还是储藏用的壁柜都包含在内。虽然距离上回的访问已过二十载，他还记得许多地点，如政府大楼看起来与之前别无二致，只是大楼已装上电灯及其正面已涂上黄漆。他还发现城市里也建了更多的现代建筑物。暹王被带到他感兴趣的地方参观，其中最特别的是陈笃生医院。暹王捐赠了1000西班牙银元给医院，并成为终身会员。他也再度参观他最钟爱的莱佛士书院。

日记中也有许多关于陈金钟及其住处和亲人的篇幅和评语。暹王曾经拜访陈大耳（陈金钟侄子）的菠萝罐头厂。② 该厂位于美芝路（Beach Road）地段，是暹王蒙固遗赠给暹王朱拉隆功的。那天稍晚时候，暹王一行也到了陈金钟建于总督府后面小山丘上的宅邸。在陈金钟的请求下，暹王为宅邸赐名"曼谷宫"（Bangkok House）。暹王在日记中写到，他出访期间见了陈金钟的家属两次，即妻子、三名女儿和两名儿媳，其中还包括陈金钟年轻的孩子和孙子（陈纯道的孩子）。暹王分别赠送给陈金钟和陈纯道一个搪瓷烟盒和一组茶具（含茶盘和茶壶）。至于家中女眷，暹王则赠送了一些镶钻石的胸针给陈金钟，让他随意赠送。③

日记的最后部分，暹王还觉得新加坡是个购物的好地方。比起他在槟城逗

---

① Nattawut Suthisongkram, *Life and Career of Phraya Anukul Siamkij (Tan Kim Ching), Consul-General in Singapore*, pp. 232–253.
② Song Ong Siang, *One Hundred Years' History of The Chinese in Singapore*, pp. 428–429.
③ Nattawut Suthisongkram, *Life and Career of Phraya Anukul Siamkij (Tan Kim Ching), Consul-General in Singapore*, p. 251.

留的日子，他更享受在新加坡的日子。离开当天，陈金钟率另外一位儿子和陈纯道登船，并以华人礼俗向暹王道别。暹王在日记中记载，说"陈金钟当时满脸泪水"。① 这是暹王与陈金钟的最后一别吗？

《新加坡自由西报》的社论欢迎暹王的到访，称他为新加坡最亲近的邻居，以及英国女王最值得信任的盟友。社论还称赞暹王的"王家拜访是明智的做法，因为即便是管理得最好的部门，也不应该远离主人的双眼太久"。结语道："陛下会明白，新加坡人民因为暹王能与他们一起而真诚地感到愉快。"② 那是一趟公务休闲之旅，即在暹罗南部的公务出巡和绕行半岛回家的缓慢海航。

直到最后

暹王在第二次拜访新加坡的前一年，批准了总领事陈金钟之请求，允许他有三个月的休假，③ 以陪伴他在曼谷的暹裔家人。此前，陈金钟娶了一位名为刘藩娘（音译 Pheun）的暹罗妻子。她之后受赠"坤颖"〔(Khunying，等同于夫人（Lady）或马来人的 Puan Sri〕头衔。他们在一座位于帕苏马因路〔Phra Sumain Road，靠近今拉洽丹农大道（Rajdamnern Avenue）〕的宽敞别墅结婚，生有二男一女。名为足娘的女儿嫁给祖籍福建的黄氏富商黄保（Pao Virangkul），他们的女儿茉莉（Molee）嫁给泰国著名外交官和东南亚国家联盟创办人他纳·科曼（Thanat Khoman）博士，她还得到暹王普密蓬赐予"探普英"（Thanphuying，等同于马来人的 Toh Puan）的头衔。二子名为少康和遐龄，少康的女儿秋娘（音译 Cheuy）嫁入著名的哇茶拉帕（Vajrabhya）家族。故此，陈金钟在这些著名的暹族世家中至今仍有不少后裔。

---

① Nattawut Suthisongkram, *Life and Career of Phraya Anukul Siamkij (Tan Kim Ching), Consul-General in Singapore*, p. 252.
② Patricia Lim Pui Huen, *Through the Eyes of the King: The Travels of King Chulalongkorn to Malaya*, p. 62.
③ Nattawut Suthisongkram, *Life and Career of Phraya Anukul Siamkij (Tan Kim Ching), Consul-General in Singapore*, p. 219.

这位史上第一位暹罗总领事于1892年安详地离开人世，正好是他挥泪向他"诚挚的朋友"暹王道别后的两年。他是暹罗王室的忠诚官员，在暹罗国土完整和国家主权备受挑战的动荡时期里，连续服务于两任暹王。至此，这位传奇人物精彩纷呈的一生落下了帷幕。

---

* 廖文辉、何国宏译。

第二节
陈金钟企业王国的沧桑

林孝胜

陈金钟是19世纪备受瞩目的跨国企业家、外交官,也是地区政治的资深参与者。他以新加坡为基地或总部,在东南亚建立了一个庞大的跨境商业帝国,使其家族的良好商誉继续发扬光大。

童年教育

1829年10月16日,陈金钟在马六甲出生。[①] 当时父亲陈笃生31岁,母亲李淑娘22岁。他很小就随母亲来到新加坡,住在驳船码头(吻基)的陈笃生商行楼上。他的童年在驳船码头和直落亚逸街一带度过。天亮时分家外就闹哄哄,一开窗便看见新加坡河布满驳船如舯舡、大舡,陈笃生商行的工人则来往于货仓与驳船之间忙着搬运货物。1840年4月,天福宫迎接来自中国的天上圣母(妈祖)神座抵达新加坡,陈金钟的父亲陈笃生是天福宫的大董事。是年陈金钟11岁,也必然参与其盛,目睹了这场轰动全新加坡的迎神赛会。盛典欢乐气氛洋溢,锣鼓喧天、彩旗蔽日。妈祖的神座安放在用杏黄绸纱装饰的神轿上,由装扮成天神的护卫队全程护卫,还有彩妆女童让人们抬着游行。[②]

陈金钟后来继承父业及父亲在天福宫的大董事职位,想必是成长经历中这种浓厚的商业氛围及华人传统的民间信仰和生活环境影响了他一生。

陈金钟的童年教育至今仍是个谜,这方面的资料完全空白。但从他日后

---

① *Straits Times*, 29 February 1892, p. 3;《海澄峨山陈氏家谱》,第27页。
② *Singapore Free Press*, 23 April 1840, p. 3.

从商时跟政府官员和欧商交流自如、毫无障碍看来，他很可能曾经在一所由马六甲华商及他父亲陈笃生资助的英文学校上过学。

1835年，陈金钟六岁。当时，新加坡唯一的一所正规学校是新加坡义学（Singapore Institution Free School）。这是由欧商、政府要员及教会人士合力倡办的。从1837年新加坡义学的筹建校舍募款名录可以看出，学校也获得了马六甲华商的支持。[1]1868年，该书院易名为莱佛士书院。

1837年，以海峡殖民地总督蒙咸为首的17位捐款人共捐款555元，其中五家马六甲华商公司共捐200元，约占总额的40%。这五家公司捐款金额如下：陈笃生商行（陈笃生独资公司）25元，青山公司（Chinsang & Co.）25元，文仲公司（Boonteong & Co.）25元，延龄公司（Yeng Ling & Co.）25元，及洪奎（音译 Hung Quoi）100元。[2]洪奎捐100元，为此次捐款最多者，比总督的50元还多。

学校管委会很受鼓舞，认为学校去年呼吁社区热心教育得到了良好的回应，捐款增加了。[3]

马六甲华商对学校的大力支持，在很大程度上是因为他们认为学校的宗旨和实用的教学方法有助于实现他们的个人愿望。陈笃生和其他华商在与官员及欧商的互动中，深知英文的重要性，他们都希望下一代多学习英文，长大后经商方能学以致用。新加坡义学将英语与母语教学相结合，他们对学校的教学方法印象深刻。[4]学校当局宣称，这种简单而新颖的教学方法非常有效，一些本地男童，尤其是华人子弟的表现令人赞叹。[5]

陈笃生慷慨解囊，资助经费，于1845年乐捐5元给新加坡义学。[6]我们可

---

[1] *Singapore Institution Free School Fourth Annual Report 1837–38* (Singapore: Singapore Institution Free School, 1838), p. 29.
[2] *Singapore Institution Free School Fourth Annual Report 1837–38*, p. 29.
[3] *Singapore Institution Free School Fourth Annual Report 1837–38*, p. 5.
[4] *Singapore Institution Free School Fourth Annual Report 1837–38*, p. 5.
[5] *Singapore Institution Free School Fourth Annual Report 1837–38*, pp. 13–14.
[6] *Singapore Free Press*, 14 September 1849, p. 3. 其他著名欧商如阿姆斯特朗（J. Armstrong）、史卜迪士（Spottiswoode）捐5元，卓锦（P. Joaquim）捐2元。

以推测，这批来自马六甲的华商包括陈笃生，也会把孩子送到他们大力赞助的新加坡义学就读。

1838年3月，该校有239名各族学童，学生在上午修读英文课包括语文及文学，下午则上方言课（粤语及闽南语），课堂着重教授中国传统识字启蒙读物如《三字经》等。[①]其中，华童95名。福建方言班有3个，学生66名，潮州与广府各1个班，学生分别为13名及16名。[②]

新加坡义学培养了通晓中文、英文及马来文的在地马六甲华商第二代，如陈金钟、陈若锦等。他们在生活习惯上倾向西化，视野及人生观也较宽广，与欧商和政府官员沟通无障碍。

19世纪80年代，陈金钟曾经也是美以美教会传教士创办的英华学校的创办人之一。[③]1890年，他出席该校年度优秀学生颁奖礼，出席嘉宾包括总督史密斯（Clementi Smith）伉俪、陈若锦、陈恭锡等人。陈金钟于典礼上受邀致辞，赞扬了这所学校的种族与文化包容性，指出欧亚儿童虽然在种族与宗教上不同，但一起上课。他对能成为这所学校的创办人之一而感到光荣。他也代表学校及校董感谢总督伉俪出席盛会。陈金钟时任天福宫大董事，他的这一席话及他参与创办教会学校显示出他是一个思想开放、包容且具有国际视野的人。

守业创业

1850年2月，父亲陈笃生去世是陈金钟人生挑战的开始。身为长子的陈金钟年仅21岁。大家庭里除大姐及母亲外，还有七个未成年的弟妹，庞大的家业有待他去继承和善后。他一方面协助母亲处理父亲遗留下来的遗产，另一方面着手规划自己的人生道路。

---

① *Singapore Free Press*, 29 August 1844, p. 2；庄钦永：《1819~1844年新加坡的华文学堂》，《新甲华人史史料考释》，新加坡：青年书局，2007，第179页。
② *Singapore Institution Free School Fourth Annual Report 1837–38*, p. 22.
③ *Straits Times Weekly Issue*, 17 December 1890, p. 7.

1850年4月29日，身为陈笃生遗产执行人的母亲李淑娘让陈金钟、牙直利及戴维森作为她的代理人，协助处理遗产事宜。①

一个月后，5月25日，陈金钟设立振成商行，②揭开他进军商界的序幕。陈金钟企业王国的建立与发展分三个阶段：振成商行（1850~1859年）、振成号（1859~1865年）及振成公司（1865~1892年）。

图 4-4　陈金钟

图片来源：陈笃生家族珍藏。

振成商行（Chop Chin Seng，1850~1859年）

父亲病逝三个月后，陈金钟登报公告各界，他于（1850年）5月25日成立振成商行继承父业，商行设在新加坡河左岸（即陈笃生商行旧址）。③ 在这么短的时间内就能独当一面设立商行，可见他在父亲去世前已协助父业。

陈笃生去世时并没有立遗嘱，因此，根据海峡殖民地政府的遗产继承法，遗孀李淑娘可分配到1/3的遗产，另外2/3的遗产则由七名合法子女包括陈金钟平分。④1850年，已达法定成年年龄的陈金钟就将分到的遗产作为创业资金，成立"振成商行"。母亲李淑娘可能也出资协助陈金钟创业。

图 4-5　陈金钟登报公告成立振成商行

图片来源：Straits Times, 4 June 1850。

---

① *Singapore Free Press*, 3 May 1850, p. 1.
② *Singapore Free Press*, 31 May 1850, p. 1; *Straits Times*, 1 June 1850, p. 2.
③ *Singapore Almanack and Directory for the Year 1851*.
④ C.H. Withers Payne, *The Law of Administration and Succession to Estate in the Straits Settlements* (Singapore: Printers Ltd., 1932), pp. 160–163.

振成商行的当务之急是重新连接父亲数十年来建立起来的海内外人脉和商脉，然后在这个基础上继续发展土产出入口与货运业务，以及开拓海外新市场。创业之初，商行业务进展缓慢。原因不外乎资金有限及忙于协助母亲处理遗产事宜，但最重要的原因也许是他才刚创业，经商能力未经考验，社会经历也少。

因此，他积极参与华社及官方活动。1850年，陈金钟捐金1719元重修天福宫。[1] 1851年11月，巴特卫总督动身回英国休养时，以陈金声为首的华商代表团致欢送辞，陈金钟也名列代表团之中。[2] 陈笃生医院更给了他一个融入商界、社会及官场的绝佳平台。1852年，由于病人增加，陈笃生医院设备不足，医院管委会向政府反映缺乏扩建经费，陈金钟即刻乐捐2000元解决了医院扩建经费短缺问题。翌年6月，医院管委会报告陈金钟再加捐500元。[3] 陈金钟也分别在1852年和1853年被政府任命为法庭陪审团成员[4]，和胡亚基、陈金声、李德（W.H. Read）等著名华商、欧商平起平坐。后来在1858年，英国印度大总督要以2000元向他购买新加坡市区附近的3.5英亩（1英亩=4046.86平方米）土地用于军事用途时，陈金钟慷慨捐地不收赔偿费。印度大总督请他的秘书向陈金钟转达对其"慷慨和公共服务精神"的赞赏。[5]

当年报章都报道了陈金钟这一系列的捐款，赢得政府和社会对他的好评。

1853年，陈金钟的能力大致取得了华社、商界及政府方面的肯定，其业务也在这一年进展快速。同年，陈金钟被任命为暹罗王室及部分贵族的驻新代理人，更是锦上添花。因此，1853年是陈金钟企业发展的转折点与重要里程碑。

虽然陈笃生在生前就和暹罗王室，尤其是与王储郑明（蒙固）维持着密切

---

[1] 陈荆和、陈育崧编著《新加坡华文碑铭集录》，第63页。
[2] *Straits Times*, 5 December 1851, p. 6.
[3] *Singapore Free Press*, 26 November 1852, p. 2; 1 July 1853, p. 3.
[4] *Singapore Free Press*, 16 April 1852, p. 2; 12 August 1853, p. 3.
[5] *Straits Settlements Records*, Z35, p. 182. Copy of 2nd paragraph sent to Tan Kim Ching, 5 February 1858.

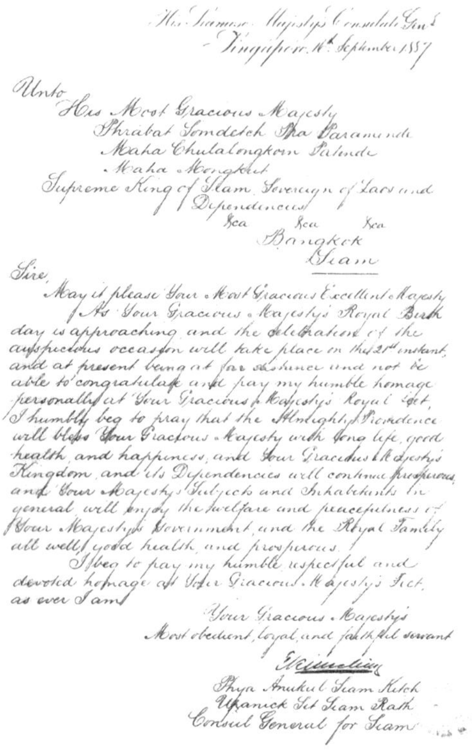

图 4-6　陈金钟恭贺暹王诞辰函（1887 年 9 月 16 日）

图片来源：KhunThiravudh Khoman 提供。

私交关系，也是王室驻新加坡商贸代理人；但陈笃生去世后，暹罗王室或许不能确定陈金钟的能力，所以采取观望态度，没有立刻委任新的驻新商贸代理人。直到陈金钟崭露头角成为公众人物后，拉玛四世（即原来的王储蒙固）才在 1853 年 8 月任命他为暹罗王室驻新加坡商贸代理人。可是，1853 年 9 月 30 日，《新加坡自由西报》却错误地报道陈金钟也被同时任命为暹罗领事，导致《新加坡年鉴与指南》（*Singapore Almanack and Directory*）自 1854 年起就误导性地将陈金钟列为暹罗领事。

1863 年，陈金钟成为暹罗驻新加坡首任领事。海峡殖民地总督加文纳（W.O. Cavenagh）嘱咐秘书于 1863 年 12 月 3 日复函陈金钟，告知其暹罗驻新加坡领事的任命通告将在近期的政府宪报刊登。[①]1885 年陈金钟升为总领事。

陈金钟的暹罗王室代理人身份有助于其发展转口贸易与航运业务，例如，享有在暹罗投资及包租暹罗王室往返新暹之间庞大船队的便利。1859 年，暹罗王室有 12 艘横帆船往返新加坡与曼谷之间，通常由华商包租。[②]

1858 年，陈金钟业务扩展至曼谷、东印度群岛腹地望加锡（Macassar）、

[①] *Straits Settlements Records*, V38, p. 122. Vitthya Vejjajiva, "Siam's Old Singapore Ties", *Journal of the Siam Society*, Vol. 103 (2015), p. 119.

[②] Wong Lin Ken, *The Trade of Singapore 1819–1869*, p. 149.

峇厘（Bally）、马来半岛东海岸的瓦旺（音译 Whawan）、上海及宁波等地。[①]

表 4-1 显示 1853 年至 1857 年振成商行新暹密集货运情况。其中，停泊在新加坡港口的陈金钟包租货船，除了各有一艘航往中国与缅甸，其他货船的目的地都是暹罗曼谷。有时同一天更多至三艘（如 1854 年 3 月 31 日）或四艘（如 1854 年 10 月 27 日），甚至在 1857 年 4 月 2 日那天，停泊在新加坡港口陈金钟包租的九艘货船中，除了一艘载货开往中国外，其余八艘的目的地都是曼谷。[②] 同年 6 月有一艘开往暹南宋卡。[③]

为了应对日渐扩张的航运需求，陈金钟分别于 1854 年与 1857 年建造及收购一艘货船。1854 年，他在曼谷用暹罗柚木建造一艘三桅横帆船。船上有铜护套，桅杆和索具都是用最好的材料做的，并加以调整，以确保安全和高速航行。船的建造者是著名苏格兰格拉斯哥港的巴克斯特（Baxter），船的龙骨长 100 英尺（1 英尺=0.3 米），货舱深 12 英尺，横梁宽 25 英尺。[④]

1857 年，陈金钟又以 43000 元购买了一艘 750 吨的快船"外尔维号"（Wide Awake）。[⑤]

表 4-1　1853~1857 年振成商行新暹货运一览

年份	停泊新加坡港口日期[*]	货船	吨	往
1853	8 月 31 日	英三桅横帆船海洋新娘号（Ocean Bride）	169	卸货
	11 月 2 日	暹三桅帆船塞琉斯号（Serius）	200	暹罗
	11 月 25 日	暹三桅帆船塞琉斯号	200	暹罗
	12 月 3 日	英三桅帆船奥士比号（Osprey）	260	缅甸若开（Arakan）
1854	3 月 3 日	暹三桅帆船塞琉斯号	200	暹罗
	3 月 10 日	暹三桅横帆船阿立尔号（Ariel）	120	暹罗
	3 月 31 日	暹三桅横帆船阿立尔号	120	暹罗
		暹三桅横帆船漂泊者号（Wanderer）	319	暹罗
		英三桅帆船奥士比号	245	暹罗

① *Singapore Almanack and Directory for the Year 1858.*
② *Singapore Free Press*, 2 April 1857, p. 4.
③ *Singapore Free Press*, 18 June 1857, p. 5.
④ *Singapore Free Press*, 30 June 1854, p. 2.
⑤ *Singapore Free Press*, 15 October 1857, p. 4.

续表

年份	停泊新加坡港口日期*	货船	吨	往
1854	4月3日	暹罗船法弗利特号（Favourite）	400	暹罗
	4月29日	暹三桅帆船狮子号（Lion）	150	暹罗
		暹罗船法弗利特号	400	暹罗
		暹三桅帆船速度号（Velocity）	235	暹罗
		英三桅帆船奥士比号	245	中国
		暹三桅帆船女英雄号（Heroine）	228	暹罗
	5月31日	暹三桅帆船名人号（Celebrity）	250	暹罗
	6月13日	暹三桅帆船水手希望号（Mariner's Hope）	240	暹罗
	9月1日	暹三桅帆船海马号（Sea Horse）	310	暹罗
		暹三桅横帆船漂泊者号	310	暹罗
		暹三桅帆船水手希望号	240	暹罗
	10月27日	暹三桅帆船海马号	310	暹罗
		暹三桅横帆船漂泊者号	310	暹罗
		暹罗船皇冠号（Crown）	650	暹罗
		暹三桅帆船名人号	250	暹罗
		暹三桅帆船水手希望号	240	装修
	11月3日	英三桅横帆船海洋新娘号	169	卸货
	12月8日	英三桅帆船奥士比号	245	卸货
		暹罗船皇冠号	650	暹罗
		暹三桅帆船名人号	250	暹罗
		暹三桅帆船暹罗号（Siam）	360	修理
1857	4月2日	英三桅帆船海德洛斯号（Hydroose）	595	中国
		暹三桅帆船	250	暹罗
		暹三桅帆船	600	暹罗
		英船克利米亚号（Crimea）	500	暹罗
		暹罗船法弗利特号	400	暹罗
		暹罗船曼谷标记号（Bangkok Mark）	500	暹罗
		暹三桅帆船快速号（Rapid）	460	暹罗
		暹三桅帆船塞琉斯号	200	暹罗
		暹三桅帆船名人号	250	暹罗
	6月18日	暹罗船易言特号（Iantle）	300	宋卡
		暹三桅帆船速度号	235	暹罗

注：* 根据报章报道日期。

资料来源：Singapore Free Press, Straits Times, 1853—1857。

振成商行的管理结构很简单，陈金钟是东家兼主管，聘有助理和书记员。1854 年有两名助理兼书记员，一名是来自马六甲的欧（荷兰）亚籍职员约翰尼斯·加百列，[1]他经商经验丰富，是陈笃生商行留下来的老员工，任职到 1878 年去世。1858 年，助理及书记员增加到四名。陈金钟弟弟陈秀林已达法定成年年龄，加入振成商行当陈金钟的助理，[2]成为其得力助手。

振成号（Tan Kim Ching & Brother，1859~1865 年）

陈金钟的跨国业务进展快速，他时常往返于新加坡和曼谷视察业务。当他身在国外之时，必须有人代管新加坡总部。陈金钟弟弟陈秀林自 1858 年起在振成商行工作已经一年多，成了他的得力助手。因此，他邀弟弟入伙是顺理成章的事。1859 年 11 月 1 日，陈金钟登报宣布弟弟陈秀林为其商业伙伴，并改组振成商行为“振成号”。[3]店址设在吻基门牌 26 号。不同于陈笃生一家都住在店的楼上，兄弟俩不住在店里，而住在不远处位于吉宁街门牌 62 号的住宅。[4]

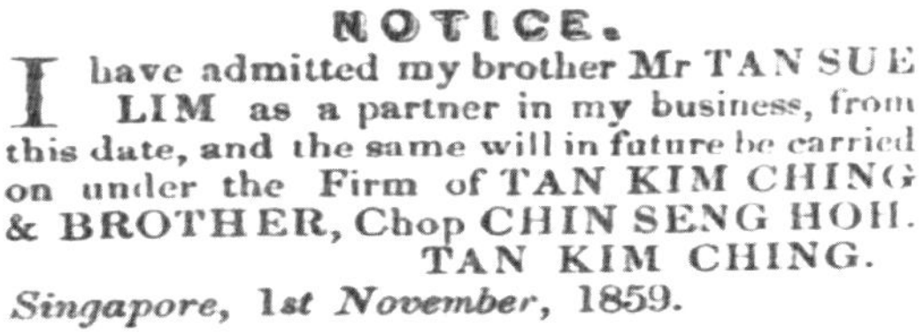
NOTICE.

I have admitted my brother Mr TAN SUE LIM as a partner in my business, from this date, and the same will in future be carried on under the Firm of TAN KIM CHING & BROTHER, Chop CHIN SENG HOH.

TAN KIM CHING.

Singapore, 1st November, 1859.

图 4-7　陈金钟登报宣布陈秀林为其商业伙伴

图片来源：*Singapore Free Press*, 22 December 1859。

1862 年 1 月 6 日，振成号在拍卖场以 1 万元购得一艘在英国注册的三桅帆船“金福兴号”（Kim Hock Hein，260 吨），主要在新加坡—暹罗、新加坡—上海以及新加坡—仰光航线上运载货物。[5]表 4-2 显示振成号的转口贸易仍以曼谷为主，市场涵盖东印度群岛的望加锡与峇厘，马来半岛的槟城、吉打、丁加奴的瓦旺，越南的西贡，缅甸的仰光，以及中国的上海、宁波与厦门。开拓的新市场包括中东的吉达、日本、澳大利亚悉尼及印度孟买。

---

① *Singapore Almanack and Directory for the Years 1854–1857.*

② *Singapore Almanack and Directory for the Year 1858.*

③ *Singapore Free Press*, 22 December 1859, p. 1.

④ *Singapore Free Press*, 19 January 1865, p. 2.

⑤ *Straits Times*, 11 January 1862, p. 2.

表 4-2　1859~1863 年振成号货运一览

年份	停泊新加坡港口日期	货船	吨	往
1859	11月4日	暹船暹罗皇冠号（Siamese Crown）	800	曼谷
		英船俄斐号（Ophir）	950	吉达
		英三桅横帆船阿尔玛号（Alma）	150	望加锡
	11月17日	英船克利米亚号	500	卸货
	12月15日	英船外尔维号（陈家货船）	750	卸货
1860	1月6日	英船克利米亚号	500	西贡
	1月21日	英三桅帆船奥士比号	256	卸货
	2月16日	英三桅横帆船阿尔玛号	150	悉尼
		英三桅帆船政治家号（Statesman）	404	卸货
		英三桅帆船海德洛斯号	595	卸货
	9月27日	英船克利米亚号	500	暹罗
	12月6日	英船俄斐号	950	吉达
1861	5月23日	英三桅帆船海德洛斯号	595	瓦旺
	7月11日	英三桅帆船政治家号	404	卸货
	7月25日	英三桅帆船政治家号	404	中国
		英三桅帆船海德洛斯号	595	卸货
	8月1日	暹罗王室轮船沃兰斯号（Volants）	178	吉打
		暹罗王室轮船敌人驱逐者号（Enemy Chaser）	700	吉打
		暹罗王室轮船流星号（Meteor）	150	吉打
		英三桅帆船海德洛斯号	595	卸货
	8月22日	英三桅帆船金福兴号	260	峇厘
		暹罗王室轮船敌人驱逐者号	700	曼谷
	8月29日	英三桅帆船金福兴号	260	宁波
	10月31日	英三桅帆船海德洛斯号	595	槟城及孟买
		英三桅帆船政治家号	404	卸货
	11月16日	英三桅帆船海德洛斯号	595	槟城及孟买
	11月21日	英三桅帆船政治家号	404	修理
		英三桅横帆船阿尔玛号	135	日本
		英三桅帆船海德洛斯号	595	行程未定
1862	2月21日	英三桅帆船金福兴号*	260	暹罗
		英三桅帆船海德洛斯号	595	卸货
	4月3日	英三桅帆船海德洛斯号	595	西贡
	5月15日	英三桅帆船金福兴号	260	曼谷
		英三桅帆船欢迎号（Welcome）	387	厦门
	6月18日	暹三桅帆船诺佛号（Noorfol）	120	曼谷

续表

年份	停泊新加坡港口日期	货船	吨	往
1862	7月24日	英三桅帆船金福兴号	260	曼谷
	9月6日	英三桅帆船金福兴号	260	曼谷
	10月2日	暹三桅帆船公使号（Envoy）	300	曼谷
		暹三桅帆船公使号	300	曼谷
		英三桅帆船金福兴号	260	上海
		暹三桅帆船名人号	260	曼谷
	11月20日	暹三桅帆船公使号	300	曼谷
1863	1月29日	英三桅帆船金福兴号	260	仰光
	3月12日	英三桅帆船金福兴号	260	仰光

注：*1862年1月6日，陈金钟购得此船。

资料来源：*Singapore Free Press, Straits Times*, 1859-1863。

为应对蒸蒸日上的业务，振成号员工编制也扩大了。陈金钟与陈秀林两人并列为合伙人。1861年有书记六人，其中两名为欧亚籍。到了1863年，职员增加到九名。[1] 同年9月，振成号与时俱进，成为新加坡第一家船坞公司发起人之一，即丹戎巴葛船坞有限公司（Tanjong Pagar Dock Co. Ltd.，今新加坡港务局前身）。陈金钟名列该公司首届临时董事会。[2]

1864年6月21日，两家著名的公司振成号和成立于1825年的约瑟·亚美达父子公司（Jose d'almeida & Sons）在同一天不约而同地向法庭申请破产，令全新加坡市民大为震惊。

商行的停业源自1863年和1864年的经济衰退。1863年全年入口值26643964元，比1862年增加335436元，出口值23117779元，比1862年减少1397337元。[3] 新加坡的经济全年出现严重入超3526185元的情况。因此，1864年初市民已经感受到入超的压力。1864年2月8日，农历初一，新加坡全市格外安静，失去了往年春节的喧哗和热闹。市场已经感受到近月来的经济

---

[1] *Singapore Almanack and Directory for the Years 1861 & 1863.*
[2] *Singapore Free Press*, 17 September 1863, p. 3.
[3] *Singapore Free Press*, 8 January 1864, p. 1.

不景气。①

到了1864年5月，经济风暴达到高峰，进口货物滞销，供过于求，市面上银根紧缩，导致两家洋行因为华商无法还债而倒闭，负债超过100万元。② 同时，一名华商宣布破产，负债达75万元。③ 洋行倒闭与华商破产的根本原因是洋行之间竞争过于激烈，随意向华商提供信贷，从而鼓励了他们过度交易。1864年6月13日，新加坡商会敦促会员将信用期限从三个月缩短到两个月。④ 八天后，振成号向法庭申请破产。翌年1月13日，兄弟俩撤回申请书，⑤ 以便与债权人在法庭外和解。两兄弟的合伙事业就此结束。

振成公司（Kim Ching & Company，1865~1892年）

1865年，陈金钟很快走出1864年经济风暴的阴影，独资创立"振成公司"，重新出发，迈向企业高峰。

以下为振成公司于1865年7月19日在报端登载的一则出租实龙岗屋宇的广告，这是振成公司见诸报端的最早记录。⑥

图 4-8　振成公司见诸报端的最早记录

图片来源：*Straits Times*, 30 September 1865。

1865年也是陈金钟人生道路上一个重要里程碑。身为暹罗驻新首任领事及王室代理人的陈金钟因服务有功受封，拉玛四世封他为伯爵衔"帕"（全称

---

① *Singapore Free Press*, 11 February 1864, p. 3.
② *Singapore Free Press*, 21 May 1864, p. 1.
③ *Straits Times*, 21 May 1864, p. 1.
④ *Singapore Free Press*, 21 May 1864; Wong Lin Ken, *The Trade of Singapore 1819–1869*, p. 166.
⑤ *Singapore Free Press*, 19 January 1865, p. 2.
⑥ *Singapore Free Press*, 30 September 1865, p. 4.

Phra Bides Banij Siambijit Bacty）。为此，陈金钟于 1865 年 6 月赴曼谷受封。报章记载，他是在暹罗国际法庭首席法官的住所举行的晚宴上受封的，一些暹罗贵族和当地著名商人也都出席了晚宴。

该报道也透露，陈金钟在为暹罗王室及政府忠诚服务之余，也觐见国王和会见其他王室成员，了解他们的需求，并加强与王室的关系。[①] 封爵意义重大，显示出王室对陈金钟的赏识和信任，也提升了陈金钟在曼谷社会及工商界的地位。

1865 年，海峡殖民地总督封陈金钟太平局绅衔。同年 7 月，陈金钟协助英殖民地政府调解敌对私会党（义兴与福兴）因出殡队伍主导争议而发生的群斗事件，奠定了他作为华社领袖的地位。[②] 翌年 3 月，陈金钟率领两百余名华商（包括佘有进、胡亚基）欢送荣休的麦高斯南（Richard McCausland）大法官。[③] 华商代表也赠送一把丝绸绣成的万民伞给大法官。

新加坡和东南亚的经济衰退一直持续到 1865 年初。从 1865 年 1 月开始，暹罗政府禁止大米出口长达七个月。结果，几乎所有的外国船只都离开曼谷，前往另一个稻米生产国越南首府西贡。[④] 尽管陈金钟是暹罗的领事和王室的商贸代理人，暹罗政府对大米出口的禁令不可避免地也影响到了他新成立的公司。

企业发展与管理

进入 1866 年，振成公司业务恢复正常，并稳健发展。该年 5 月，陈金钟包租停泊在新加坡港口的十一艘货船中，有两艘驶往仰光，一艘驶往槟城、香港和孟买，五艘在卸货，一艘在修理。[⑤] 此外，陈金钟也包租货船穿行于新加坡和亚齐、槟城、北大年、西贡、曼谷、上海及福州之间。

[①] *Singapore Free Press*, 1 June 1865, p. 3.
[②] *Singapore Free Press*, 27 July 1865, p. 2.
[③] *Singapore Free Press*, 29 March 1866, p. 2.
[④] *Singapore Free Press*, 19 January 1865, p. 3.
[⑤] *Singapore Free Press*, 17 May 1866, p. 5.

1888年12月24日，振成号刊登一则招人起货的启事，让我们一窥陈金钟托运业务的运作：

> 招人起货　启者本号南江火船十月十七日由汕头运来咸菜一百五十吨，系汕头和发号寄叨交凭载字收领字样。至今月余，遍问乏人到领。兹特布告各宝号周知，如过七日再无人到来承领者，本号即将该货拍卖。他日该货主不得借端异言。合此声明。
>
> 振成号
>
> 大清光绪十四年十一月二十二日①

为了应对快速发展的航运业务，除了原有的帆船"新加坡号"（748吨），1890年陈金钟在曼谷建造了一艘1576吨的顶级汽船"暹罗号"，由英国桑德兰的普里斯特曼公司建造。长258英尺，横梁36英尺，深21.8英尺，马力149标称，速度94节，可以容纳8名头等舱乘客和12名二等舱乘客，承载31000担大米。②

19世纪70年代末，得益于与暹罗政府的密切关系，陈金钟积极发展大米作为转口贸易的核心业务。他在曼谷及越南西贡建碾米厂，在曼谷、西贡与香港设立行销分行。新加坡是暹罗大米最重要的市场之一。日本学者宫田敏之告诉我们，陈金钟是19世纪暹罗和新加坡的大米商，致力于生产高质量的暹罗大米，③发展暹罗、新加坡、东南亚及中国之间的转口贸易网络。④

陈金钟的跨国企业将新加坡和曼谷作为两大基地。曼谷是陈金钟的稻米加

---

① 《叨报》1888年12月24日，第6页。
② *Singapore Free Press*, 5 July 1892, p. 2.
③ Toshiyuki Miyata, "Tan Kim Ching and Siam 'Garden Rice': The Rice Trade between Siam and Singapore in the Late Nineteenth Century", in A.J.H. Latham & Heita Kawakatsu (eds.), *Intra-Asian Trade and the World Market* (London: Routledge, 2006), pp. 114–132.
④ Toshiyuki Miyata, "Tan Kim Ching and Siam 'Garden Rice': The Rice Trade between Siam and Singapore in the Late Nineteenth Century", in A.J.H. Latham & Heita Kawakatsu (eds.), *Intra-Asian Trade and the World Market*.

工与出口基地。由于曼谷位于湄南河东岸,南临暹罗湾,偏离东西国际海道,曼谷生产的稻米都要先运来新加坡,然后转销到各地。而新加坡作为东西海运必经之港口和东南亚区域转口贸易中心,又是陈笃生家族企业的发源地,成为陈金钟转口贸易的营运总部。

香港分行(振成行)于1888年开设,为一个出入口商行,主要业务是分销曼谷及西贡碾米厂的白米,"并代客发兑杂货及自办轮船往来生理"。[①] 司理为蔡紫薇,别字星垣。

19世纪70年代及80年代,陈金钟的社会与政治影响力扩展到马来半岛与中国。1874年,他协助海峡殖民地政府促成《邦咯条约》(*Pangkor Treaty*)的签订,《邦咯条约》平定了连年不断的吡叻马来王族苏丹之位争夺及华族私会党锡矿开采权纷争,第一位英国驻扎官进驻吡叻土邦,这是英国干涉马来土邦政治政策的开始,从此改变了马来半岛的政治生态。19世纪80年代,陈金钟积极协助清政府在新马华社推动卖官鬻爵活动,他自己也购买道台衔。[②] 1885年,拉玛五世升他为暹罗驻新总领事。这些政治光环都有助于陈金钟事业的发展,把他的事业推向高峰,尤其是暹罗的大米业务。

19世纪80年代,除了曼谷、西贡与香港有分行外,振成公司也是暹罗王室、中国招商局汽船公司、中国招商保险公司、安泰保险公司及福州复利百货公司的代理(见附表4-1)。

庞大的企业需要强大的管理团队来运作。陈金钟的次男陈纯道、三男陈克让、女婿蔡金吉(女儿陈温娘夫婿)、妹妹陈长娘的两个儿子梁鸿熙(1909~1927年任庆德会会长)与梁鸿筹等亲属先后加入公司,成为陈金钟的骨干管理团队(有关振成公司跨国企业组织见附表4-1)。1880年,次男陈纯道和三男陈克让被委任为公司的助理,成为陈金钟的左右手。[③] 陈金钟授权陈

[①]《叻报》1891年7月13日,第7页。
[②]《叻报》1887年8月26日,第2页。又 Yen Ching-hwang, "Sales of Qing Titles and the Chinese Leadership in Singapore (1877–1912)", in Kwa Chong Guan and Kua Bak Lim (eds.), *A General History of the Chinese in Singapore* (Singapore: Singapore Federation of Chinese Clan Associations and World Scientific, 2019), p. 215。
[③] *Singapore Almanack and Directory for the Year 1880*, p. 69.

纯道在他身处外国时可以代签公司文件。其间职员也增加了，1886年至1891年，公司的职员增加到10名。

1889年7月，曼谷米厂工人暴动，对暹罗大米市场产生了不利影响，陈金钟大为震惊。《海峡时报》援引《曼谷时报》的一篇新闻报道称，"由于目前稻米荒和高价，陈金钟碾米厂和另一家碾米厂可能是曼谷目前仅有还在运作中的碾米厂。陈金钟是暹罗驻新加坡总领事，也是我们当地最重要的米厂业主之一，预计不久将访问曼谷。"①

新加坡市面上也盛传陈金钟即将赶赴曼谷坐镇应变。1889年9月3日，《叻报》报道陈金钟乘坐自己的货船新加坡号赴曼谷的消息："甲政游暹本坡甲必丹兼理暹罗领事官陈君金钟，前者乘坐其本号轮船名新嘉坡者言往暹京。现据该船回叻报称君于去月二十一业已平安抵暹。然君此次往暹约居一两月之久始能旋叻云。按本馆前曾录登暹罗米市现在腾贵异常，致诸火碓多为停歇，独振成号及某号两家开碓而已。至于陈君金钟不日即须赴暹以整顿各事云云。然则陈君此次往暹之行迨即缘前报所言之事乎？"②

这场危机突显出暹罗大米贸易在陈金钟商业王国中的重要性，以及其曼谷的碾米厂业务的主导市场份额。

1891年，陈金钟发现有一家取名为"振成"的公司在汕头及香港一带从事侨批汇兑业务。为了保护良好的商誉及避免法律纠纷，他于6月20日在《叻报》刊登声明以正视听。"启者：本公司在叻开创振成字号迄今数十载，后开枝暹罗、安南两处火绞作朴白米生理，仍号振成栈，及戊子年再开枝香港，作九八行，自兑朴白米并代客发兑杂货及自办轮船往来生理，亦系作振成行字号，司事人蔡紫薇别字星垣。此外各处并无开枝别店，亦无附搭字号作振成字样。即汇兑银两皆向洋商银行交易，亦未有专作汇兑银两与华人交易也。近闻有人开创新字号亦系作振成，在汕头、香港、粤省等处，为汇兑银两生理。屡

---

① *Straits Times Weekly Issue*, 24 July 1889, p. 3.
② 《叻报》1889年9月3日，第2页。

次有人携单至香港本行，见单欲为挂号等情，实属胡混，令人难分彼此，不得不亟为申明，俾各埠诸位商富人等，知其明晰，无使得含糊指籍之伪，是所厚幸。倘有意外之事，当知认明经手之人，向他追究，与本公司及行栈无涉。勿谓言之不先也。特此布闻大清光绪十七年五月十四日大英一千八百九十一年六月二十号新加坡振成公司陈金钟谨启"。[1]

不幸的是，陈克让于1886年去世，而另一位得力助手陈纯道也先陈金钟于1891年去世。陈克让和陈纯道的相继去世对陈金钟打击很大，总部的高层一时间出现真空状态，他们的位置由蔡金吉及梁鸿筹取代，梁鸿熙被调到西贡碾米厂当副经理。公司就此逐渐走下坡路。一年后，陈金钟病逝。

后陈金钟时代的振成公司

陈金钟去世后，振成公司管理层出现了空前的断层危机。长女陈青霓（Tan Cheng Gay Neo）作为陈金钟遗产执行人，[2]主管振成公司新加坡总公司、曼谷分行与碾米厂业务。在那个妇女不轻易抛头露脸的年代，陈青霓此前从未涉足商业活动，因此，她必须依赖陈金钟留下的管理团队去管理集团的业务。在新加坡总公司，原经理蔡金吉（妹妹陈温娘的夫婿）成为她的左右手。曼谷分行与曼谷碾米厂的管理也由原经理蔡清卓（音译 Choa Cheng Cheo）继续负责。陈金钟去世后，振成公司关闭了西贡的碾米厂及香港分行。

后陈金钟时代的振成公司缺乏一个强势的领导，因而高层变动频繁，导致公司业务进展迟缓。19世纪末，陈金钟孙辈已达法定成年年龄，先后成为振成公司的合伙人，并参与公司业务。因此，后陈金钟时代的振成公司已非独资公司，而是由下列十名合伙人组成的合伙公司：陈光亮、陈武烈、陈昭彬、陈季良、陈季随、陈季骕、蔡文国（音译 Chua Boon Quay）、陈荣斯（音

---

[1] 《叻报》1891年7月13日，第7页。
[2] *Directory & Chronicle for China, Japan, Corea, Indo-China, Straits Settlements, Malay States, Siam, Netherlands India, Borneo, the Philippines, &c. for the Years 1893–1913.*

译 Tan Eng Say）、陈文波（音译 Tan Boon Boh）以及陈毕挂（音译 Tan Pek Kuat）。①1897年，陈武烈加入管理团队，并被授权可代签文件。1908年，陈光亮取代陈青霓成为陈金钟遗产执行人。1912年，陈季随及陈季骝两人继任陈金钟遗产执行人。

蔡金吉在服务十余年后于1905年9月离职，由合伙人之一的蔡文国继任经理一职。振成公司于1913年7月12日登报公告各界：蔡文国于7月8日起不再担任本公司经理。②两天后，7月14日，陈光亮和蔡文国两人的代表律师库克（E. R. Koek）在报章刊登振成公司合伙生意解散的通告："特此通知，陈光亮、陈武烈、陈昭彬、陈季良、陈季随、陈季骝、蔡文国、陈荣斯、陈文波以及陈毕挂之间以振成公司为商号在新加坡和曼谷，从事大米贸易及代理业务的合伙生意，自本日起已解散。"③

由于后继无人，振成公司就此走进历史。

陈金钟遗嘱

1892年2月29日，《新加坡自由西报》刊登有关陈金钟去世的讣告，指出陈金钟早已签署了一份遗嘱，可是他又准备了另一份新的遗嘱，而这份新遗嘱还未及签署，陈金钟就去世了。报道说："新的一份已经准备好了，但死者一直在拖延它的生效时间，没签名，直到为时已晚。虽然那天，当他问起医务人员自己是否病得很重，得到答复说自身病情很危险时，他在那一刻甚至也不认为他的健康情况很紧急，也没有要求处理遗嘱的事。"④既然新遗嘱未签名，旧遗嘱如果未被撤销则仍然有效。至今陈金钟的后裔尚不能确定陈金钟是否有遗嘱，也从未见过其遗嘱。

---

① *Straits Times*, 14 July 1913, p. 5.
② *Straits Times*, 15 July 1913, p. 16.
③ *Straits Times*, 14 July 1913, p. 5.
④ *Singapore Free Press*, 29 February 1892, p. 3.

图 4-9 位于新加坡武吉布朗的陈金钟墓，墓上方的双龙雕刻象征其华人甲必丹的领袖地位

图片来源：陈笃生家族珍藏。

1896 年 8 月 11 日，《新加坡自由西报》（周报）刊登了一则陈金钟遗嘱判决的乌龙新闻。标题是"已故陈金钟遗嘱"，但那其实是陈金声遗嘱官司的新闻报道。①

1905 年，一则陈金钟遗产受益人申请预支小额补贴的新闻，提到陈金钟曾立遗嘱，并指出待他去世后 21 年，才可以分配遗产。②

1906 年 2 月 2 日，《海峡时报》登载了一则有关陈金钟儿子陈佳节的抵押出售启事，明确指出陈金钟的遗嘱立于 1888 年 5 月 2 日。至此，毫无疑问，陈金钟确实有立遗嘱。可是至今陈金钟遗嘱下落不明，还有待陈金钟后人去搜寻。③

---

① *Singapore Free Press and Mercantile Advertiser (Weekly)*, 11 August 1896, p. 3.
② *Singapore Free Press*, 24 January 1905, p. 5.
③ *Straits Times*, 2 February 1906, p. 1.

由于当时陈金钟三个儿子早逝，而孙子辈还年幼，其庞大遗产暂由官方受托人（Official Assignee）托管。

遗产拍卖

陈金钟遗嘱的 21 年冻结期限在 1913 年 2 月底解禁，官方受托人遂任命拍卖行于 1913 年底拍卖陈金钟遗产（房地产），据估计其遗产价值 200 万元。[①]

1913 年 10 月初，新加坡各大报章刊登了陈金钟遗产拍卖的消息，轰动遐迩。受托负责拍卖的庄庆利拍卖行公告各界，根据新加坡海峡殖民地最高法院在 1913 年第 15 号传票中的命令，该公司将从 1913 年 11 月 3 日至 12 月 10 日在拍卖室拍卖已故陈金钟遗产（房地产）。[②] 按照原定计划，拍卖会分 10 次举行，由于反应热烈，临时决定加添两天（见表 4-3）。

此次拍卖会被誉为 1913 年度最重大的拍卖盛会，拍卖共得 1695970 元。[③]

陈金钟拥有的房地产以房屋和建筑地段为主，也有一两个种植园。其房地产分布范围很广，由市区的新加坡河两岸的商业黄金地带，到郊区的芽笼及实龙岗。

遗产中的 125 栋房屋坐落在吻基（Boat Quay）、厦门街（Amoy Street）、仁美巷（Gemmil Lane）、直落亚逸街（Telok Ayer Street）、南干那路（South Canal Road）、新那阁街（Synagogue Street）、莱佛士坊（Raffles Place）、马可新路（Magazine Road）、沙球胜路（Circular Road）、新桥路（New Bridge Road）、爱伦波街（Ellenborough Street）、罗弄直落（Lorong Telok）、吉宁街（Kling Street）、欧南路（Outram Road）、青石街（Cheng Cheok Street）、艾弗顿路（Everton Road）、桥北路（North Bridge Road）、哥里门街（Coleman Street）、禧街（Hill Street）、布连拾街（Prinsep Street）、奎因街（Queen

---

[①] *Singapore Free Press*, 24 January 1905, p. 5.
[②] *Straits Times*, 3 October 1913, p. 3;《叻报》1913 年 10 月 4 日;《总汇新报》1913 年 10 月 6 日。
[③] *Straits Times*, 31 December 1913, p.10; 海峡钱币于 1898 年至 1938 年通用于英属新加坡、马来亚、砂胜越、北婆（今沙巴）及文莱。

Street)、吉兰丹路（Kelantan Road）、爪哇路（Java Road）、美芝路（Beach Road）、苏菲雅路（Sophia Road）、伊丽莎白山（Mount Elizabeth）、伊峇路（Eber Road）、丹戎加东（Tanjong Katong）以及罗弄克兰芝（Lorong Kranji）。

表4-3 1913年陈金钟遗产拍卖情况

拍卖系列	拍卖日期	出售所得（元）
1	11月3日	247250
2	11月5日	116750
3	11月12日	201800
4	11月19日	656900
5	11月24日	264800
6	11月26日	88500
7	12月1日	66950
8	12月3日	27525
9	12月8日	7500
10	12月10日	6030
11	12月15日	3670
12	12月17日	8295
总计		1695970

资料来源：*Singapore Free Press*、*Straits Times*、《总汇新报》及《叻报》，1913年10月3日~12月31日。

陈金钟也拥有庞大的土地库，包括151个建筑地段，分布在合乐路（Havelock Road）、欧南路（Outram Road）、史丹福路（Stamford Road）、禧街（Hill Street）、仰光路（Rangoon Road）、索美赛路（Somerset Road）、甘榜劳谷（Kampong Rokok）、实龙岗路（Serangoon Road）、巴耶利峇路（Paya Lebar Road）、芽笼路（Geyland Road）以及如切路（Joo Chiat Road）。树胶园和椰园（86亩）分别在巴耶利峇路及樟宜路（Changi Road）五英里。[①]

---

① *Singapore Free Press*、*Straits Times*、《总汇新报》及《叻报》，1913年10月3日~12月31日。

这次拍卖会引起社会广泛关注，各族商界名人纷纷下标竞购。鲍威尔公司（Powell & Company）的拍卖销售报告特别提及这次拍卖会中两项重要交易。一为位于莱佛士坊门牌1号（时为法国东方汇理银行所租用）一块999年地契的黄金地段，由犹太籍商界名人梅耶（Manasseh Meyer）出价171000元购得，该地段的面积为3608平方英尺，相当于每平方英尺18元。另一项重要交易是一处转角地段的房产，部分地段正对百特利路（Battery Road）、莱佛士坊（Raffles Place）和蒙咸街（Bonham Street），面积为15674平方英尺，地契为999年。这地段的位置非常突出和方便，由印度渣打银行以375000元（约合每平方英尺24元）购得，无疑是一项好投资。[①] 林秉祥以2000元购得合乐路与欧南路之间的一块建筑地段。林义顺及张永福也购得若干地段。

陈金钟次子陈纯道的五个儿子（武烈、昭彬、季良、季随及季骊）也在拍卖会上竞标收购。表4-4显示，五兄弟共以657362元标得45栋店屋及56块建筑地段。陈季随资本雄厚，以136840元标得6栋店屋（包括祖屋吻基门牌28号）及17块地段；陈季骊次之，以72250元标得店屋7栋、地段13块。两人也联手出资265840元标得店屋11栋及地段10块。

表4-4　陈金钟孙辈在拍卖会得标情况

姓名	店屋（栋）	地段（块）	得标价（元）
陈武烈	6	5	66424
陈昭彬	10	8	53070
陈季良	5	3	62938
陈季随	6	17	136840
陈季骊	7	13	72250
陈季随与陈季骊	11	10	265840
总计	45	56	657362

资料来源：Singapore Free Press、Straits Times、《总汇新报》及《叻报》，1913年10月3日~12月31日。

[①] Straits Times, 31 December 1913, p. 10.

陈金钟房地产拍卖情况具有重要经济史料价值，它提供给历史学家、经济学家及社会学家有关20世纪初新加坡资本市场的重要数据，如1913年新加坡房地产市场投资情况，可供学者参考。表4-5与表4-6分别列出陈金钟主要房地产拍卖成交价。

曼谷遗产拍卖

1916年3月，陈金钟在曼谷遗产的两个地段也在市场拍卖，包括位于曼谷班迈湄南河（River Chao Phya at Ban Mai）东侧的地段，面积为40248英亩，以及位于班迈纽律西边地段，面积约3203英亩。[1]

据《马来亚论坛报》的现场报道，湄南河东侧地段拍卖以10万提卡（tical，暹罗旧货币单位）起标，结果由陈金钟的暹罗遗孀刘藩娘（音译Lau Puen Neo，泰名为 *Khunying Puen Anukulsiamit*）以175000提卡标得。据估计，地段上面的建筑物及机械值3万提卡。报道亦指出，据传陈金钟遗孀将在旧地重建于1914年被烧毁的碾米厂。在当时，这样的购价在市场上被认为是很好的价码。班迈纽律西边地段的买主是坤成（音译Khoon Seng）。[2]

陈金钟以其国际视野及敏锐的洞察力，周旋于海峡殖民地政府官员之间、区域高层王族与贵族集团之间，以及马来半岛华人帮会公司之间，建立了紧密的纵向及横向的人脉与商脉。这种相互交织的网络在很大程度上为他的跨境转口贸易，尤其是大米贸易和航运业务提供了安全网，最终他建立了以新加坡为中心的跨国商业集团。振成公司在19世纪新加坡、曼谷、西贡及马来半岛的商贸历史上留下了深深的烙印。

---

[1]《叻报》1916年3月7日，第7页。*Malaya Tribune*, 2 March 1916, p. 5.
[2] *Malaya Tribune*, 5 April 1916, p. 9.

表 4-5 陈金钟主要房产拍卖成交价

房产地区	单位	门牌	总面积（平方尺）	地契（年）	成交价总额（元）	著名买主
吻基	12	#28	3908	999	75000	陈季隨
		#94-98、#101-105	5789	99	196410	陈季良（#96@25054元）、陈武烈（#97@21024元）
介于厦门街与仁美巷	2	#116 厦门街、#10 仁美巷	2978	999	14600	陈昭彬
直洛亚逸街	1	#117	1007	永久地契	8000	
南干那路	5	#5-6、#22-24	6020	999（#5-6）、99（#22-24）	77200	
新那阁街	1	#8	1746	99	14500	梅耶
莱佛士坊	1	#31	—	—	171000	
沙球朥路	1	#54-A	913	999	21000	陈季驷
尼律	1	#56-4	3866	永久地契	9000	陈武烈
新桥路	21	#1-4、#206-222	—	—	187900	陈武烈（#213、#215、#218@20400元）、陈季驷（#214、#216@19100元）、陈季隨（#219@10000元）
爱伦波街	9	#3-11	—	—	74700	
吉宁街	1	#65	2722	999	40500	
欧南路	1	#13	—	99	4600	

第四章 陈金钟面面观

续表

房产地区	单位	门牌	总面积（平方尺）	地契（年）	成交价总额（元）	著名买主
禧街	10	#60-70	—	—	97114	陈武烈（#65@15014元），陈季随与陈季骕（#60-64、#66-70@73900元）
桥北路	1	#107	—	—	180000	陈季随与陈季骕
哥里门街	7	#24-30	—	—	54368	陈季良（#27@10034元）
奎因街	1	#165	1537	999	4800	
爪哇路	1	#124-1	739	999	1900	
美芝路	1	#204	1085	999	4900	
苏菲雅路	2	#18、#20	—	—	20100	
伊丽莎白山	3	#3、#4、#8	—	—	34400	

资料来源：Singapore Free Press、Straits Times、《总汇新报》及《叻报》，1913年10月3日~12月31日。

表 4-6 陈金钟主要建筑地段与种植园拍卖成交价

地段	单位（块）	面积（平方尺）	地契（年）	成交价总额（元）	著名买主
合乐路和欧南路之间地段	32	36106	99	122188	陈武烈（2块@1900元）、陈昭彬（2块@600元）、陈季随与陈季骕（10块@3360元）
史丹福路与禧街角头空地	1	18673	99	40500	富兰克（A. Frankel）
仰光路空地	5	9386	永久地契	830	陈季随（1块@100元）
崇美赛路对面建筑住宅用地	1	4065	永久地契	470	张永福

续表

地段	单位（块）	面积（平方尺）	地契（年）	成交价总额（元）	著名买主
甘榜劳谷空地	1	2英亩	永久地契	3700	
实龙岗路对面建筑地段	49	1945179	永久地契	65950	林义顺（3块@4200元）、陈少光（11块@18850元）、陈昭彬（6块@410750元）、陈武烈（3块@2600元）、陈季良（3块@2550元）、陈季驷（8块@5600元）
（a）巴耶利峇路对面地段	43	1729657	永久地契	52870	陈昭彬（6块@10750元）、陈武烈（3块@2600元）、陈季良（3块@2550元）、陈季随（3块@2400元）、
	80	3585531			陈季驷（4块@3200元）
（b）巴耶利峇路对面地段种有橡胶树	2	248920	永久地契	2600	陈季驷（2块@2600元）
（c）巴耶利峇路附近建筑地段	35	1606954	永久地契	21225	陈季驷（6块@2380元）、陈季随（6块@2350元）
芽笼路建筑地段	96	—	永久地契	11965	
樟宜路空地	8	—	—	5200	
樟宜路五英里	椰园	86英亩		9000	

资料来源：Singapore Free Press，Straits Times，《总汇新报》及《叻报》1913年10月3日～12月31日。

附表 4-1　振成公司跨国企业组织

年份	总公司东主陈金钟	曼谷分行 东主陈金钟	曼谷碾米厂 东主陈金钟	西贡碾米厂 东主陈金钟	香港分行 东主陈金钟
1866	26, Boat Quay 书记：Johannes Gabriel 暹罗政府代理				
1867~1871	书记：Johannes Gabriel Philip Bell 暹罗政府代理				
1877~1879	经理：陈金钟 书记三名 暹罗政府代理				
1880	助理：陈纯道、陈克让 书记：Bok Kim Tian　Tan Kim Chuan 暹罗政府代理 代理：中国招商局汽船公司　中国招商局保险公司				
1882	助理经理：Bok Kim Tian　Tan Kim Chuan 暹罗政府代理 代理：中国招商保险公司	经理：陈善继 职员：Tan Peng Leng　Tay Keng Joo	经理：陈善继 工程师：H.L. Assmus		

续表

年份	总公司东主陈金钟	曼谷分行 东主陈金钟	曼谷碾米厂 东主陈金钟	西贡碾米厂 东主陈金钟	香港分行 东主陈金钟
1888	28, Boat Quay 助理：陈纯道（陈金钟缺勤可代签文件） 职员：Tan Kim Chuan 　　　Choa Siao Hing 　　　Gan Koon Tiong 　　　Boh Han Keng 　　　Ong Hwee Boh 　　　Chan Why Lee 　　　Bok Sian Hong 　　　Tan Chai Luan 　　　Tan Cheng Phiow 　　　Tan Ann Siang 分行：曼谷、西贡 代理：暹罗政府代理 　　　福州复利百货公司	经理：Tay Keng Joo 职员：Tan Peng Leng 　　　Ho Hang Keng 　　　Tan Eng Hoh	经理：Tay Keng Joo 工程师：— 职员：—	经理：Wee Bian Gien 总工程师：Jas Henderson	东主陈金钟
1890	28, Boat Quay 助理：陈纯道（陈金钟缺勤可代签文件） 职员：Tan Kim Chuan 　　　Choa Siao Hiong 　　　Gan Koon Tiong 　　　Boh Han Keng	经理：Tay Keng Joo 职员：Tan Peng Leng 　　　Ho Hang Keng 　　　Tan Eng Hoh	经理：Tay Keng Joo 职员：Tan Peng Leng 工程师：Geo. Stewart 助理工程师：H. Macmillan	经理：Wee Bian Gien 总工程师：C.T. Carter	

续表

年份	总公司东主陈金钟	曼谷分行 东主陈金钟	曼谷碾米厂 东主陈金钟	西贡碾米厂 东主陈金钟	香港分行 东主陈金钟
1890	Ong Hwee Boh Chan Why Lee Bok Sian Hong Tan Chai Luan Tan Cheng Phiow Tan Ann Siang 分行：曼谷、西贡 暹罗政府代理 代理：福州复利百货公司 中国招商局汽船公司 安泰保险公司				
1892	28, Boat Quay 职员：Neo Hong Teo Chua Kim Keat 碾米厂：曼谷、西贡 暹罗政府贸易代理 分行：曼谷、香港 船东：新加坡号、暹罗号	经理：Choa Cheng Cheo 副经理：Lim Ah Lin 职员：Ang Kee Hock Tan Chuan Hoon	经理：Choa Cheng Cheo 工程师：Geo. Stewart 助理工程师：Henry Muir 书记员：Lim Ah Hay Tan Liok Bee	经理：Low Chin Hong 副经理：Neo Hong Hee 总工程师：Wm. Carter	

资料来源：Singapore Almanack and Directory for the Years 1865–1892; Directory & Chronicle for China, Japan, Corea, Indo-China, Straits Settlements, Malay States, Siam, Netherlands India, Borneo, the Philippines, &c.for the Years 1865–1892。

附表 4-2　后陈金钟时代振成公司跨国企业组织

年份	新加坡总公司	曼谷分行	曼谷碾米厂
1894	陈金钟遗产执行人：陈青霓 经理：蔡金吉 　　　Tan Swee Hong 分行：曼谷	陈金钟遗产执行人：陈青霓 经理：Chua Cheng Cheo 副经理：Lim Ah Lin 出纳员：Tan Chuan Tye 　　　　Tan Peng Eng	陈金钟遗产执行人：陈青霓 经理：Chua Cheng Cheo 工程师：Geo. Stewart 　　　　Wee Tiang Beng 书记：Lim Ah Hay 　　　Tan Liok Bee
1895	陈金钟遗产执行人：陈青霓 经理：蔡金吉 　　　Tan Swee Hong 分行：曼谷	陈金钟遗产执行人：陈青霓 经理：Lim Teck Lian 副经理：Chua Boon Quay 助理：Keong Hun Tiong 出纳员：Tan Peng Hay	陈金钟遗产执行人：陈青霓 经理：Lim Teck Lian 副经理：Chua Boon Quay 助理：Keong Hun Tiong 书记：Lim Teck Hay 　　　Teo Hong Sian 　　　Tan Liok Bee 　　　Ong Kay Beng 　　　Wee Ah Wang
1897	陈金钟遗产执行人：陈青霓 经理：蔡金吉 　　　陈武烈（遗产执行人缺勤可代签文件） 　　　Tan Swee Hong 分行：曼谷	陈金钟遗产执行人：陈青霓 经理：林德廉 副经理：Chua Boon Quay 助理：Keong Hun Tiong	陈金钟遗产执行人：陈青霓
1899	陈金钟遗产执行人：陈青霓 经理：蔡金吉 　　　陈武烈（遗产执行人缺勤可代签文件） 　　　Tan Swee Hong 分行：曼谷	陈金钟遗产执行人：陈青霓 经理：林德廉 副经理：Chua Boon Quay 助理：Keong Hun Tiong 收账员：Tan Peng Heng	陈金钟遗产执行人：陈青霓 经理：林德廉 副经理：Chua Boon Quay 　　　　Keong Hun Tiong 书记：Lim Teck Hay 　　　Choo Teow Hong 　　　Ang Kee Hock 工程师：W. S. Smart
1905	陈金钟遗产执行人：陈青霓 经理：蔡金吉 　　　陈武烈（遗产执行人缺勤可代签文件） 分行：曼谷	陈金钟遗产执行人 经理：林德廉 　　　Bay Swee Hin 收账员：Tan Peng Heng	陈金钟遗产执行人 经理：林德廉 　　　Bay Swee Hin 收账员：Tan Peng Heng 工程师：W. S. Smart

续表

年份	新加坡总公司	曼谷分行	曼谷碾米厂
1908	陈金钟遗产执行人：陈光亮	陈金钟遗产执行人：陈光亮 经理：林德廉 副经理兼出纳员：Chua Boon Poh 收账员：Tan Peng Heng	陈金钟遗产执行人 经理：林德廉 副经理兼出纳员：Chua Boon Poh 收账员：Tan Peng Heng 工程师：W. S. Smart
1912	陈金钟遗产执行人：陈季随、陈季驷	振成栈 陈金钟遗产执行人：陈季随、陈季驷 经理：Chua Boon Poh 副经理：Chee Koon Chen	陈金钟遗产执行人：陈季随、陈季驷 经理：Chua Boon Poh 副经理：Koh SweeTong 工程师：W. S. Smart

资料来源：*Singapore Almanack and Directory for the Years 1893–1912*；*Directory & Chronicle for China, Japan, Corea, Indo-China, Straits Settlements, Malay States, Siam, Netherlands India, Borneo, the Philippines, &c. for the Years 1893–1912*。

第三节
陈金钟与暹罗米业

宫田敏之

暹王蒙固拉玛四世特别信任一位新加坡商人,并称他为"朕忠诚的特使"。这个称呼出现在暹王蒙固写给鲍宁(John Bowring)爵士和其他商人的信件中,这位特使就是陈金钟。[①]他是英籍华商,是一位"峇峇"。陈金钟是新加坡福建华人社会的领袖人物,涉足新加坡稻米的进口和供应,他在暹罗曼谷拥有碾米厂和稻米贸易公司。诚如宫田敏之所述,[②]陈金钟在19世纪70年代于曼谷设立碾米厂(振成碾米厂),将白米出口到新加坡。80年代末,陈金钟拓展米业,在西贡设立碾米厂。1892年,陈金钟于新加坡辞世,其孙陈武烈继承家业。第一次世界大战前,曼谷的米业闻名遐迩。

本节重新探讨暹罗米的特色,尤其是稻米的耕种、碾磨和出口,通过分析振成栈在《暹罗工商名录》中的记录,了解陈金钟对曼谷米业的重要性。此外,本节也将论述陈金钟曼谷米业的商业特性,科文(C. D. Cowan)称陈金钟为"海峡殖民地世界大都会商人的典范"。[③]

暹罗米的种植、碾磨和出口

19世纪下半叶至20世纪初,暹罗米业的发展明显。19世纪70年代的平

[①] 19世纪末20世纪初,陈金钟英文名有不同的写法。信件见 Winai Pongsripan and Th-eera Nuchipiam (eds.), *The Writings of King Mongkut to Sir John Bowring (A.D. 1855–1868)* (Bangkok: Historical Commission of the Prime Minister's Secretariat, 1994), pp. 40, 65 & 130–131。

[②] Toshiyuki Miyata, "Tan Kim Ching and Siam 'Garden Rice': The Rice Trade between Siam and Singapore in the Late Nineteenth Century", in A.J.H. Latham and Heita Kawakatsu (eds.), *Intra-Asian Trade and the World Market*, pp. 114–132.

[③] C.D. Cowan, *Nineteenth-Century Malaya: The Origins of British Political Control* (London: Oxford University Press, 1962), pp. 56–57.

均稻米出口量从 165000 吨增至 20 世纪初的 854000 吨，20 世纪 30 年代已达 1589000 吨。[1] 暹罗稻米不仅出口量迅速增长，而且品质优良。举例而言，当暹罗和大不列颠于 1855 年签署友好和通商条约（《鲍宁条约》）时，香港总督鲍宁正是英国代表。他在 1857 年出版的书中引述一个名为摩尔（Moor）的人的说明，指出暹罗稻米优良的品质。他说："暹罗稻米与其白糖一样闻名。这些稻米大量地种植在富有冲积土壤的河边，而昭拍耶河的水灌溉着稻田。尽管这些稻米被禁止出口，还是可以在新加坡和'马六甲海峡其他地方'找到它的踪影。在新加坡时，我有机会看到同时展出的马尼拉、爪哇、孟加拉国、交趾支那、暹罗和吉打的稻米。若没记错的话，暹罗稻米被称为最佳的品种。"[2]

鲍宁述说暹罗稻米约 90 年后，1943 年出版的《泰国工商名录》也描述暹罗稻米的优良品质和卓著声誉："……至少能说的是泰国稻米无可争辩的品质。自从在 1931 年于里贾纳研讨会的世界稻米博览会夺得三项冠军后，泰国稻米已俾众周知，任何专家可一眼认出泰国稻米。这些稻米纤细苗条，如珍珠般半透明，正确地烹煮时不会变得太黏，与来自其他地区的白米截然不同。因此泰国稻米在此行业中位居前列，且享誉全球，从新加坡、爪哇、中国、日本，到欧洲、美国、古巴和南美洲国家，甚至到偏远的非洲地区，如突尼斯和亚历山大港都知道泰国稻米。"[3]

根据这些历史文件所述，暹罗稻米无疑具有高度评价，本节尝试探讨暹罗稻米的种植、碾磨和出口的特性。

暹罗稻米虽有许多种类，但大致可分为糯米和粳米两种，糯米煮熟后会

---

[1] 宫田敏之「戦前期タイ米経済の発展」加納啓良編著『岩波講座東南アジア史第 6 巻植民地経済の繁栄と凋落』岩波書店、2001、181 頁；又见 Toshiyuki Miyata, "Tan Kim Ching and Siam 'Garden Rice': The Rice Trade between Siam and Singa-pore in the Late Nineteenth Century", in A.J.H. Latham & Heita Kawakatsu (eds.), *Intra-Asian Trade and the World Market*, p. 117.

[2] John Bowring, *The Kingdom and People of Siam: With a Narrative of the Mission to that Country in 1855* (London: J.W. Parker and Son, 1857), p. 202.

[3] Ministry of Economic Affairs, *Commercial Directory for Thailand B.E. 2485* (Bangkok: Department of Commerce, Ministry of Economic Affairs, 1943), p. 55.

有黏性。暹罗北部和东北部的人口以糯米为主食，其余地区则以粳米为主食。粳米也是暹罗主要的出口货品。[1]

根据农民的习俗，[2]有两种种植稻米的方法，即移植（Dam）和播种（Wan）。"Na Dam"意为移植的稻田，[3]即用手将稻子插入柔软的泥巴内，"Na Dam"在泰语中也称为"Na Suan"。[4]稻田中雨水或灌溉所累积的水足以覆盖泥土后，将泥土搅成粥状并用耙子将杂草拔除，然后开始耕地。与此同时，稻米已在育苗场内发芽，准备移出移植。"Na Wan"意为播种的稻田，在泰语中也称为"Na Muang"。当雨水将稻田的泥土湿润松软后，便可马上耕地。稻谷在播种之后迅速发芽，其成熟的过程可不加理会。移植法的产量比播种法的产量高。这些种植方法与稻米分类有关，尤其是将稻米碾成白米。[5]

当稻米运送到曼谷碾米厂时，碾米商将其归类为田园米（Khao Na Suan）[6]或稻田米（Khao Na Muang）[7]。采用移植法所产的米称为田园米，这种米在暹罗和国外稻米市场被视为高等稻米。种子长成秧苗之后，便由农夫将其移植。无论是曼谷米商、碾米商还是稻米出口商，他们都一致认为田园米是质量最好的稻米。这是因为田园米米粒细长，颜色半透明且坚硬。成熟的田园米在碾磨

---

[1] Ministry of Commerce and Communications, "The Rice Industry of Siam", *Commercial Directory for Siam 1929* (Bangkok: Ministry of Commerce and Communications, 1929), p. 38.

[2] 暹罗米有不同品种：（一）"Khao Bao"是成熟期早但产量少的稻米，需3~4个月才会成熟。（二）"Khao Klang Pi"是年中种植的稻米，需3~4个月才会成熟。（三）"Khao Nak"是成熟期晚但产量多的稻米，需5~6个月才会成熟。

[3] "Na"泰语意为稻田。

[4] "Suan"泰语意为园。

[5] Ministry of Commerce and Communications, "The Rice Industry of Siam", *Commercial Directory for Siam 1929*, p. 35.

[6] "Khao"泰语意为米或饭。就碾米者所归类的稻米品质而言，还有其他供应量较少的稻米，例如品质比田园米（Khao Na Muang）好的三穗稻米（Khao Sam Ruang）。虽然两种稻米的特性相似，但三穗稻米含有一定比例的长米，去掉外壳时就有比较少量的粉红稻米或颗粒（Pink Grain）。这些都是播种长出的稻米。但难以确认的是这类稻米在曼谷米市的交易数量，以及在如新加坡和中国香港的国外米市，这类稻米是否被归类为独立项目进行交易和出口。

[7] Toshiyuki Miyata, "Tan Kim Ching and Siam 'Garden Rice': The Rice Trade between Siam and Singapore in the Late Nineteenth Century", in A.J.H. Latham & Heita Kawakatsu (eds.), *Intra-Asian Trade and the World Market*, p. 119.

时产生碎米的概率并不高。①

种植在播种的稻田的稻米称为稻田米，由于稻田米米粒既短又宽，缺乏脂肪（不透明），坚硬，未成熟时易碎，且外壳粗厚，在碾米场内属于最低等级稻米。一般的稻田米在农田水位上升时，稻穗会浮在水面上，由农夫乘船收割。②

另外，财政部关税局根据暹罗稻米是否碾磨，以及内部碎米掺杂比例，制定稻米的出口等级，分为白米、白碎米、糙米、糙碎米、稻米粉和稻谷。而白米则根据混入的碎米比例细分，如5%白米是指总重的95%为白米，5%为碎米。相似的等级有15%白米、25%白米和50%白米，白碎米意为总重的75%或以上都是白碎米，而糙米是褐色且不精细的稻米。

根据关税局所统计的贸易数据，如表4-7所示，超过50%的暹罗白米于1902年到1939年出口到新加坡。虽然有20%的白米出口到中国香港，但新加坡还是暹罗白米重要的输入市场。表4-8的数据显示1902年到1939年，新加坡从暹罗进口的所有稻米中，有75%为暹罗白米，可见新加坡对暹罗白米的需求之高，以及暹罗作为新加坡食物供应国的重要性。根据表4-9，中国香港从1902年到1939年所进口的白碎米总价与白米相同，他们大量地从暹罗进口白碎米是与他们的饮食需求有关。新加坡与中国香港需要的稻米质量不同，换言之，新加坡与中国香港对白米的消费和需求结构截然不同。

---

① Toshiyuki Miyata, "Tan Kim Ching and Siam 'Garden Rice': The Rice Trade between Siam and Singapore in the Late Nineteenth Century", in A.J.H. Latham & Heita Kawakatsu (eds.), *Intra-Asian Trade and the World Market*, p. 119; 又见 Ministry of Commerce and Communications, "Note on the Classification of Padi", *Record* (Bangkok: Ministry of Commerce and Communications, 1929), No. 34, pp. 311–312.
② Toshiyuki Miyata, "Tan Kim Ching and Siam 'Garden Rice': The Rice Trade between Siam and Singapore in the Late Nineteenth Century", in A.J.H. Latham & Heita Kawakatsu (eds.), *Intra-Asian Trade and the World Market*, p. 120.

表 4-7　1902~1939 年暹罗白米出口值（按输出地点排序）

单位：泰铢，%

年份	平均值	新加坡	香港/中国	亚洲其他地区及大洋洲	欧洲	美洲	其他
1902~1910	45391306	56.7	31.9	0.9	9.2	0.6	0.7
1911~1920	55041765	56.2	19.5	10.1	12.1	0.2	1.9
1921~1930	89586932	52.6	22.2	7.8	6.9	8.0	2.5
1931~1939	53335593	43.2	21.3	10.6	4.8	16.8	3.4
1902~1939	61442870	52.2	23.1	7.7	8.1	6.7	2.2

资料来源：*Annual Statement of the Foreign Trade and Navigation of Siam or Thailand (1902–1939)*。

表 4-8　1902~1939 年暹罗稻米输出至新加坡出口值（按输出白米种类排序）

单位：泰铢，%

年份	平均值	白米	碎米	白米粉	糙米	其他
1902~1910	31726930	81.1	9.0	3.4	5.0	1.5
1911~1920	40916480	75.5	15.8	4.5	2.7	1.4
1921~1930	60890836	77.4	14.7	6.3	1.5	0.1
1931~1939	32972811	69.8	16.7	9.0	3.0	1.5
1902~1939	42115022	76.2	14.3	5.8	2.7	1.0

资料来源：*Annual Statement of the Foreign Trade and Navigation of Siam or Thailand (1902–1939)*。

表 4-9　1902~1939 年暹罗稻米输出至香港出口值（按输出白米种类排序）

单位：泰铢，%

年份	平均值	白米	碎米	白米粉	糙米	其他
1902~1910	34141316	43.6	25.7	3.2	24.1	3.5
1911~1920	28227885	37.7	49.8	2.0	8.1	2.4
1921~1930	46308574	39.8	48.7	2.4	5.6	3.5
1931~1939	23052869	44.9	48.0	1.1	4.8	1.2
1902~1939	33185989	41.2	42.8	2.3	10.9	2.9

资料来源：*Annual Statement of the Foreign Trade and Navigation of Siam or Thailand (1902–1939)*。

如上所述，暹罗稻米的出口等级和贸易数据是根据白米是否碾磨以及混在其中的白碎米比例制定和统计的。因此，暹罗白米输出等级中没有明确区分田园米和稻田米。要从暹罗外贸统计中掌握这两种米的输出量和出口值实为不易。

但对于国外的稻米进口商、米商和消费者，以及曼谷的碾米商和稻米出口商而言，他们不但清楚田园米和稻田米之间的区别，还经常以这两种稻米来交易。表4-10为1895年7月1日到9月30日新加坡从暹罗、缅甸和印度进口的米价行情。在这段时期，新加坡稻米市场上价格最高的暹罗一号白米有可能是田园米。无论是暹罗田园白米、暹罗田园稻米、暹罗田地白米或暹罗田地稻米，这些稻米都被视为不同商品，且有不同价格，而田园米的价格远比田地米高。换言之，田园米是提升暹罗米在国外市场（如新加坡）作为上等米之名声的驱动力。

表4-10　1895年7月1日~9月30日新加坡米价行情（按输出白米种类排序）

单位：叻币，Coyan

日期	暹罗一号米	暹罗田园白米	暹罗田园稻米	暹罗田地白米	暹罗田地稻米	西贡一号白米	仰光白米
7月1日~7月8日	124	96	95	83		105	105
7月9日~7月15日	124	96	95	83		105	104
7月16日~7月22日	129	96	94	83	81	105	106
7月23日~7月29日	129	96	94	83	81	105	105
7月30日~8月5日	131	98	95	83		107	106
8月6日~8月12日	132	96	94	85		107	108
8月13日~8月19日	132	105	97	85		118	111
8月20日~8月26日	132	105	97	85		118	107
8月27日~9月2日	130	100	90	81		117	105
9月3日~9月9日	131	96	91	82	78	118	107
9月10日~9月16日	133	97	93	86	78		106
9月17日~9月23日	132	97	93	81			106
9月24日~9月30日	131	97	91	81	77		106
平均价格	130	98	94	83	79	111	106

注：1 Coyan是44石，或约2400公斤。
资料来源：農業之部「英領印度并暹羅米作ノ景况」『通商彙纂』第27卷第31号、1896年12月、10頁。

振成碾米厂和贸易公司在促进暹罗一号白米的出口中扮演着重要的角色。婆罗洲有限公司的一位职员莱基（Charles Stuart Leckie）在19世纪90年代初在曼谷，对陈金钟曼谷的碾米厂有如下报告："欧洲人曾教导华人使用蒸汽碾米……在曼谷有一位新加坡华裔暨英籍民成为白米业的先锋。他凭着苏格兰工程师的协助，数年后成为曼谷欧洲碾米商的榜样。"[1]

莱基在提到陈金钟的米业生意时，用的说法是"一位新加坡华裔暨英籍民"所管理的碾米业。[2]

暹罗国王赐予陈金钟的特别头衔

陈金钟在新加坡和曼谷的稻米生意中扮演着重要角色，而暹罗国王所赐予他的高官头衔，都是基于暹王蒙固拉玛四世和暹王朱拉隆功拉玛五世对他的信任。传统上，暹王赐予政府高官的特别头衔，[3]一般含有级别（bandaasak）和头衔（phraraatchathinnaam）两个部分。[4]陈金钟的头衔"Phraya Anukun siam kit upanikasit siam rat"[5]便是他一生中所得到的最高衔称。当时暹罗政府官方文件中并不使用陈金钟的姓名，而是以他的头衔来称呼他。

---

[1] Charles Stuart Leckie, "The Commerce of Siam in Relation to the Trade of the British Empire", *Journal of the Society of Arts*, Vol. 42, No. 2168, 1894, pp. 651–652；又见 Toshiyuki Miyata, "Tan Kim Ching and Siam 'Garden Rice': The Rice Trade between Siam and Singapore in the Late Nineteenth Century", in A.J.H. Latham & Heita Kawakatsu (eds.), *Intra-Asian Trade and the World Market*, p. 125。

[2] Charles Stuart Leckie, "The Commerce of Siam in Relation to the Trade of the British Empire", *Journal of the Society of Arts*, Vol. 42, No. 2168, 1894, pp. 651–652；又见 Toshiyuki Miyata, "Tan Kim Ching and Siam 'Garden Rice': The Rice Trade between Siam and Singapore in the Late Nineteenth Century", in A.J.H. Latham & Heita Kawakatsu (eds.), *Intra-Asian Trade and the World Market*, p. 125。

[3] 特别头衔为颂德昭披耶、昭披耶、披耶、帕、銮、坤（Somdetchaophraya、Chaophraya、Phraya、Phra、Luang、Khun），由等级最高到最低排序。

[4] "*Phraraatchathinnaam*"头衔是暹王根据义务和职责所特别赐予的。

[5] 暹王朱拉隆功赐予陈金钟的特别头衔在本节中的拼写为"Phraya Anukun siam kit upanikasit siam rat"，是根据威尔森（C. M. Wilson）于1977年的研究中的拼写 [C. M. Wilson, "Ethnic Participation in the Export of Thai Rice 1885–1890", in Karl L. Hutterer (ed.), *Economic Exchange and Social Interaction in South-east Asia* (Michigan: Center for South and Southeast Asian Studies, University of Michigan, 1977), pp. 245–271]。据泰语音标，该头衔拼为"Phraya Anukun sayaam kit upanikasit sayaam rat"，而本节在拼写其他特别头衔时也根据泰语音标标识。

然而，陈金钟的特别头衔在暹罗的西方社群中并不常被提起。虽然在陈金钟于 1892 年去世后，1908 年曼谷出版的《二十世纪的暹罗印象》(*Twentieth Century Impressions of Siam*)① 一书介绍了振成碾米厂，② 却没提及拉玛五世赐给他的 "Phraya Anukun siam kit upanikasit siam rat" 头衔。后来威尔森的研究将 "Phraya Anukun siam kit upanikasit siam rat" 归类为暹籍人士，③ 并认为另有其人，并非陈金钟。这是因为在暹罗官方文件中，每每提及陈金钟都以其官方头衔指称，陈金钟所有的碾米厂实际上也写在其头衔之下。陈金钟的碾米厂也由此被归类为"暹籍人士持有的碾米厂"。

当然，威尔森针对头衔中 "siam" 一词也提供额外的说明：Phraya Anukun-siamnukit（由于头衔中的 "siam" 是王家认同非暹籍人士而赐予的称号，所以此人可能不是暹籍人士）与来自新加坡振成公司的英国蒸汽船新加坡号关系密切。④

威尔森认为 "Phraya Anukunsiamnukit" 可能不是暹籍人士，但并不认为他是陈金钟。在研究泰国的历史时，必须小心翼翼地确认受委为政府官员并得到暹王赠赐头衔的外籍人士如华人、西方人和日本人。

陈金钟是新加坡英籍民，他与暹王有着密切的政治和经济关系，他与暹王的关系和职务因时而异，他的头衔也会有所不同。

暹王蒙固于 1851 年登基前在曼谷出家当了 27 年的和尚。从那时起，他对欧洲的知识和科技甚感兴趣，并与陈金钟的父亲陈笃生有特别联系。陈笃生是新加坡最著名的海峡殖民地福建华裔人士之一，也受任为蒙固的代理人。而陈金钟也继承其父的角色，蒙固登基时，他在新加坡成为暹王的代理人，并受赠

---

① Arnold Wright and Oliver T. Breakspear (eds.), *Twentieth Century Impressions of Siam: Its History, People, Commerce, Industries, and Resources* (Bangkok: White Lotus, 1994[1908]).
② A.E. Stiven, "Rice", in Arnold Wright and Oliver T. Breakspear (eds.), *Twentieth Century Impressions of Siam: Its History, People Commerce, Industries, and Resources*, pp. 157 & 160.
③ C. M. Wilson, "Ethnic Participation in the Export of Thai Rice 1885–1890", in Karl L. Hutterer (ed.), *Economic Exchange and Social Interaction in South-east Asia*, pp. 260 & 264.
④ C. M. Wilson, "Ethnic Participation in the Export of Thai Rice 1885–1890", in Karl L. Hutterer (ed.), *Economic Exchange and Social Interaction in South-east Asia*, p. 253.

"Luang Bidesbanij"头衔，表明他是代表暹罗王室家族利益的外籍商人。①

1863年，陈金钟正式成为驻新加坡领事，承担暹罗与海峡殖民地外交事务的重任，暹王蒙固赐他"Phra Phitheet phaanit sayaamphichitphakdii"头衔。

陈金钟对马来半岛锡矿业有兴趣，曾请求暹罗政府调查马来半岛西边拉廊府的锡矿。由于普吉岛的许氏家族等人已在此经营锡矿业，因此陈金钟要进入此行业并不容易。其时，法国有意挖掘横断马来半岛的运河。暹王蒙固于1868年委任身为英籍民且居住在新加坡的陈金钟为暹罗南部的甲武里府府尹。②当时陈金钟便获得"Phraya Atsadong khotthitsarakusaa sayaam prachaanuku- unkit"的特殊高级头衔。

1872年和1874年，陈金钟尝试在普吉岛参与饷码的竞标，最终由普吉府府尹披耶卫契特颂堪（Phraya Wichitsongkhram）得标。③另外，1874年末到1875年初，曼谷爆发前宫危机，④陈金钟成为暹王朱拉隆功和海峡殖民地总督克拉克的联络人。

1870年初，陈金钟渴望得到马来半岛西海岸的饷码经营合约，却失败了。19世纪70年代后期，他将注意力转移到曼谷的碾米业。1878年《暹罗工商名录》中记录陈金钟为"振成碾米厂"的经理，以及工程师阿司姆斯（H. S.Assmus）。⑤《暹罗工商名录》显示陈金钟于1877年在曼谷设立碾米厂营业。

---

① Sagop songmuang, "Anukun siam kit upanikkasit siam rat (tan kim ceng), phraya", *Saranukrom watthanathamthai phaktai lem 18 [Thai Cultural Encyclopedia: Southern Thailand Vol. 18]* (Krungthep: Munithi saranukromwatthanathamthai thanakhanthaiphanit [Bangkok: Siam Commercial Bank Foundation of Thai Cultural Encyclopedia], 1999), p. 8820.

② Sagop songmuang, "Anukun siam kit upanikkasit siam rat (tan kim ceng), phraya", *Saranukrom watthanathamthai phaktai lem 18 [Thai Cultural Encyclopedia: Southern Thailand Vol. 18]*; 又见 Jennifer W. Cushman & Craig J. Reynolds (eds.), *Family and State: The Formation of a Sino-Thai Tin-Mining Dynasty 1797–1932* (Singapore: Oxford University Press, 1991), pp. 32–37。

③ Jennifer W. Cushman & Craig J. Reynolds (eds.), *Family and State*, pp. 32–37.

④ 前宫危机是暹王朱拉隆功与副王威猜参（Vichaichan）两者于1874年12月到1875年2月的政治斗争，并在海峡殖民地总督克拉克出面后得以解决。总督是支持暹王朱拉隆功的。事件结束后，暹王便废除副王一职。参阅 Xie Shunyu, *Siam and the British, 1874–75: Sir Andrew Clarke and the Front Palace Crisis*。

⑤ *Siam Directory* (Bangkok: Siam Observer, 1878), p. 60.

1885 年，陈金钟辞去甲武里府府尹，仅保留新加坡暹罗总领事一职。那一年，暹王朱拉隆功赐予陈金钟 "*Phraya Anukun siam kit upanikkasit siam rat*" 的特殊高阶头衔。

19 世纪 80 年代起，陈金钟的稻米业开始扩大，下文将通过 19 世纪 70 年代到 20 世纪初《暹罗工商名录》中的资料来研究振成碾米厂的发展。

陈金钟的曼谷碾米厂

1878 年《暹罗工商名录》中的振成碾米厂正是陈金钟在曼谷建立的碾米厂。名录中记录了 1877 年的公司和员工，因此陈金钟的碾米厂成立于 1877 年应该是正确的。《暹罗工商名录》记录了两个名字，即经理陈金钟和工程师阿司姆斯。如表 4-11 所示，阿司姆斯从 1877 年到 1882 年担任工程师。

图 4-10　20 世纪初位于曼谷的振成碾米厂

图片来源：A. E. Stiven, "Rice", in Arnold Wright and Oliver T. Breakspear (eds.), *Twentieth Century Impressions of Siam: Its History, People Commerce, Industries, and Resources*, p. 160。

表 4-11　任职于振成碾米厂的工程师

年份	姓名
1877~1882	H. S. Assmus
1885	John Cairns
1886~1893	George Stewart
1894~1912	William S. Smart

资料来源：*Siam Directory, Directory for Bangkok and Siam, Chronicle & Directory*, 1877–1912。

振成公司和振成碾米厂也被列入1879年《暹罗工商名录》中，而前者为商家和佣金代理商。如表4-12所示，1880年《暹罗工商名录》中列出了1879年振成公司和振成碾米厂的员工姓名和职位。

表4-12　1879年在振成公司及振成碾米厂任职的工程师

振成公司		振成碾米厂	
职位	姓名	职位	姓名
业主	陈金钟	经理	陈善继
经理	陈善继	工程师	H. S. Assmus
副理	陈克让		
职员	Tay Gian Hoh		
职员	Tan Peng Leng		
运输职员	S. Plain		
催债员	Lim Ah Lin		
称重员	Lim Phean		
出纳员	Tay Keng Joo		

注：振成公司在工商名录中被归类为"商家及佣金代理商"。
资料来源：*Siam Directory*, 1880, p. 79。

虽然陈金钟在表4-11中被列为业主，但实际上是经理陈善继代表陈金钟负责商业管理，而陈善继从1879年到1881年担任经理。继承陈善继经理一职的人员可见表4-13。虽然有关这些经理的事迹都不得而知，但唯一可知的是1896年的经理是林德廉（音译Lim Teck Lian）。1908年婆罗洲有限公司的经理史蒂文（A. E. Stiven）曾如此描述："振成碾米厂是新加坡已故陈金钟的部分产业，由林德廉管理暹罗的主要生意。林德廉来自中国汕头市，一如曼谷许多优秀的华商，有极为丰富的碾米业经验。"[1]

---

[1] Toshiyuki Miyata, "Tan Kim Ching and Siam 'Garden Rice': The Rice Trade between Siam and Singapore in the Late Nineteenth Century," in A.J.H. Latham & Heita Kawakatsu (eds.), *Intra-Asian Trade and the World Market*, p. 126; 又见 A. E. Stiven, "Rice", in Arnold Wright and Oliver T. Breakspear (eds.), *Twentieth Century Impressions of Siam: Its History, People Commerce, Industries, and Resources*, p. 161.

图 4-11　林德廉

图片来源：A. E. Stiven, "Rice" in Arnold Wright and Oliver T. Breakspear (eds.), *Twentieth Century Impressions of Siam: Its History, People Commerce, Industries, and Resources*, p. 160。

根据前文所述，振成碾米厂的大部分经理可能来自中国汕头，因为暹罗的米业主要由汕头华商掌握。经理凭借暹罗的米业经营经验，代表新加坡的陈金钟管理碾米厂业务。

表 4-13　振成曼谷碾米厂的经理

年份	经理
1877~1878	陈金钟
1879~1881	陈善继
1883~1888	Tay Keng Joo
1889~1893	Choa Cheng Cheo
1894	Lim Ah Lin、Chua Boon Quay
1895~1896	Chua Boon Quay
1896~1910	Lim Teck Lian、Chua Boon Quay（1902~1903）、Bay Swee Him（1904~1905）
1911~1912	Chua Boon Poh

资料来源：*Siam Directory, Directory for Bangkok and Siam, Chronicle & Directory*, 1877–1912。

表 4-14 为 1880 年至 1884 年振成公司所代理的公司，都是中国招商局旗下的轮船及保险公司。数据显示，振成公司可说是为稻米业进行垂直业务整合，不但重视稻米交易和碾米业，还是运输和保险业务的代理公司。

表 4-14 1880 年至 1884 年振成公司代理的公司

年份	代理商
1880	中国招商局汽船公司
1881	中国招商保险公司
1882	中国招商局汽船公司 中国招商保险公司
1883	中国招商局汽船公司 中国招商保险公司
1884	中国招商局汽船公司 中国招商局汽船公司

资料来源：*Siam Directory*, 1880–1844。

史都华（George Stewart）于 1885 年受聘为副工程师，根据表 4-15，1886 年升为工程师。他负责管理振成碾米厂的工程部直到 1893 年。身为英国机械工程师协会会员的他，在《格雷斯的英国工业历史指南》（*Grace's Guide to British Industrial History*）中有如下记载："史都华于 1859 年 9 月 21 日出生在马瑟威尔（Motherwell），在当地接受早期教育。他在加里东铁路局当了七年的学徒，学习火车机器。1882 年到美国迈阿密铁路局（小迈阿密铁路公司）任职，之后到辛辛那提两年。回苏格兰后，在纽曼柯尔蒂斯铁工厂（Coltness Iron Works, Newmains）工作数月，并于 1884 年 11 月到暹罗曼谷负责振成碾米厂的事务。1894 年开始创业，担任设计和建立碾米厂和锯木厂的顾问工程师，并成为许多工厂的监督工程师。他也是一些铁路、电车道和蒸汽船公司的董事。1903 年，成为英国机械工程师协会会员，1906 年返乡，1919 年 2 月 9 日卒于格拉斯哥，享年 60 岁。"

表 4-15 振成公司及 1886 年曼谷的振成碾米厂

振成公司		振成碾米厂	
职位	姓名	职位	姓名
业主	陈金钟	经理	Tay Keng Joo
经理	Tay Keng Joo	工程师	George Stewart

续表

振成公司		振成碾米厂	
职位	姓名	职位	姓名
职员	Hoh Hang Keng	职员	Lim Ah Hay
职员	Tan Eng Hock	职员	Wee Tiong Beng
催债员	Lim Ah Lin		

注：振成公司在工商名录中被归类为"商家及佣金代理商"。
资料来源：*Siam Directory*, 1887, p. 120。

委任专业的史都华在振成碾米厂担任工程师，意味着陈金钟对先进的欧洲技术感兴趣，并尝试将技术引入他的碾米厂。

19世纪80年代末，曼谷各公司的稻米出口量可见表4-15，[①] 而原本的数据是由暹罗政府记录的。表4-16中陈金钟被列为"暹籍"出口商的"*Phraya Anukun*"，这在前文已经说明。陈金钟的贸易公司从1889年到1890年每年平均出口9533吨白米到新加坡。当时史都华任振成碾米厂的工程师。虽然其平均出口量不比温莎罗斯公司（Windsor, Rose & Co.）高，但可以和另两家公司刘邦成（音译Lao Bang Seng）和马克瓦尔德公司（A. Markwald and Co.）竞争。

表4-16　1889年和1890年参与暹罗稻米贸易的各族公司

单位：吨

	1889年总白米输出	1890年总白米输出	1889年输出至新加坡	1890年输出至新加坡	输出至新加坡平均值
总暹裔公司*	9662	15132			
Phraya Anukun**	8787	12088	8787	10318	9553
Luang Boribun		1783			
Luang Charoen		2			
Phraya Phisan	37	1			
Phraya Samut	255	1230			

[①] C. M. Wilson, "Ethnic Participation in the Export of Thai Rice 1885–1890", in Karl L. Hutterer (ed.), *Economic Exchange and Social Interaction in South-east Asia*, p. 253.

续表

	1889年总白米输出	1890年总白米输出	1889年输出至新加坡	1890年输出至新加坡	输出至新加坡平均值
Luang Wiset	383	107			
总华裔公司	86982	140082			
Nguan Heng Yu	39281	45250	1565	344	955
Ban Hong	6954	1604	6954	1604	4279
Heng Li Hok Po		242			
Huang Li	15832	28570	4216		
Lao Bao Seng	11132	9396	11132	9396	10264
Ma Hua Thai Hua Li	12815	51656	5859	6908	6384
总西方公司	244367	272654			
A. Markwald and Co.	30978	23898	15960	8058	12009
Arracan		22030			
Borneo Co.	24067	16238	1912		
Buthmann	1092	105			
Jucker Sigg and Co.	17681	2008			
Windsor Clarke	7131	18971			
Windsor Rose	160231	189403	71564	62787	67176

注：* 虽然威尔森将 Phraya Anukun、Luang Boribun、Luang Charoen、Phraya Samut 归为暹裔公司，但这些公司几乎都是华裔的饷码公司。

** Phraya Anukun 头衔全名为 Phraya Anukun siam kit upanikasit siam rat。

资料来源：C. M. Wilson, "Ethnic Participation in the Export of Thai Rice 1885–1890", in Karl L. Hutterer (ed.), *Economic Exchange and Social Interaction in South-east Asia*, pp. 245–271。

陈金钟在去世的前一年已将他的稻米商业网络延伸到新加坡、曼谷、西贡和香港。

表 4-17　1891 年陈金钟的稻米商业网络

曼谷		
振成碾米公司	振成公司	振成公司轮船
邻近新教公墓河边东部	商行及九八行	Stonham 船长：新加坡号，748 吨

续表

曼谷		
振成碾米公司		振成公司	振成公司轮船
陈金钟（业主）	Ang Kee Hock（书记）	陈金钟（业主）	Tulloch 船长：暹罗号
Choa Cheng Cheo	Tan Yeow Choon（职员）	Choa Cheng Cheo（经理）	
Lim Ah Lin	Lim Ah Hay（职员）	Lim Ah Lin（副经理）	
George Stewart	Ong Kay Beng（职员）	Ang Kee Hock	
Henry Muir	Tan Liok Bee（职员）	Tan Chuan Hoon	
Tan Chuan Hoon（出纳员）			

香港	西贡
分公司	振成碾米厂
	陈金钟（新加坡）
	Low Chin Hong（经理）
	Neo Ong Hee（副经理）
	Wm. Carter（总工程师）

新加坡	
驻新加坡暹罗领事	振成公司
陈金钟（总领事，特派专员）	商行（29号克拉码头）
陈德顺（助理）	碾米厂位于曼谷和西贡
	香港有分公司
Ong Kong Chyle（文书）	陈金钟
	Neo Hong Tew
	Chua Kim Keat
	业主蒸汽船：新加坡号、暹罗号

资料来源：Toshiyuki Miyata, "Tan Kim Ching and Siam 'Garden Rice': The Rice Trade between Siam and Singapore in the Late Nineteenth Century", in A.J.H. Latham & Heita Kawakatsu (eds.), Intra-Asian Trade and the World Market, p. 123; "Singapore Directory", Chronicles & Directories for 1892, 1892, pp. 335 & 336; "Bangkok Directory", Chronicles & Directories for 1892, 1892, p. 314; "Saigon Directory", Chronicles & Directories for 1892, 1892, p. 298。

史都华离开振成碾米厂后，斯玛特（William Sidney Smart）从1894年到1912年担任该厂的技术专家。如表4-18所示，1895年，陈青霓是振成公司和振成碾米厂的遗嘱执行人。

表 4-18　1895 年振成公司及曼谷的振成碾米厂

| 振成公司 || 振成碾米厂 ||
职位	姓名	职位	姓名
陈金钟的遗嘱执行人	陈青霓	业主	陈金钟（已逝）
经理	Lim Ah Lin	遗嘱执行人	陈青霓
副经理兼出纳员	Chua Boon Quay	经理	Lim Ah Lin
助理	Keong Hum Tiong	副经理兼出纳员	Chua Boon Quay
		工程师	W. S. Smart

注：振成公司在工商名录中被归为"商家及佣金代理商"。
资料来源：*Siam Directory*, 1896, pp. 134 & 141。

图 4-12　振成碾米厂的技术专家斯玛特

图片来源：C. Lamont Groundwater, "Engineering", in Arnold Wright and Oliver T. Breakspear (eds.), *Twentieth Century Impressions of Siam*, p. 188。

斯玛特从 1894 年到 1912 年在振成碾米厂负责技术发展事务。1908 年，史蒂文在解说振成碾米厂的发展时，提到斯玛特为监督工程师："……碾米厂因在暹罗生产一号白米而有所不同。为了与近年进步的碾米技术同步，振成碾米厂几年前已安装最新的苏格兰碾米机器，并拥有可以燃烧稻壳的火炉专利，几乎可以节省 100% 的燃料费……碾米厂的运作由过去 19 年与曼谷碾米厂有联系的监督工程师斯玛特先生直接负责。"[①]

振成碾米厂（名单中为振成公司）在 1904 年的圣路易斯万国博览会上展示白米，获得铜奖（见表 4-19）。当时

[①] Toshiyuki Miyata, "Tan Kim Ching and Siam 'Garden Rice': The Rice Trade between Siam and Singapore in the Late Nineteenth Century", in A.J.H. Latham & Heita Kawakatsu (eds.), *Intra-Asian Trade and the World Market*, p. 126；又见 A.E. Stiven, "Rice", in Arnold Wright and Oliver T. Breakspear (eds.), *Twentieth Century Impressions of Siam: Its History, People Commerce, Industries, and Resources*, p. 161。

的经理为林德廉,监督工程师为斯玛特。这份荣誉证明振成碾米厂继续"专心致志出产一等白米"。[①]

图 4-13 曼谷振成碾米厂机器　　图 4-14 振成公司稻米在 1904 年圣路易斯万国博览会获得铜奖证书

图片来源: A. E. Stiven, "Rice", in Arnold Wright and Oliver T. Breakspear (eds.), *Twentieth Century Impressions of Siam: Its History, People Commerce, Industries, and Resources*, p. 160。

表 4-19　圣路易斯万国博览会展览得奖的暹罗公司及组织(农业类)

奖项	公司及组织	展览内容
金奖	阿尤塔雅府(Ayuthia)委员	稻米
金奖	春蓬府(Campawn)委员	稻米
金奖	依善府(Isarn)委员	稻米、豆类及各种种子
银奖	叻丕府(Rataburi)委员	稻米、洋葱和辣椒
铜奖	Guan Tit Lee	稻米
铜奖	Hai Gee	豆类、小豆蔻和胡椒
铜奖	振成公司	稻米
铜奖	Koh Mah Wah & Co.	稻米
铜奖	Koh Hong Lee	稻米
铜奖	Kwang Huat	小豆蔻

---

① Toshiyuki Miyata, "Tan Kim Ching and Siam 'Garden Rice': The Rice Trade between Siam and Singapore in the Late Nineteenth Century", in A.J.H. Latham & Heita Kawakatsu (eds.), *Intra-Asian Trade and the World Market*, p. 126; 又见 A.E. Stiven, "Rice", in Arnold Wright and Oliver T. Breakspear (eds.), *Twentieth Century Impressions of Siam: Its History, People Commerce, Industries, and Resources*, p. 161。

续表

奖项	公司及组织	展览内容
铜奖	Lau Chong Min	稻米
铜奖	Lee Cheng Chang	稻米
铜奖	Maclean & Company	稻米
铜奖	Nguan Yoo Tai	稻米
铜奖	那空是贪玛叻府（Nakon Sri Tamarat）委员	稻米、玉米、黍、豆类和小豆蔻
铜奖	乌汶府（Udawn）委员	黍、豆类和小豆蔻

资料来源：Awards, Department of Agriculture, Group 84, *Louisiana Purchase Exposition Company Collection*, Missouri Historical Society Archives, 1904. Frederic W. Taylor, "Agriculture", *Official Catalogue of Exhibitors, Universal Exposition* (St.Louis: Official Catalogue Company, 1904), p. 288。

从1896年到1910年，林德廉为振成碾米厂的经理，负责监督稻米生意，为碾米厂的发展做出贡献。1912年《暹罗工商名录》中并没有林德廉的名字，他可能于1910年逝世。实际上，一篇刊登于1911年8月12日《曼谷时报》名为《破产》的文章报道林德廉的破产审判如下："今天（1911年8月12日），推事法庭（Borispah）为破产管理人对已故林德廉之子提出的刑事诉讼下达命令。本案件的破产申请债权人为德尼莫特迪申（Denny, Mott & Dickson）有限公司。6月9日，破产管理人扣押财产时，发现许多财产已被盗走或藏在不同的地方。因此，便针对被告盗取价值数千提卡的财物以及有意欺诈债权人而盗走遗产罪行起诉。"[①]

林德廉为何破产？此事与振成碾米厂的事业是否有关，不得而知。但肯定的是，1911年6月9日前，林德廉已去世且破产。

根据1912年的《暹罗工商名录》，蔡文波（音译Chua Boon Poh）于1911年取代林德廉的经理一职。从本节对19世纪末到20世纪初《暹罗工商名录》的研究来看，如表4-20所示，有关振成碾米厂和振成公司的记录最后出现于1913年的工商名录，1914年以后就看不到这两家公司的记录。

---

① *The Bangkok Times*, 12 August 1911.

表 4-20　1912 年的振成碾米厂

职位	姓名
经理	Chua Boon Poh
副经理	Koh Swee Tong
工程师	W. S. Smart

资料来源："Bangkok Directory",*Chronicle & Directory*, 1913, p. 1272。

振成碾米厂可能于 1912 年或 1913 年发生火灾，因为 1929 年 2 月 13 日《曼谷时报》刊登的斯玛特的讣告中记载，"作为一名精明能干的工程师，他（斯玛特）多年以来赢得了雇主的信任和尊敬。直到被烧毁之前，振成公司为新加坡市场碾米，其产品的声望可说是独一无二……"[1]说明振成碾米厂被大火烧毁。

从 19 世纪 70 年代到 20 世纪初，振成碾米厂是输出暹罗稻米最强的推动力，尤其是输出高等级的暹罗白米到新加坡。根据《曼谷时报》1929 年 2 月 13 日的一篇文章和《暹罗工商名录》的信息，振成碾米厂有可能在 1912 年或 1913 年被烧毁，这对暹罗稻米出口可说影响较大。

暹罗稻米的出口因应国际增长的需求在 19 世纪中叶到 20 世纪初明显增加，从 19 世纪 70 年代到 20 世纪 30 年代增长 10 倍。另外，如 1857 年鲍宁的说明所示，暹罗的高等级白米著称于新加坡和其他亚洲市场，而出版于 1943 年的《泰国工商名录》也记录了从 19 世纪末开始，暹罗白米在世界的稻米市场享有盛誉。

特别是暹罗碾米商和白米出口商所指定的田园米等级，享有极高评价。除了新加坡在内的亚洲市场，欧洲市场也对田园米给予高度的赞赏。暹罗一号白米作为最高等级的田园米出售到海外市场，而振成碾米厂和振成公司是从曼谷碾磨和出口这种白米到新加坡的先驱。陈金钟的稻米业为暹罗稻米工业的发

---

[1] Toshiyuki Miyata, "Tan Kim Ching and Siam 'Garden Rice': The Rice Trade between Siam and Singapore in the Late Nineteenth Century", in A.J.H. Latham & Heita Kawakatsu (eds.), *Intra-Asian Trade and the World Market*, p.126; 又见 *The Bangkok Times*, 13 February 1929。

展带来重大的贡献，尤其使暹罗稻米成为高端消费品。

然而，陈金钟的姓名却不见于末广昭那本著名的《泰国 1855~1985 年的资本累积》（*Capital Accumulation in Thailand 1855–1985*）——泰国公司史的杰作，[1] 有可能是因为陈金钟经常住在新加坡，或是"Phraya Anukun"头衔和官职的缘故。本节尝试举证说明他与暹罗稻米业的关系，强调他在暹罗稻米经济发展中的重要性，而这一点在过去研究并未被提及。

---

* 廖文辉、何国宏译。

[1] Akira Suehiro, *Capital Accumulation in Thailand 1855–1985* (Tokyo: Center for East Asian Cultural Studies, 1989).

第四节
陈金钟与东南亚地缘政治

黄裕端

许多关于马来亚华商的文献,重点在描述他们的商务和社交活动,而忽视他们在当地和周边区域所担任的政治角色。本节试探讨陈金钟自19世纪50年代到80年代从新加坡延伸到马来亚和暹罗西南的商务和政治联系,即探讨陈金钟的商务与跨境政治活动的紧密交织,如何影响区域的社会、经济和政治。他与殖民地政府和本土政治势力的跨族商业关系,以及与华商集团更广阔的区域性联系也是本节研究的范畴。

陈金钟不仅是富商,而且是一位深受尊敬的社区领袖。他设立了一些重要的华人组织,同时担任殖民地政府和暹罗政府的官方代表。陈金钟继承家业并将其扩展为多种经营的商业帝国,其中包括海运、贸易、饷码、锡矿和碾米业。除了他的商业成就,他积极参与社会与公众事务,并担任领导职位。凭借社会地位和声望,陈金钟与英国殖民地政府官员、重要的英籍商人、马来酋长和暹罗王室成员建立密切关系。通过与这些掌权人物的交往,陈金钟深入参与南暹罗和吡叻的商务或政治纠纷之中。他的商业政策和政治手段不但是决定纷争结果的关键因素,而且还塑造了这些区域的商业和政治特征。

崛起

陈金钟,1829年出生于新加坡,是陈笃生的长子。陈笃生为马六甲居民,祖籍福建漳州海澄县(今属龙海市),到新加坡定居后,经营蔬果和家禽

图 4-15　暹王拉玛四世

生意，又在新加坡河畔开设陈笃生商行。① 不久，他购置一艘 300 吨的曼谷制造的船只，用作海运和贸易。② 陈笃生经常在新加坡和曼谷之间行商，也正是此时，他在曼谷认识了正在出家修行的暹罗王储蒙固并与之成为挚友。之后加冕为暹王拉玛四世的蒙固，让陈笃生成为他的代理商，负责购买茶叶、纸张和其他物品，如用来出版佛教书籍的美制印刷机。③ 而陈笃生也在与肖怀特海的怀特海公司的合伙生意中累积了一大笔财富。

身为富商的陈笃生之后成为新加坡各大慈善机构的捐助人。1840 年，他捐赠 3074 元 76 分给福建帮最高组织天福宫并成为大董事。④1844 年，捐赠 7000 元建立贫民医院。此外，陈笃生也承担贫困华人的埋葬费，受到当地华社的尊崇。1846 年，殖民地政府承认他在华社的地位而封他为太平绅士。⑤ 直到 1850 年陈笃生去世时，他是新加坡最富有的商人和备受尊敬的社区领袖之一。

陈金钟是峇峇福建人，能说流利的福建话和马来语。他年少时在新加坡学习英语，还到曼谷学习暹语，认识暹王蒙固。1851 年到 1859 年，他经营从"陈笃生商行"改名为"振成商行"的公司。该公司在暹罗、望加锡、峇厘岛、上海设有分公司。1860 年，陈金钟与其弟陈秀林成为商业伙伴，并将公司改

---

① C.S. Wong, *A Gallery of Chinese Kapitans* (Singapore: Dewan Bahasa dan Kebudayaan Kebangsaan, Min- istry of Culture, 1963),p. 31, 又见 Song Ong Siang, *One Hundred Years' History of the Chinese in Singapore* (Singapore: Oxford University Press, 1984), p. 66。
② Hong Lysa, *Thailand in the Nineteenth Century: Evolution of the Economy and Society*, p. 65。
③ Jeffery Sng and Pimpraphai Bisalputra, *A History of the Thai-Chinese* (Bangkok & Singapore: Editions Didier Millet, 2015), p. 179.
④ Song Ong Siang, *One Hundred Years' History of the Chinese in Singapore*, p. 92, 另见柯木林《石叻史记》，新加坡：青年书局，2007，第 224~225 页。
⑤ C.S. Wong, *A Gallery of Chinese Kapitans*, p. 36.

名为"振成号"。五年后,陈秀林离开公司。1865 年,改名为"振成公司"。①振成公司在陈金钟管理下,将生意扩展到西贡、中国香港和上海、荷兰东印度,并经营多种商业活动,如贸易、海运、碾米业、饷码、锡矿和金矿开采业、保险业。最重要的是,1861 年陈金钟因扩充海运行业而拥有至少七艘船舶,其中四艘三桅帆船、两艘双桅横帆船和一艘汽船。②之后他购得名为"新加坡号"和"暹罗号"的两艘现代轮船。新加坡号在新加坡和曼谷之间行驶;暹罗号在新加坡和香港之间行驶,而名为"漂泊者号"(Wanderer)的双桅横帆船则在新加坡、亚齐和瓦旺之间行驶。③陈金钟广阔的区域贸易都依靠这些船舶的有效运作。

商务

陈金钟的振成公司在这些区域进行什么交易呢?至少有四种主要物品——火器、稻米、锡和鸦片。

作为英国的交易商站,新加坡成为附近区域购买欧洲火器的主要地区。这座自由贸易的堡垒原则上是一个被允许发展广阔的商业联系和分配火器的场所。④1865 年以前,新加坡已是主要的火器交易中心,吸引半岛周围的船舶前来交易。⑤这

图 4-16　身着清朝官服的陈金钟

---

① *Straits Calendar and Directory for the Year 1874*, p. 42;但在宋旺相的 *One Hundred Years' History of the Chinese in Singapore* 中指出,陈秀林是在数月后才离开公司。
② *Straits Calendar and Directory for the Year 1861*, pp. 31-34.
③ *Straits Observer (Singapore)*, 10 December 1875, p. 19;又见 *Straits Times Weekly Issue*, 17 December 1889, p. 13; *Daily Advertiser*, 13 July 1892, p. 3.
④ Emrys Chew, *Arming the Periphery: The Arms Trade in the Indian Ocean during the Age of Global Empire* (Hampshire: Palgrave Macmillan, 2012), p. 161.
⑤ Eric Tagliacozzo, *Secret Trades, Porous Borders: Smuggling and States along a Southeast Asian Frontier, 1865–1915* (New Haven & London: Yale University Press, 2009), p. 277.

些火器主要从欧洲进口，转售到暹罗、荷兰东印度、交趾支那和东马来半岛，其中，暹罗是新加坡最大军火出口地。从1868年至1883年，暹罗一共从新加坡购入375317元的火器和52954元的火药；[1]从他庞大的商船队伍来看，陈金钟是活跃的火器和火药交易的关键人物。1858年3月，他出口220支鸟铳到望加锡；[2]1860年他为暹王蒙固供应火药；1872年供应火器给森美兰拿督克拉那（Dato Klana）的外甥赛阿曼（Syed Ahman）。[3]此外，陈金钟的商品源自名为约翰斯顿公司（A. L. Johnston and Company）的火器供货商，这家供应商是李德（William Henry Read）和戴维森（Michie Forbes Davidson）于1820年创办的。[4]约翰斯顿公司是新加坡银行、保险公司、进出口的代理机构。除这家英国公司外，陈金钟也从他的妹婿李清池那里取得货源。李清池与陈成宝和佘石城合作经营亚历山大（Alexandra）火药库，该火药库存放所有运往新加坡的火药。[5]

米饭是东南亚锡矿和种植园成千上万苦力的主食，因此也成为最盈利的交易品之一。为了开发这项赚钱生意，陈金钟在曼谷和西贡的碾米业投入巨资。1872年，他在曼谷塔莱玛（Talai Mat）区的昭拍耶河岸成立振成碾米厂（又称振成蒸汽碾米厂）。[6]该碾米厂使用的设备为当时最新的苏格兰碾米机器，一天的产量可达300吨。[7]由于振成碾米厂可碾出高等级白米供应新加坡市场，

---

[1] 摘自 *Straits Settlement Blue Book for the Years 1868–1883*。

[2] *Report from Governor of the Straits Settlements on the subject of the supposed sale of arms to hostile powers*, 4 February 1859, CO273/2.

[3] Khoo Kay Kim, *The Western Malay States 1850–1873: The Effects of Commercial Development on Malay Politics* (Kuala Lumpur: Oxford University Press, 1972), p. 221.

[4] Khoo Kay Kim, *The Western Malay States 1850–1873: The Effects of Commercial Development on Malay Politics*, p. 83；又见 *Straits Calendar and Directory for the Year 1861*, p. 37。

[5] *Straits Times Overland Journal*, 13 August 1869, p. 2；又见 Song Ong Siang, *One Hundred Years' History of the Chinese in Singapore*, p. 131。

[6] Arnold Wright and Oliver T. Breakspear (eds.), *Twentieth Century Impressions of Siam: Its History, People, Commerce, Industries, and Resources*, p. 157；又见 *Singapore Free Press*, 17 April 1914, p. 7。

[7] Toshiyuki Miyata, "Tan Kim Ching and Siam 'Garden Rice': The Rice Trade between Siam and Singapore in the Late Nineteenth Century", in A.J.H. Latham and Heita Kawakatsu (eds.), *Intra-Asian Trade and the World Market*, p. 127.

因此在曼谷的米粮商业圈内极负盛名。"暹罗一号白米"或"田园白米"的长粒米洁白、美味，适合新加坡人，尤其是华人的口味。因此，这款米在新加坡比西贡米和仰光米更受青睐，[①]需求量大又可高价出售。除了供应当地食用，新加坡暹罗米也出口马来半岛、荷兰东印度、槟城和马六甲。在西贡，陈金钟拥有一座设立于1888年的振成碾米厂。[②]这座碾米厂的米主要出口香港以供应中国的市场。陈金钟有两艘经常在西贡和香港之间行驶的汽船，他也在香港设立振成公司分行以利运输。

马口铁行业因19世纪下半叶英、美迅速工业化需求庞大，造成锡价提升。这史无前例的变化使马来亚、南暹罗和南缅甸的锡矿采集业成为盈利丰厚的产业。海峡殖民地的锡价在伦敦金属市场从1849~1852年的79.5英镑，上升到1855~1874年的117.5英镑。[③]锡价飙升激起华裔老板活跃地从事锡矿开采和交易，陈金钟也不例外，他在马来半岛至南暹罗涉足锡矿交易，也开采锡矿。

此前，东南亚土著酋长和劳工是鸦片的主要吸食者。19世纪60年代以后，东南亚锡矿和种植园的华人苦力人数大量增加，鸦片成为勤劳苦力的必需品，其经济价值明显提升。新加坡作为主要的交易站，成为英国储存印度进口鸦片的仓库，并分配鸦片到周边地区，如荷兰东印度、暹罗、交趾支那、马六甲和槟城。荷兰东印度、爪哇和苏拉威西是新加坡最大的鸦片出口地，而暹罗是第二大鸦片出口地。从1872年到1883年，仅爪哇从新加坡进口的瓦拉纳西鸦片就高达2430万元，而暹罗只进口690万元的相同鸦片。[④]

鉴于这种大宗商品盈利丰厚，陈金钟在东南亚区域四处游走，竞标位于暹罗西海岸省份［拉廊、普吉、攀牙、大瓜巴（Takuapa）、甲武里］和马来邦属（吡叻、雪兰莪和森美兰）的饷码就不足为奇。这些努力，使他得以控制供

---

① Toshiyuki Miyata, "Tan Kim Ching and Siam 'Garden Rice': The Rice Trade between Siam and Singapore in the Late Nineteenth Century", p. 120.
② 李塔娜：《寻找法属越南南方的华人米商》，《南方华裔研究杂志》第4卷，2010年，第190页。
③ Wong Lin Ken, *The Malayan Tin Industry to 1914* (Tucson: University of Arizona Press, 1965), p. 243.
④ 摘自 *Straits Settlement Blue Book for the Years 1872–1883*。

应生鸦片给东岸和曼谷区市场的饷码长达数十年。

在暹罗

自1863年被委为新加坡暹罗领事后，陈金钟便获得各种商业特权。他的委任是暹罗政府应对英殖民势力入侵所采取的政治行动。其间暹罗政府重新制定对待英籍人士的政策，赋予英籍商人更多经济特权，[①] 导致暹罗与英国于1855年签订《鲍宁条约》。其内容包括废除王室独占行业、统一西方和中国的运费、赋予英籍人士境外特权并允许英国通过政府垄断市场进口及贩卖鸦片。[②] 事实上，担任暹罗领事的陈金钟是一位知道如何阻止英国侵入暹罗的重要人物。

陈金钟以其特殊身份在曼谷进行大规模及经常性的交易，并持续获得蒙固和朱拉隆功的支持，甚至当陈金钟的公司面临财务问题时，蒙固赏赐陈金钟在高路（Kho Luc）的苏木特许专卖权（Sappanwood Concession）作为协助。[③] 1859年，陈金钟获得暹罗王室35000元的特别贷款以购买法国汽船。[④] 陈金钟为暹王提供善意的服务，以加强彼此诚挚的关系。1862年，蒙固需要一位家庭女教师教导孩子英文，请求陈金钟协助，陈金钟向暹王推荐当时居住在新加坡的安娜·李奥诺文斯。[⑤] 1871年，朱拉隆功出访新加坡，陈金钟作为东道主，接待朱拉隆功居住在他位于桥北路的宅邸"暹宫"。[⑥]

凭借与暹王的亲密关系，陈金钟在暹罗的政治地位进一步提升。1868年，陈金钟被委任为甲武里府府尹，这项委任在某种程度上是暹罗政府的政治谋

[①] Junko Koizumi, "Siamese Inter-State Relations in the Late Nineteenth Century: From an Asian Regional Perspective", *Taiwan Journal of Southeast Asian Studies*, Vol. 5, No. 1, 2008, p. 71.
[②] Chris Baker and Pasuk Phongpaichit, *A History of Thailand* (Cambridge: Cambridge University Press, 2005), p. 45.
[③] Jeffery Sng and Pimpraphai Bisalputra, *A History of the Thai-Chinese*, p. 180.
[④] Phuwadol Songprasert, *The Development of Chinese Capital in Southern Siam, 1868–1932*, PhD Thesis, Monash University, 1986, p. 45.
[⑤] *Straits Times*, 20 May 1956, p. 12; 又见 *Sunday Gazette*, 3 May 1964, p. 7。
[⑥] *Sunday Gazette*, 3 May 1964, p. 7.

算。委任这名英籍华人陈金钟当府尹，似乎能使甲武里府受到英国的影响，这就妨碍了法国挖掘连接安达曼海和暹罗湾的克拉运河（Kra Canal）。克拉运河会让法国印度支那受益，但会损害到英属新加坡的利益。更重要的是，运河会明显区隔开暹罗和英国在马来邦国所获得的利益。在考虑后者为重的情况之下，蒙固利用陈金钟挑拨法国与英国之间的关系，以维护暹罗在马来邦国中的利益。[1]

除了曼谷的碾米业，陈金钟更有兴趣获得暹罗西南部州府如普吉、拉廊、攀牙、达瓜通（Takuathung）和大瓜巴的饷码。在这些州府锡矿场工作的苦力人数不断增加，同样地，州府的税收也随之逐渐增加。作为甲武里府府尹，陈金钟了解其中情形，他决定显示实力，投标取得整个西海岸州府的税收权。1872年，他以32万泰铢的年租竞标普吉的垄断权，约为普吉府府尹每年交给曼谷17360泰铢的20倍。[2]

但在暹罗西南部，许泗漳与他的商业网络成为陈金钟商业扩张的绊脚石。许泗漳是拉廊富有的槟城矿商，拥有船舶，被委任为拉廊府府尹，其家属在喀比（Krabi）、董里（Trang）、朗萱（Langsuan）和普吉皆有官职。许氏家族创建了一个涵盖运输、贸易、饷码和锡矿开采的商业帝国。有趣的是，陈金钟被视为不太可能会发展暹罗州府的外人。因此，暹罗政府要求普吉府府尹将底价提升到336000泰铢以击退陈金钟的投标。尽管投标失败，陈金钟在1874年再次尝试以64万泰铢的年租竞标普吉饷码，但在与普吉府府尹有联姻关系的摄政王川·汶那干涉下，陈金钟的投标被拒绝了，他准许普吉政府在每年缴48万泰铢的条件之下持有饷码。[3]

1875年，陈金钟再次竞标朗萱和拉廊的垄断权，同样铩羽而归。拉廊府

---

[1] Jeffery Sng and Pimpraphai Bisalputra, *A History of the Thai-Chinese*, p. 181.
[2] Hong Lysa, "The Tax Farming System in the Early Bangkok Period", *Journal of Southeast Asian Studies*, Vol. 14, No. 2, September 1983, p. 390.
[3] Jennifer W. Cushman, *Family and State: The Formation of a Sino-Thai Tin-Mining Dynasty 1792–1932*, p. 35.

府尹许泗漳在稍提高缴交给曼谷年租的条件之下得以保留当地饷码,并在朗萱、春蓬和斜仔(Chaiya)扩展采矿业。数年后,作为普吉建德堂的赞助者,陈金钟与之联盟,竞标垄断权。1878年,陈金钟与普吉建德堂领袖陈连(音译 Tan Lian)联手竞标喀比饷码,也失败了。

许泗漳与他西海岸州府的商业伙伴似乎对陈金钟持续投标垄断权的行为极为反感。对他们而言,陈金钟不但是个商业竞争对手,同时也是个捣乱者。为了报复,拉廊和大瓜巴府府尹派人在陈金钟的州府甲武里闹事,利用打劫、非法收税等恶行影响当地生意。1874年继承父亲拉廊府府尹职位的许心光,在1882年被曼谷政府委任调查尚未宣誓效忠及缴税的陈金钟。[1] 那时,许氏家族已成为暹罗中央政府最信任的商业伙伴,家族成员也在暹罗西南海岸州府获得更长的府尹任期,这最终削弱了陈金钟在暹罗半岛西南海岸的势力。

最后,陈金钟放弃甲武里府府尹的职位,将商业兴趣转移到暹罗其他地区。身为暹罗特别专员和领事,他仍然享有经济特权。1889年,他获得锡矿、金矿和宝石的开采许可,以及在博他仑(Phatthalung)种植胡椒的特权。这些特权是在陈金钟不让英国参与的条件下准许的。然而,他其实秘密与加尔各答英籍机构杜娜金矿公司(Dunna Gold Mining Company)合资,在南部经营锡矿场和金矿场。他也以55000英镑的价格将茂牙(Baw Yat)企业转让给一家英国公司。[2] 当陈金钟于1892年逝世时,暹罗政府发现陈金钟所有的采矿工程都涉及英国的参与后,将其特权收回,并交给当地华人。

在吡叻

除南暹罗外,陈金钟的商业利益也涉入马来半岛的政治。1874年,他成为终止吡叻马来人王位纠纷和华人会党冲突的关键人物。陈金钟的牵涉主要是他

---

[1] Jennifer W. Cushman, *Family and State The Formation of a Sino-Thai Tin-Mining Dynasty 1797–1932*, pp. 35–36.
[2] Phuwadol Songprasert, *The Development of Chinese Capital in Southern Siam, 1868–1932*, PhD Thesis, Monash University, 1986, p. 187.

想在吡叻扩张锡矿采收和饷码。1874年,马来半岛已成为世界上最大锡矿生产地之一,而产量最多的地区来自矿藏丰富的拉律。[1] 当时在拉律的矿工已达20800人,是鸦片主要的消费群体。[2] 有鉴于此,陈金钟自然要控制吡叻两大赚钱的行业——锡矿和饷码。

1873年,陈金钟在拉惹阿都拉(Raja Abdullah)的邀请和主动给予吡叻河饷码的租用权下被卷入拉律纷争。为报答拉惹阿都拉给予的租用权,陈金钟和商业伙伴李德说服英国承认拉惹阿都拉为吡叻苏丹。[3] 后来,海峡殖民地总督克拉克去请陈金钟化解华人会党间的冲突。1874年,《邦咯条约》签订,解决了马来酋长间,以及义兴与海山之间的争斗,同时承认拉惹阿都拉为苏丹。

图4-17 拉惹阿都拉

1874年签订的条约内容似乎对双方来说是合理的,实际上,英国政府和陈金钟是拉律纷争中最大的获利者。对英国而言,条约让英国政府得以委任参政司到马来王室提供意见,使英国势力延伸到吡叻。参政司伯治(James W. W. Birch)上任后即刻统一鸦片饷码,方便收集吡叻的税收。这也是调整该邦税收结构的努力之一,尤其是出口税和进口税。[4] 陈金钟则在饷码中获利,他

---

[1] Wong Lin Ken, *The Malayan Tin Industry to 1914*, p. 53.
[2] Patrick Sullivan, *Social Relations of Dependence in a Malay State: Nineteenth Century Perak* (Kuala Lumpur: Malaysian Branch of the Royal Asiatic Society, 1982), pp. 36–37. 当时拉律有26000人,其中5200人为商人,其余为矿工。
[3] "Enquiry as to Complicity of Chiefs in the Perak Outrages: Precis of Evidence", *Straits Settlements Legislative Council Proceedings*, 1877; 另见 Mervyn Llewelyn Wynne, *Triad and Tabut: A Survey of the Origin and Diffusion of Chinese and Mohamedan Secret Societies in the Malay Peninsula A.D. 1800–1935* (Singapore: Government Printing Office, 1941), p. 273。
[4] Wilfred Blythe, *The Impact of Chinese Secret Societies in Malaya: A Historical Study* (London: Oxford University Press), 1969, p. 191; 另见 P.L. Burns, *The Journals of J.W.W. Birch: First British Resident to Perak 1874–1875* (Kuala Lumpur: Oxford University Press, 1976), p. 22。

的妹夫和商业伙伴李清池取得在吡叻河口的税收饷码，以每年 84000 元的租金获得五年经营权。李清池之后也获得年租 96000 元的鸦片饷码，租期三年。①

这两个饷码让陈金钟得以获取拉律丰富的锡矿。在取得吡叻河的税收饷码后，他以锡块的形式从吡叻矿主和矿商那里收取出口税。集中了吡叻的鸦片饷码之后，陈金钟以高价供应给矿工鸦片，并以低价交换锡块。换句话说，他无需拥有或资助矿场即可从拉律获得充足的锡矿资源。②

由陈金钟领导的新加坡福建精英商人能成功夺得吡叻饷码控制权并非偶然。他在拉律事件中似乎是克拉克总督的亲密顾问，并且与伯治有着某种关系。伯治上任前曾于 1870 年 5 月任新加坡殖民地秘书，也是陈金钟和李清池的商业伙伴李德的朋友。伯治和李德都是海峡华人体育会和农业园艺协会的委员。③ 在任期间，伯治与总督奥德（Sir Harry Ord）积极参与新加坡的鸦片和烈酒饷码的行政管理。④ 1873 年，他延长成宝集团的饷码租约三年，不开放给公众竞标经营权。自 1870 年 11 月开始掌控新加坡、柔佛、廖内和马六甲鸦片与烈酒饷码的会员有陈成宝、章芳琳、陈旭年，也极有可能包括陈金钟和李清池。⑤

作为回报，伯治也得到那些饷码商人的贷款。他上任时，已欠下约 9500 元至 10500 元的巨款。⑥ 据推测，伯治准许李清池在吡叻河畔收税以及获得鸦片饷码权力，不仅是简单的商业交易，也可能是伯治为摆脱欠债所安排的。更重要的是，1874 年《邦咯条约》在吡叻引入的不只是英国的政治势力，还有新

---

① *Proceedings of Legislative Council on 29 October and 5 November Relative to Affairs of Perak*, 15 November 1875, CO 273/81; 另见 Wilfred Blythe, *The Impact of Chinese Secret Societies in Malaya*, p. 191。
② Wong Yee Tuan, *Penang Chinese Commerce in the 19th Century: The Rise and Fall of the Big Five* (Singapore: ISEAS Publishing, 2015), p. 91.
③ *Straits Calendar and Directory for the Year 1873*, p. 20.
④ Khoo Kay Kim, "J.W.W. Birch: A Victorian Moralist in Perak's Augean Stable", *Journal of the Historical Society*, Vol. IV, 1955/56, p. 43.
⑤ Wong Yee Tuan, *Penang Chinese Commerce in the 19th Century: The Rise and Fall of the Big Five*, p. 92.
⑥ Khoo Kay Kim, "J. W.W. Birch", p. 40; 另见 H.S. Barlow, *Swettenham* (Kuala Lumpur: Southdene Sdn. Bhd., 1995), p. 97。

加坡的经济介入，影响了槟城资本家长期在吡叻掌控的锡矿和饷码专利。① 集中式的鸦片饷码让一方得以垄断原鸦片的进口、提炼和销售。这种制度取代了原有的制度，即矿主或会党首领进口原鸦片、付鸦片税、提炼，并以可观的数额销售给矿场苦力。

英籍人士和新加坡商业精英对饷码权力的逐渐侵占受到马来酋长和槟城商业精英的强烈愤恨与反对。失去征收税金权力的马来酋长极力反对，以武力威胁伯治。面对李清池集团垄断饷码，槟城华商五大姓（邱氏、谢氏、杨氏、陈氏和林氏）的领袖撤资，并强行将3000~5000名苦力从拉律驱赶到巴生或其他邦属。② 大批苦力的离开导致鸦片的消费减少，降低了拉律的锡矿产量。这使英国在吡叻的税收急剧下降，伯治不得不恢复过去的鸦片饷码制度，但仍给予李清池集团收取锡矿出口税和鸦片进口税的租约。在伯治的支持下，李清池集团得以忽视槟城华商五大姓的饷码权益，并在拉律矿业中取得进展。

为了维护利益，并将英人赶出吡叻，苏丹和马来酋长在1875年7月秘密策划谋杀参政司伯治。③ 参与计谋的拉惹尤索夫（Raja Yusof）支持者据说曾在槟城接触海山会和建德堂领袖。学者布莱特（Blythe）认为，那些会党领袖有实力强大的华商五大姓为靠山，对此事无动于衷。④ 1875年8月7日，苏丹阿都拉给了一名在峇达拉必（Batak Rabit）名为纳阔达基迪（Nakodah Ketek）的吡叻商人2000元，并派遣他到槟城商人（据推测为掌握最多军火交易的华商五大姓）处购买军火。⑤ 纳阔达基迪从槟城回到峇达拉必时带了10箱鸟铳

---

① Wong Yee Tuan, Penang Chinese Commerce in the 19th Century: A Victorian Moralist in Perak's Augean Stable", *Journal of the Historical Society*, Vol. IV, 1955/56, p. 92.
② "Memorandum on the Financial Condition of the Native States of Perak, Selangor, and Sungai Ujong", *Straits Settlements Legislative Council Proceedings*, 9 March 1878, p. 14; 另见 John M. Gullick, "Captain Speedy of Larut", *Journal of the Malayan Branch of the Royal Asiatic Society*, Vol. 26, No. 3, November 1953, p. 49。
③ Mervyn Llewelyn Wynne, *Triad and Tabut: A Survey of the Origin and Diffusion of Chinese and Mohamedan Secret Societies in the Malay Peninsula A.D. 1800–1935*, p. 309; 另见 Wilfred Blythe, *The Impact of Chinese Secret Societies in Malaya*, p. 192。
④ Wilfred Blythe, *The Impact of Chinese Secret Societies in Malaya*, p. 192.
⑤ Mervyn Llewelyn Wynne, *Triad and Tabut: A Survey of the Origin and Diffusion of Chinese and Mohamedan Secret Societies in the Malay Peninsula A.D. 1800–1935*, p. 311.

和80桶火药。这次的军火交易意味着失去饷码跟锡矿场的华人会党领袖兼商人可能有意除掉伯治。英国政府因卷入马来王室权力争斗,并在华人激烈竞争的商业网络问题中处理不当,最后导致暴力冲突发生。1875年11月,伯治被暗杀,致使英国政府对参与阴谋的马来酋长发起一系列的攻击。

虽然伯治之死无法抑制英国经济与政治在吡叻的渗透,却终结了陈金钟的商业雄心。随着李清池集团的离开,建德堂－海山会和义兴会－和合社的领袖们于1876年下半年乃得以在拉律更活跃地进行锡矿活动。

商业网络

陈金钟在区域交易、商业竞争和政治谋略上的参与,可以看出他所控制的,由家族关系、商业关系和社会政治联系交织而成的商业网络,对建立其商业帝国至关重要。从他与宗亲姻族的亲缘,与英国人、阿拉伯人和潮州人商业合伙,以及崇高的社会政治地位来看,这些商业网络可说是显而易见。

宗亲姻族

陈金钟在管理海外公司及分行时依赖不少宗亲姻族的帮助。新加坡的总公司里,他的儿子陈纯道担任助理,陈氏宗亲中的陈金川(音译 Tan Kim Chuan)、陈采銮(音译 Tan Chai Luan)、陈清标(音译 Tan Cheng Phiow)和陈安祥(音译 Tan Ann Siang)则担任职员。[①] 在暹罗,陈善继和陈庆如(音译 Tan King Joo)分别于1882年在分公司和碾米厂担任经理和代理经理。陈金钟最有势力的姻亲之一,是娶了他妹妹陈霞娘的李清池。[②] 李清池生于马六甲,早年于纳闽和文莱经商,之后与黄发成共同创立清池和发成公司荣裕

---

① *Chronicle and Directory for China, Corea, Japan, the Philippines, Cochin-China, Annam, Tonquin, Siam, Borneo, Straits Settlements, Malay States, & etc.for the Year 1889*, p. 696.

② Song Ong Siang, *One Hundred Years' History of the Chinese in Singapore*, p. 66; 另见 Claudine Salmon, "On the Track of the Straits Baba Diaspora: Li Qinghui and his 'Summary Account of a Trip to the East (1889)'", *Chinese Southern Diaspora Studies*, Vol. 5, No. 5, 2011–12, p. 119。

号，一座在吻基北（North Boat Quay）的贸易和运输公司。[1]该公司在西贡、泗水、巴达维亚和井里汶（Cheribon）皆有分行，并拥有至少四艘船，即一艘双桅横帆船、两艘双桅纵帆船和一艘汽船，亦可能用于为陈金钟供应军火。此外，李清池也是创立时资本额达375000元新币的新加坡汽船有限公司的董事之一。[2]李清池是李清渊和李清辉的兄弟。李氏兄弟设立了一家名为李清渊公司振裕号的贸易和运输公司。[3]李清辉是陈金声的女婿，在新加坡也是一位有实力的商人。

另一位有影响力的家族成员是陈金钟的妻子蔡霞娘（孝惠）。她是马六甲必丹蔡士章孙子蔡延龄的女儿。[4]蔡氏家族的家族商业网络从马六甲和新加坡延伸到中国香港和内地。蔡士章的曾孙蔡紫薇是香港著名商人，[5]而他的玄孙女蔡婉娘则嫁给了陈金钟的侄子——种植橡胶树的先驱陈齐贤。陈金钟也通过他的曼谷暹籍妻子刘潘娘（音译Khun Ying Phuan）在暹罗搭建起关系网络。[6]她为陈金钟生下两男一女——长男少康、次男遐龄和女儿春娘。

不同种族的重要商业伙伴

陈金钟熟谙英语，这使他能在新加坡侨民商业社群中畅行无阻。野心勃勃的丹戎巴葛船坞公司将他列为承办人，该公司的业务涉及新加坡主要大机构和商人。[7]与他成为密切商业伙伴的欧洲人至少有两位，其中关系最密切的或许

---

[1] *Singapore Directory for the Straits Settlements 1879*, p. 101. 另见柯木林主编《新华历史人物列传》，新加坡：教育出版社私营有限公司，1995，第50页。

[2] *Straits Calendar and Directory including Johore, Sarawak and Labuan for the Year 1874*, p. 38.

[3] Claudine Salmon, "On the Track of the Straits Baba Diaspora: Li Qinghui and his 'Summary Account of a Trip to the East (1889)'", *Chinese Southern Diaspora Studies*, Vol. 5, No. 5, 2011–12, p. 119.

[4] 庄钦永：《马六甲、新加坡华文碑文辑录》，台北："中研院"民族学研究所，1998，第110页。

[5] 庄钦永：《马六甲、新加坡华文碑文辑录》，第67页。另见Claudine Salmon, "On the Track of the Straits Baba Diaspora: Li Qinghui and his 'Summary Account of a Trip to the East (1889)'", *Chinese Southern Diaspora Studies*, Vol. 5, No. 5, 2011–12, p. 123. 蔡紫薇在中国香港管理着一家很有可能是英国人所有的糖厂，他在广州附近拥有一处住宅，还有一家药店。

[6] Toshiyuki Miyata, "Tan Kim Ching and Siam 'Garden Rice': The Rice Trade between Siam and Singapore in the Late Nineteenth Century", in A.J.H. Latham & Heita Kawakatsu (eds.), *Intra-Asian Trade and the World Market*, p. 124.

[7] *Straits Calendar and Directory for the Year 1864*, p. 62.

社会职务

从 19 世纪 60 年代起，陈金钟不只是福建会馆（前天福宫）的会长，也很可能是义兴会福建分舵的重要人物。因为这两个职位，他被尊为"华人甲必丹"。1863 年，陈金钟被委为暹罗领事，持有"Phraya Anukul Siamkitch Upanick Sit Siam Rath"封号。[①]1868 年，被任命为甲武里府府尹，并在 1875 年担任暹罗西海岸州府特别专员，之后受封为级别更高的"Phraya Asdongkottitraksa"。1885 年，晋升为总领事，儿子陈纯道隔年被任为副领事，持有"Khoon Rasada Borirax"的封号。[②]

1865 年，海峡殖民地政府任陈金钟为太平绅士，他在 1869 年市政法令通过后第一年即担任市政专员。1872 年，被任命为荣誉治安法官的五位华人太平局绅之一，协助司法行政。

陈金钟在上海也有影响力。1858 年，他捐出 800 两银子重建上海泉漳会馆，这笔金额是当时捐赠中最大的一笔，[③] 该会馆于 1757 年为团结福建商人并加强他们在上海的关系而设立。在 1890 年前后，为感谢陈金钟捐赠价值数千元的巨额，清政府赋予他道台的衔职。[④]

陈金钟不但是新马地区的富商，而且是该区域内对政治最有影响力的华人之一。作为新加坡华人领袖，他与新加坡、槟城、马来土邦和暹罗有势力的华人和会党皆有联系，而这种联系是建立于贸易和亲属关系之上的。同样重要的是，陈金钟学习英语和暹语也有助于提升自身的地位，这项优势让他胜于那些无法直接与英人和暹人联系的华商。基于此优势，陈金钟得以联系新加坡的高级英国官员和暹罗王室人员。这种机会是建立于他的家族以及如李德一样在新加坡的欧洲商人关系之上的。而担任立法委员会非正式会员和曾领导过商会的

---

① Song Ong Siang, *One Hundred Years' History of the Chinese in Singapore*, p. 92.
② *Singapore and Straits Directory for 1890*, p. 177.
③ 梁元生：《李清辉与〈东游纪略〉：百年前一个新加坡人访问中国的纪录》，《南洋学报》第 39 卷第 1/2 期，1984 年，第 38 页。另见《上海碑刻资料选辑》，上海人民出版社，1980，第 239 页。
④ 《新华历史人物列传》，第 82 页。

李德也与高层殖民地政府官员有密切关系。

身兼暹罗领事和府尹的陈金钟积极展现他在暹罗西南州府的野心。他尝试以高价竞标饷码控制权，目的在于取得当地的锡矿。为增加得标机会，陈金钟甚至与当地华人会党领袖联手。然而，他的努力受到当地的暹罗府尹和华裔府尹的阻挠，因为他们与高层政府官员和王室成员的关系更为密切。

除暹罗外，陈金钟在干涉吡叻事务上也扮演积极角色。拉惹阿都拉寻求陈金钟的帮助，以期得到英国的支持，并在1874年登上吡叻苏丹宝座。陈金钟从英国参政司伯治的决策中获益，英国的干涉将吡叻饷码制度集中化，并把饷码经营权赏给陈金钟妹婿领导的新加坡集团。伯治处理饷码的安排不但激怒了马来酋长，还得罪了在拉律控制饷码和锡矿的槟城华商五大姓，使他们不仅失去盈利最高的饷码收益，还察觉到新加坡通过陈金钟妹婿可以避开槟城市场直接从拉律取得锡矿，严重影响槟城与新加坡之间的锡矿交易。槟城和新加坡华裔商人群体的竞争，又因为吡叻马来人的社会政治利益而复杂化，最后导致伯治被暗杀。

陈金钟的故事和事迹展现了华人领导能力、商业活动和政治的纠缠关系，这些都是为了从英国官员、酋长或拉惹那里争取资源和权力。他的故事和事迹也彻底地推翻华人社会政治体制和商业模式只局限于方言、籍贯或国家的传统观点。陈金钟在东南亚多元、流动和复杂环境中，明智地利用复杂的社会关系、政治策略以及文化价值观，去追逐他的商业理想及政治权力。本节通过对陈金钟的研究，认为19世纪东南亚华商的经历是深入了解区域复杂而微妙的历史形势的关键，因此有必要对他们重新评价。

---

* 廖文辉、何国宏译。

第五章

陈笃生家族与天福宫

柯木林

第一节　天福宫的时代意义

第二节　陈笃生父子与天福宫

第三节　陈武烈重修天福宫

第五章　陈笃生家族与天福宫　161

天福宫的兴建是新加坡都市建设的一个里程碑。建筑工程从1839年到1842年尚未完成，就已经耗去宋银（西班牙银元，当时的流通货币）3万余元，[①] 天福宫确实是一座富丽堂皇的建筑物。捐金金额从24元到3000元，共402人捐金。[②] 所有的建筑材料全是从中国运来的。[③]

《建立天福宫碑记》

19世纪，华社领袖是否有一定的素质，普遍言之，是以其拥有的财富来鉴定的。一个领袖，不但要有钱而且要肯出钱，本族群的一切公益善举，总以他为"缘首"。[④] 天福宫兴建时，陈笃生捐金3074元76分，[⑤] 所捐是最大的一笔捐款，所以任天福宫大董事。然而，此前新华社会的领导机构是恒山亭。恒山亭和天福宫之间有一段渊源，由恒山亭转向天福宫，有个过程。这里需要说明一下。

图5-2　《建立天福宫碑记》（1850年）
图片来源：柯木林摄。

恒山亭位于石叻路［Silat Road，今惹兰红山（Jalan Bukit Merah）］。这座于1992年5月11日被大火烧毁的古庙（奉祀福德正神，俗称"土地公"或

---

① 杨进发：《天福宫地理及建筑沿革史》，杜南发主编《南海明珠：天福宫》，新加坡：新加坡福建会馆，2010，第324页。
② 《建立天福宫碑记》（1850年）："一登在二碑内自三千起至廿四元止计四百零二名，合共收缘银三万一千四百廿五元七毫九古。"参阅陈荆和、陈育崧编著《新加坡华文碑铭集录》，第58页。
③ 最早有关天福宫的报道，是英国殖民地军官楼维少校（Major James Low）1840年的日记记录，发表于 Singapore Free Press, 16 December 1841："最近兴建的一座崭新华人庙宇，应能让那些还无法到中国者满意，它以精雕细琢的技艺建造，式样奇特不凡，其花岗岩石柱和大量石雕装饰工艺品，均自中国运来的，尤以石雕工艺品最为精致。"
④ 陈荆和、陈育崧编著《新加坡华文碑铭集录》，第5页。
⑤ 陈荆和、陈育崧编著《新加坡华文碑铭集录》，第58页。

"大伯公"），在新加坡开埠初期是用以办理旅新漳泉人士的丧葬事宜的。[①] 恒山亭不仅担负了闽帮管理义山的功能，也是当时福建人的活动中心，马六甲侨生薛佛记（See Hoot Kee，1793~1847年）是此机构大董事。天福宫兴建前，恒山亭是福建帮最高领导机构，薛佛记就是当年华社的最高领导人。[②] 薛佛记领导新华社会，自1828年至1840年约12年光景。此时新华社会尚属雏形，而随着人口的增加，华社已有质的变化。到了19世纪40年代，由浮动人口到定居社会，以"慎终追远"为主要目的的恒山亭已不能适应时代的要求，天福宫遂取而代之，华社领导层也相应更迭。

图5-3 天福宫旧影

《恒山亭碑》（1830年）刻录了当时福建帮的领导层，共10人，薛佛记居首。领导层的这10人可视为当年新华社会的领导核心。在《建立天福宫

[①] 柯木林：《火烧恒山寺的感想》，《联合早报》1992年5月17日。
[②] 张夏帏：《开埠初期扮演重要角色的恒山亭》，林孝胜等《石叻古迹》，新加坡：南洋学会，1975，第43页。

是李德。他们两人的一个大型商业合作项目是 1866 年的巴生饷码（鸦片、烈酒和赌博）。[1] 李德在英国和法国求学，毕业后前往新加坡，1841 年抵达新加坡时才 22 岁。他加入父亲李德（C.R. Read）合伙经营的约翰斯顿公司。[2] 父亲退休后，李德成为公司合伙人。1857 年，被委任为第一位驻新加坡荷兰领事。1867 年，他是立法委员会的第一位非正式会员。[3] 他也曾担任市政局局长（President of the Municipal Commissioner）多年。他早年在马来土邦和暹罗的商业兴趣使他得以接近当地统治者和掌权贵族，并对暹王蒙固和整个马来半岛的酋长有着重要影响。

而在本土商人之中，还有与陈金钟合伙成立公司的阿拉伯商人阿莎哥（Syed Mohamed bin A. Alsagoff）。该公司名为马来半岛勘探有限公司（Malay Peninsula Prospecting Co. Limited），主要在彭亨开采锡矿。[4] 阿莎哥家族拥有新加坡最大的运输和贸易公司之一的阿莎哥公司（Alsagoff & Co.），在吉达设有分公司。该家族与苏拉威西戈瓦女苏丹哈芝法蒂玛（Hadjee Fatima）[5] 有亲缘关系，她拥有许多船舶可进行大范围的区域贸易。

陈金钟的商业伙伴中也有来自汕头、拥有丰富碾米经验的潮州人林德廉。他在 19 世纪 80 年代末管理陈金钟在暹罗的生意，也是陈氏在曼谷与人数众多且势力庞大的潮州商人的重要联系人。

---

[1] "Arrangement for Collecting the Revenues of Klang Made by Raja Doolah with Tan Kim Ching and W.H. Read", 9 April 1885, Selangor Secretariat File KL 954/85。饷码生意在 1866 年 3 月 1 日开始，为期两年。另见 Khoo Kay Kim, *The Western Malay States 1850–1873: The Effects of Commercial Development on Malay Politics*, p. 153。

[2] Khoo Kay Kim, *The Western Malay States 1850–1873: The Effects of Commercial Development on Malay Politics*, , p. 83. 另见 *Singapore Free Press*, 28 February 1911, p. 10.

[3] C.M. Turnbull, *A History of Singapore 1819–1975* (Kuala Lumpur: Oxford University Press, 1977), p. 82. 另见 *Straits Times*, 4 June 1909, p. 2.

[4] *Singapore and Straits Directory for 1888*, p. 247.

[5] Arnold Wright and H. A. Cartwright, *Twentieth Century Impressions of British Malaya: Its History, People, Commerce, Industries, and Resources* (London, Durban, Colombo, Perth, Singapore, Hong Kong, and Shanghai: Lloyd's Greater Britain Publishing Company, Ltd., 1908), p. 707.

碑记》（1850年）中，领导层已扩充至12人，陈笃生居首，薛佛记退居二线（捐金2400元）。此时领导机构已由恒山亭转向天福宫，领导权由薛佛记转为陈笃生。①

《建立天福宫碑记》记录了建立天福宫的历史。立碑时间"道光叁拾年岁次庚戌荔月"，即1850年6月。天福宫由八块厝地组成，"厝地"是闽南语地皮之意。这八块厝地，其中三块是英国东印度公司于1828年5月26日出售给华人唐可维（音译Cowee Toang）、沈禄亚（音译Sim Loo-ah）和沈允（Sim Hoon）的。兴建天福宫时，陈笃生向他们分别买下这三块地皮，连同后来的五块地皮，成了今天福宫所在地。但从现存地契资料中，只能找到其中五块地皮的来龙去脉，其他地段或许用作天福宫两侧庆德会与崇文阁建筑用途，待考。②

天福宫的社会功能

天福宫内存有石碑与匾额，这些碑铭是研究新马华族社会史不可多得的珍贵资料。在众多的匾额中，值得注意的有三个。一个是悬挂于正殿中最高处的"波靖南溟"，③这四个字出自光绪皇帝的手笔。该匾额上半部横置铜制圆筒

---

① 陈荆和、陈育崧编著《新加坡华文碑铭集录》，第58页。
② 《建立天福宫碑记》（1850年）："一兑剩余厝地一块银七十元正。"参阅陈荆和、陈育崧编著《新加坡华文碑铭集录》，第64页；又参阅谢燕燕《天福宫地契研究》，《南海明珠：天福宫》，第310~313页。
③ 根据李庆年考证，当时泉州发生大水，新加坡福建帮商人发起赈灾捐款，并设立平粜局，将所筹集的1万元汇往泉州筹赈局。事后朝廷赏御书以资奖励。新加坡天福宫是福建帮议事之所，故光绪帝的御书乃赠予天福宫。御书是通过邮寄方式寄来，并没有通过任何人携带。御书到达后，摹刻成匾，悬挂的日期是1908年6月30日。题匾日期为"光绪卅三年十月吉旦"，指的是收到御书的日期（1907年11月）。至于御书何时发出？《清德宗实录》卷571的记载是"光绪卅三年三月癸丑"，即1907年5月4日。可见从1907年5月4日御书寄出到1907年11月收到，历时5个月。9个月后，即1908年6月30日，御书被制成匾额，悬挂在天福宫正殿上。1908年1月7日（星期二）的《叻报》亦有报道（见《神人共庆》，第10页）。1973年初，新加坡历史学者柯木林在天福宫调研，以望远镜观察高梁上的"波靖南溟"一匾，发现此匾正中央有"光绪御笔之宝"六字方印，由此断定此匾是光绪皇帝所赠。再看看匾额上的铜制圆筒，有点蹊跷，因而怀疑"波靖南溟"四字的御笔真迹可能就收藏在这小圆筒内。这项观察发表于1973年6月7日的《星洲日报》（《古色古香的天福宫》一文）上。25年后，天福宫在1998年至2000年耗资400多万元进行落架大修时，卸下"波靖南溟"御匾，果然御书原件就在小圆筒内，证实了当年柯木林的判断。

图 5-4 悬挂于天福宫正殿中最高处的"波靖南溟"匾，四个字出自光绪皇帝手笔

图 5-5 "泽被功敷"一匾，由陈笃生立

图 5-6 "显彻幽明"匾由清朝派驻新加坡首任专业外交官左秉隆献

图片来源：柯木林摄。

一个，相传光绪帝的御书真本就收藏在圆筒里。在"波靖南溟"匾额下，原有"泽被功敷"一匾（现保存于新加坡福建会馆库房），由陈笃生立。正殿入口处，又有"显彻幽明"一匾，是匾由清政府派驻新加坡首任专业外交官左秉隆献（此匾现在偏殿）。① 我们从以上献匾的历史人物看，不难想见天福宫在当年的华族社会是个何等重要的组织。②

天福宫为什么这么重要？这是怎样的一个组织？

早年，移民大多搭乘中国帆船南来。19世纪，航海工具简陋，搭乘帆船风险大，在茫茫大海中遭遇不测更属常事。海路的艰险使人们感到无助和恐惧，这种对命运的不确定，助长了先民的宗教信仰情感。祈求神明庇佑，消灾解厄，以求精神上的寄托和安慰是迫切需要的。因此，南来华人大都在船上崇奉护航之神"天妃"。天妃的信仰也随着出洋的华人而踏入

---

① 左秉隆所献的匾立于1886年，比光绪皇帝的赐匾还早22年，为天福宫的重要历史文物。左秉隆先后任清朝派驻新加坡首任专业外交官和海峡殖民地总领事，在新期间积极推动新华社会文化启蒙。此匾原悬挂于正殿前檐正中，位置极为重要。但天福宫于2011年翻新（耗资200多万元）后却未再挂回原位，现改悬挂于庙宇西厢堂城隍殿。
② 柯木林：《古色古香的天福宫》，林孝胜等：《石叻古迹》，第51页。

异国他乡。

一个神祇要受人崇奉，一定要有不少的灵验传说。天妃之所以受人崇拜，正是这个原因。天妃，华人俗称"天后圣母"，亦曰"天上圣母"，而闽人则称"妈祖"，琼人称"婆祖"，是茫茫大海中使航海者心理安定的唯一神灵。[①]像天福宫崇奉天妃这一类的庙宇，还有广东人的海唇福德祠、潮州人的粤海清庙、客家人的福德祠和海南人的天后宫等。

天福宫在临海的直落亚逸（马来语"水湾"之意），因此落成后便成了航海者必到之处。凡是南来或北归的华人，都把船舶泊在宫前，然后到宫内拜祀天妃，祈求"海不扬波"，平安返回。今日在天福宫的正殿里，尚悬挂着这样一副对联："此地为涉洋第一重冲要帆樯稳渡又来万里拜慈云；惟神拯航海千百国生灵庙宇宏开藉与三山联旧雨。"从这对联中，可以想见当年中国帆船麇集天福宫的情境。刻于道光三十年（1850）的《建立天福宫碑记》，详细地记录了当年天福宫的建庙经费，其中有不少来自中国帆船的捐献。其中有70多个"某某鹕"、"某某船"和"某某双层"的名字，这些无疑都是舶主的大号，他们共捐了6588元。[②]

天福宫的正殿崇祀的是天妃，殿之东堂祀关圣帝君，殿之西堂祀保生大帝，殿后寝堂祀观音大士。天福宫两侧各有楼阁一座，左右对称，巍然如天福宫双翼，丰富了天福宫的建筑形制，扩大了天福宫的建筑规模。其左为"崇文阁"，是新加坡最早的一间华文学塾；其右是"庆德会"，为土生华人（峇峇）家族互助的组织。天福宫前穿过马路，过去有一座华丽的戏台。可惜这座戏台在1954年被拆除，改建大厦，即今福建会馆大厦所在地。

天福宫内的天妃神像是1840年4月由福建莆田妈祖庙迎来的。当时还举行过一次空前热烈的迎神赛会，这是新加坡华人最早的一次迎神赛会。宋旺相的《新加坡华人百年史》对这次盛会有很生动、真实的描写。

[①] 1892年4月29日（星期五）《叻报》有一篇社评《天妃考》可资参考。
[②] 柯木林：《古色古香的天福宫》，林孝胜等：《石叻古迹》，第51页。

第一节
天福宫的时代意义

天福宫坐落在"新加坡以南直隶亚翼之地",即今直落亚逸街(Telok Ayer Street,俗称源顺街),介于商业区和住宅区之间,是漳泉侨民聚居的地带。这座历史悠久的古庙是新加坡福建会馆的前身。创建初期,天福宫本是临海的,后来殖民地政府将丹戎巴葛(Tanjong Pagar)的山土搬来填海,并且扩展到老巴刹一带的海墘,才使天福宫的地理位置变成不临海了。[①]

图 5-1 临海的天福宫

---

① 直落亚逸湾的填海工程,从 1879 年至 1896 年分阶段进行,将沿岸地区的山丘,即部分的史各士山〔Scott's Hill,今安祥山(Ann Siang Hill)〕、厄士金山(Mount Erskine)及华利山(Mount Wallich)铲平,用其泥土作填海用途。填海主要工程于 1885 年大体完工,之后还有许多其他工程,如巴刹、筑路等,所以直到 1890 年仍有关于该项目的报道。约于 1904 年至 1915 年的第二次直落亚逸海湾填海造地工程,将未铲平的华利山、部分的珀玛山(Mount Palmer)以及周围其他小山丘铲平。可参考 *Administration Report of the Singapore Municipality*,也可参考 "Teluk Ayer Reclamation Works", *Straits Times*, 21 August 1883, p.2; "Teluk Ayer Reclamation", *Straits Times*, 28 November 1887, p.6; "Teluk Ayer Reclamation——'Colonial Engineer to Colonial Secretary, Singapore, 12th August, 1893','President of the Municipal Commissioners, Singapore, to Colonial Secretary, Singapore, 12th February, 1894' & 'Colonial Engineer to Colonial Secretary, Penang, 25th January, 1896'", *Straits Times*, 17 April 1896, p.3; 以及 *Singapore Free Press*, 3 July 1890, p.31; "Legislative Council", *Singapore Free Press*, 31 March 1896, p.9; "The Teluk Ayer Reclamation", *Singapore Free Press*, 11 November 1896, p.2。感谢林源福与吴玉美提供资料。

这一回的迎神行列，长达三分之一英里，可说锣声震天，彩旗蔽日。而最精彩的还是那些彩女，都是五岁至八岁的小姑娘，一队队出现于行列中扎彩的花台上，穿的是满汉衣服。这些小孩双足踏在铁柱上，铁柱被掩在衣服下，她们服饰艳丽，又多笑脸迎人，有无数锦伞为她们遮掩炙热的太阳。天上圣母的神像是安放在一顶极端华丽杏黄绸纱的彩轿上，由一队着杏花短袄的"天神"卫护着，被迎到岛上最宏伟的天福宫。这一回的迎神赛会，被视为向华人正式宣布：天上圣母已驾临新加坡。全部迎神用费共达六千余元之巨。[1]

此后，三年一度（每逢辰、戌、丑、未年举办）的迎神赛会活动[2]成了天福宫的盛事。"三年一度，非等闲常有之举，故特停工一日，以示与众为欢"，《叻报》在迎神之日还特地"暂停工墨"以示庆祝。[3] 迎神赛会有固定路线，但每次路线都不同，[4] 主要是根据每届的炉主（股头）及市区街道现实

---

[1] Song Ong Siang, *One Hundred Years' History of the Chinese in Singapore* (Singapore: Oxford University Press, 1984), pp.50–51.

[2] 《迎神邀福》，《叻报》1901年9月30日（星期一），第9页。又有关三年一度迎神赛会活动的具体时间，参阅李勇《天福宫的领导层、组织与功能（1840~1915）：基于报章资料的研究》，《华人研究国际学报》第2卷第2期，2010年12月，第15页。

[3] 《停工布启》，《叻报》1898年11月23日（星期三），版首；又如《共叨神庇》，《叻报》1904年11月21日（星期一），版首。

[4] 这是1883年10月31日（星期 ）《海峡时报》(*Straits Times*)所载的迎神赛会路线："游行队伍在上午10时从直落亚逸街福建庙（天福宫）出发，经过亚逸街、厦门街、北京街（Pekin Street）、直落亚逸街、马吉街（中街，Market Street）、驳船码头、桥北南路（靠近品桥斗刚跟）、盘巴抄打胜朋（Upper Circular Road）、新桥路、马真街（Merchant Road）、诺特路和北特路（South and North Roads）、里巴巴利街、西山街（West Hill Street）、直抵楼街（Hill Street）尽头，然后沿着原路回到马真街，再经萋街码头（Hong Lim Quay）、哥可街路、宝乐路、新桥路、尼酮（Neil Road），可通回山亭、桥南路、克罗士上段（Upper Cross Street）、新桥路、盒巴玲珠街（Upper Chin Chew Street）、珍珠街（Chin Chew Street）、中国街、南京街（Nankin Street）、盒巴南京街（Upper Nankin Street）、新桥路、盒巴福建街（Upper Hokien Street）、福建街（Hokien Street）、俾（Church Street）、菲立街（Phillip Street）、吉宁街（1922年更名珠烈街 Chulia Street）、南干拿路（South Canal Road）、新那阁街（Synagogue Street）、漆街、乔治街（George Street）、南干拿路、桥南路、克罗士街（Cross Street），然后打道回直落亚逸街福建庙。"值得注意的是，由于恒山亭和天福宫之间有一段渊源，因此，每逢三年一举的迎神赛会，天福宫照例派神轿到恒山亭恭请福德正神前来天福宫做客。此外，还有位于菲立街（即老爷宫口）的潮帮粤海清庙（供奉玄天上帝和天后圣母），闽商赛会照例经过庙前，以示敬礼。

情况而定。

然而，每届迎神赛会的路线基本上皆环绕在大坡及小坡吊桥头一带的华人社区，这里是早期闽人船务公司、九八行和米行集中地，最远并未超越恒山亭、凤山寺的范围。迎神赛会所需费用浩大，需要闽商的支持。"五股头"①在迎神赛会的推动和组织上扮演着重要的角色，因此游神队伍通常会经过闽商的地盘五股头。游神队伍也会经过闽商米行和九八行集中的驳船码头和吊桥头以及水仙门一带（吊桥头有陈嘉庚父陈杞柏的米行顺安号，水仙门有陈金钟、陈武烈的米行振成栈）。②

图 5-7 迎神赛会

由于迎神赛会花费太大，所以陈武烈任大董事后，议决自 1907 年开始，取消"装扮台阁及顶马各杂剧"，改用"旗伞香亭"，以节省开支。③1935 年，陈嘉庚领导的福建会馆管理层废除持续了近百年的天福宫迎神赛会活动。④

庙宇功能的转变

庙宇是早期华人移民社会生活中心，领导人均为族群领袖，形成"神权"与"帮权"结合的族群管理组织。天福宫东厢房配殿"画一轩"供奉关帝，象

---

① 五股头是闽帮游神期间的临时性组织建制，即大坡五条街——源顺街（Telok Ayer Street）、顺丰街（George Street）、三美街（North Boat Quay）、中街（Market Street）与兴隆街（Robinson Road）。
② 林源福：《战前的天福宫与闽帮社会》，《南海明珠：天福宫》，第 372 页。
③ 《天福宫大会议决布告》，《叻报》1906 年 12 月 26 日（星期三），第 3、8 页。
④ 《19 世纪天福宫热闹的迎神赛会》，《南海明珠：天福宫》，第 25 页。

征族群团结义气。天福宫作为闽帮总机构始于1840年庙宇落成,迄于1915年福建会馆总机构的出现。此间75年,天福宫一直是新加坡福建帮议事之所及最高决策机构,历代闽帮领袖在这里处理华社事务、协调商务、筹募赈济善款,甚至为

图5-8 福建会馆原本附设于天福宫

闽邑族人主持结婚注册,具有完全领导福建族群的权威地位。

天福宫基本宫务有每年举办的七月中元普渡、三年一度的游神赛会活动及乐善社圣谕宣讲等。但在面对重大灾难时,天福宫也负起了社会责任,赈灾赈粮。今天,天福宫的正殿,还存有不少这样的匾额,可见当时的天福宫的确是整个新加坡华人社会的总领导机构。

福建会馆原本附设于天福宫的画一轩内,但随着时代的改变,二者之间发生了颠覆性的变化。1913年,画一轩因空间太小,乃议决将会馆从天福宫内移出,利用崇文阁右廊及另一住屋扩建成新会所。新会所建成后,福建会馆正式取代天福宫成为闽帮总机构;而原本作为总机构的天福宫,转而成为福建会馆下的庙产。

1916年5月,以"天福宫福建会馆"(Thean Hock Keong Hokkien Huay Kuan)为团体名称,向殖民地政府申请豁免注册,获得批准。从此新加坡福建会馆取代天福宫,正式登上历史舞台,成为新加坡闽帮的领导中心。"服务同乡、服务华社"也成了日后福建会馆的精神,延续至今。

第二节
陈笃生父子与天福宫

19世纪的新加坡有两个重要组织，它们的成立时间前后仅隔四年，但都与一个人有关，这个人就是陈笃生。这两个组织：一个是成立于1840年的天福宫；另一个是1844年成立的贫民医院（Pauper Hospital，今陈笃生医院）。

从1819年新加坡开埠到1840年，福建帮实际上已经领导新加坡华社，是一股重要的社会力量。在新华社会中，福建帮享有人口优势与雄厚财力，这使他们不论在竞争素质还是同心协力上皆较他帮稍胜一等。由于福建帮内部团结，没有彼此倾轧现象，再加上财雄势厚，因此一旦领导福建帮，也就自然而然地领导整个新华社会。

天福宫是早年福建帮的最高领导机构，[1]陈笃生是天福宫首任大董事，[2]因此他成了新华社会的领袖人物。辞世后，长子陈金钟（Tan Kim Ching，1829~1892年）接任。[3]1897年初，陈金钟长孙、陈笃生曾孙陈武烈（Tan Boo Liat，1874~1934年）成功当选天福宫大董事，任内完成重修天福宫工程（1906年）。[4]陈笃生、陈金钟、陈武烈祖孙三人领导天福宫前后约75年，天福宫历三代不衰，被传为佳话。

---

[1] 福建帮总机构为讲闽南方言的漳州府、泉州府、永春州三属移民共有。由于漳泉人士是福建省最早出国及定居新加坡的移民群，因此在新加坡，只有漳泉话才是福建话，只有漳泉人才是福建人，其他语调不同的闽籍人士如福州、福清和兴化的移民等被认为不属于福建人，正如《星报》所说的"他如福清、汀州、兴化等处类皆闽籍，而天福宫之事不与也。"参阅《天福宫议举董事照录来函》，《星报》1897年3月17日（星期三），第3页。
[2] 陈荆和、陈育崧编著《新加坡华文碑铭集录》，第58页。
[3] 《选举宜公》，《叻报》1896年7月14日（星期二），第2页："（天福宫）昔为已故闽商陈笃生等集资创设，君（陈笃生）作古后即由其家子金钟甲政继董其事。"
[4] 陈荆和、陈育崧编著《新加坡华文碑铭集录》，第70页。

首任大董事陈笃生

天福宫作为福建帮总机构始于1840年"岛上最宏伟"的天福宫妈祖庙宇落成,此后陈笃生任大董事,领导闽帮10年直到1850年去世。

天福宫地契显示,1838年至1839年,陈笃生买地筹建天福宫,土地转让契约文件上都有他的亲笔签名。① 陈笃生在筹建天福宫上扮演重要角色。②

陈笃生原名卓生,③ 何时易名笃生,不得而知。关于陈笃生在马六甲及新加坡初期的生活与发迹情况详见本书第二、三章。到了1828年,他已有一定的经济基础。陈笃生的母亲于1851年辞世,留有遗嘱,此时的陈家已是相当富裕了。④

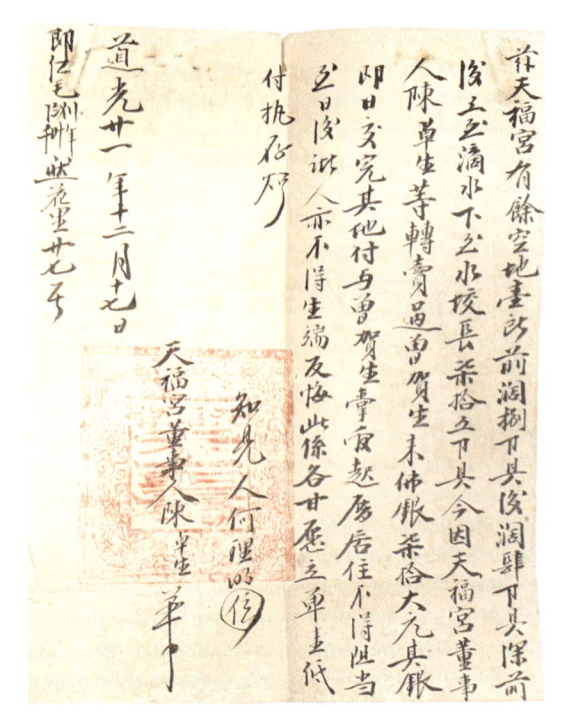

图 5-9 在买地筹建天福宫的土地转让契约文件上,都是陈笃生亲笔签名

图片来源:陈坤祥提供。

早期新华社会是建立在"帮"的体系上。许多庙宇以"帮"为轴心,帮高于一切,"帮首"的威权不可侵犯。帮首的计划可能是希冀用庙宇建立一个一统的"神权",再凭借这个神权建立"绅权",并运用绅权领导一帮,进而至于

---

① 谢燕燕:《天福宫地契研究》,杜南发主编《南海明珠:天福宫》,新加坡:新加坡福建会馆,2010,第310~313页。
② 根据《建立天福宫碑记》(1850年),"遂金举总理、董事劝捐,随缘乐助,集腋成裘,共襄盛举"。陈荆和、陈育崧编著《新加坡华文碑铭集录》,第58页。陈笃生领衔发起捐建天福宫,他捐3074元76分,产生了以陈笃生、薛佛记、龚光传三人为大董事,梁赞源、苏源泉、陈坤水、曾青山、谢宝荣等九人为大总理的天福宫领导层。该领导层发动闽帮三百余人,筹集26000余元巨款以建造天福宫。
③ 陈笃生在天福宫地契文件上的所有亲笔签名,全都用"陈卓生",与《海澄峨山陈氏家谱》的名字一致。关于陈笃生别名陈卓生的考证,参阅庄钦永《先驱人物散记》,《新呷华人史新考》,新加坡:南洋学会,1990,第69页。
④ 参阅 *Last Will and Testament of Kow Geok Neo, deceased, 11 June 1851*。

超帮。绅权促使"帮权"合法化,正所谓"绅权神授"也,天福宫就是以庙宇形态出现的帮群组织。①

1839年,陈笃生购地兴建全新加坡最宏伟的华人庙宇天福宫,作为福建帮和华社的总机构。天福宫取"神灵默佑如天之福"之意。《建立天福宫碑记》言明天福宫是"我唐人会馆议事之所",②碑记以"唐人"而非"闽人"自居,显示了其超越帮派,为整个华社服务的意识与宽宏视野。

与此同时,1839年至1843年,伦敦传道会积极向陈笃生传教,但为他所拒。③他坚决反对基督教信仰,并施压阻止别人信教。陈笃生十分清楚,一旦信奉耶稣基督,将被同胞排斥,影响业务和社会地位;而且一旦接受基督教,就得放弃祖先崇拜及民间信仰,这是华社无法接受的。④陈笃生以天福宫团结族人而赢得绅权(帮领导权),从而获得华社支持,成为整个华社的领袖人物。

陈笃生的另一个贡献就是创办贫民医院,不分种族、帮派,施医赠药。贫民医院后改名为陈笃生医院,以纪念其善举;医院的妇女病房也以其夫人李淑娘(Lee Seo Neo)的名字命名。⑤有关陈笃生医院,本书有专章讲述(见第七章),这里从略。

陈笃生排难解纷,在华人社会中拥有崇高声望。1844年,英国殖民地政府封他为太平局绅,以表扬他为社会所做出的贡献,陈笃生也因此成为华人中

---

① 陈育崧:《序》,林孝胜等《石叻古迹》,第i~ii页。
② 陈荆和、陈育崧编著《新加坡华文碑铭集录》,第58页:"……我唐人食德思报,公议于新加坡以南直隶亚翼之地创建天福宫……颜其宫曰天福者,盖谓神灵默佑如天之福也。"
③ 约翰·施敦力(John Stronach,1810~1888年)是19世纪英国伦敦传道会派遣来华的传教士。苏精《基督教与新加坡华人(1819~1846)》,台北:清华大学出版社,2010,第237页,记录了这么一件事:"有一天施敦力和陈笃生论辩,他说陈氏将钱浪费在神明游街和建造天福宫。陈氏回以那是他自己的钱,他可以照自己意愿做事。但施敦力认为,陈氏有责任好好运用赚来的钱。陈氏不甘示弱地问他英国水手花钱的方式又算什么责任。施敦力不得不承认,陈氏当然比那些将钱花在烈酒和女人上的基督徒好得多。接下来,尽管施敦力否认那些水手是真正的基督徒,陈氏却以这些人的劣行和鸦片问题强烈指摘英国人的罪恶,并作为自己拒绝基督教的口实,让施敦力难以招架。"
④ 值得注意的是,在《建立天福宫碑记》中,有一则费用是"一开先生和尚涂□同□□□□",指的是付给堪舆师(先生)与和尚的费用,可知天福宫的动土仪式由和尚主持。陈笃生没有接受基督教,这是旁证。见吕世聪《建立天福宫碑记(副碑)校释》,《南海明珠:天福宫》,第253页;又见柯木林主编《新加坡华人通史》,第543页。
⑤ Song Ong Siang, *One Hundred Years' History of the Chinese in Singapore*, pp. 65–66.

首位获得此荣衔者。[1]1850年，陈笃生在新加坡逝世，时年52岁，葬欧南山北麓，墓地至今犹保存完好。[2]

第二代领导人陈金钟

根据《海澄峨山陈氏家谱》所载，陈笃生有子三人：陈金钟居长，次子陈秀林（Tan Swee Lim）及三子陈德源（Tan Teck Guan）。三子中陈金钟最为杰出，他日后咤咤风云，在新加坡历史上举足轻重。

"大信士陈金钟，于庚戌年造地岸并修理宫埕，捐添缘金壹仟柒佰拾玖员乙角乙占"，这是《建立天福宫碑记》中的一段文字。庚戌年为1850年，是年陈笃生辞世，[3]长子陈金钟捐金1719元11分，"造地岸并修理宫埕"。所谓"地岸"，指的是天福宫面向直落亚逸海湾的防波堤（亦称堤岸），以防御波浪侵袭。此前，1849年崇文阁创建时，他捐金100元。[4]

南洋史学界泰斗陈育崧认为，陈金钟要成为天福宫第二代领导人，还需时日。因他此时（1850年）年仅21岁，尚年少，要在10年后才登上历史舞台。1850年至1860年的这10年，新华社会领导层出现真空现象。在此期间，谁是新加坡福建帮的领导人呢？陈育崧敏感地觉察到，此人就是陈金声（Tan Kim Seng，1806~1864年）。[5]陈金声代管天福宫，为日后陈金钟正式接管天福

---

[1] *Straits Settlements Records*, V9(1844), p.185.
[2] 位于欧南山麓的陈笃生墓于1969年因拓路工程险遭摧毁，幸得其后裔及时阻止，得以保存至今。参阅 Ow Wei Mei, "Historic grave in danger of demolition", *Straits Times*, 22 April 1969。
[3] *Straits Times*, 26 February 1850, p.4.
[4] 崇文阁，天福宫的左殿，建于道光二十九年己酉（1849），较萃英书院早五年，创办人陈巨川（陈金声）。崇文阁是否为新加坡最早的华文私塾，至今尚有争议。但陈金声作为新加坡华文教育的开创者，其地位无可取代。参阅柯木林《崇文阁与萃英书院》，林孝胜等《石叻古迹》，第215~220页。
[5] 陈金声，字巨川，祖籍福建省永春县桃城镇丰山村，与薛佛记有姻亲关系。陈金声是新加坡华文教育的创始者。从具有争议的第一间华文私塾崇文阁（1849年）到萃英书院（1854年）的正式成立，都有陈金声的参与。此外，在50岁寿辰之日，他捐出13000元给殖民地政府改善居民用水的困境。《陈金声遗嘱》（*Last Will and Testament of Mr. Tan Kim Seng*）中还特别写明萃英书院及新加坡书院（今莱佛士书院）各得捐款600西班牙元；陈笃生医院（Tan Tock Seng Hospital）得捐款1000西班牙元。陈金声亦捐款给在马六甲的医院与"大众爷"的华人庙宇或慈善机构500西班牙元。垂暮之年，其对新呷两地的教育与社会公益犹为关切，令人感动。参阅《传统与前卫：难得一见的先贤文献》，柯木林《从龙牙门到新加坡：东西海洋文化交汇点》，社会科学文献出版社，2016，第231~236页。

宫大董事铺路。①

为什么是陈金声？

陈金声在新加坡历史上赫赫有名。他与陈笃生是同时代的人，又与薛佛记有姻亲关系。②薛佛记四子薛茂源（一作元）娶陈笃生侄女荫娘（Tan Im Neo，陈有郎之五女）③为妻，陈金声、薛佛记、陈笃生三家结亲，他们实执新呷两地领导层之牛耳。因此，陈笃生辞世后，天福宫领导层经过一段过渡期后，在陈金声辅佐下，陈金钟也就自然而然地扶正了。

笔者原先也认同陈育崧的说法。然而深思后，认为陈育崧只说对了一半。19世纪的华人庙宇，有个不成文规定，就是捐款最多者必定是大董事。在《建立天福宫碑记》中，陈金钟是最大捐款者，陈金声只捐96元。这说明了1850年陈笃生辞世后，陈金钟成为大董事无疑。

新加坡历史学者林孝胜则认为"海峡殖民地政府认定陈金声为陈笃生作为华人领袖的继承者，故于1850年陈笃生去世时封陈金声为太平局绅，但是福建帮的领导权仍把持在陈笃生家族手中。陈笃生之子陈金钟继承其在帮中之领导地位，担任天福宫和福建会馆的首任统理，继续领导福建帮……"④

或许可以这么推断，陈金钟早年经验不足，社会影响力尚不及陈金声。在坐稳领导位置前，陈金声扶他一把，是再正常不过的事。所以陈育崧才有"继薛佛记之后，金声……兼摄新加坡天福宫大董事……"⑤的说法。笔者认为，如果陈金声代管天福宫，应该只有两三年时间，不会有十年这么长。

陈金钟幼年接受英文教育，亦受传统文化的熏陶，是19世纪最具影响力

---

① 陈荆和、陈育崧编著《新加坡华文碑铭集录》，第10页："继薛佛记之后，金声与子宪章（即陈明水）先后同为马六甲青云亭主，兼摄新加坡天福宫大董事……"
② 陈金声长子陈明水（Tan Beng Swee，1828~1884年）乃薛佛记（文舟）女婿。马六甲的薛氏宗祠内存有陈明水贺联"恭贺薛府文舟翁大岳父安座之庆：业颎兰邦，堂构相承绵世泽；基开海国，箕裘克绍振家声——愚女婿陈明水顿首拜赠□□"，参阅傅吾康、陈铁凡编《马来西亚华文铭刻萃编》第1卷，吉隆坡：马来亚大学出版部，1982，第427页。
③ 《海澄峨山陈氏家谱》，第23页。
④ 林孝胜等：《石叻古迹》，第12页。
⑤ 陈荆和、陈育崧编著《新加坡华文碑铭集录》，第10页。

的人物。陈金钟能说流利的巫语、暹语，因而他在商业界外的其他领域中有出色的表现。1850年5月，在陈笃生辞世三个月后，他创立"振成号"（Chop Chin Seng Hoh）① 经营米业，独当一面；1852年，捐2000元修葺陈笃生医院；② 他的最后封衔为"披耶"（Phraya Anukul Siamkij，意即侯爵），③ 这在新加坡历史上可说是空前的。我们在收集资料时也发现，陈金钟在1850年至1855年的这五年，就与当时新华社会顶尖人物如陈金声、洪俊成、佘有进、胡亚基等在许多重要场合和会议上出现。④

陈金钟风华正茂、咤咤风云。根据威汉的记载，"陈金钟在天福宫建立婚姻注册制度，许多福建籍新婚夫妇在天福宫两侧厅堂举行婚礼，陈金钟以他崇高的社会地位为他们主持证婚。这项服务被认为对华人社会很有益处，而且越来越受到人们的接受。"⑤

---

① 《新加坡自由西报》及《海峡时报》刊登的陈金钟广告，说明了陈金钟于1850年5月25日创业，成立振成号（Chop Chin Seng），自主经营业务。振成号后易名为"陈金钟商行"。1860年胞弟陈秀林加入成为股东，改称"陈金钟兄弟商行"，不久陈秀林退股，又改为"金钟公司振成号"。所营米业，不仅在新加坡，更于曼谷、西贡开分行，自置轮船航行于东南亚与华南各港，成为当时新加坡最大米商。1888年开分行于中国香港，自营米业，并代客发兑杂货，且自办轮船运输。见 Singapore Free Press, 31 May 1850; Straits Times, 4 June 1850。

② 陈金钟为陈笃生医院增建翼屋捐金2000元。见 Singapore Free Press, 26 November 1852。但根据1854年的《陈笃生医院增建翼屋碑文》，陈金钟捐3000元，参阅陈荆和、陈育崧编著《新加坡华文碑铭集录》，第301~302页。

③ 暹王委任陈金钟（已故陈笃生之子）出任新加坡暹罗领事，见 Singapore Free Press, 30 September 1853, p.3；又参阅 Song Ong Siang, One Hundred Years' History of the Chinese in Singapore, p.92。

④ 陈金声、洪俊成、陈金钟、佘有进等华人代表致辞欢送巴特卫总督返回英国静养，见 Singapore Free Press, 21 November 1851；陈金钟、胡亚基、陈金声、黄源和被委为法庭陪审员，见 Singapore Free Press, 16 April 1852；又，陈金声、佘有进、陈金钟和李开泰（音译 Lee Kye Tye）作为华人代表出席公民大会，讨论及订制纪念品呈送巴特卫总督，并在市政厅安置全幅肖像事宜，见 Singapore Free Press, 5 April 1855。

⑤ Jonas Daniel Vaughan, The Mannersand Customs of the Chinese of the Straits Settlements, p.56: "Marriages amongst the Hokiens are sometimes celebrated in one of the side rooms of this temple and Mr Tan Kim Cheng has wisely established a registry of marriages amongst his countrymen on his own authority, which is becoming generally availed of by the people, and must be found exceedingly beneficial to the Chinese community." 该书第26页也提及陈金钟在结婚证书上盖上大印，"In Singapore these slips of paper are taken by Hokiensto Tan Beng Sweeor Tan Kim Ching who registers the marriage and puts his seal on the papers"。

值得一提的是，陈金钟主政天福宫期间，创建了两个组织：一个是陈氏宗祠保赤宫，另一个为乐善社。这两个组织有时代意义，影响力和贡献均超越帮派的范围而惠及整个华族社会。乐善社在推广文教方面颇有成就；保赤宫历经一百多年，至今还在运作。

陈氏宗祠保赤宫

图 5-10　陈氏宗祠保赤宫由陈金钟与陈明水联合创建

保赤宫（Po Chiak Keng Tan Si Chong Su）坐落在新加坡河畔的马可新路，面向新加坡河（此景不复存在）。宗祠由陈金钟与陈明水（Tan Beng Swee，1828~1884年，陈金声之子）于1878年联合创建。根据光绪四年（1878）所立《保赤宫碑记》，陈金钟与陈明水，即碑文中的"振成昖音使"与"丰兴宪章使"，他们各捐1200元建庙，任大董事，以示平等。[①]

[①] 陈荆和、陈育崧编著《新加坡华文碑铭集录》，第267页。

附带说明，《保赤宫碑记》的"振成吨音使"，"振成"是陈金钟宝号（米商），"吨音"为其字；"丰兴"是陈明水宝号（经营香料生意），"宪章"为其字。保赤宫内有三块比较重要的碑，除《保赤宫碑记》外，其余两块碑的碑文为《保赤宫碑》（光绪九年，1883年）与1926年的《重修新加坡保赤宫陈圣王祠祀》。早期的两块碑上的人名末尾一律加上了"使"字，用意不明，民国时期立的碑却不加了。这几块存于祠内的碑完整无缺，加上宗祠曾出版的一些纪念特刊，保赤宫的创办与发展有相当系统的记录。[①]

为何要成立陈氏宗祠保赤宫，《保赤宫碑记》没有说明。但从当时历史背景看，似乎可以理出端倪。

19世纪70年代，新华社会问题颇多，比如"猪仔"问题、拐带妇女问题、私会党械斗问题、帮派问题等，械斗更是常发生的事。陈氏宗祠保赤宫的成立，是否有这层意思：通过祖宗的崇拜（毕竟血浓于水），调和族群之间的矛盾。所以保赤宫基本上有一种超帮意识，它在成立五年后容纳潮州的陈氏，在调解族群的矛盾方面（闽帮跟潮帮），有一定缓和作用。[②]

宗祠是华族传统社会里联合同姓氏的一种血缘性组织，这样的组织一般不分方言界限。但在新马一带，由于方言的差异，宗祠组织范围因此缩小，变成血缘兼地缘性的团体。保赤宫原为谋求本帮利益而创建，本质上是个带有相当浓厚帮派色彩的团体，但在发展中有超帮的例子，这是由于领袖在帮与帮之间的矛盾中争取缓和所作的努力。1872年，闽、潮两帮械斗经日，就是被陈金钟平息下来的。[③]

乐善社

19世纪中叶，新华社会中华文风盛行，这与陈金钟等人的不懈努力有密

[①] 张夏帏:《陈氏宗祠保赤宫》，林孝胜等《石叻古迹》，第102页。
[②] 张夏帏:《陈氏宗祠保赤宫》，林孝胜等《石叻古迹》，第103页。
[③] Song Ong Siang, *One Hundred Years' History of the Chinese in Singapore*, p.166.

切关系。1881年陈金钟创办乐善社，宣讲圣谕。①乐善社与天福宫有某种程度的联系，可说是天福宫属下的民间宣教组织，闽帮精英皆效力其间，为其提供源源不断的财力和物力支持。根据《叻报》（1888年3月3日）所载："陈君金钟与旅叻闽籍诸君子乃创乐善社，不数年粤籍诸君子复创同善社，均以宣讲圣谕并捡拾字纸为事。"在新加坡乐善社的影响之下，槟城、马六甲、仰光、日里等各埠纷纷仿效，乐善社声名远播。②

图 5-11　乐善社宣讲圣谕局公寓

乐善社是南洋华人第一个以宣讲圣谕为宗旨的慈善团体，地点设在天福宫偏殿崇文阁。乐善社在宣扬儒家纲常名教、移风易俗、提升社会的文明程度，尤其在培养海外侨民的国家认同意识方面颇显成效。

乐善社活动花费不赀，资金全部来自闽商乐捐和义务维持，主要支持者是那些受过传统教育的绅商和受过高深儒家教育的知识分子。前者因传统教育而具有儒家的道德观念，他们因商致富，成为华社的领袖人物，觉得有责任维护社会秩序和道德规范。由于社会地位和光宗耀祖的观念，他们向清政府捐官。官衔的拥有使他们接近清政府，与清领事建立起融洽的关系。因此，支持"乐善社讲演"运动不仅关乎他们切身的利益，也是他们讨好清政府的举措，因为该运动是在清领事的推动和协助下发展起来的。后者大部分在中国受过正规的

---

① 《乐善社征信录》，《叻报》1895年2月16日（星期六），第5~6页。
② 《福建提督学政载文宗奖给新加坡乐善社众绅董匾额》，《天南新报》1899年10月9日（星期一），第2页。

传统教育，经历科举考试，很可能是落第秀才，南来寻找较好的职业和待遇。他们在教育与文化机构中服务，传统教育的训练和思维使他们深信并维护传统价值观念，支持乐善社讲演运动是其发自内心的表态。同时，传播中国传统文化和弘扬儒家的价值观也是他们的意愿。驻新领事左秉隆在这场运动中也扮演相当重要的角色，除了作为支持运动的人物登场，他也时常亲身参加乐善社开坛的讲演，以身作则，鼓励更多人出席。乐善社讲演运动不带有任何政治色彩，但是在左秉隆的支持下开展，他又尽量利用其作为领事的影响力来推动运动的发展。[1]

19世纪，中国驻新领事与华民护卫司两者就管理华社事务方面的竞争，在左秉隆任领事期间，在一个新的基础上展开。左秉隆深切意识到教育与思想灌输的重要性，于是在他莅任的翌年（1882年），即设"会贤社"作为一个成人教育机构，每月出课题一次，亲自评改课艺，且将自己的薪俸捐作奖学金，以勖士子。当中英两国为争夺海外华人领导权而在这块土地上展开外交博弈时，陈金钟创办的乐善社与左秉隆的会贤社，彼此互补，更具意义。[2]

《天南新报》（1899年10月9日）对乐善社的评价是："俾海外苍生得以咸聆圣训……自是以来，风俗为之一变，耳目为之一新。每遇内地水旱偏灾，各籍绅商靡不踊跃乐输，共成美举。其成效昭著，固可考而知也。"我们不难看到，在为中国各省赈灾捐款时，以陈金钟为首的天福宫董事、众绅慨然相助。1889年陈金钟响应号召，捐款4000元赈救中国饥荒。[3] 今天天福宫正殿上的许多匾额，是当年赈灾的征信物。

乐善社活动自1881年开始到20世纪初，在新加坡华人社会活跃约20年

---

[1] 颜清湟：《海外华人世界：族群、人物与政治》，新加坡：新加坡国立大学中文系和八方文化企业公司，2017，第210页。

[2] 目前没有资料显示，中国驻新领事（如左秉隆、黄遵宪、张弼士等）除了亲临天福宫讲场聆听宣讲外，也捐款给乐善社。但乐善社对黄遵宪创办的"图南社"曾予以每月10元的资助，用于奖励课试中的优胜者。或许可以推测，乐善社也以同样的方式，资助过左秉隆创办的会贤社。参阅李勇《天福宫的领导层、组织与功能（1840~1915）：基于报章资料的研究》，《华人研究国际学报》第2卷第2期，2010年12月，第17页。

[3] Song Ong Siang, *One Hundred Years' History of the Chinese in Singapore*, p.251.

之久，闽帮绅商长期维持其运作是主要原因。[1] 乐善社虽不复存在，但其对中华文化在早期新华社会的推广、在实施社会教化的实际效果方面，起了一定的作用。这也是以陈金钟为首的闽帮社群，发挥超帮作用、负起大帮社会责任的重要体现。

视野和远见

作为华社领袖，在许多重要官方场合中，都可以看到陈金钟的身影。19世纪下半叶，他多次受邀出面调解会党格斗与帮派纷争，这里举些例子说明。

1855年，新加坡邻海海盗猖獗，影响货运，陈金钟积极支持消灭海盗，盗风遂息。[2] 1867年4月，船东何亚昌（Ho Ah Chong）以工作不合标准为由，开除了其开设之造船厂及铁工场的来自中国香港的20名木工，差点闹成火烧和杀身之祸，陈金钟以强硬手段应对，结果此事得以解决。[3] 1872年，闽、潮两帮械斗经日，陈金钟任警庭推事，对犯事者判处笞刑，可见他的果断。[4] 陈金钟稳定社会秩序的能力，备受英殖民地当局的重视，难怪他出任陪审员后，[5] 又被任为推事了。19世纪70年代初，暹罗与吡叻发生边界纠纷，陈金钟从中斡旋，事平声隆，殖民地政府还致函道谢。

1865年，陈金钟被封为太平局绅，[6] 成为新加坡的显赫人物。1869年11月

---

[1] 《乐善社结册汇登》，《叻报》1893年4月20日（星期四），第5页；及《乐善社结册续登》，《叻报》1893年4月21日（星期五），第5页。
[2] Song Ong Siang, *One Hundred Years' History of the Chinese in Singapore*, p.90.
[3] Song Ong Siang, *One Hundred Years' History of the Chinese in Singapore*, pp.144–145.
[4] Song Ong Siang, *One Hundred Years' History of the Chinese in Singapore*, p.166.
[5] 1864年陈金钟受委为五位华人陪审员之一，其他四位为余有进、陈金声、陈明水、胡亚基。参阅 Song Ong Siang, *One Hundred Years' History of the Chinesein Singapore*, p. 129. 此前陈金钟、胡亚基、陈金声、黄源和已委为法庭陪审员，见 *Singapore Free Press*, 16 April 1852；陈金钟和刘行材（音译 Liew Sing Chye）是被票选出任陪审员的二人，见 *Singapore Free Press*, 12 August 1853, p.3；陈金钟和胡亚基被票选出任陪审员，见 *Singapore Free Press*, 6 December 1855, p. 2。
[6] Song Ong Siang, *One Hundred Years' History of the Chinesein Singapore*, pp.92–93；又根据《新加坡自由西报》的报道，陈金钟成功调解了义兴（Ghi Hin）与福义（Hook Hee Hoey）两个帮会间因葬礼抬棺事件而起的纠纷。《新加坡自由西报》称陈金钟为"Tan Kim Ching Esq., the Capitan Cheena"。参阅 *Singapore Free Press*, 27 July 1865, p. 2。

25日，爱丁堡公爵（英国维多利亚女王次子）访问新加坡，谒见典礼在12月3日举行。这是一个特别的节庆，陈金钟代表华社递呈颂表。在这份以金黄色字体书写的中英文颂词中，有80名华商，陈金钟居首，其他著名的人物有胡亚基、佘有进、陈明水、章芳琳等，名字都在他之后，这年他40岁。①

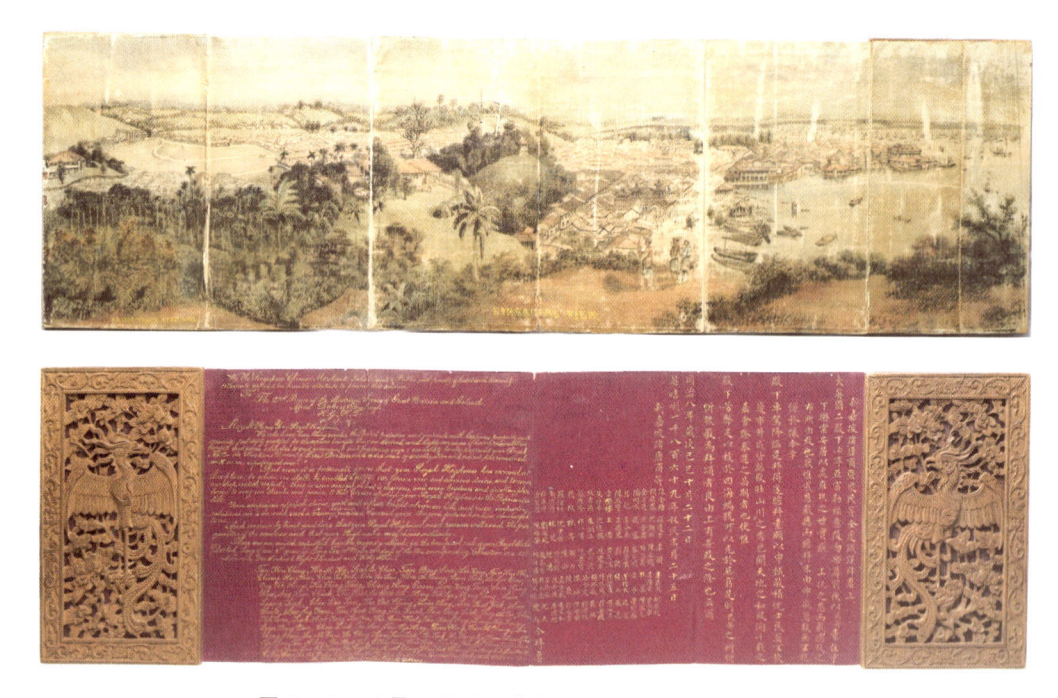

图5-12 这是一份以金黄色字体书写的中英文颂表，有80名华商，陈金钟居首（1869年）

图片来源：新加坡国家图书馆。

1884年12月19日，麟记号东主颜应麟将麟记山地段交给陈金钟、邱正忠（Khoo Cheng Tiong，1820~1896年）和蔡绵溪（Chua Bian Kay，1836~1903年）等人信托管辖。麟山亭（1885年建）位于红山地区，设有义山。从此，麟山亭的管理也成为早期天福宫领导人的主要职责。此时陈金钟领导天福宫已30多年。而跟他一起接手麟山亭管理的蔡绵溪，若干年后与陈金钟长孙陈武

---

① 柯木林：《从龙牙门到新加坡：东西海洋文化交汇点》，第85~89页；又见Song Ong Siang, *One Hundred Years' History of the Chinese in Singapore*, p.156.

烈竞选天福宫大董事,但没有成功。①

1887年11月18日(星期五),清政府北洋舰队访问新加坡,陈金钟在树林园设宴款待并发表演说,以示"不忘宗国爱戴情深",他对清政府的洋务运动抱以极大希望。②1890年前后,他向清政府捐官得道台衔③。19世纪华社领袖都愿意向清政府购买官衔,除耀祖荣宗外,也可以通过拥有官衔,与清政府接近,建立关系。

陈金钟不愧是个国际人物,业务遍及东南亚各地及中国,社会地位得到一些国家的承认。他在暹罗有"振成米较"和"振成栈",从事大米贸易。④振成栈是新加坡大米的主要入口商,也将大米运往中国销售。⑤新加坡市场小,竞争激烈,陈金钟选择向外发展,显示了他与众不同的视野与远见。有关陈金钟的大米贸易,参阅本书第四章第三节。

早在咸丰七年(1857),上海泉漳会馆重修,陈金钟的"陈振成号捐规银八百两正",位列捐银人首位。⑥《漳州华侨通史》主编郑来发认为,1857年陈金钟与上海商人有生意往来,才会捐银重修泉漳会馆。1878年3月,陈

---

① 蔡绵溪祖籍漳州府海澄县,在马六甲出生。早年南来新加坡,在厦门街开设芳吉商号,其事业规模不详。《天南新报》1903年1月19日(星期一)赞其"置身商场,而于中国各种文字及诗学、医学皆留心研究,西国语言亦复兼通,以是执笔摛词,类能滔滔不竭,诚华商中之表名者也。"蔡绵溪曾担任天福宫董事30多年,1892年2月底天福宫大董事陈金钟逝世后,接任天福宫总理之职,参阅《闽商作古》,《叻报》1903年1月19日(星期一),第2页。1897年因未当选总理而自动引退。
② 《公醻兵官》,《叻报》1887年11月18日(星期五),第2页;《叻报》1887年11月19日新闻亦记录了陈金钟当晚的谈话:"我大清自开基以来二百余年,尊尚王道,乃日久而弱,故数十年来海疆多事。但有文事必有武备,惟дружcto为始,必先治内而后外患不入,非一朝一夕可以为之夫!中国能自振兴,共享太平,自是朝廷之福,而我辈亦可共乐尧天。兹遇诸君皆抱异才,际遇风云,可作公侯干城之选,将来精忠报国,共励昇平,敬望诸君有以尽欢于今夕也……"《漏述补登》,《叻报》1887年11月19日(星期六),第2页。
③ 颜清湟作,张清江译《清朝鬻官制度与星马华族领导层(1877~1912)》,柯木林、吴振强编《新加坡华族史论集》,新加坡:南洋大学毕业生协会,1972,第72页。
④ 根据陈继廉口述,陈金钟女婿蔡金吉(Choa Kim Keat,娶陈温娘Tan Woon Neo)曾协助打理暹罗的生意;又参阅Song Ong Siang, *One Hundred Years' History of the Chinese in Singapore*, p. 291.
⑤ 吴龙云:《14~19世纪暹罗华人的经贸发展研究》,台南:成功大学历史研究所硕士学位论文,2002,第110页;又2017年6月17日上午8时15分,郑来发与笔者的微信讨论记录。
⑥ 《重修泉漳会馆捐款碑》,上海博物馆图书资料室编《上海碑刻资料选辑》,人民出版社,1980,第239页。此碑原在上海南市区咸瓜街泉漳会馆旧址(今在上海黄浦区)。

金钟成为第一位被推举为英国王家亚洲学会海峡分会（The Straits Branch of the Royal Asiatic Society）会员的亚洲人。[1] 我们也在位于今天厦门市海沧区青礁慈济宫中的《重修慈济祖宫碑记》（1896年），发现有"陈金钟二品衔候选道、驻新加坡、暹罗总领事，捐英贰拾大员"的刻字，[2] 足见他身份的多重性。

陈金钟曾出任吉打苏丹顾问，[3] 并代表日本、暹罗、俄国三国担任驻新加坡领事。他与暹罗王室关系密切，据说电影《国王与我》（Anna and the King of Siam 或 The King and I）中的英文教师安娜，就是陈金钟推荐给暹王拉玛四世的。1890年5月30日（星期六），暹罗国王及王后访新，由陈金钟接待，下榻位于桥北路的"暹宫"（Siam House，陈金钟住宅）。[4] 王室成员也访问了陈笃生医院，捐款1000元。[5] 1888年，陈金钟得日本授予的"勋三等旭日章"；[6] 同年，被委为市政局委员。陈金钟又倡建新加坡福建会馆、保赤宫陈氏宗祠，并担任总理。[7]

由于早年大多数移民不通晓英语，加上传统的顺民意识，都不愿意或无能力参与当地政治或社会事务。陈金钟因为是侨生，兼有东西两种文化背景，必然有不同于同时代人之视野和远见。他了解到英帝国殖民地的盛衰会直接影响他的利益。他一生致力于政治和社会活动，这典型地反映了早期华商关心社会安宁和稳定的愿望与心态。和平时期他积极参与立法议会、市政委员会的事

---

[1] Song Ong Siang, *One Hundred Years' History of the Chinese in Singapore*, p.193.
[2] 青礁慈济宫历史悠久，主祀保生大帝。宫内保存的光绪二十二年（1896）《重修慈济祖宫碑记》中，出现不少来自新加坡的捐款者，其所捐的款项，最高为"缘银壹仟两百大员"，其他则有肆佰元、壹佰元、伍十元、肆十元，乃至十元、三元、一元不等。参阅厦门海沧政协文史委员会编《厦门海沧文史资料第四辑・保生慈济文化专辑》（2008年4月）；曾玲《侨乡碑文中的新加坡华社领袖》，《源》（双月刊），第128期，新加坡：新加坡宗乡会馆联合总会，2017，第8~9页。
[3] 吴龙云：《14~19世纪暹罗华人的经贸发展研究》，第110页。
[4] 陈金钟除了在新加坡有一所"暹宫"外，在曼谷也有"暹宫"，土地由暹王拉玛四世赐。
[5] Song Ong Siang, *One Hundred Years' History of the Chinese in Singapore*, pp.259-260.
[6] Song Ong Siang, *One Hundred Years' History of the Chinese in Singapore*, p.241.
[7] Song Ong Siang, *One Hundred Years' History of the Chinese in Singapore*, p.186.

务，协助殖民政府对新华社会的治理及策划；① 又时常举行盛大的宴会，广邀各族领袖、政府官员，集聚一堂，互相交换意见，以促进社会的和谐。骚乱期间他成了和事佬，调解华族间的纠纷，维持地方法律与秩序。② 19世纪60年代至90年代，他一直是新华社会主要领袖之一。③

1892年2月，陈金钟"无疾寿终"，④ 享年64岁。《叻报》以《南国山颓》的标题做了报道。⑤ 他的几个儿子都比他早逝，后继无人，留下五个孙子，最大的才18岁。长女陈青霓为遗产受托人，实开华人妇女享有此权利之先河。

---

① 譬如，1857年1月2日新加坡华人闭市，原因是新市政和警察法令未曾向民众解释，人民无所适从。再者，"亚罗号事件"（Incident，第二次鸦片战争的导因），引起华人下层阶级对在新加坡的洋人不满，警察企图诱使店主开店结果酿成骚乱。欧籍商人于是召集会议，邀请陈金钟等华人领袖组成代表团，谒见总督并以华文布告店主，事件得以平息。参阅 Song Ong Siang, *One Hundred Years' History of the Chinese in Singapore*, pp.105–106。

② 陈金钟通过他的妹夫兼生意代理人李清池（Lee Cheng Tee，1833~1901年，其夫人为陈金钟的妹妹陈霞娘 Tan Hay Neo；参阅 Song Ong Siang, *One Hundred Years' History of the Chinesein Singa-pore*, p.165），承包了吡叻河口的关税饷码，从那些有意从吡叻出口锡矿的矿主矿商手中收取以锡锭形式支付的出口税。控制住吡叻的"一揽子"鸦片饷码后，他就能以高价供应鸦片给矿主，以换取价码被压低的锡锭。也就是说，陈金钟无须拥有或提供资金给任何矿场，就能获得拉律的锡矿供应。19世纪60年代至70年代，陈金钟也深入参与了暹罗南部沿海的春蓬府和另外三个马来邦属雪兰莪、森美兰、彭亨的饷码承包和锡矿业。过去说法是陈金钟调停吡叻暴乱，其实也就是义兴与海山的饷码承包之争，所以他有条件从中得利，可见他有一定的会党背景。有说陈金钟可能是义兴领导人，但目前找不到资料证明。参阅黄裕端著，陈耀宗译《19世纪槟城华商五大姓的崛起与没落》，社会科学文献出版社，2016，第132~135页。

③ Song Ong Siang, *One Hundred Years' History of the Chinese in Singapore*, p.174.

④ 这是1892年3月1日（星期二）的《叻报》报道。但根据《新加坡自由西报》的消息，陈金钟因心脏病（heart disease）在其住家伊沓路（Eber Road）逝世，见 *Singapore Free Press*, 29 February 1892.

⑤ 《南国山颓》，《叻报》1892年3月1日（星期二），第2页："闽绅陈君金钟齿德俱尊，向为叻地八闽领袖，生平德业久已在人心目之中。乃不意于去月晦夜约九点钟之际，忽然无病而终！一时叻地诸人闻之莫不为之惊悼。按君现在享寿六旬有四，虽其长次两嗣君先经作古，惟文孙辈则英年卓荦，他日正可有为。今君复无疾寿终，应亦可以九泉含笑矣！"陈金钟停柩约一个多月出殡，吊挽者甚多。参阅《鞔轴孔多》，《叻报》1892年4月21日（星期四），第2页。《叻报》1892年4月21日（星期四）亦报道："廿四日为故甲必丹陈金钟观察出殡之期，本报早经登录兹悉。是早陈府已陈役一切，而送殡人物纷纷而至。十一点钟后灵榇由府□行，计其丧仪之盛，卤祭之繁，叻地诸绅中无有能出其右者。即各戚友暨诸街坊众等所送联轴，亦以百计，设祭之品更有不可胜言统计。送殡仪物由陈府起直排至小坡福音馆，前之无则其多且盛也！可知在若送葬之众难，华人则闽粤潮琼客籍均无不有之。此外如议政局员工部局员暨各国驻叻□事官及本坡官绅商人等，均往府中相送。复有暹罗高僧三名到送沿途诵经，为亡灵祈福。至于摆设之辉煌，仪容之肃穆，非目击者不能形容尽致并闻。是日本坡火车亦酌停数时之久，以让其行。而国家书垫亦一律给假以志哀思，由是观之亦可见观察平日声誉之隆得人之众矣！"见《丧仪略志》，《叻报》1892年4月21日，第5页。

比起同时代的华族资本家，陈金钟对女性的态度似乎更加开明些。①

陈金钟主政闽帮四十余年，在贡献、威望和影响方面，同时代领袖难以望其项背。后人评价其声望与影响，说陈金钟与陈嘉庚"两者相互辉映，前后共领导新华与闽帮社会五十余年"②，传为美谈。今天，陈金钟路（Tan Kim Cheng Road）、金钟街（Kim Cheng Street）都是纪念他的。

陈金钟继承了先人的事业，也继承了先人的领导地位与精神，然后把这精神传给长孙陈武烈，这是不折不扣的家风传承。

---

① 根据《海澄峨山陈氏家谱》第49页，陈金钟第一任太太蔡霞娘育有三男三女。三男善继（Sian Kee）、纯道（Soon Toh）、克让（Keck Geang）都比他早逝。留下五个孙子（都是次男纯道的儿子，参阅 Song Ong Siang, *One Hundred Years' History of the Chinese in Singapore*, p. 93），分别为武烈（Boo Liat）、昭彬（Cheow Pin）、季良（Kwee Liang）、季随（Kwee Swee）、季骅（Kwee Wah）。他在暹罗还有一位太太名刘潘娘（音译 Khuying Puen），育有两子一女，长男少康（Siew Kong）、次男遐龄（Hay Leng）和女儿足娘（Choon Neo）。

② 柯木林主编《世界福建名人录·新加坡篇》，新加坡：新加坡福建会馆，2012，第70页。

第三节
陈武烈重修天福宫

从1840年到1915年，陈笃生祖孙三代领导福建帮约75年。在此期间，陈氏家族不仅关注本帮侨民福利，同时亦利用他们的财富，做出惠及整体新加坡社会的义举，进一步巩固了福建帮在新华社会的领导地位与影响力，他帮望尘莫及。陈笃生后人在新加坡各个领域做出了重要贡献。[①]

天福宫董事会经历了陈笃生（任期1839~1850年）、陈金钟（任期1850~1892年）与蔡绵溪（任期1892~1897年）等领导人的经营，到

图 5-13 陈武烈为天福宫第三代领导人

陈武烈（任期1897~1915年）时，随着时代的进步，原有的管理制度也开始改弦更张。

陈武烈当选天福宫大董事的过程十分曲折。陈武烈并非第一人选，当时福建帮人才济济，根本轮不到他。但因李清渊的推举，再加上社会舆论，即《叻报》的影响，陈武烈最终当选。

"众望允孚"

1897年初，天福宫选举第三任大董事，当时的《叻报》对这次选举过程有很详细的记录。《叻报》于1897年3月至4月先后多次发表评论及报道，说

[①] 陈继廉提供了一份家族谱系（见本章附表），很有参考价值。

明此次选举颇受华社关注。① 这次选举采用独特的"投筒之法":一个铁匣内分三格,各开一孔,孔旁各贴候选董事的名字,与会者每人一粒红豆,将红豆投入心目中的候选人格内。②

1892年陈金钟辞世后,天福宫又无补缺之议,宫务于是由两位大董事邱正忠和蔡绵溪代为负责。1896年6月,邱正忠去世,剩下蔡绵溪一人,物色新董事人选成了当前急务。蔡绵溪最先与吴新科和陈若锦商议,吴新科只答应接手邱正忠留下的天福宫账册,负责财政事宜,不愿成为董事;陈若锦则没有接受邀请。此时天福宫尚缺一位董事,蔡绵溪继而找到李清渊(Lee Cheng Yan,1841~1911年)。李清渊对蔡氏之邀作了表态:(1)天福宫乃闽人公业,董事人选自应集众公举。如私意相授,自己断然不能接受;(2)极力荐举陈武烈,以其陈氏家族嫡孙的特殊身份,料必能承继乃祖之风,为众人所膺服。一部分不满蔡绵溪私意相授的闽帮人士,也开始借助报纸给蔡绵溪和天福宫施加压力。③

1896年7月14日,《叻报》有一则《选举宜公》的新闻,"亟请蔡(绵溪)君立发传单,并在华报之内布明订定日期,邀请诸人到而集议,即就众情所向,举充是任。"由于媒体的介入,整个事件的发展处于公众舆论监督之下。

8个月后,④ 1897年3月15日,天福宫才在各报登出"告白",邀请新加坡闽商在3月17日(星期三)上午11点到天福宫检阅账目,"并再申公举新

---

① 《天福宫议举董事事录》,《叻报》1897年3月18日(星期四),第5页;《天福宫公举董事事闲评》,《叻报》1897年3月20日(星期六),第2页;《天福宫定期公举董事告白》,《叻报》1897年4月3日(星期六),第6页;《天福宫公举董事事录》,《叻报》1897年4月13日(星期二),第2页。尤其是《星报》1897年4月12日(星期一)对于此次选举,述之甚详[参阅《众望允孚》,《星报》1897年4月12日(星期一)]。

② 参阅《天福宫公举董事事录》,《叻报》1897年4月13日(星期二),第2页。

③ 《选举宜公》,《叻报》1896年7月14日(星期二),第2页。

④ 天福宫耽搁这么长的一段时间才发出开会通知,乃因该宫住持和尚吸食鸦片烟的事情受到社会的普遍关注。为维护香火和声誉,天福宫议决将该和尚辞退,同时仿照槟城广福宫,招人承揽香资,以一年为期,从而引发天福宫历史上针对庙祝制度的重要改革。参阅李勇:《天福宫的领导层、组织与功能(1840~1915):基于报章资料的研究》,《华人研究国际学报》第2卷第2期,2010年12月,第8页。

填董事"。①

1897年3月17日，闽商如约而至者有20余人。会议由吴新科、蔡绵溪主持。首先核查由旧董事蔡绵溪呈上，先后由已故董事邱正忠、代理董事吴新科经手的天福宫账册；②继而仿效市政局员选举方法，由吴新科提名，颜永成附议，推举陈武烈为正大董事；稍后又通过了推举李清渊为副董事、蔡绵溪留任副董事的决议。由于当日陈武烈没有出席，推举陈武烈一事只能暂时定案，等问过他后才能再决定。③

隔天（3月18日），陈武烈以"振成公司陈武烈"在《叻报》刊出《勉如众意》的告白，表示愿意"敬逸就席，与诸君共相办理"。④

虽然陈武烈公开接受天福宫正董的提名，但事情并没有结束，时论纷纷，焦点在谁应担任正、副董事的问题上。当时人们对陈武烈能否肩任正董事表示怀疑。毕竟他年仅23岁，涉世未深，也未有出众的表现。福建帮有许多能够独当一面的人物，如吴新科、李清渊、颜永成、陈若锦、吴寿珍（Goh Siew Tin）等，都德高望重，很多人根本没有考虑到他。更何况旧董事蔡绵溪已担任天福宫董事30多年，陈武烈能力如何的确是个问号。1897年3月20日《叻报》的一篇《闲评》，可以说是集中代表了部分人的观点。⑤

1897年4月初天福宫召开了一次专门会议，陈武烈没有与会。这次会议是讨论"僧人承揽香油及天福宫公屋招人揽税之事"。此前，天福宫因住持和尚吸食鸦片烟的问题闹得满城风雨，会议于是决定将此事交由正董裁决。提到

---

① 《天福宫公事宣布》，《叻报》1897年3月15日（星期一），第7页。
② 《天福宫议举董事》，《星报》1897年3月18日（星期四），第3页。
③ 《天福宫公议举董事录》，《叻报》1897年3月18日（星期四），第5页："但今日之会，陈君未到则举充总董一事，尚未能悉其允否。今姑先行举定，以俟请命于陈君可也，众复唯唯……诸人乃相与画押而散。"
④ 《勉如众意》，《叻报》1897年3月19日（星期五），第6页："昨日天福宫议举董事一节，深蒙诸君不弃推举，但自揣年纪尚少，阅历未深，意欲推辞，未免有拂众情，且负诸君美意。爰是敬勉就席，与诸君共相办理。倘有部署不周，尚望诸君匡我不逮，有厚望焉。——大清光绪二十三年二月十七日，振成公司陈武烈谨启"
⑤ 《天福宫公举董事事闲评》，《叻报》1897年3月20日（星期六），第2页："天福宫一地，乃我叻各闽人公众香火，然则公举总董之席，必须以老成前辈为之，且为坡中之人所同钦仰者，方合举充是选。"

正董，蔡绵溪很不舒服，当场声明"伊自办天福之事……原属通力合办，并无正副之分，今诸君若必欲将仆举为副席，则仆自愿告退，凭众再举贤能，以充其乏可也。"此言一出，颜永成、吴新科并未挽留，当场拍板，另举林和坂、邱新再、吴寿珍三人为副董人选，"任从坡众齐集天福宫，就所拟三人中推举一名，以补蔡君之缺"。为示公平，前议举陈武烈为正董之事亦作罢论。天福宫正副董事全部重新选举。①

1897年4月10日（星期六），百余位闽商齐聚天福宫的"画一轩"，会议由颜永成主持，以"投筒之法"选出天福宫正副董事。李清渊没有出席，他正居家丧，其继室陈夫人逝世，两天后（4月12日）出殡。②选举共有两轮，第一轮要选出一位董事，以填补自动引退的董事蔡绵溪所留下的空缺。③第一轮有48人参与"投筒"，投选结果为邱新再（Khoo Sin Chye，1821~1905年）以得红豆最多（19粒），被选为董事。④第二轮投选重要的正副大董事，有三人竞选，即陈武烈、李清渊、邱新再，共63人"投筒"，计算筒中红豆数量，陈武烈以绝大优势（47粒红豆）当选为天福宫正大董事，成为第三代领导

---

① 《天福宫议事纪要》，《星报》1897年4月2日（星期五），第3页："天福宫之董事，前日已由众商推举陈君武烈、李君清渊、蔡君绵溪共相办理。当时原议以陈君为正董，李蔡二君为副董，当堂书押者计共十六名，本报亦已详录其事矣。及昨午众商后传集聚议僧人承揽香油及天福宫公屋招人揽税之事，盖因现在住持不守清规，不叶众望，而公属税资原价太廉，故欲招人承揽，照出价多者得之之例，较为公允也。时则议论纷纭，莫衷一是，金称此事宜由正董裁决。而蔡君绵溪则谓伊自办天福之事以来，已阅三十余载，原属通力合办，并无正副之分，今诸君若必欲将仆举为副席，则仆自愿告退，凭众再举贤能，以充其乏可也。言毕，颜君永成、吴君新科等因当堂另拟丰源号林君和坂、瑞昌号邱君新再、安和号林（吴）君寿珍三人，定于三月初九日由上午十点钟起至十二点钟止，任从坡众齐集天福宫，就所拟三人中推举一名以补蔡君之缺。然犹恐意见各殊，临时难以决断，故刊布告白在本报。后幅以便众商预先比拟届期齐集用投筒之法，弃少从众，示无偏袒。俟举定之后，再议住持及屋税二事，善乎？诸君此举可谓大公无我矣！余则谓陈君武烈既举为正董，则届期所再举者惟择其老成练达勤于办事者，自必措金，裕如造福桑梓。至蔡君绵溪，阅历已久，办事勤能固已，昭昭在人耳目。今以年老告退，众亦谅其苦衷，未敢再为挽留。但愿将来接充是缺者，实心实力，和衷群济，有利当与，有弊当革，幸毋徒拥名虚。瞻徇情面，是则本馆所私心而祷祝者也！"
② 《殡仪志盛》，《叻报》1897年4月13日（星期二），第5页。
③ 《天福宫定期金举董事告白》，《叻报》1897年4月3日（星期六），第6页。
④ 邱新再时任龙山堂信托人。天福宫董事选举后两个月，他出席了龙山堂曾邱公会主办的一场晚宴。此次晚宴盛极一时，《海峡时报》有详细的报道，见"A Chinese Function"，*Straits Times*，14 June 1897，p. 2.

人，[1]其余两人李清渊、邱新再则成为副董事。[2]可见早年的天福宫似乎已建立了一套良好的选举系统，具有相当的民主意识与观念。

从整个事件分析，其实这是闽帮内部的一场权力斗争。蔡绵溪意气用事，拂袖而去。李清渊之所以推举陈武烈，是有原因的。他的兄长李清池（Lee Cheng Tee，1833–1901 年）是陈金钟（陈武烈的祖父）的妹夫兼生意代理人，[3]有这一层关系就太不一样了！或许可以这样推论，李清渊事前与吴新科、颜永成商量好，在他缺席的情况下，由吴新科提名陈武烈，颜永成附议。陈武烈当选正董后，蔡绵溪不愿委屈为副，愤而辞职，从此退出华社，6 年后辞世。[4]

尽管由这位年轻人继承天福宫大董事的职位，一些保守的人还是颇有微词，[5]但投选结果是陈武烈依然高票当选，这与他的显赫出身不无关系，真的是"祖德樾荫"。[6]李清渊顺水推舟，他与吴新科、颜永成联合，是这次选举的幕后推手。

在选举中大获全胜的陈武烈，此后担任天福宫正董事长达 20 年。陈武烈是天福宫领导层有史以来最年轻的正董事，《叻报》称其"年少英才"，[7]而《星报》则谓"英才卓荦"，[8]他是领导天福宫自 19 世纪进入 20 世纪的重要人物。有趣的是，47 年前他的祖父陈金钟当选天福宫大董事时年仅 21 岁，此时陈武烈 23 岁，祖孙二人都是年少当选。在正式扶正前，都有人代理天福宫事

---

[1] 《众望允孚》，《星报》1897 年 4 月 12 日（星期一），第 3 页。
[2] 根据 1897 年 4 月 3 日（星期六）《叻报》的报道（〈天福宫定期佥举董事告白〉，第 6 页），邱新再成为天福宫副董，何以《重修天福宫碑记》（1906 年）却没有他的名字？经查，他是在 1905 年辞世，董事职位由吴寿珍取代。参阅《董事举定》，《叻报》1905 年 8 月 16 日（星期三），第 6 页。
[3] Song Ong Siang, *One Hundred Years' History of the Chinese in Singapore*, p.66.
[4] 参阅《闽商作古》，《叻报》1903 年 1 月 19 日（星期一），第 2 页。
[5] 《天福宫公举董事事闲评》，《叻报》1897 年 3 月 20 日（星期六），第 2 页："天福宫一地，乃我叻各闽人公众香火，然则公举总董之席，必须以老成前辈为之，且为坡中之人所同钦仰者，方合举充是选"；又，《海峡时报》也报道了陈武烈入选天福宫董事的新闻，见 *Straits Times*, 20 March 1897.
[6] 陈继廉于 2019 年 11 月 11 日受邀参加漳州庵兜陈氏"峨山堂"重修落成庆典时，赠送《祖德樾荫》一匾给峨山堂。
[7] 《天福宫公举董事事闲评》，《叻报》1897 年 3 月 20 日（星期六），第 2 页。
[8] 《天福宫议举董事》，《星报》1897 年 3 月 18 日（星期四），第 3 页。

务。陈金钟由陈金声代理2~3年；陈武烈则由邱正忠、蔡绵溪代理，可说是历史重演。

陈武烈毕业于莱佛士书院，继承祖业"振成栈"商号，经营米行，是一位受过英文教育的峇峇。他有现代观念，[①]是英殖民地总督好友，[②]并且是同盟会会员，支持孙中山推翻清政府的革命运动。辛亥革命后，任福建保安会会长，募款支持福建新政府。[③]

陈武烈也担任陈笃生医院管理委员会（Committee of Magement of Tan Tock Seng Hospital）委员多年，积极参与社会活动。[④]1899年与林文庆等捐5000元用以协助创建孔庙。[⑤]1905年在其故乡捐龙银150大元修路；[⑥]1906年6月，他与林文庆医生及殷雪村医生设立振武戒烟善社（Chin Bu Sien Sia, The Singapore Anti-Opium Society），反对抽鸦片。清朝驻新加坡总领事孙士鼎特地向中国外务部报告此事，同时也知照海峡殖民地总督，以奖励陈武烈对禁烟运动的贡献。[⑦]1915年陈武烈为新加坡麟山亭三大董事之一，负责重修事宜，立《重修麟山亭并桥路碑记》以志其事。[⑧]

陈武烈领导天福宫改革赛神风俗、支持社会慈善活动、兴办学校，并为福

---

① 1899年，陈武烈和林文庆、宋旺相以及其他人士有鉴于教育海峡侨生的青年女子的需要，发起创立新加坡华人女子学校（Singapore Chinese Girl's School，今新加坡女子学校），并担任财政。参阅Song Ong Siang, *One Hundred Years' History of the Chinese in Singapore*, p.305。
② 1900年陈武烈发起组织海峡英籍华人公会，他也是华人义勇军的队员。1902年，与陈佛元等代表义勇军赴伦敦参加英王爱德华七世加冕典礼。陈武烈是每年英王寿辰时总督或辅政司的座上贵宾，参阅"The Birthday Ball", *Singapore Free Press and Mercantile Advertiser (Weekly)*, 26 May1898, p.14。
③ 陈武烈主张革命倒清，为孙中山的挚友。1911年12月15日（星期五），孙中山途经新加坡回南京就任中华民国临时大总统，就下榻于"金钟大厦"（Golden Bell Mansion）——陈武烈的豪华别墅，参阅Song Ong Siang, *One Hundred Years' History of the Chinese in Singapore*, p. 473. 1912年同盟会改组为国民党，由林文庆担任部长，陈武烈和林义顺任副部长。
④ Song Ong Siang, *One Hundred Years' History of the Chinese in Singapore*, p.66。
⑤ *Singapore Free Press*, 21 October 1899, p.3。
⑥ 《重修苍头社石路捐缘碑记》（1905年）在陈武烈故乡，今福建省龙海市海澄镇仓头村后许社。2019年11月10日（星期日）笔者在其故乡田野考察时，得见此碑。
⑦ 【档案号251】《新加坡总领事孙士鼎为职商陈武烈等集款设振武戒烟善社事致外务部申呈》，中国第一历史档案馆编《清代中国与东南亚各国关系档案史料汇编》，国际文化出版公司，1998，第324页。
⑧ 陈荆和、陈育崧编著《新加坡华文碑铭集录》，第265~266页。

建会馆建立新会所。1897年到1915年,他是闽帮的最高领导人物,任内天福宫另有一番新气象,进入另一个发展阶段。

重修天福宫工程

自1840年天福宫落成至1906年,66年过去,其主体建筑已经到了应该重新修缮的时候。重修工程由陈武烈主持,这是天福宫兴建以来的首次大修工程。这次重修工程项目,包括三川殿(山门殿)、天妃殿、观音殿、两廊及戏台油漆,在左右护厝前造六角形"金亭"(焚纸炉),于三川殿造"墙壁龙虎花草",即庙宇前殿左右前步口廊的龙虎堵青石雕刻。最特别的是,这次翻新还大胆突破传统,添加了大量具有地方特色的西洋与南洋建筑装饰,形成天福宫独特的多元化建筑风格,尤其是庙前的铁栏杆及庙内各式地砖。[①]

图5-14 《重修天福宫碑记》(1906年)

图片来源:柯木林摄。

[①] 《1906年天福宫"现代化"大翻新》,杜南发主编《南海明珠:天福宫》,第48~49页。

三川殿前步口廊前面原来的木制栏杆，改为进口自英国苏格兰格拉斯哥（Glasgow）的锻铸铁栏杆。庙内天井的花岗岩铺面，也改为英国的彩色水泥砖；殿内部分庭院通巷地面改用烧彩砖，殿外护板墙堵则用釉面瓷砖。后殿的观音殿，也建造具有西方新古典建筑主义风格的三心圆拱窗及壁柱，与构件一道，彰显出独特的南洋色彩风格。[①] 整个重修工程共花费 51048 元 56 分，[②] 超过了天福宫初建时期的建筑费，或许是因通货膨胀。

"一开办祖家花砖，去英银捌千玖佰三十元二角零八"，《重修天福宫碑记》记录了天福宫重修时所使用的祖家花砖（洋砖），耗费接近 9000 元，是一笔高昂的款项。这批洋砖质量好，时至今日，历经百年沧桑仍然完美如新。[③]

图 5-15 天福宫夜景

创办道南学堂

陈武烈任内的另一项成就即创办道南学堂。最早提出创办道南学堂是在 1906 年 12 月 16 日（星期日）天福宫的一次特别会议上。但此次会议议程只

[①] 杜南发主编《南海明珠：天福宫》，第 49 页。
[②] 《重修天福宫碑记》(1906 年) 详细记录了此次翻新工程账目与用料细节，此时天福宫管理层共 21 人。
[③] 吕世聪：《重修天福宫碑记校释》，杜南发主编《南海明珠：天福宫》，第 257 页。

是提及"福帮蒙小两等学堂应否倡设改良事宜",并没有具体的创办道南学堂之事。[①]一星期后的12月23日,在天福宫"再行集众决议"时,才正式决定办学堂问题。[②]这两次大会为1907年道南学堂的诞生奠定了基础,有了闽帮绅商的支持,道南学堂才能顺利发展。同时节约迎神赛会和农历七月中元普渡的开支,也为闽帮的教育事业提供稳定的经济来源。[③]

1907年3月16日(光绪三十三年二月三日),清朝学部一等咨议官、福建学务议长、闽县陈宝琛撰写了《福建道南学堂序》,又有道南学堂捐款芳名录。从芳名录上看,当时道南学堂发起人共有110人,其中闽帮捐款绅商包括天福宫董事李清渊(捐2000元)、吴寿珍(捐1200元)、陈武烈(商号振成公司捐1000元)等。[④]到了1907年4月底,共有55位捐款者,共筹得22300元,"连首次36500元,总共58800元"的建校基金。[⑤]1907年7月,道南学堂正式开学,借用陈武烈位于小坡的住宅"暹宫"为校舍,开启了道南学校校史,直至今日。[⑥]

陈武烈领导天福宫终止于1915年。[⑦]此后有关他的资料极少,直到1934年10月17日(星期三),人们才从《星洲日报》上看到他逝世的消息。当年报载他于"二年前返国"(即1932年回到中国),在上海患脑出血去世,享年60岁,遗骸火化后运回新加坡安葬,逝世时最后职衔为"侨务委员会委员"[⑧]。

[①]《闽商要议》,《叻报》1906年12月17日(星期一),第3、10页。
[②]《签举学董告白》,《叻报》1907年4月16日(星期二),第10页。
[③] 陈武烈任大董事后,由于迎神赛会花费太大,议决自1907年开始,取消"装扮台阁及顶马各杂剧",改用"旗伞香亭",以节省开支。1935年,陈嘉庚领导的福建会馆管理层废除了持续近百年的天福宫迎神赛会活动。参阅《天福宫大会决议布告》,《叻报》,1906年12月26日(星期三),第3、8页;又参阅《19世纪天福宫热闹的迎神赛会》,《南明珠:天福宫》,第24~25页。
[④]《福建创设道南学堂广告》,《叻报》1907年4月16日(星期二),第10页。
[⑤]《道南学堂第二次乐捐芳名列左》,《叻报》1907年4月26日(星期五),第8页。
[⑥] Collecting Memories: The Asian Civilisations Museum at the Old Tao Nan School [触物生情话道南] (Singapore: National Heritage Board, 1997), p.17.
[⑦] 1914年,陈武烈的振成号米业在暹罗的加工厂发生严重火灾。遭到致命打击的陈武烈,逐渐淡出新加坡华社,结束对天福宫的领导。新加坡福建帮开山鼻祖薛佛记的曾孙、时任汇丰银行买办的薛中华(See Teong Wah,1886~1940年)取代了陈武烈的地位,继续领导福建帮。
[⑧] 柯木林主编《新华历史人物列传》,新加坡:教育出版私营有限公司,1995,第83页。

图 5-16　创办初期的道南学堂

陈武烈到底去了哪里？时隔 70 多年，由于新史料不断发现，终于找到了他的迷踪。我们根据零碎资料拼凑，破解这个历史谜团。本书另辟章节解密陈武烈（见第六章）及其豪华别墅金钟大厦（见第八章第三节）。

陈笃生祖孙三代以天福宫为基地领导福建帮，并做出超帮的贡献。祖孙三人在不同时代背景下，都有各自的成就与贡献。陈笃生是一位大慈善家，毋庸置疑，他开创了一个时代的慈善事业。其子陈金钟继承父志，领导天福宫及福建帮 40 多年，其间调解社会纠纷，安抚各帮，同时推广乐善社文化活动，成为国际人物；其曾孙陈武烈对文化及教育事业也做出贡献，道南学堂的创立有他一份心血，陈武烈也重视女子教育。他们祖孙三人在新加坡历史上都应占有一席之地。

附表　陈笃生家族及其贡献

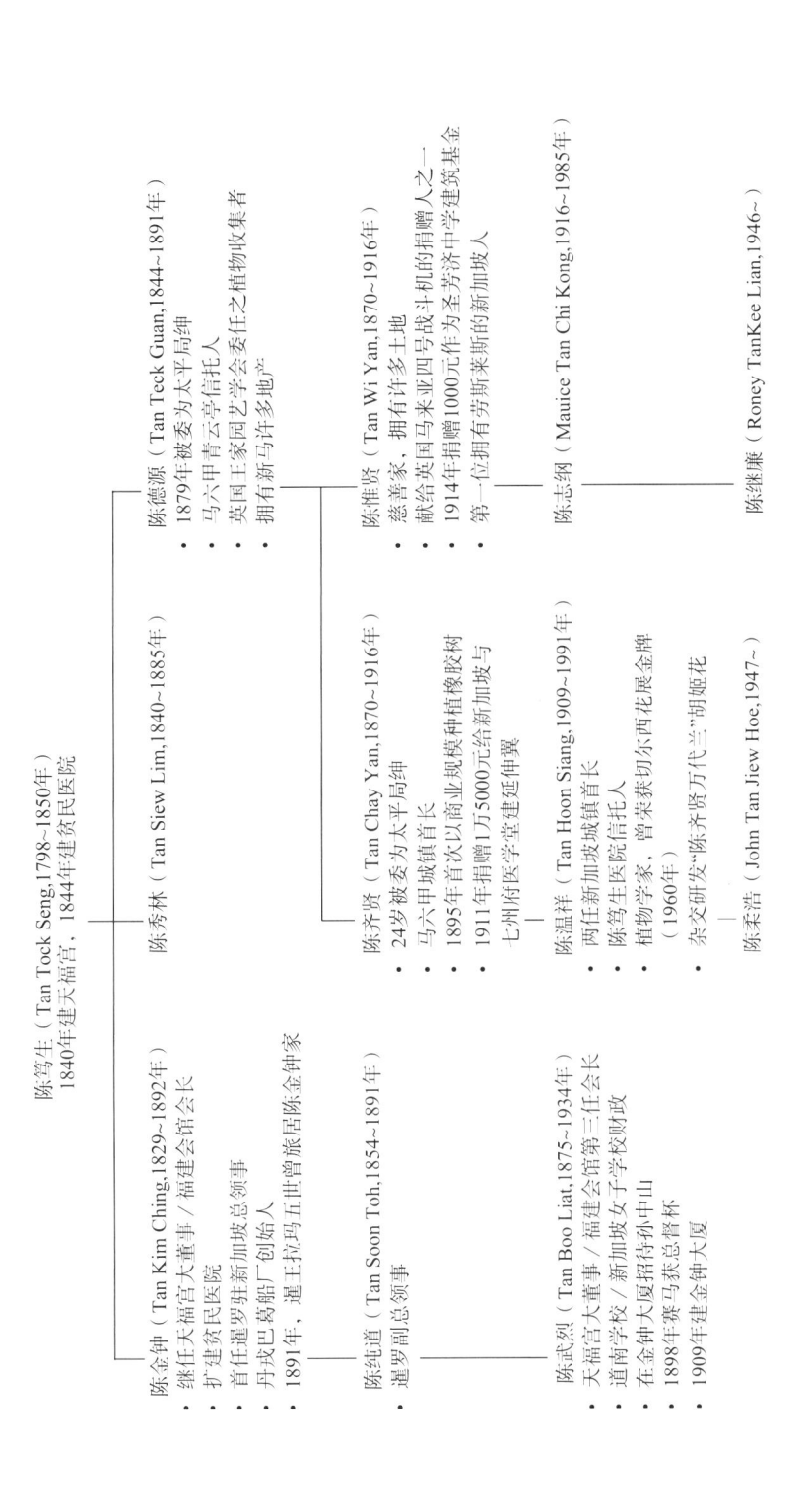

陈笃生（Tan Tock Seng,1798~1850年）
1840年建天福宫，1844年建贫民医院

├─ 陈金钟（Tan Kim Ching,1829~1892年）
│　　• 继任天福宫大董事／福建会馆会长
│　　• 扩建贫民医院
│　　• 首任暹罗驻新加坡总领事
│　　• 丹戎巴葛船厂创始人
│　　• 1891年，暹王拉玛五世曾旅居金钟家
│
│　　├─ 陈纯道（Tan Soon Toh,1854~1891年）
│　　│　　• 暹罗副总领事
│　　│
│　　└─ 陈武烈（Tan Boo Liat,1875~1934年）
│　　　　• 天福宫大董事／福建会馆第三任会长
│　　　　• 道南学校／新加坡女子学校财政
│　　　　• 在金钟大厦招待孙中山
│　　　　• 1898年赛马获总督杯
│　　　　• 1909年建金钟大厦

├─ 陈秀林（Tan Siew Lim,1840~1885年）
│
│　　├─ 陈齐贤（Tan Chay Yan,1870~1916年）
│　　│　　• 24岁被委为太平局绅
│　　│　　• 马六甲城镇首长
│　　│　　• 1895年首次以商业规模种植橡胶树
│　　│　　• 1911年捐赠1万5000元给新加坡与七洲府医学堂建延伸翼
│　　│
│　　├─ 陈温祥（Tan Hoon Siang,1909~1991年）
│　　│　　• 两任新加坡城镇首长
│　　│　　• 陈笃生医院信托人
│　　│　　• 植物学家，曾采获切东西花展金牌（1960年）
│　　│　　• 杂交研发陈齐贤万代兰"胡姬花"
│　　│
│　　└─ 陈来浩（John Tan Jiew Hoe,1947~）

└─ 陈德源（Tan Teck Guan,1844~1891年）
　　　• 1879年被委为太平局绅
　　　• 马六甲青云亭信托人
　　　• 英国王家园艺学会委任之植物集收集者
　　　• 拥有新马许多地产

　　├─ 陈惟贤（Tan Wi Yan,1870~1916年）
　　│　　• 慈善家，拥有许多土地
　　│　　• 献给英国马来亚四号战斗机的捐赠人之一
　　│　　• 1914年捐赠1000元作为圣芳济中学建筑基金
　　│　　• 第一位拥有劳斯莱斯的新加坡人
　　│
　　├─ 陈志纲（Mauice Tan Chi Kong,1916~1985年）
　　│
　　└─ 陈继廉（Roney TanKee Lian,1946~）

第六章

解密陈武烈

柯木林

直落亚逸街天福宫正殿入口处，有一块长107厘米，宽76厘米的大理石碑刻，这就是《重修天福宫碑记》。碑记日期为"大清光绪丙午卅二年二月拾陆日"，即1906年3月10日。碑文记录了重修天福宫所需的"工料"及"所有开费"。碑刻中列三大董事陈武烈、吴寿珍与李清渊，陈武烈居首。

陈武烈（Tan Boo Liat，1874~1934年）是陈笃生的曾孙、陈金钟长孙。这位20世纪初的年轻华社领袖，曾经叱咤风云，领导整个福建帮。然而就在事业如日中天之时，他忽然失踪了。他到底去了哪里？时隔70多年，由于新史料不断发现，终于找到了他的踪迹。本章根据零碎资料拼凑，破解这个历史谜团。

"年少英才"

陈武烈在新加坡华人社会崭露头角，源自1897年的天福宫董事选举。19世纪中叶开始，新加坡华人社会的最高领导机构一直就是天福宫。1850年第一任大董事陈笃生辞世后，其子陈金钟继任。从1850年到1892年的42年，陈金钟是天福宫的主要领导人物。1892年陈金钟辞世，后继无人（他的两个儿子比他早逝），五个孙子中年龄最大的陈武烈才18岁。由于没有合适的继承人，天福宫宫务由两位大董事邱正忠和蔡绵溪负责。

1896年6月邱正忠去世，天福宫大董事剩下蔡绵溪一人，物色新董事人选成了当务之急。此时天福宫并无章程可循，蔡绵溪于是与闽帮的几位大佬协商，请求他们出面襄助。意想不到的是，此举竟为陈武烈登上历史舞台找到契机。

从1896年6月邱正忠去世到陈武烈1897年4月当选天福宫大董事，前后折腾了10个多月，总算尘埃落定。与其祖父陈金钟一样，陈武烈接管天福宫时也很年轻，《叻报》称陈武烈"年少英才"，[1]而《星报》则谓"英才卓荦"。[2]

---

[1] 《天福宫公举董事事闲评》，《叻报》1897年3月20日（星期六），第2页。
[2] 《天福宫议举董事》，《星报》1897年3月18日（星期四），第3页。

从此天福宫在陈武烈领导下，进入另一发展阶段。有关陈武烈任天福宫大董事期间的行事，参阅本书第五章第三节。

跨国网络

陈武烈从小接受英文教育，在名校莱佛士书院就读，母亲是著名律师黄文发（Wuing Boon Whatt）的女儿。[①]作为一位地地道道的峇峇，他参与天福宫事务，热心华社公益，创办华校，支持孙中山革命，关注中国局势的发展。他的活动，既跨帮又跨界，难能可贵。

陈武烈年少时随父亲来暹罗，最初创火砻业务，名为"十盾磨"，于吗瓜徒创振成栈。[②]旅暹期间，他曾任中华会馆理事长、中华总商会执行委员、暹罗福建会馆理事长（1930或1931年），[③]是华侨报德善堂的建堂发起人之一。[④]

与他的祖父一样，陈武烈具有国际视野，业务遍及中国及东南亚等地区。除了延续家庭传统与暹罗保持密切联系外，[⑤]令人惊讶的是，他竟然也前往东沙岛（Dongsha Island）投资，[⑥]开采岛上磷矿（phosphorus），这在当时是不得了的商业行为。[⑦]

1912年12月，陈武烈向广东政府呈请开采东沙岛鸟粪磷矿。陈武烈公司在东沙岛的开发取得不错的成绩。1913年6月，陈武烈还请警察厅选派长警

[①] Song Ong Siang, *One Hundred Years' History of the Chinese in Singapore*, p.163; 又参阅《海澄峨山陈氏家谱》，第75页。
[②] 《华侨报德善堂成立八十周年纪念特刊》，泰国：华侨报德善堂，1990，第4页。
[③] 《泰国福建会馆庆祝成立九十五周年纪念特刊》，泰国：福建会馆，2008，第49~50页。
[④] 《华侨报德善堂成立八十周年纪念特刊》，第13页，当时陈武烈用的是"振成栈"宝号。
[⑤] 与暹罗保持密切联系，除家族传承外，很大一部分原因乃系叻暹两地通讯方便。根据《叻电览线》，《星报》1897年4月2日（星期五），第2页报道："叻坡透暹罗电线，昨日不知在何处毁坏，信息难通。初由电报局出字通知，不逾时则修理完好，鬼斧神工，难以比拟"，可知当时叻暹已互通电报，十分便捷。
[⑥] 东沙岛是中国南海上东沙群岛的主岛，面积1.8平方公里，是中国南海数百个岛礁中最大的岛屿之一。有关陈武烈在中国其他省市地区进行的考察和投资，参阅黄贤强《革命志士陈武烈在南洋和中国的跨域活动》，《孙学研究》（台北）第16期，2014，第133~134页。
[⑦] 清末奏办东西沙岛时，特别考虑到海外华人的利益。民国初期，广东政府延续了清朝的招商政策。陈武烈就是在这时候投资东沙岛的。

前往东沙岛担任守卫工作。该年 7 月、8 月，长警在岛上工作，陈武烈不仅支付警察费用，而且对不幸病故的长警发放抚恤金。[1]

然而，此次东沙岛开发未能持久。陈武烈的东沙岛投资止于何时，不得而知。但 1917 年 7 月广东政府已在考虑矿权易手问题。[2] 陈武烈投资失败原因可能由于计划过于粗略，对在远洋海岛居住、生产的困难估计不足，忽视了后勤保障的重要性。[3]

秉承祖先遗风，陈武烈也是社会活动家。1900 年，他发起组织海峡英籍华人公会（Straits Chinese British Association），[4] 亦为华人义勇军（Chinese Volunteers, S.V.I.）的队员，[5] 担任陈笃生医院管理委员会委员多年，积极参与社会活动。[6]

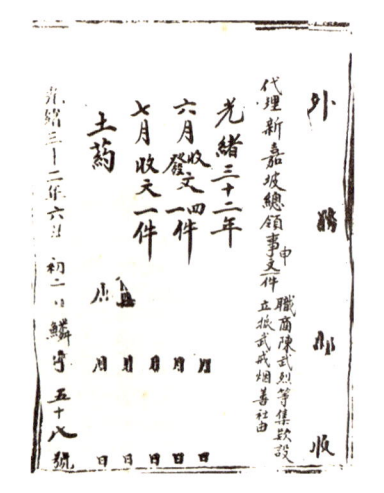

图 6-1　新加坡总领事孙士鼎为职商陈武烈等集款设振武戒烟善社事致外务部申呈

图 6-2　陈武烈在故乡捐龙银 150 大圆修路

---

[1] 刘永连、刘旭：《近代华侨华人与我国南海资源开发》，《南洋问题研究》2019 年第 4 期，第 67 页。

[2] 1917 年 8 月，基隆渔业合资会社的渔船"第一台湾丸"在东沙岛附近捕鱼遭遇船难，台湾总督府命令水产试验船"凌海丸"前往救援。调查结果从侧面证实，彼时东沙岛的开发已经停滞，岛上处于暂无人居的状态。

[3] 刘永连、刘旭：《近代华侨华人与我国南海资源开发》，《南洋问题研究》2019 年第 4 期，第 68 页。

[4] 海峡英籍华人公会成立于 1900 年 8 月 17 日（星期五），获殖民地政府的保护与支持，初创会员 800 多人，有终身会员与普通会员。该会宗旨是维护海峡侨生福利，要求参政。参阅 Song Ong Siang, *One Hundred Years' History of the Chinese in Singapore*, pp.319–320。

[5] Song Ong Siang, *One Hundred Years' History of the Chinese in Singapore*, p.333.

[6] Song Ong Siang, *One Hundred Years' History of the Chinese in Singapore*, p.315.

陈武烈热心教育事业，关注社会问题。1899年任新加坡华人女子学校财政，为该校发起人之一。① 同年与林文庆等捐5000元用以协助创建孔庙。② 道南学堂创办时，他任天福宫大董事，以商号振成公司捐1000元作为建校基金。③ 1906年6月，与林文庆医生、殷雪村医生设立振武戒烟善社，反对抽鸦片。清朝驻新加坡总领事孙士鼎特地向中国外务部报告此事，同时也知照海峡殖民地总督，以奖励陈武烈对禁烟运动的贡献。④

光绪三十一年（1905）陈武烈在其故乡（今福建省漳州市龙海区海澄镇仓头村后许社）捐龙银150大圆修路；⑤ 1915年陈武烈为新加坡麟山亭三大董事之一，负责重修事宜，立《重修麟山亭并桥路碑记》，以志其事。⑥

作为同盟会会员，陈武烈主张革命倒清，为孙中山的挚友与忠诚支持者。⑦ 1907年12月，他在曼谷举行剪辫仪式。⑧ 1910年，在花柏山（Mount Faber）下的秉德路（Pender Road）修建豪华别墅金钟大厦（Golden Bell Mansion），以纪念其祖父陈金钟。1911年12月15日（星期五），孙中山回国就任中华民国临时大总统，途经新加坡，住在金钟大厦。⑨

1920年6月8日（星期二），拉玛五世朱拉隆功的儿子——暹罗王子查拉邦思访问新加坡，旅途中感染肺炎，6月13日在陈武烈住宅西门斯路八号去世。⑩ 后暹王为感激陈武烈照顾王子之功，乃颁予"Phra Anukul Sayamkich"

---

① Song Ong Siang, *One Hundred Years' History of the Chinese in Singapore*, p.305.
② *Singapore Free Press*, 21 October 1899, p.3.
③ 《福建创设道南学堂广告》，《叻报》1907年4月16日（星期二），第10页。
④ 【档案号251】《新加坡总领事孙士鼎为职商陈武烈等集款设振武戒烟善社事致外务部申呈》，中国第一历史档案馆编《清代中国与东南亚各国关系档案史料汇编》，第324页。
⑤ 2019年11月10日（星期日），笔者在陈武烈故乡进行田野考察时，得见此碑（《重修苍头社石路捐缘碑记》，1905年）。
⑥ 陈荆和、陈育崧编著《新加坡华文碑铭集录》，第265~266页。
⑦ 陈武烈的名字清楚记录在《星洲同盟会录》会员的名单中。陈武烈与孙中山的关系，参阅黄贤强《革命志士陈武烈在南洋和中国的跨域活动》，第129~133页。
⑧ "Well-known Chinese Baba Discarding Thequeue", *Eastern Daily Mail & Straits Morning Advertiser*, 19 December 1907, p.3.
⑨ Song Ong Siang, *One Hundred Years' History of the Chinese in Singapore*, p.473.
⑩ "Siamese Prince's Death", *Straits Times*, 14 June 1920, p.9.

的荣衔，陈武烈成为当时暹罗侨社极显赫人物。①

陈武烈对体育运动有浓厚兴趣。他爱好养马、骑马，是华人骑马会（The Chinese Riding Party）会员。1898年，他的名驹"万尼他斯"（Vanitas）在加尔各答赢得印度总督杯（Viceroy Cup），这是唯一一匹来自海峡殖民地的马匹在赛马场上赢得此项荣衔，②陈武烈也赢得了巨额奖金。

神秘失踪

陈武烈领导天福宫终止于1915年。此后有关他的资料极少，直到1934年10月17日（星期三），我们才从《星洲日报》上看到他去世的消息。当年报载他于"二年前返国"（即1932年回到中国），在上海因脑出血去世，享年60岁，遗骸火化后运回新加坡安葬，逝世时最后职衔为"侨务委员会委员"。

参阅中国国民政府侨务委员会呈行政院的函件，陈武烈于1934年10月3日（星期三）在上海辞世，但新加坡报章在两个星期后才发布他的死讯。1934

图6-3 《星洲日报》报道陈武烈逝世的消息（1934年10月17日）

年10月18日，《海峡时报》的讣告刊载他的灵柩于"10月20日（星期六）上午7时30分由轮船'约翰逊总统号'（President Johnson）运抵新加坡"，同日下午4时，灵车从其寓所翡翠山路117号（117 Emerald Hill Road）③出发，前往俗称咖啡山的武吉布朗坟场（Bukit Brown Cemetery）安葬。讣告也澄

---

① Vitthya Vejjajiva, "Siam's Old Singapore Ties", *Journal of Siam Society*, Vol.103(2015), p.116.
② Song Ong Siang, *One Hundred Years' History of the Chinese in Singapore,* pp.154-155.
③ 陈武烈的寓所原是一座独立楼房，有两层楼，天花板很高。此屋后来出售、拆除，现址为共管式公寓绿宝石大厦（Emerald Mansion）。

清了较早时所报道的"遗骸火化后运回新加坡"的错误消息。《海峡时报》刊载他去世时最后职衔为太平局绅与"Phra Anukul Siamkich",有异于《星洲日报》的"侨务委员会委员"职衔,这显示了峇峇贵族身份的多重性。

殡葬后,陈武烈的墓地也很少被提及。直至75年后的2009年,其家族后人,也就是陈笃生玄孙陈继廉,花了一个多月时间,四次上武吉布朗坟山,才寻获陈武烈墓。陈武烈墓设计独特,墓的两旁各有六道"金光"。①

图6-4 陈武烈寓所翡翠山路117号的屋型(此为119号)

图6-5 陈武烈墓

图片来源:陈笃生家族珍藏。

---

① 《花一个多月 10次上坟山陈笃生玄孙寻获陈武烈古墓》,《联合晚报》2009年8月2日(星期日),第10页。陈继廉事后澄清,他四次上坟山寻找陈武烈墓,十次的报道是出于口误。

行踪揭秘

陈武烈行踪神秘，在那段离开新加坡的日子里，他到底去了哪里？要回答这个问题，首先得了解陈武烈的业务情况。

上文述及，陈武烈继承了家族殷实的企业，业务范围广泛。他的祖父陈金钟曾任暹罗驻新加坡首任领事，与暹罗王室关系密切，有扎实的社会根基与经济基础。而其家族企业"振成号"所经营的米业，居东南亚之冠。因业务关系，陈武烈常年往返新暹之间是可以理解的。

1903年，暹罗华侨创建泰京天华慈善医院，陈武烈积极捐助。医院落成时，暹王拉玛五世亲临主持揭幕典礼。在《天华医院董事会历届董事芳名表》中，"振成栈"从1906年第一届起，连任六届董事直至1911年。

1910年暹罗的报德善堂创立，当时掌管振成栈的陈武烈，慷慨资助报德善堂。报德善堂乃潮籍人士创办，闽籍捐款人士唯陈武烈一人耳；还有《天华医院成立八十周年纪念特刊》中"光绪甲申年捐题倡建本院芳名录"部分，有"陈振成捐银4000铢"的记载，所捐献数目在捐款人中的前10名。可见陈氏家族捐助慈善事业是不分籍贯与地域的。

然而，不幸的是，1913年，振成栈被大火烧毁。振成栈因何失火，可能缘于商业竞争。振成栈的衰败或与这场大火有关。受到致命打击的陈武烈，从此事业走下坡路。1913年到1914年的报章中，都可以看到他拍卖陈金钟遗产的广告。

1930年，暹罗中华总商会举行新会所开幕，出版《暹罗中华总商会开幕纪念刊》（香港商务印书馆代印，1930年1月）。该刊内容记载陈武烈捐250泰铢，说明他此时的经济情况已大不如前，这是陈武烈在暹罗的最后记录。1932年陈武烈移居上海，两年后在上海辞世。

后人现状

陈武烈辞世后，晚晴园主人张永福通过侨务委员会致函中国国民政府行政院院长汪精卫，吁请国民政府明令褒扬陈武烈生前致力于革命的贡献，并将其事迹交国民党党史史料编纂委员会，载入史册。此请获得批准，并报告国民党中央常务委员会备案。

陈武烈辞世时，其三女儿吉蒂［Kitty Tan，1922~1961，原名陈宝月（Tan Poh Guat）］[①]年仅12岁，就读于上海徐家汇崇德女学（当年教会办的贵族学校，今上海七一中学）。吉蒂自述云"其家兄姊辈……散处四方，鲜通闻问，日夕彷徨，罔知所措""只身在沪，孑然无依"，付不起学费。后国民党中央抚恤委员会特意发"一等一次恤金一千元"，"寄交崇德女学校长收存，以作吉蒂求学期间费用。"[②] 陈武烈热心女子教育，可谓生前功德福庇后人。

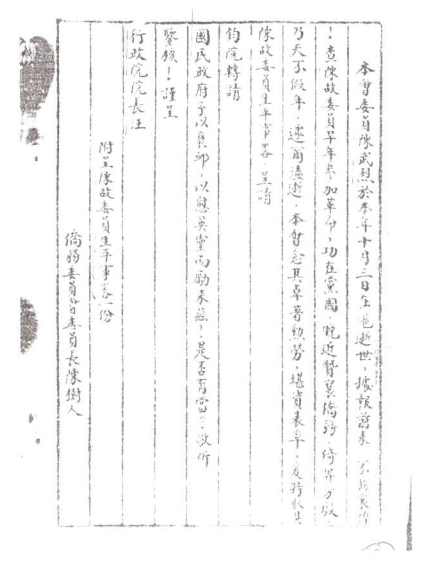

图 6-6　侨务委员会致函中国国民政府行政院院长

图 6-7　陈武烈三女儿陈宝月

图片来源：陈笃生家族珍藏。

笔者对吉蒂当年是一个小女孩，在父亲去世后，只身滞留上海无依无靠的处境十分同情，一直想知道这小女孩后来怎么样了。

---

① 黄贤强在《革命志士陈武烈在南洋和中国的跨域活动》[《孙学研究》（台北）第16期，2014年，第142页] 一文指出"查陈武烈家谱记录中并没有记载陈吉蒂这个女儿，所以陈吉蒂很有可能是陈武烈在暹罗的家室的成员"，实误，详见正文。
② 参阅1934年10月24日侨务委员会呈中国国民政府行政院报告，资料由陈继廉提供。

自 2005 年以来，每三年举办一次的陈笃生后人盛大家族聚会，于 2017 年在新加坡举行第四次，让后辈了解家族史。是年 7 月 25 日，笔者受邀向其后人讲述陈武烈事迹。其中一位后人在讲座会上说："How do you know Kitty Tan? She was my mother."当时笔者十分诧异，真乃"踏破铁鞋无觅处"，天意也！

之后笔者访问了这位后人，他名叫陈吉瑞（Terence K. S. Tan），时年 66 岁，已退休，目前居住在汤申山（Thomson Hill）。陈吉瑞于 1972 年踏入保险业，次年被派往英国培训与金融业相关的知识，是劳埃德（Lloyds，英国五大银行之一）派往海外培训的唯一一个华人员工。之后又到法国、挪威和美国进修。

在 40 多年的保险金融生涯中，陈吉瑞曾是本地和外国保险公司及保险经纪公司的区域主管、首席分销官、主席和金融业纠纷调解中心（FIDReC）总裁。退休后，除到伯大尼卫理疗养院（Bethany Methodist Nursing Home）当义工外，他也与后进分享他个人在保险金融业的工作经验。

根据陈吉瑞口述，他的母亲吉蒂在上海待了不久后就回到新加坡，在母亲的大姐陈宝丽（Polly Tan PoLi，1898~1969 年，即 Mrs Seow Poh Leng，银行家肖保龄的夫人）照顾下，进入新加坡华人女子学校就读。修完护士课程毕业后，与陈文水医生（Dr Tan Boon Chwee，1917~1993 年）结婚。婚后有三子，陈吉瑞为幼子，也就是陈武烈的外孙。1961 年 7 月 7 日，吉蒂因皮肤癌辞世，年仅 39 岁。

陈武烈早年丧偶，原配夫人邱吉娘（Khoo Kit Neo，1879~1903 年）去世时年仅 24 岁，他何时续弦不得而知。继室郭金娘于 1932 年逝世后，葬武吉布朗墓地。2018 年 7 月，陈吉瑞在武吉布朗的深山野林里寻获外祖母郭金娘的坟墓。墓碑刻着"漳澄陈门郭氏金娘墓"及陈武烈六名子女的名字（子：敦厚、敦信、敦礼；女：宝女、宝珍、宝月）。还有英文碑文，刻着"In loving memory of Kok Kim Neo (wife of Tan Boo Liat) who died on 28th May 1932 at theage of 44 years"。[①]

[①] 莫美颜：《点滴往事串联成的家族史片段：陈武烈外孙陈吉瑞访谈记》，《源》（双月刊）第 134 期，新加坡：新加坡宗乡会馆联合总会，2018，第 4~7 页。

第七章

陈笃生医院的前世今生

陈琬琳　蔡淑仪

第一节　从贫民医院开始（1844~1909 年）

第二节　开辟新篇章（1909~2000 年）

第三节　新型综合医院（2000~2021 年）

第一节
从贫民医院开始（1844~1909 年）

创立于 1844 年的陈笃生医院是新加坡最早的医疗机构之一。新加坡在两个世纪以来，从一个渔村发展成为国际大港，陈笃生医院的发起历程反映了社会的发展，见证了一个同情及照顾病弱群体社会的诞生。陈笃生为新加坡社会建立了一所"不分国籍照顾病人的医院"，这一善举成为日后新加坡社会各阶层人士，包括陈氏家族五代后裔在内，共同努力的社会任务。

建立新殖民地

1819 年 2 月 6 日，英国东印度公司为了在新加坡设立贸易站与马来苏丹签订《新加坡条约》。[①]1820 年 8 月 12 日，新加坡正式确立为自由港，来自马六甲、槟城、中国南部、印度以及荷属东印度群岛（今印度尼西亚）的船只和人们蜂拥到这座新成立的自由港。1824 年新加坡人口约 1 万人，随后迅速增长至 1836 年的近 3 万人。[②]来自不同国家的移民在新加坡建立起小社群毗邻共存，有华人、马来人、爪哇人、印度人、旁遮普人、欧洲人、欧亚裔、阿拉伯人、犹太人、锡兰人等。[③]

蜂拥而入的移民带来许多劳工和商人，陈笃生和佘有进等人在此致富兴旺；但有许多人则是贫病交加、流落街头、无依无靠。1819 年，新加坡开埠后不久，英国医生曾在新加坡河北岸的军营（地点在今政府大厦前大草场附近）设立简陋的棚子作为早期的医院，为军人和欧洲人提供医疗服务。他们也

[①] *On Paper: Singapore before 1867* (Singapore: National Library Board, 2019), pp. 48–49.
[②] Saw Swee-Hock, "Population Trends in Singapore, 1819–1967", *Journal of Southeast Asian History*, Vol. 10, No. 1, Singapore Commemorative Issue 1819–1969, March 1969, pp. 36–49.
[③] Saw Swee-Hock, "Population Trends in Singapore, 1819–1967", *Journal of Southeast Asian History*, Vol. 10, No. 1, Singapore Commemorative Issue 1819–1969, March 1969, p. 41.

设立早期的贫民医院，为贫病之人提供简单的饮食住宿和医疗服务。由于难以应付日渐增加的病人和穷人，医院最后因缺乏资金而在1827年停止收容更多的贫病人士。①

图 7-1 早期新加坡港口与城镇（水彩画，约作于 1828 年）

图片来源：新加坡国家博物馆。

1829年，大陪审团在法院陈述所观察到的情形："……与日俱增的乞丐，尤其是华裔乞丐……在新加坡城市各处和道路，……到达后便成为疾病的受害者，以至于使他们无法正常地谋生。大陪审团因此请求允许推荐……建立综合贫民医院……"②1830年，政府招标承包贩售猪肉饷码，允许得标者在新加坡宰猪贩售。拍卖所得到的收入则用来建立并维持当地的贫民医院运作。③

---

① Lee Yong Kiat. "Singapore's Pauper and Tan Tock Seng Hospitals (1819–1973): Part I", *Journal of the Malaysian Branch of the Royal Asiatic Society*, Vol. 48, No. 2, 1975, p. 82，Jstor, www.jstor.org/stable/41492113 (Accessed 10 June 2021).
② *Singapore Chronicle and Commercial Register*, 26 February 1829.
③ Lee Yong Kiat, "Singapore's Pauper and Tan Tock Seng Hospitals (1819–1973): Part I", *Journal of the Malaysian Branch of the Royal Asiatic Society*, Vol. 48, No. 2, 1975, p. 85.

1833 年，英国东印度公司大总督（Governor General in Council）同意将 11402 西班牙银元拨给新加坡建立"华人济贫院"（Chinese Poor House）。[1] 新加坡先驱建筑师哥里门（G.D. Coleman）在"医院街"（Hospital Road，今史丹福路）[2] 设计了一栋两层楼高的建筑，名为"华人贫民医院"。该医院于 1834 年开始运作，数年来成为服务囚犯和贫民的医院。[3]

1833 年 7 月 29 日，内政部公共事务分部就华人济贫院一事致函威尔士亲王岛（槟岛）、新加坡及马六甲总督伊柏逊（R. Ibbetson），转录见下：

伊柏逊阁下

威尔士亲王岛、

新加坡及马六甲总督

先生：

我奉命致函确认收悉您最近一封关于华人济贫院计划，志期 29 日的信函，并收致哥里门先生转达关于执行此事之协议。覆函也知会您……根据与哥里门先生的协议，（印度）总督会同行政局同意捐助不多于总计 11402 西班牙银元的经费用于该建筑运营。该收致计划……随函附上……

内政部公共事务分部

1833 年 7 月 29 日

---

[1] "Home Dept Public, 29 July 1833 No. 3–Letter to R. Ibbetson, Governor of Prince of Wales Island, Singapore and Malacca, regarding the plan for a Chinese Poor House, the execution of which the Governor General has agreed to sanction." National Archives Singapore, Microfilm Number NAB 1670.

[2] 黄友平编著《新加坡地名探索》，新加坡：八方文化创作室，2020，第 394 页。

[3] Gilbert E. Brooke, et al., *One Hundred Years of Singapore: Being Some Account of the Capital of the Straits Settlements from Its Foundation by Sir Stamford Raffles on the 6th February 1819 to the 6th February 1919* (London: John Murray, 1921), p. 493.

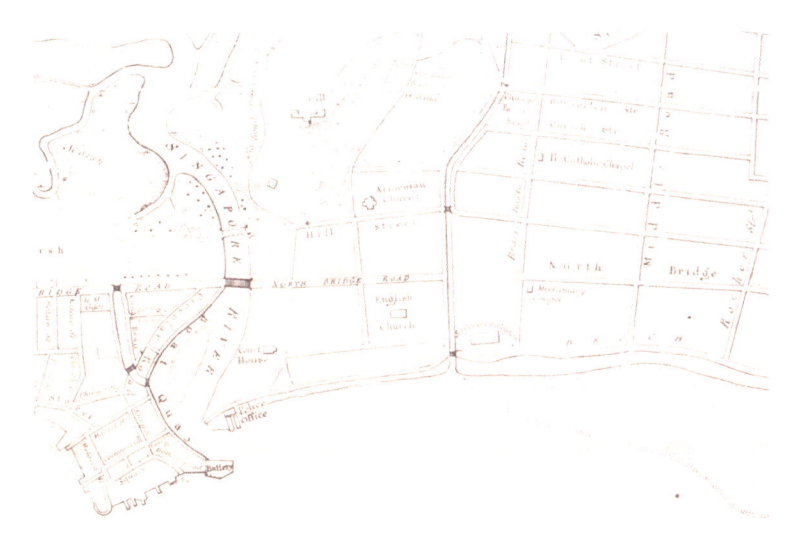

第七章　陈笃生医院的前世今生　211

图 7-2　1836 年新加坡市镇及周遭环境地图展示陈笃生时期的新加坡，标记了当时华人贫民医院的地点（当时称为"Brass Bassa Road"）

图片来源：新加坡海洋博物馆、新加坡国家档案馆提供。

1837 年，贫民医院在两位医生管理下，非常艰难地延续运作。他们只有一位裹伤员（Dresser）[①]和两位非技术服务人员（Peon）[②]，需要照顾 154 名患者，而大多数患者生活无法自理。医院更没有人协助烹饪和清理工作。[③]1914 年，新加坡首席卫生官员（Chief Health Officer）布鲁克医生（Dr. Gilbert E. Brooke）设想早期贫民医院的状况，断言说那不会是个舒适的地方：

> 当代的证据让我们能设想医院当时的情形。地上都是泥巴，病人们躺在木板搭起的床上……煮饭的锅子没在使用时也都放在床上。医院当时到处都是苍蝇，恶臭的茅坑占据着病房的一角，茅坑上面搭起木板层，（这里）数年来充作欧洲海员医院。医院里面很脏，因为清洁的工作都交给生病的囚犯和贫民负责。

---

① Dresser 在英式英语中为手术助理，主要职务为包扎和处理伤口。
② Peon 在英式英语中为不需要特殊技能的服务人员。
③ Lee Yong Kiat, "Singapore's Pauper and Tan Tock Seng Hospitals (1819–1973): Part I", *Journal of the Malaysian Branch of the Royal Asiatic Society*, Vol. 48, No. 2, 1975, p. 91.

但这些病人的生活中大概还能有所期待——他们得以在早上七点喝茶，下午两点吃咖喱鱼肉配饭，并在每周星期天和星期二可以穿上干净的衣裤！①

1837年，印度总督下令废除新加坡猪肉饷码。因为猪肉饷码被视为日常必需品范畴的税收，会加重华裔劳工的负担。这项命令也包括停止济贫院运作的指示，因为济贫院收容的不单是年迈体弱和患病的新加坡当地人士，还包括来自廖内和邻近群岛的外籍贫民。当时缺乏移民管制，无法避免外地贫民进入新加坡。当局决定只收容发生意外或患上急性病的患者。济贫院又再次被勒令停止收留病人。接下来数年，新加坡街道上的乞丐、贫民和病人人数明显增加。②

新加坡总督和欧洲人争取恢复猪肉饷码和济贫院。英国东印度公司则认为救济当地或外地的贫民属于慈善组织的事务，也认为若新加坡的居民无法容忍街上都是乞丐的公共问题，那当地人民应承担救济费用。另外，当时英文报普遍的观点是：富裕的华人从殖民地商业活动中取得许多利益，他们应该为济贫院或穷人做出贡献，但"对华人在支持济贫院或自愿捐赠资源不抱持任何希望"。③

珍珠山上的医院

这样的观点在1843年发生了转变。新加坡河两岸的欧洲社群与华人社群在一次历史性的会晤中找到了团结的理由。新上任的新加坡总督巴特卫中校主动征询华社领袖及首富陈笃生对于立法让新加坡各个阶层的居民帮助贫民的意

---

① Gilbert E. Brooke, et al., *One Hundred Years of Singapore: Being Some Account of the Capital of the Straits Settlements from its Foundation by Sir Stamford Raffles on the 6th February 1819 to the 6th February 1919*, p. 492.
② Lee Yong Kiat, "Chapter 4: The Pauper and Tan Tock Seng Hospitals in Early Singapore (1819–1873)", in *The Medical History of Early Singapore* (Tokyo: Southeast Asian Medical Information Center, 1978), pp. 94–98.
③ *Singapore Free Press*, 22 February 1838, p. 14; http://eresources.nlb.gov.sg/newspapers/Digitised/Article/singfreepressa18380222-1.2.3.

见。陈笃生慷慨提议自费5000西班牙银元建立一栋楼作为贫民和病人的庇护所，条件是英国政府答应接管、维持医院并资助照顾病人所需的经费。① 但根据我们的研究，陈笃生的实际捐款为7000西班牙银元。1848年10月的《海峡时报》的大陪审团报告中有记载。② 存放于陈笃生医院历史博物馆的牌匾，也为这笔7000西班牙银元捐款作了历史记录。

巴特卫总督因事态有所转机而受到鼓舞，在半个月后致函在孟加拉的英国东印度公司。信中有设立和管理收容乞丐和患病贫民的济贫院（陈笃生贫民医院前身）的法案草稿，而济贫院的经费源自按城市税率征收的财产税，以及陈笃生为济贫院的建立所献出的5000西班牙银元。信函中生动且详细描述了1843年新加坡贫民和病人的严重情况。③

图7-3　陈笃生医院碑文（1854年）
图片来源：陈笃生医院历史博物馆。

图7-4　陈笃生致海峡殖民地政府的信函
图片来源：海峡殖民地档案，新加坡国家图书馆提供。

---

① *Straits Settlement Records*, S10 (146), 18 December 1843, pp. 94-95, reproduced in Lee Yong Kiat, "Singapore's Pauper and TanTock Seng Hospitals (1819–1873): Part I", *Journal of the Malaysian Branch of the Royal Asiatic Society*, Vol. 48, No. 2, 1975.
② *Straits Times*, 7 October 1848.
③ *Straits Settlement Records*, R9 (244), 31 October 1843, reproduced in Lee Yong Kiat, "Singapore's Pauper and TanTock Seng Hospitals (1819–1873): Part I", *Journal of the Malaysian Branch of the Royal Asiatic Society*, Vol. 48, No. 2, 1975, pp. 95–96.

贫民医院的设立

1844年1月25日,《新加坡自由西报》报道:除却陈笃生最初为建立一栋"接受患病和年老的华裔贫民的医院"所捐赠的5000西班牙银元外,当时刚逝世的另一位华商曾青山也则将2000西班牙银元遗赠给医院。报道写着:"……医院的建立必须尽快获得同意,因为人民每时每刻都因看见街上体弱患病的华人、麻风病人等而感到震惊……"①

1844年1月底,孟加拉政府回函。1844年2月3日,陈笃生主持会议并与其他当地重要的欧洲人、华裔和阿拉伯裔如陈金声、赛奥玛阿裕尼(Syed Omar Aljunied)以及吉门(E.J. Gilman)等人讨论信函的内容。会上,华人社群与欧裔和欧亚裔人士明确抱持同样看法,支持建立贫民医院。但会议认为资金应从新加坡的总税收中支付,而没有必要新增税收。另外,与会者也一致希望政府采取相关措施防止患病贫民进入新加坡。该会议也考虑到政府有建立另一间欧洲医院的经费,并建议"在同一个屋檐下结合贫民医院和欧洲医院,这笔经费将足以建立一栋巨大、方便且美观的建筑。里面可分为欧洲人、华人以及亚洲其他族裔的区块。"②

会议结束后,负责主持会议的陈笃生立即致函政府告知会议的结果,并重述采取防范非法移民登陆措施的重要性。"每年从中国和廖内通过帆船登陆的大批体弱患病的贫民……通过岛民的乐善好施而成为负担。"据观察:"……若设立医院将会吸引大量的贫民。原本为本殖民地的体弱病患设立的机构反而会成为收容其他国家贫民(的地方)。与此同时,他们也不会为医院的维护做出任何贡献。"③

1844年3月,新加坡总督将一份请愿书寄给孟加拉政府,签署人为殖民

---

① "Chinese Hospital", *Singapore Free Press*, 25 January 1844, p. 4.
② *Singapore Free Press*, 8 February 1844, p. 5.
③ Straits Settlement Records, W9 (27), 3 February 1844, reproduced in Lee Yong Kiat, "Singapore's Pauper and TanTock Seng Hospitals (1819–1873): Part I", *Journal of the Malaysian Branch of the Royal Asiatic Society*, Vol. 48, No. 2, 1975, p. 97.

地重要的华裔居民和英籍商人。内容提议设立房屋和地产税，并且政府每年将拨出款项维持贫民医院的运作。新加坡总督指出，在上封信里他向孟加拉当局反映："华裔对自己受苦的同胞漠不关心。这份请愿书则表现出不一样的情感，而我很乐意将这份情感记录下来，尤其是他们为了支持华裔贫民而愿意承担纳税的责任。"[1]

从1840年到1864年，许多中国农民因为鸦片战争和太平天国之乱而被迫他迁。数批华人南下到东南亚（南洋）成为苦力。[2]也有许多华人乘着一月到四月末的季候风搭帆船到新加坡，而许多乘客经常在漫长的航行中耗尽食物和水，往往在途中丧命或在登陆时已濒临死亡。[3]

《海峡时报》在1845年9月23日刊登了一篇报道，栩栩如生地形容病患和贫民的苦难，并请愿打造出一个仁慈的社会。"新加坡36000名华裔居民当中，有1/3的居民没有明显或永久的生计……警方确认有接近6000人处于饥饿状态，每年有超过100人饿死……贫困就在我们的街上徘徊，而在城镇周围处处可见的贫民和病人都未被欧洲社区发现……"[4]由于许多贫民没有工作，无法维持生活和交纳房租，他们无家可归，只好在街上乞讨求生。为了生存，有些人选择犯罪或吸食鸦片，而更多人却因为疾病和饥饿命丧街头。

因此，便有了集体的努力去尝试减轻贫民的痛苦。[5]1845年11月，德明（Thomas Dunman）警司从324名定期捐款者（主要是华裔）处收集到善款，并在珍珠山脚下建立亚答贫民棚，作为提供100~120名贫民庇护和饮食的临时措施，而崔乐（William Traill）医生则负责照顾及提供医疗服务。佘

---

[1] *Straits Settlement Records*, R10 (130), 29 March 1844, reproduced in Lee Yong Kiat, "Singapore's Pauper and Tan Tock Seng Hospitals (1819–1873): Part I", *Journal of the Malaysian Branch of the Royal Asiatic Society*, Vol. 48, No. 2, 1975, p. 99.

[2] Kwa Chong Guan & Kua Bak Lim, *A General History of the Chinese in Singapore*, pp. 83–84.

[3] Gilbert E. Brooke, *One Hundred Years of Singapore: Being Some Account of the Capital of the Straits Settlements from its Foundation by Sir Stamford Raffles on the 6th February 1819 to the 6th February 1919*, p. 492.

[4] *Straits Times*, 23 September 1845, p. 3.

[5] Lee Yong Kiat, "Singapore's Pauper and Tan Tock Seng Hospitals (1819–1873): Part I", *Journal of the Malaysian Branch of the Royal Asiatic Society*, Vol. 48, No. 2, 1975, p. 109.

有进租了在菲立街华人庙（粤海清庙）附近的小屋，之后又在爱伦波巴刹（Ellenborough Market）附近添置两座小屋，供乞丐和无业游民晚上休息，并为他们提供食物。佘有进接手德明警司收集捐款的责任，在1845年4月至1851年6月筹到8090西班牙银元22分，足以建起贫民小屋。陈笃生则自费安葬所有死在街头和门前的华裔贫民，在1843年到1850年提供了1032副棺材，共计1073西班牙银元3分。

建立医院的势头未曾放缓。1844年是新加坡医疗机构的重要年份。当年6月，欧籍海员医院（European Seamen's Hospital）在珍珠山上奠基；7月新的华人贫民医院立下了基石。这两座建筑物都由当时新加坡政府测量师汤申设计。

1844年7月24日，《新加坡自由西报》报道珍珠山华人贫民医院在两天前（1844年7月22日）已经奠基。当时在场的有新加坡参政司丘资（Thomas Church），还有提供建设基金的陈笃生和其他绅士。

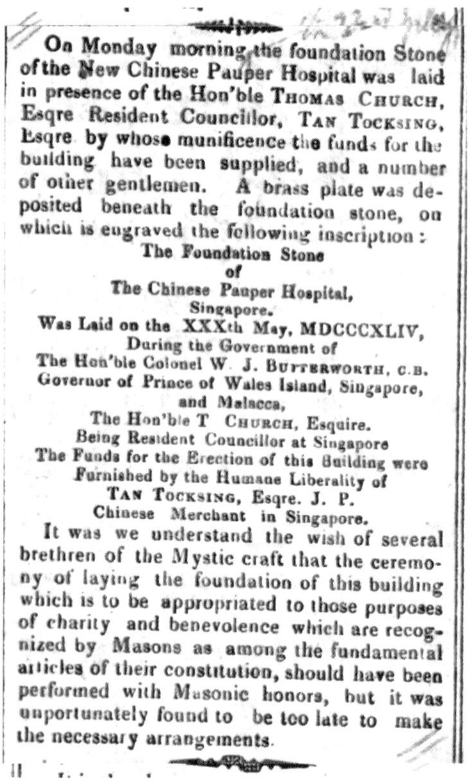

On Monday morning the foundation Stone of the New Chinese Pauper Hospital was laid in presence of the Hon'ble THOMAS CHURCH, Esqre Resident Councillor, TAN TOCKSING, Esqre by whose munificence the funds for the building have been supplied, and a number of other gentlemen. A brass plate was deposited beneath the foundation stone, on which is engraved the following inscription:

The Foundation Stone
of
The Chinese Pauper Hospital,
Singapore.
Was Laid on the XXXth May, MDCCCXLIV,
During the Government of
The Hon'ble Colonel W. J. BUTTERWORTH, C.B.
Governor of Prince of Wales Island, Singapore,
and Malacca,
The Hon'ble T CHURCH, Esquire.
Being Resident Councillor at Singapore
The Funds for the Erection of this Building were
Furnished by the Humane Liberality of
TAN TOCKSING, Esqre. J. P.
Chinese Merchant in Singapore.

It was we understand the wish of several brethren of the Mystic craft that the ceremony of laying the foundation of this building which is to be appropriated to those purposes of charity and benevolence which are recognized by Masons as among the fundamental articles of their constitution, should have been performed with Masonic honors, but it was unportunately found to be too late to make the necessary arrangements.

图7-5　1844年华人贫民医院奠基仪式报道

图片来源：*The Straits Times* © SPH Media Limited。

1845年，陈笃生委托石匠在石碑刻文说明医院的来历，遵循华人在石碑刻字以纪念事件的传统。碑文表达出他建立医院救助贫民和病人的决心。阅读碑文可让人回到170多年前，对陈笃生的想法有简略了解。万幸的是，这块记载着陈笃生个人想法的石碑经历了近两个世纪仍然保存完好。这块石碑对医院和新加坡而言，具有极高的文物价值，现存于陈笃生医院历史博物馆。

建立《陈笃生医院缘起》

"大凡守望相助，里井原有同情，而疾病相持，吾人宁无夙愿。矧叻州者西南之极，瘴疠频生，所以疮伤痍癞之人，尤为狼藉，既无衣食以御其饥寒，复无户牖以蔽其风雨，人生况瘁之遭莫逾于此，能不目击而心伤哉！前国王树德推恩，经有拊偊之设以为病室。今盛典已不再矣！而道路匍匐，较之昔日而愈甚焉。余经营商贾以来，私心窃念欲有所事于孤苦之人，而有志未举，幸际新嘉埠、槟榔屿、蔴呠呷三州俄文律姑呢咨抵骗勝示珍康申喳脂临莅，胞与为怀，恫瘝廑念，嘱余构屋以绍前徽，余因夙有此心，是以直任不辞，另寻淑地无杂嚣尘，俾斯人得所栖息，此一役也。虽曰吼命使然，而实不负于余之素志云尔。是为序。"

图 7-6 《陈笃生医院缘起》（1845 年）
图片来源：陈笃生医院历史博物馆。

珍珠山的贫民医院花了两年才完工。1846 年 3 月 21 日，陈笃生签署一份文件，交出"位于珍珠山脚下的建筑物作为综合医院和贫民医院，接纳和治疗新加坡各社会阶层的患病、贫困、高龄人士"。[1] 1847 年 2 月 11 日，陈笃生致函参政司提醒说："我很荣幸地通知您贫民医院已完工，而我很乐意将它交到您的手中。"[2]

---

[1] *Straits Settlement Records*, W18 (146), 13 December 1852, reproduced in Lee Yong Kiat, "Singapore's Pauper and Tan Tock Seng Hospitals (1819–1873): Part II", *Journal of the Malaysian Branch of the Royal Asiatic Society*, Vol. 49, No. 1, 1976, p. 113.

[2] *Straits Settlement Records*, BB67 (118), 11 February 1847, reproduced in Lee Yong Kiat, "Singapore's Pauper and Tan Tock Seng Hospitals (1819–1873): Part II", *Journal of the Malaysian Branch of the Royal Asiatic Society*, Vol. 49, No. 1, 1976, p. 115.

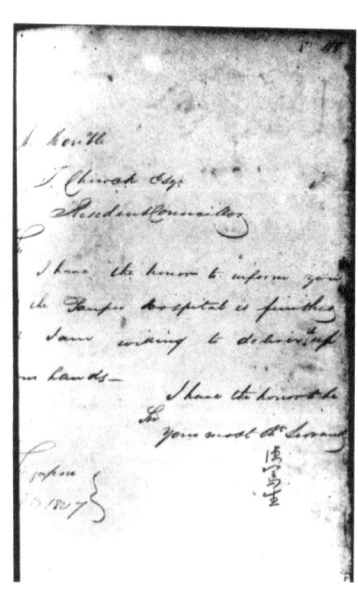

图 7-7 陈笃生信函

图片来源：海峡殖民地档案，新加坡国家图书馆提供。

虽然陈笃生在 1847 年交付新建立的贫民医院，但由于缺乏资金维持医院的运作，医院在接下来的两年内很不完善。

1849 年 10 月，一份医疗报告提到贫民棚并不结实，而两周后的一场暴风雨将珍珠山脚下的贫民棚给毁了。贫病者终于搬到了陈笃生医院。然而，这些病人给资深外科医师带来了行政和医疗上的挑战。当时医院没有水源供应，排水系统也不好，而且只有一位医护人员照顾 130 名病人。医师还有点绝望地发现这座干净且美观的医院在不久后将变得与病人一样肮脏。[1]尽管如此，珍珠山上的陈笃生医院在某种程度上还是实现了它建立的意义。

1849 年 10 月 6 日，孟加拉政府致函新加坡政府，请当局探讨利用市政法向当地居民征收市政税以资助贫民医院。函中还表示将考虑推进防止患病或一贫如洗的贫民迁入海峡殖民地的法案草稿，也表扬陈笃生的热心公益与慈善精神。1849 年 11 月 30 日，巴特卫总督致函陈笃生传达这份心意，这封函也刊

---

[1] Lee Siew Hua, *150 Years of Caring: The Legacy of Tan Tock Seng Hospital* (Singapore: Tan Tock Seng Hospital, 1994), p. 19.

登于1849年12月7日的《新加坡自由西报》。陈笃生于12月亦回函致谢巴特卫。[①]巴特卫与陈笃生之间的信件往来反映出两者之间的友好关系。他们成功减少了政府与新加坡欧裔及华裔群体之间的隔阂，对新加坡第一家接纳殖民地内各国患者及贫民的陈笃生医院的成立有着极大的帮助。

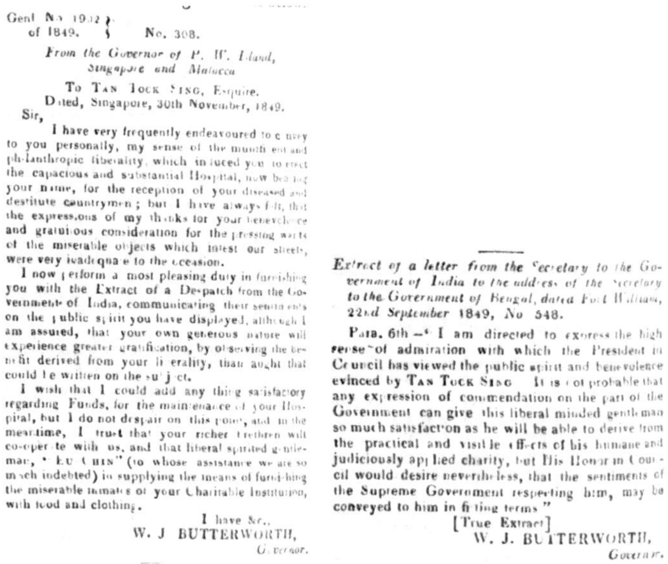

Genl No 1902 } of 1849. } No. 308.

From the Governor of P. W. Island, Singapore and Malacca

To TAN TOCK SING, Esquire.

Dated, Singapore, 30th November, 1849.

Sir,

I have very frequently endeavoured to convey to you personally, my sense of the munificent and philanthropic liberality, which induced you to erect the capacious and substantial Hospital, now bearing your name, for the reception of your diseased and destitute countrymen; but I have always felt, that the expressions of my thanks for your benevolence and gratuitous consideration for the pressing wants of the miserable objects which infest our streets, were very inadequate to the occasion.

I now perform a most pleasing duty in furnishing you with the Extract of a Despatch from the Government of India, communicating their sentiments on the public spirit you have displayed, although I am assured, that your own generous nature will experience greater gratification, by observing the benefit derived from your liberality, than aught that could be written on the subject.

I wish that I could add any thing satisfactory regarding Funds, for the maintenance of your Hospital, but I do not despair on this point, and in the meantime, I trust that your richer brethren will co-operate with us, and that liberal spirited gentleman, "KU CHIN" (to whose assistance we are so much indebted) in supplying the means of furnishing the miserable inmates of your Charitable Institution, with food and clothing.

I have &c.,
W. J BUTTERWORTH,
Governor.

Extract of a letter from the Secretary to the Government of India to the address of the Secretary to the Government of Bengal, dated Fort William, 22nd September 1849, No 548.

Para. 6th — "I am directed to express the high sense of admiration with which the President in Council has viewed the public spirit and benevolence evinced by TAN TOCK SING. It is not probable that any expression of commendation on the part of the Government can give this liberal minded gentleman so much satisfaction as he will be able to derive from the practical and visible effects of his humane and judiciously applied charity, but His Honor in Council would desire nevertheless, that the sentiments of the Supreme Government respecting him, may be conveyed to him in fitting terms."

[True Extract]
W. J. BUTTERWORTH,
Governor.

图7-8 巴特卫写给陈笃生的信

图片来源：*Singapore Free Press*, 7 December 1849。

1849年12月陈笃生给巴特卫总督回信，节录如下：

很荣幸收到您1849年11月30日的来信（第308号），信中也摘录1849年9月22日印度殖民部大臣写给孟加拉殖民部大臣的信。（见上文）

本人建立这座如今以我的名字命名的医院，初衷为救济患病和贫困的同胞。但您或许也能理解，本人此举在很大程度上是因为有幸见证阁下自上任后鼎力支持慈善事业，而受到启发。

---

① *Straits Settlement Records*, W14 (324), 3 December 1849, reproduced in Lee Yong Kiat, "Singapore's Pauper and Tan Tock Seng Hospitals (1819–1873): Part II", *Journal of the Malaysian Branch of the Royal Asiatic Society*, Vol. 49, No. 1, 1976, p. 121.

  本人对以上信件中的嘉许之言深表感谢，也请求您向印度殖民部大臣转达本人对其赞扬的最深切谢意。

  关于医院的维修资金尚未到位，本人心存遗憾，并衷心祝福阁下将来能实现对于这方面的期望。

陈笃生[①]

  1850年2月17日至20日，印度总督达尔豪斯侯爵（Marquess of Dalhousie）拜访新加坡。他目睹"由陈笃生在新加坡创立的医院和贫民医院似乎……是一栋极好的建筑物。里面都是华裔贫民和患者，而这些可怜的病患涌入医院乞求支助……"[②] 作为对陈笃生的感激，总督捐赠1000卢比给陈笃生医院，并同意资助医院招聘更多医疗人员。

  总督拜访后不久，陈笃生于1850年2月24日与世长辞。资料显示若不是陈笃生突然逝世，他可能会为医院提供更多资助以维持开销。[③] 陈笃生最初慷慨解囊是他参与医院事务的起点，而他本人在一生中的最后七年里都有参与医院相关事务。他的名字更成为慷慨和怜悯之光的象征。他与佘有进、陈金声都是华人社会中最早与欧洲社群合作以改进殖民地社会状况的人，并改善了19世纪欧裔人士普遍认为华人漠视受苦同胞的想法。

  回顾新加坡早期100年的医疗工作和医院历史，布鲁克医生认为："新加坡人口的剧增，不但是其力量来源，也是其致命弱点。移民接踵而来，也带来了传染病如天花、麻风等，以及许多年迈体衰人士。虽然亚历山大医生（Dr. Alexander）早前已提出对来到新加坡的移民进行登船检查，但实际上，（政

[①] 巴特卫总督与陈笃生之间的通信，转译自 *Straits Settlement Records*, W14 (324), 3 December 1849, reproduced in Lee Yong Kiat, "Singapore's Pauper and Tan Tock Seng Hospitals (1819–1873): Part II", *Journal of the Malaysian Branch of the Royal Asiatic Society*, Vol. 49, No. 1, 1976, p. 121。

[②] Lee Yong Kiat, "Singapore's Pauper and Tan Tock Seng Hospitals (1819–1873): Part II", *Journal of the Malaysian Branch of the Royal Asiatic Society*, Vol. 49, No. 1, 1976, p. 122.

[③] Song Ong Siang, *One Hundred Years' History of the Chinese in Singapore* (London: John Murray, 1923), pp. 66–67.

府）在50多年里并没有采取任何重要的隔离措施。"①1850年11月22日，新加坡通过一项法令，阻止来自外地的乞丐非法登陆新加坡。政府控制移民和为医院招募更多员工的措施是为了在1851年鼓励民众热心公益，让医院得以继续运作。②陈笃生是第一位捐赠者，此后便是各社区人民的集体贡献来维持医院的营运。

自此，医院便命名为"陈笃生医院"。1851年6月20日召开了一场历史性的会议，同意成立管理委员会管理陈笃生医院并收集赠款。其中常任委员有陈金钟（陈笃生长子，时年22岁）、参政司、助理驻扎官（Assistant Resident）以及政府资深医师；其他成员有牙直利、李德、利特（R. Little）、佘有进③和杨佛生（Yeo Hood Sing）。④1853年至1856年的陈笃生医院常年报告记录了陈金钟慷慨捐赠约3000西班牙银元用以修复、改善医院，以及资助医院为逝世的穷苦病人办理丧事。⑤1852年及1854年，帕西人的比兰吉·霍牧西·卡玛公司（Byramjee Hormusjee Cama）与阿拉伯商人赛阿里阿裕尼（Syed Ali bin Mohamed Aljunied）也先后捐赠1000西班牙银元给陈笃生医院作投资用途，所获得的利息用作医院运作的开销。⑥

除了金钱资助，还有给住院者送礼。陈金钟为住院病人的窘境感到特别难过，得知"贫民因多日雨天的寒冷所受之苦而有怜悯之心"，在1855年给了每名病人一片四码（约3.66米）长的厚布。⑦每逢农历新年，新加坡早期的另一位大慈善家陈金声还会给每一名病人送上一份猪肉和几分钱。德明警司在突击

---

① Gilbert E. Brooke, *One Hundred Years of Singapore: Being Some Account of the Capital of the Straits Settlements from its Foundation by Sir Stamford Raffles on the 6th February 1819 to the 6th February 1919*, p. 492.

② Lee Siew Hua, *150 Years of Caring: The Legacy of Tan Tock Seng Hospital*, p. 20.

③ 佘有进在第一届管理委员会中担任财政直到1861年2月由胡璇泽接任。任职期间恪尽职守，认真管理从捐赠者那里得到的资金，确保医院可以继续运作。

④ Lee Yong Kiat, "Singapore's Pauper and Tan Tock Seng Hospitals (1819–1873): Part II", *Journal of the Malaysian Branch of the Royal Asiatic Society*, Vol. 49, No. 1, 1976, p. 126.

⑤ *Singapore Free Press*, 11 July 1854; *Straits Times*, 7 August 1855; *Straits Times*, 1 July 1856.

⑥ *Singapore Free Press*, 1 July 1853; *Straits Times*, 18 July 1854.

⑦ *Singapore Free Press*, 27 December 1855.

非法斗鸡后，也会将好几车的公鸡屠宰并送给医院。[1]

如同许多项目开始时一样，陈笃生医院也面临许多困难，其中包括严重缺乏资金导致员工不足而出现问题。1850年3月31日到1850年4月1日，医院接收患上溃疡、腹泻、慢性风湿、麻风等疾病的病患，也接收因瘀伤、割伤和骨折而入院的伤患。[2] 1852年12月，医院的全职员工包括一名助理药剂师[3]、两名裹伤员（其中一位为华人）、两名苦力[4]和一名非技术服务人员。他们六人与助理外科医生考柏（James Cowpar）必须照顾170名患者。1855年，医院的患者高死亡率（43%）让贫民害怕入院是可以理解的，他们只在万不得已的情况下才选择入院。

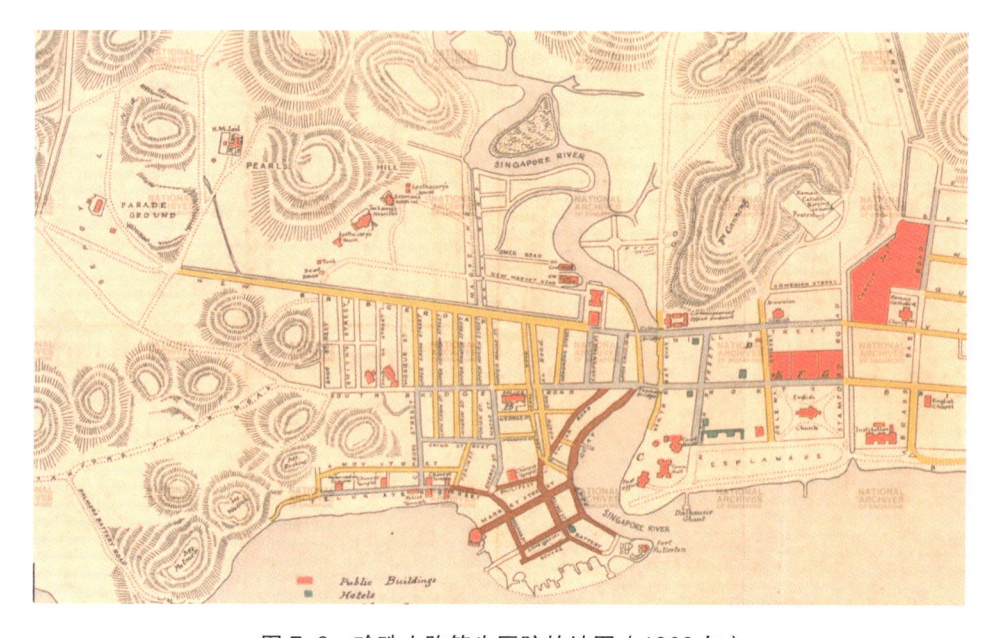

图7-9　珍珠山陈笃生医院的地图（1862年）

图片来源：新加坡测量局，新加坡国家档案馆提供。

---

[1] Charles Burton Buckley, *An Anecdotal History of Old Times in Singapore* (Singapore: Singapore Free Press, 1902), Vol. II, pp. 412–413.

[2] *Straits Settlement Records*, W15 (164), 20 May 1850, cited in Lee Yong Kiat, "Singapore's Pauper and Tan Tock Seng Hospitals (1819–1873): Part II", *Journal of the Malaysian Branch of the Royal Asiatic Society*, Vol. 49, No. 1, 1976, pp. 123–124.

[3] 药剂师不只负责配药，还担任实习医生。

[4] 苦力意为没有技术知识的当地劳工。

图 7-10　珍珠山旧影

图片来源：新加坡国家图书馆。

迁至实龙岗路

1856 年政府决定将珍珠山改为军事用地，陈笃生医院需迁移到别处。位于实龙岗路和马里士他路（Balestier Road）交界处，有一处原为甘蔗园的马里士他种植园（Balestier's Estate）被划为陈笃生医院的新落脚点。从 1856 年到 1861 年，陈金钟代表委员会与政府谈判在实龙岗路建立新医院及资金问题，可说是仿效了他父亲 10 年前为珍珠山的陈笃生医院所付出的努力。1858 年，陈金钟捐赠 3340 西班牙元为医院建造新翼；[1] 而其母亲陈笃生遗孀李淑娘为纪念亡夫，也捐赠 7500 卢比设立女性病房。[2] 她的捐献受到印度政府认可，并

---

[1] *Straits Settlement Records*, W28 (31), 14 September 1958, cited in Lee Yong Kiat, "Singapore's Pauper and Tan Tock Seng Hospitals: Part III. The New Hospital 1860", *Journal of the Malaysian Branch of the Royal Asiatic Society*, Vol. 49, No. 2, 1976, p. 177.

[2] *Straits Settlement Records*, R33 (19), 4 March 1858, cited in Lee Yong Kiat, "Singapore's Pauper and Tan Tock Seng Hospitals: Part III. The New Hospital 1860", *Journal of the Malaysian Branch of the Royal Asiatic Society*, Vol. 49, No. 2, 1976, p. 175.

记录于《1867年海峡殖民地年历和工商名录》。1862年，陈金钟持有实龙岗路新陈笃生医院的契约书。[①]

图 7-11　李淑娘捐款函

图片来源：莱佛士图书馆和博物馆，新加坡国家档案馆提供。

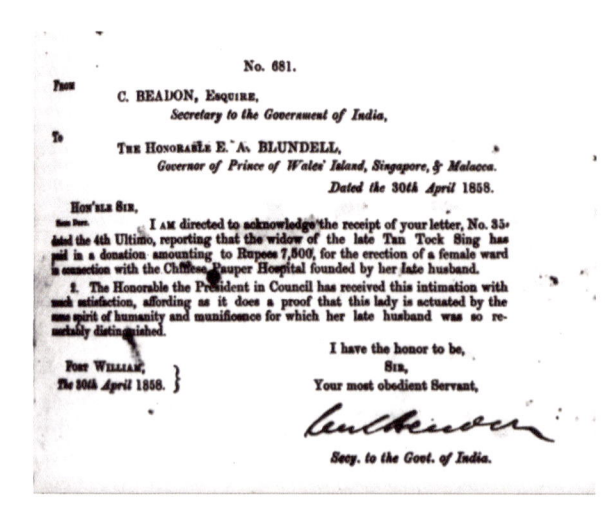

图 7-12　陈笃生医院迁址碑（1860年）

图片来源：陈笃生医院历史博物馆。

1860年，陈笃生医院迁移至实龙岗路的新址。1861年6月，病人被转移到新建医院，医院专设麻风病房和妇女病房。因此，医院周围的区域便有了"Rumah Miskin"（贫民屋）的昵称。这段时期，病人人数急速增加，直至1861年9月30日，共有238名患者。[②]1862年，平均患者人数增加到350名。[③]这也是医院管理层最困难的时候，正如政府资深医师的报告所述："这是一个令人痛苦的机构。向病人们强制执行命令或保持卫生清洁是一件不可能的事。几乎所有的患者都是老人，对医院哪都不感兴趣。"到了1864年，病人必须工作，医院提供更便宜的食物以节省开支。情况逐渐恶化，有的病人甚至贿

---

① 参见 "Ordinance No. VII of 1880. An Ordinance to Incorporate Tan Tock Seng's Hospital", reproduced in Appendix E in Lee Yong Kiat, "Singapore's Pauper and Tan Tock Seng Hospitals: Part IV. The Government Takes Over", *Journal of the Malaysian Branch of the Royal Asiatic Society*, Vol. 50, No. 2, 1977, p.134。

② Lee Yong Kiat, "Singapore's Pauper and Tan Tock Seng Hospitals: Part IV. The Government Takes Over", *Journal of the Malaysian Branch of the Royal Asiatic Society*, Vol. 50, No. 2, 1977, p.111.

③ *Straits Settlement Records*, W44 (178), 15 October 1862, & W45 (29), 15 January 1863, cited in Lee Yong Kiat, "Singapore's Pauper and Tan Tock Seng Hospitals: Part IV. The Government Takes Over", *Journal of the Malaysian Branch of the Royal Asiatic Society*, Vol. 50, No. 2, 1977, p.117.

赂保安员，希望逃离医院，到市区乞讨。医院内部及周围甚至有犯罪活动，而有些病人在绝望中上吊自杀。[①]

1865 年，医院收留了 1269 名病患。其中 501 名病患痊愈后出院，而年底仍有 326 病患留在医院。其间 218 名病人潜逃，而 477 名病患逝于医院。尽管病患死亡率偏高，早期的陈笃生医院还是扮演了给患者与贫民提供庇护的重要角色。若没有医院，许多患者或许会命丧街头。偏高的死亡率是因为患者都在病入膏肓时才被送入医院。[②] 痊愈的患者可以继续工作谋生。

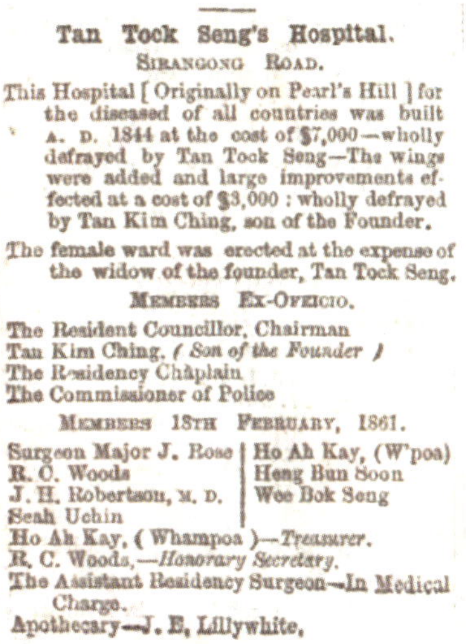
Tan Tock Seng's Hospital.

SIRANGONG ROAD.

This Hospital [Originally on Pearl's Hill] for the diseased of all countries was built A. D. 1844 at the cost of $7,000—wholly defrayed by Tan Tock Seng—The wings were added and large improvements effected at a cost of $3,000 : wholly defrayed by Tan Kim Ching, son of the Founder.

The female ward was erected at the expense of the widow of the founder, Tan Tock Seng.

MEMBERS EX-OFFICIO.

The Resident Councillor, Chairman
Tan Kim Ching, (*Son of the Founder*)
The Residency Chaplain
The Commissioner of Police

MEMBERS 18TH FEBRUARY, 1861.

Surgeon Major J. Rose	Ho Ah Kay, (W'poa)
R. C. Woods	Heng Bun Soon
J. H. Robertson, M. D.	Wee Bok Seng
Seah Uchin	

Ho Ah Kay, (Whampoa)—*Treasurer.*
R. C. Woods,—*Honorary Secretary.*
The Assistant Residency Surgeon—In Medical Charge.
Apothecary—J. E. Lillywhite.

图 7-13　海峡殖民地年历（1867 年）

图片来源：*The Straits Calendar and Directory, 1867–69* (Singapore: Straits Times Press, 1867–1869)。

社区通过义演为医院筹募经费。1866 年 5 月 1 日（星期二）傍晚，新加坡业余音乐社在市政厅举行声乐和乐器表演，为医院筹款。1866 年 12 月 19 日（星期三），市政厅内也举办了歌剧和戏剧义演为医院募资。

1867 年，海峡殖民地成为英国王家殖民地。政府对医院的事务很感兴趣，尝试减轻医院委员会的负担，并改进医院的资金来源。[③]1873 年，政府委任新的管理委员会，标志着陈笃生医院新纪元的来临。[④]

医院的开销随着时间的推移而逐渐增加，主要由政府补助医院运作。医院在 1880 年第七条法令（Ordinance No. VII）下注册为法人团体，被允许接受投资、捐款和财产租赁中所生成的利息。当时医院的董事会由政府部门高级官员（辅政司为主席）、创始人后裔之男性最长者，以及年捐款不少于 12

① Lee Siew Hua, *150 Years of Caring :The Legacy of Tan Tock Seng Hospital*, p. 24.

② *Singapore Free Press*, 4 January 1866.

③ Lee Siew Hua, *150 Years of Caring :The Legacy of Tan Tock Seng Hospital*, p. 25.

④ *Daily Times*, 13 December 1866, cited in Lee Yong Kiat, "Singapore's Pauper and Tan Tock Seng Hospitals: Part IV. The Government Takes Over", *Journal of the Malaysian Branch of the Royal Asiatic Society*, Vol. 50, No. 2, 1977, p.118.

西班牙银元的定期捐款者（主要为华人）和捐款 1000 西班牙银元或以上的捐赠者组成。①

新加坡各族人民也继续资助医院，其中值得一提的是来自阿拉伯富商阿裕尼的捐赠。他提供给医院位于维多利亚街（Victoria Street）、奎因街（Queen Street）和阿拉伯街（Arab Street）的"赛阿里之地（Syed Ali's land）"地段，共计 5 英亩。这片土地在 1880 年的诏令下被正式赠予陈笃生医院。这片土地被划分成不同区块出租，租期为 99 年，使医院每年享有额外 1231 西班牙银元 50 分的收入②。

在马里士他路的陈笃生医院逐渐建成三栋砖砌大楼。1879 年，陈明水（陈金声之子）在医院新建三间病房，当时华社也捐赠 15000 西班牙银元给医院。其时，医院已有 16 间病房和 552 名住院患者。历史学家百克利（Charles Burton Buckley）在《新加坡古事记》（An Anecdotal History of Old Times in Singapore）一书中记载陈笃生医院在当时首席医生罗威尔（Dr. T. Irvine Rowell）管理下，济贫院和医疗所两相结合，有条不紊，以至于"……1884 年的情况与 1862 年比对就如同宫殿与猪圈之别。"③

所幸有众人之助力，包括暹王的捐助，医院才得以大幅改进。陈笃生长子陈金钟是暹罗驻新加坡领事。1890 年，暹王朱拉隆功拜访医院并捐赠价值 1000 元的暹罗金币。④ 暹罗王室与医院的密切关系仍然维持至今，这有赖于陈金钟当年的努力。1892 年 2 月 27 日，陈金钟与世长辞。他的孙子陈武烈取而代之成为陈笃生医院管理委员会会员，正如 1900 年《新加坡与海峡殖民地工商名录》所载。⑤

---

① Arthur Knight, "Tan Tock Seng's Hospital, Singapore", *Journal of the Malaysian Branch of the Royal Asiatic Society*, Vol. 42, No. 1, July 1969, pp. 252–255.
② Arthur Knight, "Tan Tock Seng's Hospital, Singapore", *Journal of the Malaysian Branch of the Royal Asiatic Society*, Vol. 42, No. 1, July 1969, p. 254.
③ Charles Burton Buckley, *An Anecdotal History of Old Times in Singapore*, pp. 412–413.
④ Song Ong Siang, *One Hundred Years' History of the Chinese in Singapore*, pp. 259–260.
⑤ *Singapore and Straits Directory for Year 1900*, p. 94.

第七章 陈笃生医院的前世今生 227

图 7-14 实龙岗路陈笃生医院地图（1893 年）

图片来源：新加坡测量局，新加坡国家档案馆提供。

图 7-15 陈笃生医院旧照（今广惠肇留医院）

图片来源：广惠肇留医院历史博物馆。

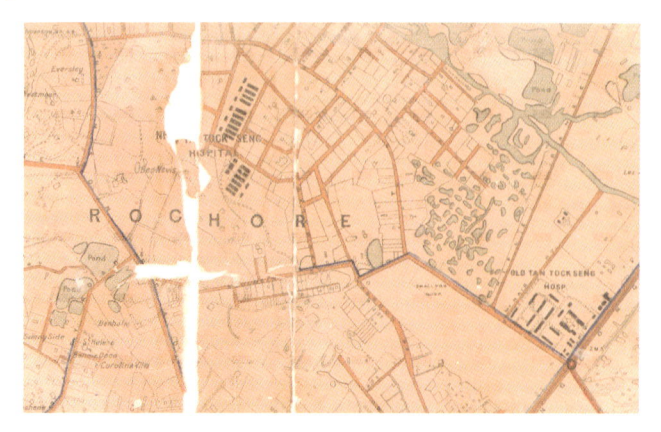

图 7-16　位于诺维娜新址的陈笃生医院（1906 年实测图）

图片来源：新加坡测量局、新加坡国家档案馆提供。

19 世纪晚期，考虑到陈笃生医院位于低洼之地，位置不安全，大雨后易遭水淹，陈笃生医院管理委员会于 1903 年决定寻找新地点。起初考虑一片靠近花柏山的土地，建筑成本约为 10 万元叻币。之后，政府决定将医院搬迁至摩绵路的山上。当时极具影响力的商人暨慈善家陆佑捐赠了 5 万元叻币，而著名商人和船东黄文德捐赠 1 万元叻币。①

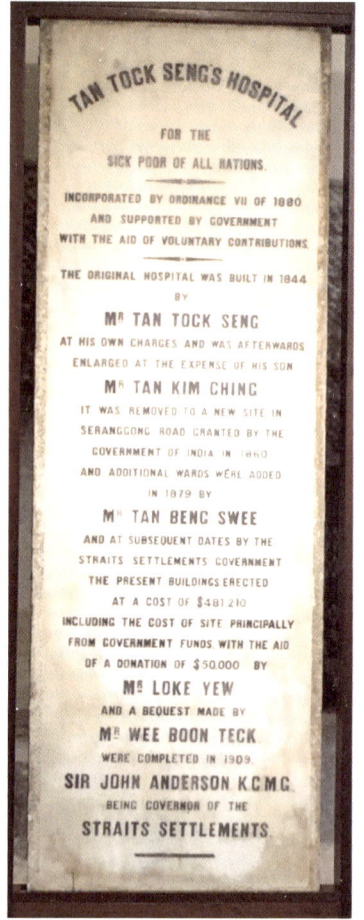

图 7-17　《陈笃生医院迁移至摩绵路纪念碑》（1909 年）

图片来源：陈笃生医院历史博物馆。

1909 年，陈笃生医院迁往摩绵路的新院址，医院各处大楼共有近千张病床，由公共事务局建成，耗资 481210 元叻币。

---

*　廖文辉、何国宏译。
①　Lee Siew Hua, *150 Years of Caring: The Legacy of Tan Tock Seng Hospital*, pp.26-27.

第二节
开辟新篇章（1909~2000年）

1909年4月21日，陈笃生医院迁至摩绵路，开启新篇章。新址位于高山上且排水良好，也意味着病房更加通风、更加卫生。医生们为病患死亡率减少（尤其是身患肺结核与痢疾的病人）而感到欣慰。新病房以医院的捐助者为名，如当时捐款的陆佑和黄文德，也纪念于1884年逝世的捐赠者陈明水。1910年，马六甲商人王金辉捐赠12000元叻币作为建立可容纳40张病床的盲人病房的费用。1911年，位于实龙岗路的部分前陈笃生医院大楼转让给广惠肇留医院。该医院由一群广东商人创立，也为贫困移民提供医疗服务。[①]

新的一页

陈笃生医院管理委员会曾考虑为医院更名，但最终决定保留医院原名，以纪念医院的创立者，延续陈笃生对不幸众生心怀怜悯的精神。医院也将刻着陈笃生和陈金钟捐款的大理石碑搬到新址，以示尊重陈氏家族的慈善精神。[②]1912年的陈笃生医院年报，对该年5月23日去世的管委会委员百克利长达31年的服务，以及奈特（Arthur Knight）担任管委会秘书的30年服务给予高度赞赏与感激。[③]自陈笃生医院成立半个世纪以来，医院已成为新加坡社会各界人士共同支持的一项慈善事业。

1910年，大力支持医学发展的慈善家陈齐贤捐赠15000元叻币给医疗学

[①] Lee Siew Hua, *150 Years of Caring: The Legacy of Tan Tock Seng Hospital*, p.32.
[②] Lee Siew Hua, *150 Years of Caring: The Legacy of Tan Tock Seng Hospital*, p.31.
[③] Song Ong Siang, "The Tenth Decade", *One Hundred Years' History of the Chinese in Singapore*, Chapter XII, p. 488.

院基金（Medical School Fund），在珍珠山四排埔（Sepoy Lines）新建大楼，推动新加坡医疗教育的发展。该大楼以其已故父亲陈德源（陈笃生第三子）的名字命名。[①]1908年，陈笃生医院开始设有医疗和手术的临床教学，并以医疗训练和应用研究而闻名。陈笃生医院第一批医生于1910年毕业，医学院的医学和外科手术医生执照（Licentiate in Medicine and Surgery）于1916年受到承认。陈笃生医院作为教学医院的名声日隆，院内有许多聪颖的年轻学生，给校区带来了朝气与活力。[②]

这段时期，医院成为医疗实验和发展的先锋。1910年，医院第一次对皮肤使用碘酒消毒，为下半身手术引进脊椎麻醉技术，并为许多病人进行脾脏切除手术。医院内也铺设管道，运输瓦斯以点亮手术室及其他场所，1930年，安装X光室。这些都在医院转为肺结核医院以前完成。[③]

1920年米德尔顿医院（Middleton Hospital）的成立，为后来的传染病中心（Communicable Diseases Centre，简称"CDC"）奠定了基石。该医院设立于1907年，原为设在马里士他路的传染病隔离营地。1913年，迁移至摩绵路，并改名为传染病医院（Infectious Diseases Hospital）。1920年11月，医院再次更名为米德尔顿医院，纪念在医院服务了长达27年的米德尔顿医生（Dr. W.R.C. Middleton）。医院于1985年并入陈笃生医院，成为传染病中心，是新加坡国家传染病中心（National Centre for Infectious Diseases，简称"NCID"）的前身。[④]

日据时期，陈笃生医院成为重要的医疗学院和平民医院。从1943年4月到1944年2月，陈笃生医院内设立了马来医科大学（マレイ医科大学，又名

[①] Lee Yong Kiat, "Tan Teck Guan Building, College of Medicine, Singapore", *Singapore Medical Journal*, Vol. 198, No. 29, 1988, pp. 289–292; http://smj.sma.org.sg/2903/2903smj20.pdf (Accessed 30 March 2022).
[②] Lee Siew Hua, *150 Years of Caring: The Legacy of Tan Tock Seng Hospital*, pp. 32–35.
[③] Lee Siew Hua, *150 Years of Caring: The Legacy of Tan Tock Seng Hospital*, pp. 32–35.
[④] "The Entrance View of Middleton Hospital", National Archives of Singapore website, https://www.nas.gov.sg/archivesonline/photographs/record-details/b28cfced-1161-11e3-83d5-0050568939ad (Accessed 5 November 2021).

昭南医疗学院），其是当时新加坡唯一的医学院。1943 年中，陈笃生医院更名为博爱病院。① 当时常见的疾病有结核病（Tuberculosis）、疟疾、痢疾和脚气病（beriberi）。"beriberi"一词在僧伽罗语中意为"极度虚弱"，是马来半岛常见疾病，尤其在战争期间极为普遍。医院的蒙泰罗医生（Dr. Ernest Steven Monteiro）给患者服用维生素 B1，该药在治疗脚气病中发挥了重要作用。②

战争期间，医疗用品极为匮乏。有时医院来了许多战争重伤者，医护人员都无能为力，只能为走廊上众多躺在担架上的病人注射吗啡以减轻痛楚。③ 因为他们没有收入，病人与其家人往往会为医护人员带来蔬菜、禽肉和蛋以示感谢。由于医院靠近森路拘留营（Sime Road Internment Camp），拘留者常是医院的门诊病人。④ 他们将救命药品带给营队中病重的拘留者，还需冒着被宪兵队（秘密警察）逮捕的风险。在这困难的时期，医院成为医护人员和病人的家与安全场所。⑤

1945 年日军投降后，提升公共卫生工作和医疗服务成为当务之急。1948 年，殖民地政府启动十年医疗计划，通过大规模疫苗接种和改善人民获得基本医疗保健的机会，提升新加坡人民的健康。这项计划预计将陈笃生医院转变为治疗结核病的疗养院。

结核病也称为"穷人病"，是 20 世纪 40 年代的主要疾病"杀手"，占新加坡所有疾病死亡率的 14%。⑥ 这是一种通过空气传播的疾病，人们会在与患者长期密切接触的情况下染病。由于穷人住在人口拥挤、狭窄和不卫生的环境里，他们更容易染上结核病。身患结核病对穷人而言是双重打击，因为病

---

① Lee Siew Hua, *150 Years of Caring: The Legacy of Tan Tock Seng Hospital*, p. 35.
② Chew Chin Han, "Tan Tock Seng Hospital: Some Recollections from 1942 to 1997", *Annals of the Academy of Medicine Singapore*, Vol. 27, No. 1, January 1998, p. 131.
③ Lee Siew Hua, *150 Years of Caring: The Legacy of Tan Tock Seng Hospital*, p. 36.
④ Lee Siew Hua, *150 Years of Caring: The Legacy of Tan Tock Seng Hospital*, pp. 131–132.
⑤ Lee Siew Hua, *150 Years of Caring: The Legacy of Tan Tock Seng Hospital*, p. 131.
⑥ "Address by Dr Richard Hu, Minister for Health and Finance at the Official Banquet of the 26th IUAT World Conference on Tuberculosis and Respiratory Diseases on Thursday, 6 November 1986", *Tan Tock Seng Hospital Newsletter*, December 1986, Vol X, No. 20, p. 2.

图7-18 陈笃生医院成人病房的圣诞节装饰（约1949年）

图片来源：信息及艺术部收藏，新加坡国家档案馆提供。

图7-19 陈庆玉（音译 Chan Heng Yoke）护士在陈笃生医院 C 号病房当值（约1950年）

图片来源：陈庆玉收藏，新加坡国家档案馆提供。

人必须在病房待上两年。其间他们无法工作，更加贫困。许多患上结核病的人因此自杀身亡。一名自杀未遂的结核病患者陈祥志（音译 Tan Siang Tee）跟警方解释："因为它（结核病），我耗尽所有储蓄，沦为亲戚的负担。"[1]

为了支持这项计划，扶轮社于1949年筹募10万元在陈笃生医院建立反结核病诊所，并命名为扶轮诊所。[2] 诊所的 X 光部门备有两台通用电气 X 光器，诊所于1949年4月29日正式开幕。除了在设立诊所方面扮演着重要的角色，扶轮社还协助成立新加坡防痨协会（Singapore Anti Tuberculosis Association）。1958年，陈笃生医院设立结核病控制单位，为结核病评估和治疗的全国转诊中心。

---

[1] "Pier suicide bid by man with TB", *Straits Times*, 12 February 1950, p. 9.
[2] *Straits Times*, 14 April 1949, p. 7.

图 7-20　摩绵路米德尔顿医院入口（约 1954 年）

图片来源：信息及艺术部收藏，新加坡国家档案馆提供。

转型为综合医院

1959 年，新加坡自治，卫生部于 1961 年重新整顿所有医疗服务。[1] 新政府为解决因人口高增长所引起的公共健康问题，决定重组与合并医疗服务。这些问题包括过度拥挤、不良设备、饮食卫生以及传染病。重新整顿的目的，也是为了迎合新加坡战后人口增加而带来的医疗需求。[2] 陈笃生医院与时俱进。

1961 年，政府全权接管陈笃生医院。当时陈笃生的后人陈温祥仍是医院的受托人。陈温祥是一名律师与园艺爱好者，[3] 曾于 1946 年至 1948 年被英国

---

[1] "Our History of Healthcare", National Heritage Board website, https://www.roots.gov.sg/stories-landing/stories/history-of-healthcare-sg (Accessed 5 November 2021).

[2] Ministry of Health, *Caring for our Nation* (Singapore: Ministry of Health, 2015), p. 32; Philip Choo, "11.3: Tan Tock Seng Hospital", in Lee Chien Earn & K. Satku (eds.), *Singapore's Health Care System: What 50 Years Have Achieved* (Singapore: World Scientific Publishing, 2016), p. 235.

[3] "The Legacy of Tan Tock Seng (Part 2 of 2)", Singapore Memory Project website, https://www.singaporememory.sg/contents/SMA-510b81c0-5810-4f75-acea-1d12aeb0f77a (Accessed 5 November 2021).

殖民地政府委任为市政委员。其父亲陈齐贤曾鼎力捐助医学教育发展。陈温祥在1983年接受新加坡国家档案馆的口述历史访问时说:"……当时政府接管医院,我听说政府有意将医院更名为'第二中央医院'。因此我以医院受托人的身份,请求政府保留我曾祖父的名字(医院原名)。我很欣慰政府最后答应了这个请求。"①

在往后的数十年中,陈笃生医院的设备、人力等大幅扩充。立足于治疗结核病的长久经验基础,陈笃生医院从1966年开始倾向成为专治胸部疾病的综合医院,②首要任务是设立心胸外科组和麻醉科。③1966年,医院成立胸腔外科单位的心脏解剖团队(Open Heart Team),于次年进行新加坡首例心脏解剖手术。④1971年,先驱心脏外科医生陈伍全(音译 Tan Ngoh Chuan)及其团队在医院顺利完成首例心脏瓣膜手术。⑤1976年,心脏外科医生也首次在新加坡完成冠状动脉绕道手术。2018年,陈笃生医院内的一组介入心脏病学医生团队也延续了医院心脏手术先锋的传统,成为东南亚国家中第一个进行机器人辅助心脏血管成形术的团队。⑥

1972年,为了发展神经科学专科,陈笃生医院建立新的神经科学部门。⑦

---

① Tan Hoon Siang, 24 January 1983, Oral History Interview by Lim How Seng, "Pioneers of Singapore", Oral History Centre, Accession No. 000077, https://www.nas.gov.sg/archivesonline/oral_history_interviews/record-details/dfa08c05-115d-11e3-83d5-0050568939ad (Accessed 5 January 2021).
② Lee Siew Hua, *150 Years of Caring: The Legacy of Tan Tock Seng Hospital*, p. 52.
③ Chew Chin Hin, "Tan Tock Seng Hospital: Some Recollections from 1942 to 1997", *Annals of the Academy of Medicine Singapore*, Vol. 27, No. 1, January 1998, p. 135.
④ TanNgoh Chuan, "Open Heart Surgery in Singapore—A Review", *Singapore Medical Journal*, Vol. 10, No. 4, December 1969, p. 220.
⑤ Leong Weng Kam, "Pioneer Heart Surgeon N.C. Tan Dies at 84; He Led Singapore's First Heart Valve Operation Successfully in 1971", *Straits Times*, 23 May 2015, https://www.straitstimes.com/singapore/health/pioneer-heart-surgeon-nc-tan-dies-at-84-he-led-singapores-first-heart-valve (Accessed 17 April 2021).
⑥ Cheryl Teh, "Singapore Heart Surgeons First in South-east Asia to Use Robot Assistants", *Straits Times*, 31 July 2019, https://www.straitstimes.com/singapore/health/singapore-heart-surgeons-first-in-south- east-asia-to-use-robot-assistants (Accessed 17 April 2021).
⑦ Foo S.C. Aaron, Khoo C.M. James, Ong Peck Leong, Ho Kee Hang, Seow WanTew, & Yeo Tseng Tsai, "A Tribute to Tham Cheok Fai, 'Founding Father' of Singapore Neurosurgery", *Annals of the Academy of Medicine Singapore*, Vol. 44, No. 8, August 2015, pp. 307–311.

次年，新加坡第一个集中治疗神经系统相关疾病的部门成立，名为神经病学与神经外科学部门，主任为谭卓辉医生（音译 Dr. Tham Cheok Fai）。20世纪80年代中叶，该部门有8名精神外科医生，并且配备了最新的手术和影像设备，经常进行各种神经外科手术。该部门今名国家精神科学协会（National Neuroscience Institute），提供精神科学方面照护、研究和教育服务。

结核病的控制与国家发展同时进行。新加坡在20世纪60年代到80年代启动重大的重建与国家住房建设计划，明显改善了大部分人的生活条件。有了财富，随之而来的就是更好的健康和疾病管理；有了更好的生活条件，疾病传染就变少了。结核病在多方面的举措下受到控制，如为改善人口拥挤问题而频繁开展市区重建计划、启动宣讲运动、为母亲与婴儿提供专用的医疗服务以及强制接种等。[1]1957年在全国范围内推行免疫运动，包括给新生儿注射抗结核病卡介苗（BCG）。[2]

20世纪70年代，陈笃生医院与其他合作伙伴开创了治疗结核病的化疗疗程。原本需每日治疗且长达18个月到2年的疗程，如今已缩减到每周2次、仅6个月的疗程。这意味着结核病病房可以空出来给其他患者，而结核病患者可以提早回归到正常生活。新加坡所有结核病患者都登记在册，对其密切监督以确保病人不会错过任何疗程。[3]这项革命性的突破是由结核病研究委员会的当地医生团队与英国医学研究委员会的福克斯教授（Prof Wallace Fox）共同努力得来的。结核病研究委员会由杨胜安医生（音译 Dr. Yeoh Seang Aun）、苏巴马廉医生（Dr. James Supramaniam）和周振兴医生（Dr. Chew Chin Hin）组成。[4]因此，陈笃生医院在全面寻找缩短结核病疗程的方法中扮演着重要角色。

---

[1] Lee Siew Hua, *150 Years of Caring: The Legacy of Tan Tock Seng Hospital*, pp. 51–52.
[2] Ministry of Health, *Caring for our Nation*, p. 32.
[3] Tan Tock Seng Hospital (Edited Version) (Tape 1 of 2), National Archives Singapore, Accession No. 1999000814.
[4] Lee Siew Hua, *150 Years of Caring: The Legacy of Tan Tock Seng Hospital*, pp. 46–47.

图 7-21　陈笃生医院大楼（1964 年）

图片来源：信息及艺术部收藏，新加坡国家档案馆提供。

图 7-22　时任新加坡卫生部长杨玉麟在陈笃生医院演讲厅，为世界卫生组织第一届区域结核病培训课程（1966 年 2 月 14 日至 1966 年 4 月 30 日）开幕致辞

图片来源：信息及艺术部收藏，新加坡国家档案馆提供。

这项合作成果使新加坡患结核病人数从 20 世纪 60 年代的 300 人（每 10 万人）降至 20 世纪 80 年代中叶的 106 人（每 10 万人）。[1] 至今，新加坡卫生部与陈笃生医院国家传染病中心仍在继续监督并加强对结核病的控制。

图 7-23　结核病研究委员会留影
图片来源：陈笃生医院。

20 世纪 70 年代，已故李荣杰医生（音译 Dr. Lee Yong Kiat）对海峡殖民地时期的历史记录进行了详细的研究与梳理。他撰写了一系列文章，为陈笃生医院以及新加坡医疗发展的历史研究做出巨大贡献。

1981 年，陈笃生医院接管新加坡综合医院已经负担过重的义肢中心，并将中心搬迁至新的位置且提供更好的设备，[2] 成为今天的足部医疗及义肢设计中心（Foot Care and Limb Design Centre，简称"FLC"），专门为截肢人士提供义肢，以及为肌肉骨骼无力、神经疾病和骨折人士提供矫形器。中心内的义肢和矫形器部（Prosthetics and Orthotics Department）设有临床室和步态室为病人提供截肢康复服务，以及四间专门现场制作及试戴义肢和矫形器的工作室。[3] 至今，陈笃生医院仍是公共医疗机构中唯一提供义肢和矫形器的医疗机构。[4]

---

[1] Win Wah et al., "Time Series Analysis of Demographic and Temporal Trends of Tuberculosis in Singapore", *BMC Public Health*, Vol. 14, pp. 1–2.

[2] "Speech by Mr Wan Hussin Zoohri, Parliamentary Secretary (Health and Culture) at the Opening of the Artificial Limb Centre at Tan Tock Seng Hospital on Saturday, 19 December'18 at 10.30am", https:// www.nas.gov.sg/archivesonline/data/pdfdoc/ewhz19811219s.pdf (Accessed 17 April 2021).

[3] "Prosthetics and Orthotics", Tan Tock Seng Hospital website, https://www.ttsh.com.sg/Patients-and-Visitors/Medical-Services/Prosthetics-and-Orthotics/Pages/default.aspx (Accessed 17 April 2021).

[4] Neo Xiaobin, "A Leg Up in Life", *Straits Times*, 22 May 2017, https://www.straitstimes.com/singapore/health/a-leg-up-in-life (Accessed 17 April 2021).

扩展医护范围

1985年5月16日，新加坡出现第一例艾滋病病例，患者被送入有39张隔离病床的传染病中心。由于对艾滋病缺乏认知，许多护士拒绝照顾艾滋病人。前医疗中心主任周振兴医生为消除护士对艾滋病的恐惧，教导他们艾滋病扩散的知识。[1]1986年9月，医院专门设立艾滋病病房，至今照顾了5000多名患者。从20世纪80年代开始，艾滋病患者、患者亲友和医护人员会在每年5月的第三个星期日到传染病中心集合，点亮蜡烛、静默绕行，以纪念死于艾滋病的患者，并冀望提升社会对艾滋病的关注。2018年5月19日，传染病中心在迁入新的国家传染病中心前，进行了最后一次艾滋病点烛纪念活动。[2]

为控制疾病，传染病中心实施艾滋病照护方案，为患者提供综合照护。该方案包括住院护理、门诊服务、日间服务以及教育服务，为照护人员、患者以及医护人员提供艾滋病教育。传染病中心也与社区伙伴以及陈笃生医院病人护理中心（Patient Care Centre，简称"PCC"）开展义工合作。病人护理中心设立于1997年，为艾滋病患者及病患家人在不受歧视的环境下提供服务，是他们的避风港。传染病中心从一开始就扮演治疗艾滋病、提高人们对艾滋病的认知和支持病人及其家属的关键角色。2004年，资深医生巴拉吉（Dr. Balaji Sadasivan）在第六届陈笃生医院演讲活动中指出了艾滋病毒在社会扩散的程度与危险性，从医者仁心的角度提倡社会接受公共卫生措施，如尽早追踪高风险病患并进行接触者追踪，以更好地抑制艾滋病毒的传播。[3]从19世纪的贫病乞丐到当今的艾滋病患者，陈笃生医院一直都在尝试用各种方式去照顾与服务

---

[1] "Tan Tock Seng Hospital (Edited Version) (Tape 1 of 2)", National Archives of Singapore website, https://www.nas.gov.sg/archivesonline/audiovisual_records/record-details/5465b1ad-1164-11e3-83d5-0050568939ad (Accessed 5 November 2021).

[2] Janice Tai, "Last HIV candlelight memorial at CDC", *Straits Times*, 20 May 2018, https://www.ttsh.com.sg/About-TTSH/TTSH-News/Pages/Last-HIV-candlelight-memorial-at-CDC.aspx (Accessed 11 December 2019).

[3] "Speech by Dr Balaji Sadasivan, Senior Minister of State for Information, Communications and the Arts and Health, at the 6th TTSH Oration at the Tan Tock Seng Hospital Doctors' Night 2004, 10 November 2004, 7.00pm at Raffles Town Club, Dunearn Ballroom", https://www.nas.gov.sg/archivesonline/data/pdfdoc/2004111090.htm (Accessed 1 August 2021).

社会受歧视群体。

根据20世纪80年代的预测,新加坡在2030年将有1/5的人口年龄达65岁或65岁以上。然而在80年代,对于高龄人士的医疗保健服务几乎是不存在的。陈笃生医院的迦耶勒南医生(Dr. Francis Joseph Jayaratnam)带头在新加坡提供综合老人服务。1989年,陈笃生医院设立新加坡第一组老年科部门,极具前瞻性,该部门至今已训练了好几代的老年病医生,并协助新加坡其他医院提供综合老年科服务。迦耶勒南医生预感到以医院为基础的纾缓护理有其必要性,陈笃生医院也支持他的团队在安宁缓和医疗方面的训练。[1]

1996年,陈笃生医院是新加坡第一家提供安宁缓和医疗或慈怀医疗服务(palliative care)的医院。[2]"慈怀医疗"是指缓解那些患有不治之症的病人在身体、情绪和心灵上的痛苦,以提高他们的生活质量。[3]2008年11月,陈笃生医院已设有慈怀医疗的完整部门,部门也提供住院服务。由医生、护士、社工和药剂师组成的团队会经常查房,以提供症状管理和临终关怀支持。慈怀医疗病房内有13张满足患者特殊需求的病床。[4]慈怀医疗部门还采取了两项新措施,即艺术疗法和音乐疗法,陪伴病人走完他们的生命旅程。[5]

一般需要慈怀医疗的病人包括患有晚期癌症、癌症疼痛与其他症状或末期器官衰竭的患者。[6]由于许多安宁服务专注在癌症患者上,许多身患绝症的非癌症患者并没有得到足够的安宁缓和医疗服务。这些病人与癌症晚期患

---

[1] "NHG Partnership: A Well-deserved Lifetime Award", *The LKC Medicine Newsletter*, June 2019, Issue 42, https://www.ntu.edu.sg/medicine/news-events/magazines-and-newsletters/the-lkcmedicine-june-2019/nhg-partnership-a-well-deserved-lifetime-achievement-award (Accessed 1 November 2021).
[2] "History of Palliative Care Organisations and Services", Singapore Hospice Council website, 2019, http://singaporehospice.org.sg/history/page/4/ (Accessed 24 November 2019).
[3] Allyn Hum & Mervyn Koh, *The Bedside Palliative Medicine Handbook: Tan Tock Seng Hospital Palliative Care Service* (Singapore: Tan Tock Seng Hospital, 2013), p. 1.
[4] "Palliative Medicine", Tan Tock Seng Hospital website, 2019, https://www.ttsh.com.sg/Patients-and-Visitors/Medical-Services/Palliative-Medicine/Pages/default.aspx (Accessed 24 November 2019).
[5] "Palliative Medicine", Tan Tock Seng Hospital website, 2019, https://www.ttsh.com.sg/Patients-and-Visitors/Medical-Services/Palliative-Medicine/Pages/default.aspx (Accessed 17 December 2019).
[6] "Palliative Medicine", Tan Tock Seng Hospital website, 2019, https://www.ttsh.com.sg/Patients-and-Visitors/Medical-Services/Palliative-Medicine/Pages/default.aspx (Accessed 24 November 2019).

者的需求不同，如需要在不同的病程阶段得到急性住院治疗和器官专家的帮助。为了解决这个问题，陈笃生医院开启慈怀疗护综合（IMPACT）计划，社区中的照护团队通过经常家访和电话咨询，为患者提供更好的临终关怀支持。①

到20世纪90年代，陈笃生医院已成为区域及全国五种核心医疗学科的转诊中心，即呼吸系统科、老年病科、神经科学复建医学、风湿病学和免疫学。②1995年，传染病中心划归陈笃生医院管理，同时结核病控制单位和流行病学部也并入传染病部门。③2000年，全国医疗保健系统重整为两个集群，从基层、急性和三级照护转为纵向一体化医疗照护，陈笃生医院则成为新加坡国立保健集团（National Healthcare Group）会员。

陈笃生医院从早期成立到现在，已经历了许多变化。当时医院成立的初衷很简单，就是给被遗弃和受苦的人们提供一个安身之所，其中有些病人往往已处在疾病的最后阶段。而今日的陈笃生医院已具备更全面的医疗能力，为不同疾病阶段的病人提供安慰和支持，更是超越疾病治愈，进一步提升病人临终关怀的质量。尽管医院的服务范围扩大了，尽管现代新加坡社会与早期新加坡社会相比有了很大的进步，但医院仍然秉持其社会使命，集结社会资源为病患与穷苦病人提供医疗服务。

1948年，陈笃生医院的志愿服务队伍正式启动，当时成立了康乐治疗小组（Diversional Therapy Unit），由志愿者协助照顾肺结核患者，并制作手工艺品为陈笃生医院的贫困患者筹集资金。如今，陈笃生医院的志愿服务队伍已具相当规模，其使命是"建立一个关怀者社区"。志愿者帮助陈笃生医院给病人提供

---

① "Making a Difference at the End Stage", Tan Tock Seng Hospital website, 2019, https://www.ttsh.com.sg/Patients-and-Visitors/Wellness/Health-Articles/Pages/Making-A-Difference-At-the-End-Stage.aspx (Accessed 17 December 2019).

② Philip Choo, "11.3: Tan Tock Seng Hospital", p. 235.

③ Communicable Disease Centre, *100 Years: A Commemorative Publication for the Communicable Disease Centre* (Singapore: Communicable Disease Centre, 2007), p. 18.

更好的护理,并给医院的病人介绍良好的护理方法和积极的思想。①

1995年,为了延续慈善传统,陈笃生医院成立了一个慈善机构——陈笃生社区基金,用以提高病人和社区民众的生活质量。陈笃生社区基金完全由公众捐款资助,每年支出超过200万元,以维持100多个满足病人医疗需求的项目。基金支持的其中一个项目是"社区康复计划"(Community Rehabilitation Programme,简称"CRP"),这是一项为低收入病人提供的家庭康复服务,特别是那些不幸中风或患上神经系统疾病和卧床不起的病人。另一个项目是"帮助老年患者计划"(Helping Elderly Patients Programme,简称"HELP"),该计划帮助55岁及以上的有需要的患者,他们身边往往很少或根本没有可以求助的照顾者。该基金每年帮助超过2500名有需要的病人,其中包括不少老年人,为经济能力拮据或无法取得医疗补助的病人提供适当的医疗服务。②

陈笃生医院为本地低收入病人提供财政援助,其中很大一部分是来自国家的保健基金(Medifund)。这是政府在1993年设立的捐赠基金,初始资金为新币2亿元,用于帮助低收入的新加坡公民支付医疗费用。当病人在接受了种种政府补贴、提取医疗保险金和现金后,仍然在支付剩余医疗费用时面临经济困难,那么这项基金可为这些在公立医院以及在受认证的医疗机构就医的病人提供一个安全网。在2018财政年度,保健基金为120万名病患拨出了1.565亿

图 7-24 陈笃生医院保健基金委员会(2019年)
图片来源:陈笃生家族珍藏。

---

① "Volunteer", Tan Tock Seng Hospital website, 2021, https://www.ttsh.com.sg/About-TTSH/Volunteer-at-TTSH/Pages/default.aspx.
② "TTSH Community Fund", Tan Tock Seng Hospital website, 2019, https://www.ttsh.com.sg/About-TTSH/TTSH-Community-Fund/Pages/default.aspx (Accessed 2 December 2019).

元，以帮助有需要的新加坡人支付医疗费用。其中，陈笃生医院获得了2450万元，是新加坡公立医院的第二大拨款对象，仅次于新加坡中央医院。[1]

无独有偶，正是通过陈笃生医院保健基金委员会，又有一位陈笃生后人挺身而出，为医院的社会关怀做出贡献。陈笃生医院保健基金委员会的现任主席陈继廉是一名商人，也是创始人陈笃生的玄孙，来自陈德源与陈惟贤一脉。保健基金委员由七名成员组成，其中包括医生和社会工作人士，他们协助医院审核病人的保健基金申请是否得当。

在接受采访时，陈继廉回忆说，他与已故前国家生产力和标准委员会的主席孙福松经常有业务会议。[2] 1995年，孙福松任陈笃生医院保健基金委员会主席。当他知悉陈继廉是陈笃生的后代后，便邀请陈继廉加入陈笃生医院保健基金委员会。

回忆起过往的会议，陈继廉提到，每当遇到保健基金申请的裁决陷入僵局时，孙福松经常会让他这位陈笃生的玄孙来打破僵局。孙福松在2015年去世后，陈继廉接手了保健基金委员会主席的职位。迄今为止，陈继廉已为陈笃生医院义务服务逾25年，延续了陈笃生家族对医院照顾病人和穷人的使命的贡献。

---

* 廖文辉、何国宏译。

[1] "Medifund Assistance Ensures Accessible Healthcare for Singaporeans", Ministry of Health website, 26 November 2019, https://www.moh.gov.sg/news-highlights/details/medifund-assistance-ensures-accessible-healthcare-for-singaporeans.

[2] 孙福松在2011年新加坡国庆奖章中获公共服务星章，表彰他对国家保健计划做出的贡献，尤其是自1993年起义务担任陈笃生医院保健基金委员会主席。他于2015年离世。"Freddy Soon, former Hyflux executive, dies at 73", *Today*, November 20 2015, https://www.todayonline.com/singapore/freddy-soon-former-hyflux-executive-dies-73 (Accessed 1 August 2021)。

第三节
新型综合医院（2000~2021年）

2000年4月1日，陈笃生医院正式由时任新加坡副总理的李显龙主持开幕，位置就在20世纪初的陈笃生医院南面。新建的高层大楼设有专科诊所、病房和急诊部，为住院和门诊病人提供全面服务。[1] 新医院仍然忠于照护贫民的使命，其中有七成的床位是得到补助的C级和B2级病房，使医院得以继续为低收入群体提供优质护理。[2]

重建陈笃生医院

李显龙在陈笃生医院2000年开幕典礼致辞中概述了医院的未来发展方向，即将医疗照护扩展到医院之外。他宣布设立新加坡健康促进局（Health Promotion Board，简称"HPB"），以强化健康推广、教育和疾病防御等计划，也提到医院是分享健康资讯给病人及其家属的重要伙伴。[3] 陈笃生医院已与其他卫生和社区组织建立起伙伴关系，在社区和工作场所推广健康，并在老年护理方面培养优良传统，为日后发展提供了很大的空间。医护人员会经常为长者照护人员提供家庭护理培训，也会经常家访并对改进年长者生活环境提供意见。这些护理措施将系统化地逐渐扩展。

---

[1] Philip Choo, "11.3: Tan Tock Seng Hospital", in Lee Chien Earn & K. Satku (eds.), *Singapore's Health Care System: What 50 Years Have Achieved* (Singapore: World Scientific Publishing, 2016), p. 237.

[2] "Address by MrYeo Cheow Tong, Minister for Health, at the Tan Tock Seng Hospital Ground Breaking Ceremony on 4 September 1993 at 10.30am", p. 3. https://www.nas.gov.sg/archivesonline/speeches/record-details/7170c563-115d-11e3-83d5-0050568939ad (Accessed 6 November 2021).

[3] "Speech by DPM Lee Hsien Loong at the Opening of Tan Tock Seng Hospital, Saturday, 1 April 2000, 5.30pm", https://www.nas.gov.sg/archivesonline/data/pdfdoc/2000040105.htm. (Accessed 6 November 2021）.

图 7-25　陈笃生医院主楼

图片来源：陈笃生医院。

这时，陈笃生医院不仅是一所全面性的综合医院，还开创了许多新科技和应用技能，为新加坡乃至全世界提供更好的医疗照护。1995年，陈笃生医院成为新加坡第一所提供磁共振成像（MRI）服务的医院。2001年，医院完成了当时全亚洲的首个健骨手术（fit-bone surgeries）。2002年，设立第一间进阶腹腔镜手术中心，① 为风湿病人引入甲襞微血管显微镜系统（Nailfold Video Capillaroscopy system），并使用机器人矫形器提升病人复建效果。医院也设立非侵袭性呼吸单位以及专门处理心脏衰竭和肌骨骼衰竭等症状的诊室。②

---

① "TTSH Achievements 2011", Tan Tock Seng Hospital, https://issuu.com/ttsh/docs/ttsh_achievements (Accessed 6 November 2021).
② Philip Choo, "11.3: Tan Tock Seng Hospital", in Lee Chien Earn & K. Satku (eds.), *Singapore's Health Care System: What 50 Years Have Achieved*, p. 237.

2001年7月25日，陈笃生医院历史博物馆正式开放，展出的历史文物和医疗设备记录了医院的发展和成就。馆内还收藏了由已故多拉辛根（Kamala Devi Dhoraisingam）女士捐赠的19世纪（医院创始人陈笃生的时代）土生华人风格瓷器等。多拉辛根女士曾在陈笃生医院接受治疗，她很钦佩医院工作人员对病人的关怀和照顾，认为这种大爱精神要归功于创办该医疗机构的陈笃生。[1]陈柔浩，植物学家，也是陈温祥之子、陈笃生玄孙，他在2001年捐赠了10万新加坡元用以建立陈笃生医院历史博物馆。[2]馆里有一件由曼谷雕塑家刻制的陈笃生半身像，是依照陈继根（陈继廉兄长）的模样塑造的。[3]

迁到新址后，陈笃生医院再次面临新的挑战。2003年3月1日，新加坡第一例严重急性呼吸综合征（SARS）患者被送入医院。SARS是一种严重的肺病，从2002年11月到2003年7月，全球一共有8096起SARS病例，其中238起来自新加坡。SARS在全球夺走了774人的生命，其中33名来自新加坡。[4]2003年3月22日，陈笃生医院成为治疗SARS的指定医院。当时所有患者或疑似患有SARS的病人都送来这里，而医院也停止照护非SARS患者。[5]其中有两名死者为陈笃生医院医护人员，心脏病科主任王复赐医生和护士哈米达（Hamidah Ismail）以身殉职。这场疫情也夺走了陈笃生医院前医护人员、新加坡综合医院血管外科医生赵光灏（Dr. Alexandre Chao）的生命。陈笃生医院的一众医护人员在管理和照护SARS患者方面所做出的杰出贡献受到表扬和奖赏。[6]2004年，陈笃生医院出版《严重急性呼吸综合征：无声的战

---

[1] Kamala Devi Dhoraisingam & Dhorasingam S. Samuel, *Tan Tock Seng Pioneer: Pioneer; His Life, Times, Contributions and Legacy* [Kota Kinabalu: Natural History Publications (Borneo), 2003], pp. ix–x.
[2] "The Legacy of Tan Tock Seng (Part 2 of 2)", Singapore Memory Project website, https://www.singaporememory.sg/contents/SMA-510b81c0-5810-4f75-acea-1d12aeb0f77a (Accessed 6 November 2021).
[3] 陈继廉访谈录，由陈豌琳与蔡淑仪采访，2021年4月5日。
[4] "SARS in Singapore: Timeline, SARS: 10 Years On", *Straits Times*, 16 March 2003, https://www.straitstimes.com/singapore/sars-in-singapore-timeline (Accessed 4 December 2019).
[5] Hsu Li Yang, "Singapore's SARS Hospital", *Medical Digest*, April–June 2003, pp. 3–7 & 14.
[6] Communicable Disease Centre, *100 Years: A Commemorative Publication for the Communicable Disease Centre*, p. 89.

争》（SARS: The Silent War）一书，以纪念医院抗击这场流行疫病所做的努力。

新加坡面临的另一项新挑战是应对人口老龄化。据估计，从2019年到2050年，新加坡人口中年龄达65岁或65岁以上者的增长率将高居世界第二。[①] 陈笃生医院作为应对新加坡人口老龄化的先锋之一，已经设立了老年病医疗部和慈怀医疗部。

2008年，医院设立了涵括老年病医疗部、持续和社区关怀部、慈怀医疗部和复健治疗部在内的综合及社区关怀科，负责提供综合性照护并协助病人在不同病程阶段得到适当的医疗护理。[②] 该科成立之后，四部门彼此间协作，满足新加坡老年人口的医疗和服务需求。

经历过大大小小的疫情后，陈笃生医院从过往经验中吸取教训，建构起迎击疫病的防卫机制，并做好对抗传染病的准备。2003年SARS疫情结束后，医院预计提早以代称"ABC"的机构取代传染病中心。2009年5月，新加坡出现首例甲型H1N1流感病例，陈笃生医院再次应对这场疫情的蔓延。虽然此次疫情规模比SARS疫情规模小，但医院迅速在急诊室外搭起帐篷和临时闸门，限制访客进入病房，以及封锁医院以对抗疫情。[③]

2010年，陈笃生医院在新加坡首创访客便利化系统（Visitor Facilitation System）。医院大堂和各处病房都安装了闸门，在疫情暴发期间控制访客在院内的流动并追踪其所接触的对象，这些措施现已成为各大公共医院的标准程

[①] "World Population Ageing 2019", United Nations website, https://www.un.org/development/desa/pd/ sites/www.un.org.development.desa.pd/files/files/documents/2020/Jan/un_2019_worldpopulationageing_report.pdf (Accessed 17 April 2021).

[②] "Media Release: Institute of Geriatrics and Active Ageing to Improve Health and Quality of Life for Senior Citizens", Tan Tock Seng Hospital website, 28 September 2012, https://corp.nhg.com.sg/Media%20Releases/Presenting%20The%20Institute%20of%20Geriatrics%20Active%20Ageing_FINAL.pdf.

[③] Eugene Fidelis Soh, "Building for the Known Unknown: Development of the National Centre for Infectious Diseases", *Annals of the Academy of Medicine, Singapore*, Vol. 49, No. 8, August 2020, p. 582.

序。① 医院还计划建立一个新的机构，让医院在应对新的传染病或"已知的未知"疾病时能保有空间和设计的弹性。这项计划也促成了国家传染病中心的建立，即"诺维娜健康城"（Health City Novena）主计划中的重要机构。②

图 7-26 位于大堂一楼的闸门，用来辨识和追踪进入医院的访客

图片来源：陈笃生医院。

展望医疗保健

2010年，陈笃生医院在新加坡卫生部的支持下，开始策划综合性医疗保健设施蓝图。陈笃生医院迁址到摩绵路近一个世纪后，将在诺维娜健康城主计划下成立新加坡第三个也是最大的医疗保健枢纽，增设新设施并成立合作伙伴联盟，为社区提供崭新的护理模式，延续医院的开拓精神。

这座新综合性医疗保健枢纽的策划注重陈笃生医院社群的参与，包括医疗伙伴、基层组织、合作方等，共同打造一个照护社区的愿景。医疗园区被命名为"诺维娜健康城"，反映了对其所服务的城市和社区的关注，而标语为"以健康生活为中心"，除了意指陈笃生医院居于新加坡中部位置，也蕴含了陈笃生医院乃至新加坡国立健保集团（National Healthcare Group）要共同打造健康未来的这一愿景。标志没有采用一贯的医学传统象征，而是以本地人所熟悉的香灰莉树（Tembusu）为发想，以一个心形树冠涵括诺维娜健康城内所有参与

---

① Tan Tock Seng Hospital Facebook post, 12 March 2020, https://www.facebook.com/TanTock-SengHospital/posts/we-have-come-a-long-way-in-building-up-our-defences-against-infectious-dis-ease-o/10158246603588069/.

② Eugene Fidelis Soh, *"Building for the Known Unknown"*: Development of the National Centre for Infectious Diseases, *Annals of the Academy of Medicine, Singapore*, Vol. 49, No. 8, August 2020, p. 583.

机构的元素和颜色，象征着陈笃生医院社区内部紧密的伙伴关系。①

图 7-27　诺维娜健康城标志和标语

陈笃生医院首席执行总裁苏源财医生（Dr. Eugene Fidelis Soh）回顾陈笃生医院近20年来的种种关键时刻，他说："你可以说陈笃生医院一直都处在疫情暴发与下一次疫病来袭之间，我们不断从中学习，加强自身去面对下一次疫情……但我个人认为，陈笃生医院过去十几年来最丰饶富庶的要数其所建立起来的网络和关系。陈笃生医院正是'取之于民，用之于民'的人民医院。我们在社区深根固柢……我觉得医疗保健的未来就在于医院如何与人民合作。这就像是陈笃生医院的一场文艺复兴，因为我们草创之初就是为了民众，如今我们追根溯源，与伙伴们携手合作，与社群又更贴近一步。"②

2013年8月20日，新加坡卫生部长颜金勇正式宣布"2030年诺维娜健康城蓝图"。该蓝图分成两个阶段，预计在2030年建成一个17公顷的综合医疗保健中心，由新加坡卫生部、国立健保集团和陈笃生医院联合开发。③

---

① Eugene Fidelis Soh, *"Building for the Known Unknown"*: Development of the National Centre for Infectious Diseases", *Annals of the Academy of Medicine, Singapore*, Vol. 49, No. 8, August 2020, p. 583.
② 苏源财医生访谈录，由陈琬琳与蔡淑仪采访，2021年4月8日。
③ "Speech by Health Minister Gan Kim Yong at the Official Launch of HealthCity Novena", 30 August 2013, https://www.moh.gov.sg/news-highlights/details/speech-by-health-minister-gan-kim-yong-at-the-official-launch-of-health-city-novena-30-aug-2013.

诺维娜健康城有专门设计的新建医疗保健和医药教育培训设施，各大楼之间有完善的衔接通道，能够提供顺畅的综合性医疗护理服务。此外，中心区域内也将建立新的公园。

诺维娜健康城的愿景是通过创造一个充满活力、能全面推进医疗保健、医疗教育和转化研究的环境，打造一个以照护病人为中心、以社区为基础的综合医疗保健设施。[①] 规划过程贯穿四个关键要素——照顾（Care）、社区（Community）、连接（Connectivity）和持续学习及创新（Continuous Learning & Innovation），具体而言就是创造社区间合作关系、建设新的行人连接通道及绿色空间、维持卓越教学水平和重新设计照护服务机制。

图 7-28　诺维娜健康城主计划概念图（2010 年）

图片来源：陈笃生医院。

[①] Tan Tock Seng Hospital, *Health City Novena – Building a Community of Care*, 2019, p. 10, https://issuu.com/ttsh/docs/ebook-healthcitynovena-buildingacom.

2014年，新加坡总统陈庆炎在陈笃生医院170周年创始人庆功晚宴上致辞："我为陈笃生医院至今还能贯彻自身'人民医院'的使命而感到振奋。"[1] 当晚他宣布了"黄廷芳医疗创新计划"。已故房地产大亨黄廷芳家属为该计划捐赠5200万元新币。[2] 该计划支助新加坡医院和医疗机构的培训和创新研发，以提升医院内外照护病人的水平。该方案还会为陈笃生医院医疗专家、志愿者、照顾者和病患支援团队的训练课程提供补助和奖学金，并且支助医疗保健创新发展，提高看护的效率和安全性。

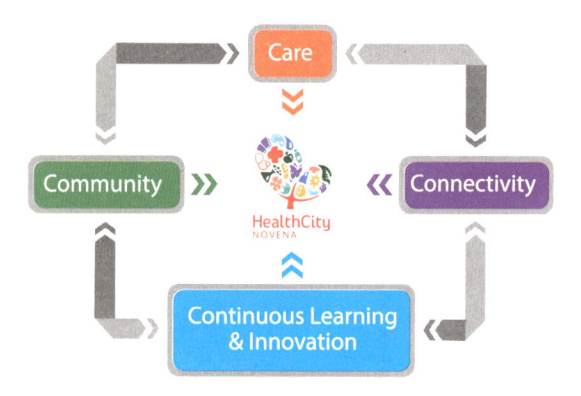

图 7-29　诺维娜健康城建立照护社区的 4C 关键要素

图片来源：陈笃生医院。

陈笃生医院擅长为老年病人提供医疗服务，因应新加坡快速老龄化社会而提供医护需求。2014年，陈笃生医院正式启用新的"老年医科中心"（Centre for Geriatric Medicine），这是专为老年人而设的一站式服务中心。而"老年医学与乐龄研教学院"（Institute of Geriatric and Active Ageing）也与南洋理工大学和加拿大英属哥伦比亚大学百合卓越联合研究中心（Research Centre of Excellence in Active Ageing for the Elderly，简称"LILY"）开展合作，在陈笃生医院的新建中心展开全新的数字技术的临床测试，并开发为年长者提供的创新照护。[3]

---

[1] Lee Chien Earn & K. Satku (eds.), *Singapore's Health Care System*, p. 238.
[2] "$52 million charity fund to raise standards of patient care", *Straits Times*, 7 October 2014, https://www.straitstimes.com/singapore/health/52-million-charity-fund-to-raise-standards-of-patient-care.
[3] Tan Tock Seng Hospital Facebook post, 25 July 2014, https://www.facebook.com/TanTockSengHospital/posts/we-celebrated-our-170th-founders-day-today-with-a-milestone-event-the-official-o/101525 67619978069/.

图 7-30　陈笃生医院 170 周年创始人日晚宴（2014 年）

图片来源：陈笃生家族珍藏。

李光前医学院临床科学大楼于 2016 年完工，是诺维娜健康城的首个发展成果。李光前医学院是新加坡第三所医疗学院，由新加坡南洋理工大学和英国伦敦帝国学院合作成立。[1] 陈笃生医院是南洋理工大学李光前医学院的合作教学伙伴医院，陈笃生医院作为一所教学医院，有着悠久的历史。诺维娜健康城的发展将促进医疗教育和职业培训的密切整合。

政府在 2016 年制定了医疗保健的三个方针，以应对新加坡人口老龄化和慢性疾病问题渐增的挑战。这包括将医疗保健服务的中心由医院转向社区，按照病人的需求分配医疗资源以达到保健系统的永续性，跨出医疗保健领域去培育健康国度和健康国民。[2] 2017 年，为应对不同照护需求而打造一个全方位的

---

[1] "Corporate Brochure: Redefining Medicine, Transforming Healthcare", Lee Kong Chian School of Medicine, 2019, https://issuu.com/lkcmedicine/docs/lkc_corporate_brochure_20180212_h.

[2] "Speech by Minister for Health, Mr Gan Kim Yong, at the MOH Committee of Supply Debate 2016", 13 April 2016, https://www.moh.gov.sg/news-highlights/details/speech-byminister-for-health-mr-gan-kim-yong-at-the-moh-committee-of-supply-debate-2016 (Accessed 1 August 2021).

医疗机构和服务体系，新加坡卫生部进一步宣布重组新加坡公共医疗保健系统的计划，将之分为三个整合型群。① 新加坡国立健保集团与亚历山大医疗系统结合以满足中部地区的护理需求，陈笃生医院、邱德拔医院和兀兰医院则作为新加坡中北部人口的主力医院。陈笃生医院的服务对象扩大到了中部的 140 万人口。该区 65 岁以上人口的比例更高，有 1/5 的老年人口患有轻度到重度虚弱症，他们更需要跌倒防护和姑息疗法等方面的照护。② 虽然新加坡人口平均寿命已升至 84.8 岁，但人们在生命的最后 10 年里可能健康不佳。③ 陈笃生医院肩负起重担，主导照护服务的重新设计并创立运转良好的医疗护理模式，冀以达成促进全民健康的使命，同时满足老龄化人口的需求。

2017 年 3 月，陈笃生医院开始动工兴建"综合护理中心"（Integrated Care Hub）。④ 这所复健医院有 500 张病床，设有齐全的复健设备和慈怀医疗服务以满足病人的复杂需求，诸如头部外伤、脊椎伤害、中风或肢体丧失等。⑤ 护理中心将与位于宏茂桥的陈笃生康复中心合并。这所新设机构建有连接医院主楼的天桥，可将完成急性治疗的病人转到中心进行复健治疗，通过诸如游戏疗法技术和虚拟现实疗程等，让他们在出院回家和重新融入社会之前能调整及适应日常生活作息。综合护理中心帮助病人康复，协助病人在经历创伤和疾病后重拾自主权和尊严，也能减轻照护病人的负担，填补医疗保健现有的一大缺陷。

---

① "Reorganisation of Healthcare System into Three Integrated Clusters to Better Meet Future Healthcare Needs", Ministry of Health website, 18 January 2017, https://www.moh.gov.sg/news-highlights/details/reorganisation-of-healthcare-system-into-three-integrated-clusters-to-better-meet-future-healthcare-needs.

② Eugene Fidelis Soh, et al., "Building a Hospital Without Walls", *Health Management*, Vol. 20, No. 8, p. 596.

③ "Singaporeans are living longer, but is quality of life better?", Mind Science Centre, Yong Loo Lin School of Medicine, https://medicine.nus.edu.sg/nmsc/singaporeans-are-living-longer-but-is-quality-of-life-better/ (Accessed 1 August 2021).

④ "Tan Tock Seng Hospital's Integrated Care Hub Bridges Patients from Hospital to Home", Tan Tock Seng Hospital website, https://www.ttsh.com.sg/About-TTSH/TTSH-News/Pages/Tan-Tock-Seng-Hospital's-Integrated-Care-Hub-Bridges-Patients-from-Hospital-to-Home.aspx.

⑤ "Tan Tock Seng Hospital's Integrated Care Hub Bridges Patients from Hospital to Home", Tan Tock Seng Hospital website, https://www.ttsh.com.sg/About-TTSH/TTSH-News/Pages/Tan-Tock-Seng-Hospital%E2%80%99s-Integrated-Care-Hub-Bridges-Patients-from-Hospital-to-Home.aspx (Accessed 17 April 2021).

年长者的一个潜在健康问题是认知问题，如痴呆症和谵妄。痴呆症是渐进性的脑部疾病，会导致记忆丧失进而影响患者日常生活。谵妄是由疾病引起的精神错乱，患者会出现幻觉，焦躁不安且语无伦次。[1]2017年11月，陈笃生医院设立新的亚急性老年病检测单位。这间六人病房专门照顾人数日渐增多、出现行为问题的痴呆症和谵妄年老患者。这些患者或不配合治疗，或精神错乱，在一般病房难以照料。照护人员为一组30名受过介入式技能训练的护士，可应对病人精神错乱、攻击性行为、拒绝进食、用药等行为问题。[2]

2017年新成立的"激励保健培训中心"（Centre of Health Activation，简称"CHA"）为社区里的病患、护理人员、义工以及医疗和社工人员等提供培训，增强他们在社区内照护病人的能力并推广全民保健的意识，以构建一个护理关怀前线社区。[3]2018年，陈笃生医院开展一项为期两年的新课程，以培训年长、资深义工照护年老病人。[4]他们会接受辅助性的临床技能训练，如记录患者病史、示范如何使用眼药水等。资深义工更能理解年老患者的需求，并与其建立关系，从而为年老病患提供更好的照护。这也预示着陈笃生医院的医疗模式转型，从治疗病患改为促进健康。

2019年，陈笃生医院推动建立新的综合照护模式，即中区保健网络（Central Health network），由75家主要社区伙伴机构携手医疗团队走入社区，构建综合医疗和社区护理体系。医院也组织社区护理团队（Community Health Teams）进行家访，并与当地医疗和社区伙伴机构合作。同时，在新加坡中区建立近百个社群健康岗，进而提供病人所需的照护服务，推广全民保健的讯

---

[1] Cynthia Choo, "Child's Play for These Seniors at TTSH's New Dementia Unit", *Today*, 9 January 2019, https://www.todayonline.com/singapore/childs-play-these-seniors-ttshs-new-dementia-unit (Accessed 14 December 2019).

[2] Vanessa Liu, "Helping Patients who are Hard to Care for", *Straits Times*, 10 January 2019, https://www.straitstimes.com/singapore/helping-patients-who-are-hard-to-care-for (Accessed 14 December 2019).

[3] "Centre for Health Activation", Tan Tock Seng Hospital website, https://www.ttsh.com.sg/Health-care-Professionals/Training-Workshops/Training-Courses/Pages/Centre-for-Health-Activation.aspx (Accessed 17 April 2021).

[4] Felicia Choo, "Senior Volunteers Set to Help Elderly Patients", *Straits Times*, 20 October 2018, https://www.ttsh.com.sg/About-TTSH/TTSH-News/Pages/Senior-volunteers-set-to-help-elderly-patients.aspx.

息，并协助年长居民原地养老。① 陈笃生医院首席执行总裁苏源财医生描述搭建综合护理体系的愿景时说："……一个关怀社区不单单只有医生和护士，而是如何在患者周围建立起一层层的关怀网给予支持……包括病人的护理员、义工、社群内的伙伴机构、家庭诊所、支持者……当然，还有医院。尽可能在病人身边提供护理和关怀，而不是单单在医院大楼提供医疗护理。这是医疗护理的未来发展方向，也延伸了医院不分贫富照料所有贫苦病人的初衷。"②

2019年5月9日，黄廷芳医疗保健中心（Centre for Healthcare Innovation）正式开幕，是新加坡专为推动医疗保健创新和劳工转换而建造的最大中心，占地面积为25000平方米，配备诸如生活实验室、模拟实验室、学习工作室和活动参与空间等。同时也设有最新的陈笃生医院作业控制中心，其独特的"指令、控制和沟通（C^3）智能医院系统"会改变医院的运作方式。这套指挥系统会与医院内多处传感器和处理系统进行实时互动，达到对病人流动量和照顾服务的监控、设计和优化。③

陈笃生医院自2016年起主持医疗保健创新中心的共同学习网络，这个网络由37家国内外合作伙伴组成，提供了一个思想领导力的平台，从构思、创新到执行去共同创造医疗保健未来。陈笃生医院在医疗创新领域有着悠久的历史，而这个新的医疗保健创新中心将会明确陈笃生医院作为医疗创新领袖的定位，实现医疗人力的转变去迎接未来的挑战并满足新加坡老龄化人口的需求。④

2019年7月27日的175周年创始人纪念晚宴上，新加坡总统哈莉玛（Halimah Yacob）赞扬陈笃生医院在医疗照护和社区照护上的努力和远景。她说："令我感到振奋的是，陈笃生医院的远景走出了医院的围墙，承载着前人

---

① Eugene Fidelis Soh et al, "Building a Hospital Without Walls", *Health Management*, Vol. 20, No. 8, 2020, pp. 597–598.
② 苏源财医生访谈录，由陈琬琳与蔡淑仪采访，2021年4月8日。
③ Tan Tock Seng Hospital Facebook post, 28 July 2020, https://www.facebook.com/TanTockSengHospital/photos/pcb.10158728389993069/10158728389233069/.
④ "Ng Teng Fong Centre for healthcare innovation opens up Singapore's healthcare to the world", Tan Tock Seng Hospital website, 9 May 2019, https://www.ttsh.com.sg/About-TTSH/TTSH-News/Pages/ Ng-Teng-Fong-Centre-for-healthcare-innovation-opens-up-Singapore%27s-healthcare-to-the-world.aspx.

的使命，去为新加坡中部的 140 万居民提供服务。医院连同 70 家社区伙伴机构共建起一个综合医疗和社区护理体系，有助于管理人民的保健需求。陈笃生医院还致力于搭建一个'更健康更快乐的社区'。在陈笃生医院庆祝 175 年的这一时刻，我想借此机会表扬陈笃生医院及其伙伴机构对于塑造新加坡医疗保健未来所付出的努力。"①

诺维娜健康城的一个关键机构是于 2019 年 9 月 7 日开始正式投入运作的国家传染病中心。② 该中心涵盖了传染病中心的所有功能，包括监管国家艾滋病计划和国家结核病计划，并成为新加坡的疫情管理中心。这类医院专为应对新兴传染病而设，且具备抗击诸如 SARS 或更严重疫情的能力，在世界上并不多见。

国家传染病中心配备了最先进的隔离设施，如专为收容疑似或确诊染上高传染性疾病患者而设的高级隔离单位，还有为了预防疾病通过空气传播的负压病房，以及在必要时可以个别应用到独立病房、单一楼层、建筑翼部甚或整栋建筑范围的独立封锁系统。③ 针对医院员工、访客和病人，还设有一个实时定位系统（Real-Time Location System），在疫病暴发时更易于追踪接触者。国家传染病中心大楼与陈笃生医院急诊大楼之间有双层天桥的连通设计，可快速且安全地让员工和病人在两个不同的楼层通过，是对抗疫病暴发快速和有效的方法。④

国家传染病中心成立不到六个月便迎来了挑战。2020 年 1 月 23 日，新加坡出现了首例新冠病毒感染病例。国家传染病中心被划为应对新冠疫情的主要战场，陈笃生医院在中心设立了一个全天候 24 小时的筛检中心，调遣额外

---

① "Tan Tock Seng Hospital marks 175th anniversary by stepping up efforts to provide community eldercare", *Straits Times*, 27 July 2019, https://www.straitstimes.com/singapore/tan-tock-seng-hospital-marks-175th-anniversary-by-stepping-up-efforts-to-provide-community.
② "National Centre for Infectious Diseases Officially Opens", National Centre for Infectious Diseases website, 7 September 2019, https://www.ncid.sg/News-Events/News/Pages/NCID-Official-Opening.aspx.
③ Cindy Co, "New Infectious Diseases Centre to Have Real-Time Location Tracking", Channel News Asia, 7 September 2019, https://www.channelnewsasia.com/news/singapore/ncid-national-centre-for-infectious-diseases-singapore-11882690 (Accessed 15 December 2019).
④ Eugene Fidelis Soh, *"Building for the Known Unknown"*, pp. 582–587.

医疗人员，并为员工制定安全和工作协议。① 国家传染病中心作为新加坡抗击全球流行病的中枢，负责筛检及治疗新冠病毒感染患者，开展对这一疾病模式的研究，并为国家防疫措施提供宝贵信息。在新冠疫情高峰时刻，新的14层大楼的病床容量从原本的330张增加到500张，人力部署也从原本的600名员工提高到2000名。国家传染病中心得到了来自陈笃生医院和其他机构的人员支援。②

国家传染病中心筛检中心的一线人员必须长时间穿戴个人防护设备（PPE）并超时工作。由于新冠病毒的高传染力，他们必须减少与家庭成员的接触。自2020年2月起，陈笃生医院前线医疗员工的危机应对及努力，赢得了大众热烈的感激、支持和鼓励，而陈笃生医院人员在对待同人、对待需筛检的病人方面，也表达了关怀关切之情。对于需要筛检的大批外籍劳工，医院员工特别为他们准备了温热的咖喱饭。为了缓解病人的焦虑，员工还让他们做早操，给他们提供祈祷时的毯子以及影片和零食。③

图 7-31　陈笃生医院员工搬运病床以增加国家传染病中心的容量

图片来源：陈笃生医院。

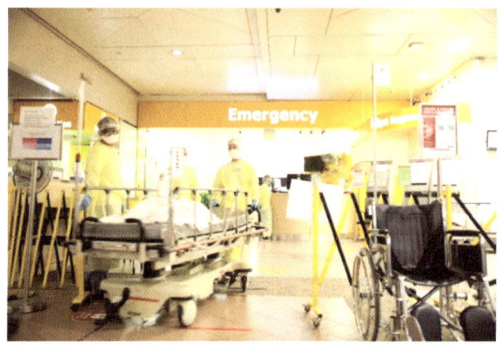

图 7-32　穿戴个人防护设备进行新冠病毒筛检的急诊部员工

图片来源：陈笃生医院。

---

① "At ground zero: First-line defenders at TTSH-NCID's COVID-19 Screening Centre", Tan Tock Seng Hospital website, 24 May 2020, https://www.ttsh.com.sg/About-TTSH/TTSH-News/Pages/at-ground-zero.aspx.
② "Front-Liners in the Battle against COVID-19 in S'pore", Straits Times, 21 December 2020, https://www.ncid.sg/News-Events/News/Pages/Front-liners-in-the-battle-against-COVID-19-in-S%27pore.aspx.
③ "At ground zero: First-line defenders at TTSH-NCID's COVID-19 Screening Centre", Tan Tock Seng Hospital website, 24 May 2020, https://www.ttsh.com.sg/About-TTSH/TTSH-News/Pages/at-ground-zero.aspx.

为了确保医院员工的健康和福利在漫长的防疫期间得到保障，医院也推出了员工福利倡议和支持计划，并多管齐下加强与12000名员工之间的沟通。2020年12月，陈笃生医院被选为"新加坡最佳工作场所"之一。医院对疫情的反应，以及管理阶层对前线和辅助员工福利的关注受到认可，获颁"坚韧不拔"特别奖（Special award for Resilience）。①

2021年4月，陈笃生医院病房出现新冠病毒群聚感染，②成为新加坡第二大感染群，共有46人染上疾病，出现两例死亡病例。医院迅速采取系列措施控制群聚感染，避免疫情扩散到社区。医院即刻开展追踪检疫以隔离病患接触者，封锁确诊病房，停止人员入院及探访，减少并分隔院内医疗人员和病人的行动路线。直到所有住院病患和12000名医护人员的新冠病毒抗原检测结果为阴性，医院才在2021年5月宣布将逐渐重新开放。③

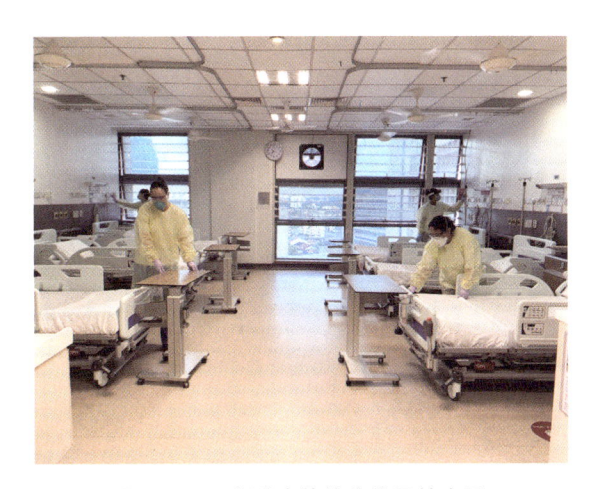

图 7-33　全副武装的前线医护人员

图片来源：陈笃生医院。

发扬先辈精神

从1843年新加坡总督与陈笃生洽谈救助贫民事宜，以及陈笃生自愿提出建立医院到现在，境况已经有了许多改变。那时并没有一所面向广大移民人

---

① "13 Companies Win Awards as Best Places to Work", *Business Times*, 22 December 2020, https://www.ttsh.com.sg/About-TTSH/TTSH-News/Pages/13-companies-win-awards-as-best-places-to-work.aspx.
② "Tan Tock Seng Hospital's Ward 9D to resume admissions after enhancing safety measures", Channel News Asia, 21 May 2021, https://www.channelnewsasia.com/news/singapore/tan-tock-seng-hospital-ward-9d-reopen-admissions-covid-19-cluste-14858408.
③ "Safe and progressive reopening of Tan Tock Seng Hospital", Tan Tock Seng Hospital website, 17 May 2021, https://www.ttsh.com.sg/About-TTSH/TTSH-News/Pages/Safe-and-Progressive-Reopening-of-Tan-Tock-Seng-Hospital.aspx.

口的医院,更遑论帮助那些深受疾病和贫困折磨的民众。陈笃生医院成立之初给贫病民众提供避难所及简单医疗服务,得到了广大的社区力量资助。近两个世纪以来,陈笃生医院从贫民医院转变成一所完整的综合医院。这一过程中有许多具备先驱意义的里程碑,反映了新加坡医疗保健一路走来的演变及创新。

今天,陈笃生医院是一家拥有12000名员工的权威公共医疗机构,为新加坡中部140万人口提供服务。陈笃生医院社区基金延续着为有需要的病人提供资助这一慈善传统。医院的义工计划着力培育社区义工,使他们成为医院医疗护理的一分子,而社区护理团队也在医院外部建立社区伙伴网络,为病人提供照顾服务。医院持续在各层面充当团结动员社区民众的载体,发挥新加坡社会的"甘榜"(Kampung)精神,为当今新加坡的贫病民众提供照护。

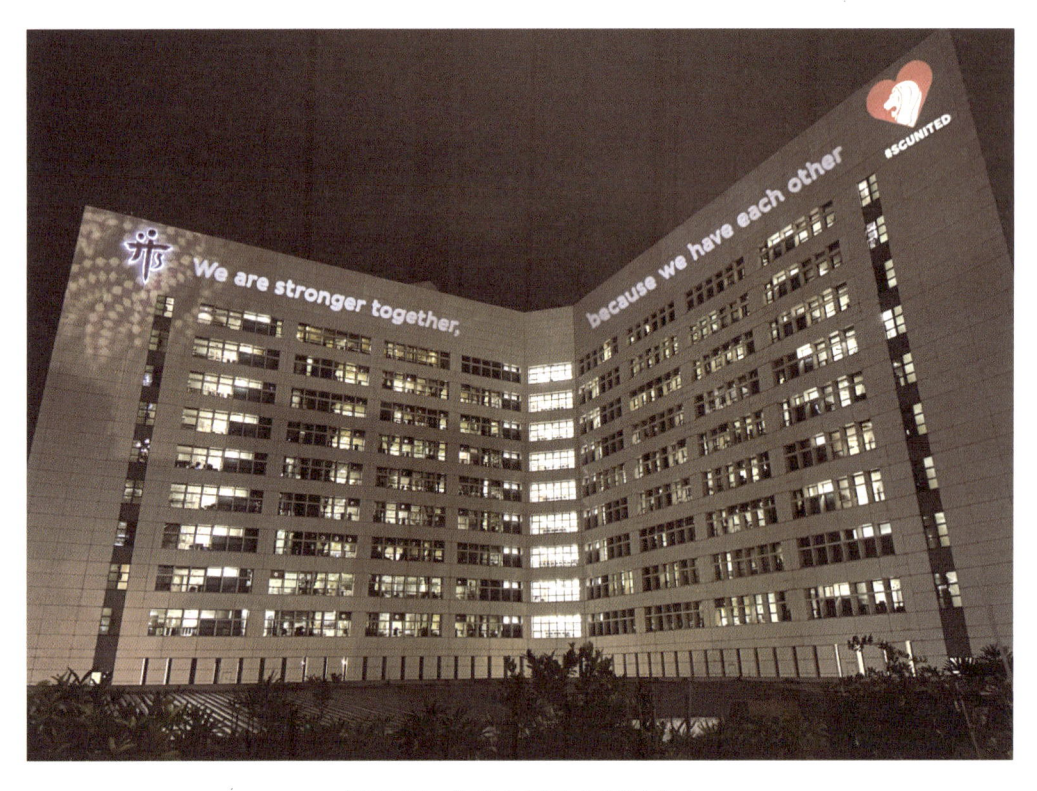

图7-34 陈笃生医院(2021年)

图片来源:陈笃生医院。

陈笃生医院于每年7月底庆祝创始人日，纪念陈笃生所开创的医护传奇，从医院的历史传统及先驱精神中汲取养分并发扬光大。2015年的171周年创始人日纪念活动上，陈笃生医院设立了"陈笃生奖"，嘉奖为医院的医疗护理做出杰出贡献的员工。[①] 陈继廉一直以来都获邀代表陈笃生家族参加创始人日纪念活动。他与医院员工分享陈笃生的故事和精神，亦亲身感受到医院员工强烈的使命感。他分享自身感触："……在医院里能真实感受到陈笃生的遗产……时时提醒着医生和员工要秉持创始人的精神，做得更多……因为这是一所人民的医院，是为人民而非为欧洲人、印度兵的——它是第一所济贫院，第一家社区医院。"

陈笃生后人在举办家庭聚会时也得到陈笃生医院的招待。他们在2017年的聚会正巧也在医院的173周年创始人日纪念活动期间举办。

在访问苏源财院长对于陈笃生医院的未来愿景时，他说："我认为陈笃生医院不是一家由四面墙围筑起来的医院，而是一个社区。我们不应从医院实体的一砖一瓦来界定自身，而是要看我们能有多少民众和伙伴。对我而言，这才是陈笃生医院——我们的民众、我们的伙伴……我们有几项任务。我们与伙伴机构合作，发展医院设施并照顾病人。我们发展医疗保健并从中创新，培训学生成为日后的医疗专才，并带动医疗团队的转型。第三个任务就是照顾全国人民的健康。我们成立覆盖整个中部社区的社区护理团队，与社区伙伴机构携手照顾我们的病人和居民，让他们维持好身体的健康，就可以不必到医院来。不过让医院执行总裁说出'不必到医院来！'这样的话，似乎有点好笑。但我们的根本任务是在于人们的健康生活，是要建立一个更健康、更快乐的社区。"

2021年，陈笃生医院庆祝177周年创始人日。尽管新冠疫情肆虐且社交活动受到限制，医院还是制作出一部温馨的影片，向全体员工在执行医院照护任务时所付出的贡献、努力和牺牲献上敬意。陈笃生医院成立177载，如今已

---

① Tan Tock Seng Hospital YouTube channel, https://www.youtube.com/watch?v=yAh-RIP88k8.

远远超越创始人当初只为提供给病人和贫民一个庇护所的慈爱愿景。医院支撑着新加坡渡过无数的健康危机,在新加坡人民的心中成为一所"人民的医院"。诺维娜健康城的发展将会引领未来的医疗创新、卓越教学、综合照护和医疗保健转型。陈笃生医院作为一个社群,它要凝聚各界力量建立起一所没有围墙的医院,拓展其医疗保健使命去为新加坡建立更健康、更快乐的社群,立志在未来数十年里为其丰富多彩的照护传奇增添更多色彩。

---

* 廖文辉、何国宏译。

第八章

历史遗迹

第一节　寻找陈金钟商行

第二节　暹宫

第三节　金钟大厦

第四节　陈德源大厦

第一节
寻找陈金钟商行

陈琬琳

本节主要研究陈笃生和陈金钟在驳船码头的地产,以增进人们对陈笃生家族早期地产的认知。这项研究根据两条线索探讨,即1850年的陈笃生土地拍卖公告以及19世纪陈金钟商行和暹罗领事馆的两个地址——驳船码头26号和28号。

图 8-1　旧日驳船码头（20世纪初）

图片来源：华盛顿大学图书馆。

陈笃生在驳船码头的地产

根据宋旺相的著述《新加坡华人百年史》，陈笃生是在1819年后抵达新加坡的早期华人之一。他"存了一点钱后，在河边开了一间店"。[1] 这间店铺

---

[1] Song Ong Siang, *One Hundred Years' History of the Chinese in Singapore*, pp. 66–67.

可能位于新加坡河（今驳船码头）南岸，在早期新加坡地图中临近"牛车水"（Chinese Town）地带。

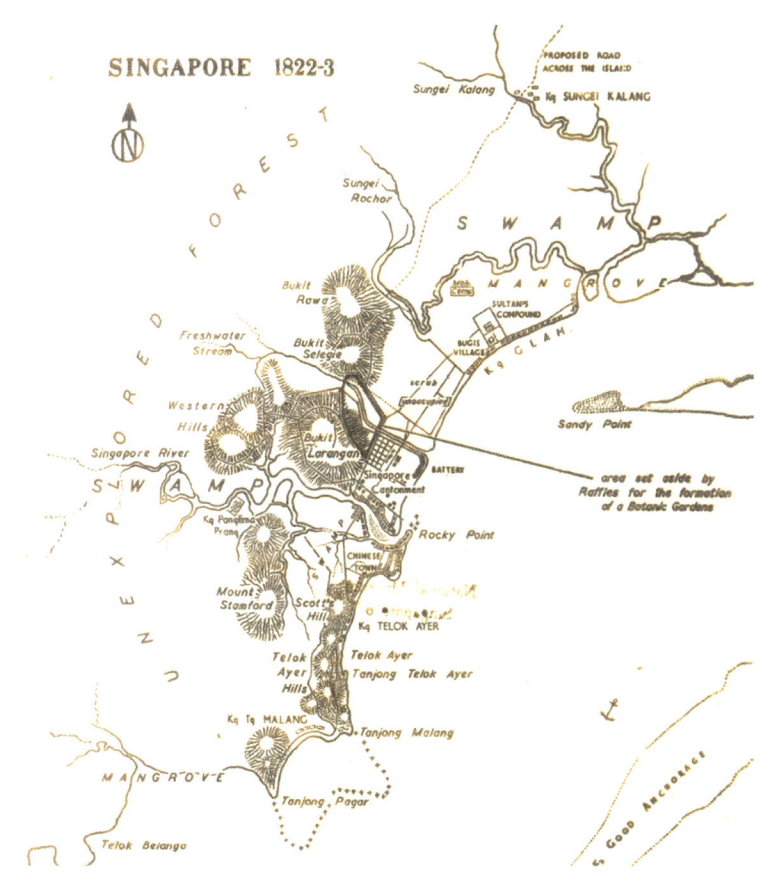

图 8-2　新加坡勘测图，鸟瞰早期新加坡市区（1822 年/1823 年）

图片来源：新加坡国家档案馆提供。

陈笃生于 1850 年逝世后，其名下地产被拍卖，拍卖通告是后人了解陈笃生地产实际位置的珍贵记录。1850 年 7 月 16 日，《海峡时报》刊登了 1850 年 7 月 24 日在牙直利公司（Guthrie & Co.）仓库举办公开拍卖会的广告，其中列有已故陈笃生名下的地产清单。[①] 拍卖内容包括"一栋位于驳船码头的砖屋，作为已故陈笃生家属的居所，政府地契（Government Grants）56 号和 57 号，为期

---

① *Straits Times*, 16 July 1850.

999 年"和"位于驳船码头面积广阔的砖制仓库和办公室,也称为肖怀特海公司仓库,政府地契 3 号,为期 999 年。"

> **NOTICE.**
> **TO**
> **CAPITALISTS & OTHERS**
>
> **VALUABLE AND EXTENSIVE**
> **LANDED PROPERTY,**
>
> Belonging to the Estate of the late Tan Tocksing Esquire, deceased.
>
> **THE UNDERSIGNED**
> begs to intimate to the public, that he has been instructed to sell,
>
> **BY PUBLIC AUCTION,**
> positively to the highest bidders, without limit or reserve,
>
> At the Godowns of
> Messrs GUTHRIE & CO,
>
> On Wednesday, the 24th July, 1850,
> **AT NOON**
>
> The following valuable and extensive Landed Property belonging to the abovenamed Estate.
> viz :—
>
> A brick-built House situated in Boat Quay, in occupation of the Family of the late Tan Tocksing, Esq. comprised in Government Grants 56 and 57 for 999 years.
>
> An extensive range of brick-built Godowns and Offices in Boat Quay, known as the Godowns of the late Messrs Shaw, Whitehead & Co., comprised in Government Grant No. 3 for 999 years.

图 8-3 《海峡时报》的拍卖公告(1850 年 7 月 16 日)

图片来源:*Straits Times*, 16 July 1850。

为了找出这两份政府地契或契约(lease)在驳船码头的实际位置,本节参考新加坡国家档案馆内的两张早期地图。首先查阅标有契约号的 1854 年新加坡市勘测图。可惜的是,地图并未明确标识契约(Grants)56 号和 57 号。新加坡国家档案馆也存有一张更详细的沙球朥路与驳船码头的土地勘测图,图中显示契约 56 号和 57 号位置靠近一条穿越沙球朥路和驳船码头的沟渠(沟渠也出现在 1854 年的城市实测图中)。勘测图中有陈金钟申请的在沟渠旁边的一小片土地,年代不详,约可追溯到 19 世纪 60 年代。

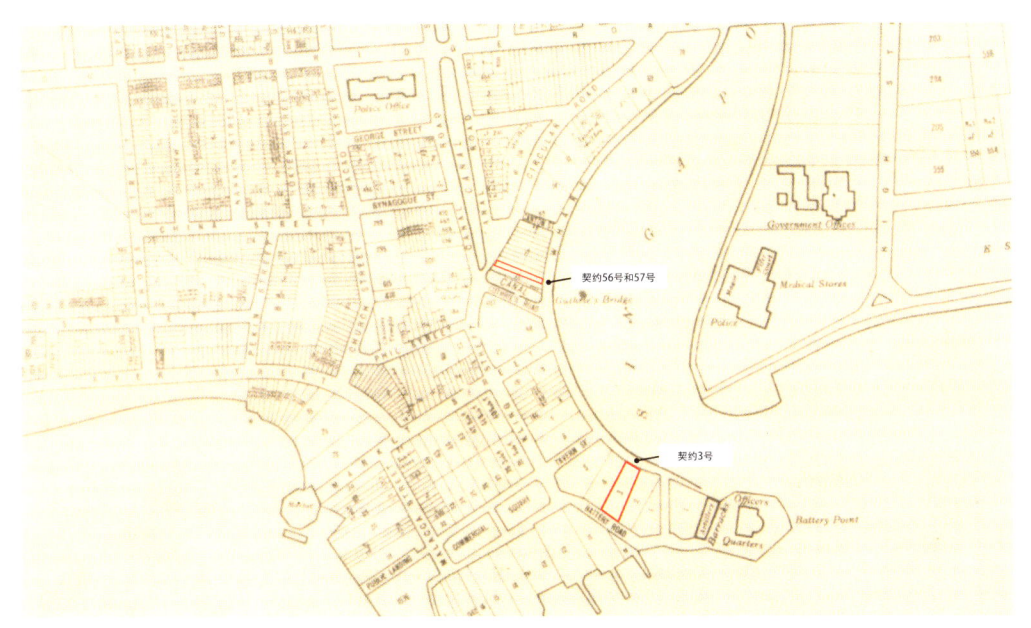

图 8-4　1854年新加坡市区和周边地区的平面图（1842年勘测）

注：图中的红色方块和备注由笔者所标。
图片来源：新加坡市区重建局，新加坡国家档案馆提供。

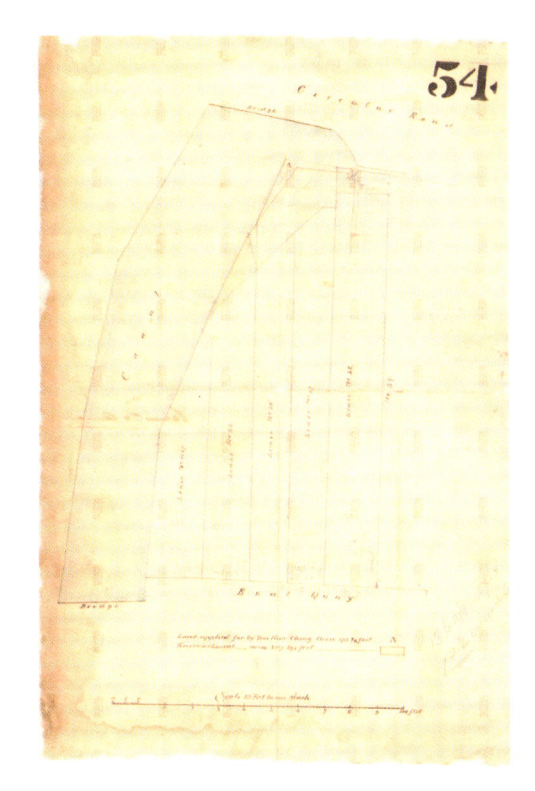

图 8-5　平面图上所标的契约1557号、55号、56号、57号和58号，位于沙球朥路和驳船码头之间。陈金钟所申请的173平方英尺面积的区域标示为"A"，沟渠与桥（注：原文为此），约19世纪60年代。

图片来源：新加坡测量局，新加坡国家档案馆提供。

虽然没有土地拍卖结果的公开记录，但可以推断的是陈金钟后来接手驳船码头的房屋（契约56号和57号），证据源自新加坡国家档案馆的另一张地图。1893年的显示地形细节和市政编号的新加坡市平面图（Plan of Singapore Town Showing Topographical Detail and Municipal Numbers）清楚地标明位于驳船码头28号的陈金钟商行，而该地点与驳船码头契约56号和57号的地点相符。透过OneMap数据系统[①]比对当时和今日的地图，1893年的驳船码头28号似乎被分割为两块土地，即现今的驳船码头28号和沙球朥路52-A号。

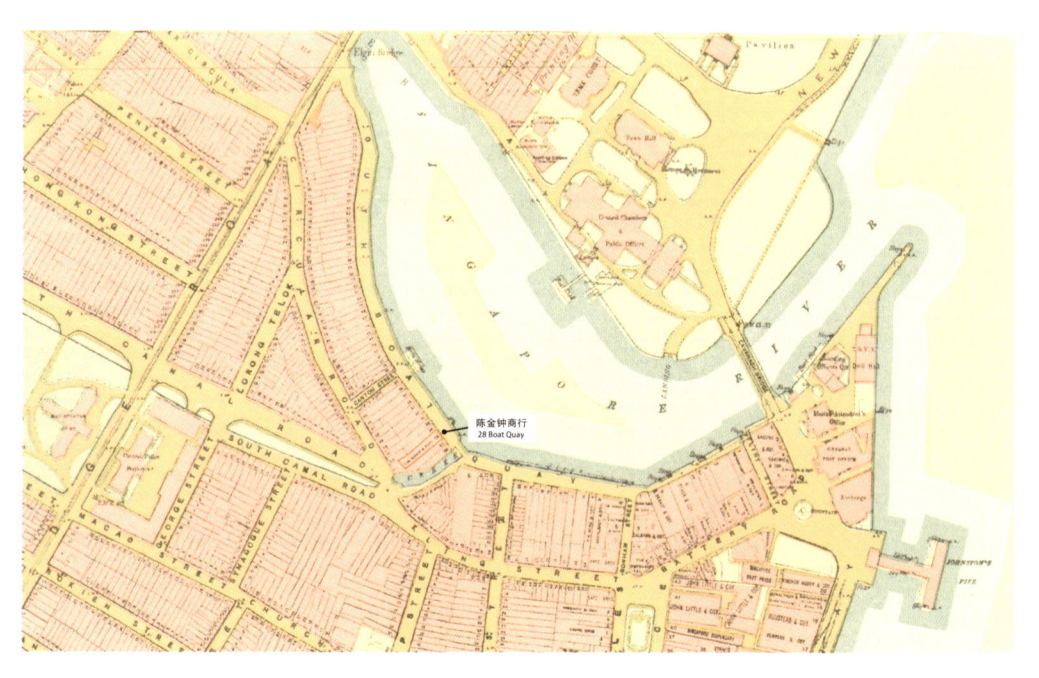

图8-6　1893年显示地形细节和市政编号的新加坡市平面图，陈金钟商行位于驳船码头28号
注：红色外形和备注由笔者所标。
图片来源：韩瑞生，新加坡国家档案馆提供。

陈金钟在驳船码头的遗址

《新加坡年鉴与指南》列出了当年新加坡各政府部门和官员、银行、商家、贸易等清单。为了确定陈笃生和陈金钟在驳船码头的商业地址，我们仔细研究

[①] OneMap由新加坡土地管理局维护，https://www.onemap.gov.sg/main/v2/about。

了收藏于新加坡国家图书馆的 1844 年到 1928 年的《新加坡年鉴与指南》。

版本最早的《马德拉斯年鉴》(Madras Almanac, 1844) 列出"笃生公司"(Tock Sing & Co.) 和其他三位华裔商人。1850 年，陈笃生逝世后，陈金钟于 1851 年在"河边（今驳船码头）"继承他父亲的生意。[①] 1853 年的年鉴在商人部分中特别列出陈金钟为新加坡的主要居民之一，内容为"陈金钟（华裔，河岸左边）"。他在 1854 年的年鉴中被列为暹罗领事。[②] 1855 年的年鉴中注明"陈金钟（华裔），1851 年"，列出 1851 年为公司创办年份。

1860 年，新公司"陈金钟兄弟（华裔）"或"Chop Chin Seng Hoh"（振成号）第一次出现在名录内，也包括其在暹罗和其他国家的分公司。这是名录第一次提及"暹罗领事办公室"的地址为"陈金钟与兄弟——驳船码头"。1864 年和 1865 年的《王家年鉴与名录》仍有在驳船码头的"振成号（Chop Chin Seng Hoh）"的记录，其中陈金钟原名"Tan Kim Cheng"后改为"Tan Kim Ching"。

随后的年鉴（1866 年、1867 年、1868 年、1869 年、1870 年、1871 年和 1879 年）记录"陈金钟商行"设立于 1865 年，极有可能表明陈金钟已成为独资经营者。

1881 年的《新加坡与海峡指南》列出陈金钟商行和暹罗领事馆的地址为"驳船码头 26 号"。有趣的是，1881 年工商名录也将陈金钟商行列为暹罗曼谷商家，且说明在暹罗的"陈金钟碾米厂"位于"河的东边，邻接曼谷新教公墓"。

1892 年的年鉴所记载的陈金钟商行与暹罗领事馆的地址已改为"驳船码头 28 号"，而陈金钟在那一年逝世。1895 年和 1896 年的将陈金钟商行的地址列为"驳船码头 28 号"，并将陈金钟之女陈青霓列为"独资经营者（已故陈金钟遗嘱执行人）"。根据宋旺相所述，一名华裔女性作为遗嘱执行人并执行遗嘱

[①] Song Ong Siang, *One Hundred Years' History of the Chinese in Singapore*, p. 93.
[②] 《新加坡年鉴与指南》的记录不正确。根据泰国及新加坡国家档案馆官方资料，陈金钟于 1863 年成为暹罗驻新首位领事。

人的遗嘱是少有的例子。[①] 后来，1897 年、1900 年、1903 年和 1905 年的工商名录继续将“驳船码头 28 号”列为陈金钟商行的地址。而 1910 年和 1928 年的年鉴并没有再列出“陈金钟商行”的名字。

1913 年 2 月，备受瞩目的“……属于已故陈金钟不动产”[②] 拍卖活动在报章上公告。拍卖会于 1913 年 11 月和 12 月举行，而陈金钟的孙子，尤其是陈纯道的儿子（陈武烈、陈昭彬、陈季良、陈季随和陈季骃）在拍卖会中竞相得标。

与本节相关的是，其中的不动产包括驳船码头 28 号（面积为 3908 平方英尺，由陈季随得标）和沙球朥路 52-A 号（面积为 983 平方英尺，由陈季骃得标）。根据陈金钟的土地拍卖结果报道，驳船码头 28 号和沙球朥路 52-A 号是属于陈金钟的不动产，而并非驳船码头 26 号。

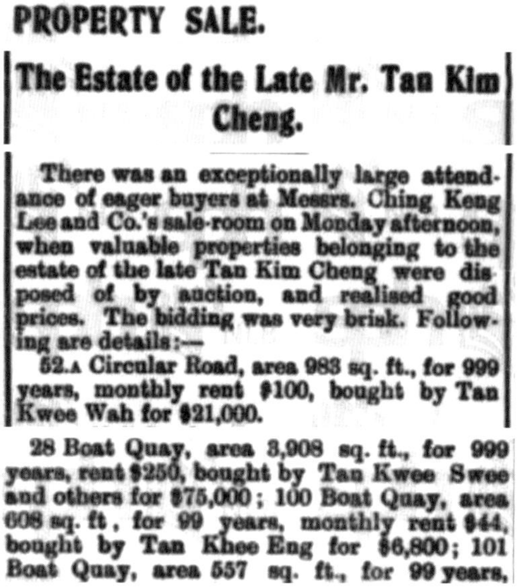
PROPERTY SALE.

The Estate of the Late Mr. Tan Kim Cheng.

There was an exceptionally large attendance of eager buyers at Messrs. Ching Keng Lee and Co.'s sale-room on Monday afternoon, when valuable properties belonging to the estate of the late Tan Kim Cheng were disposed of by auction, and realised good prices. The bidding was very brisk. Following are details:—

52.A Circular Road, area 983 sq. ft., for 999 years, monthly rent $100, bought by Tan Kwee Wah for $21,000.

28 Boat Quay, area 3,908 sq. ft., for 999 years, rent $250, bought by Tan Kwee Swee and others for $75,000; 100 Boat Quay, area 608 sq. ft., for 99 years, monthly rent $44, bought by Tan Khee Eng for $6,800; 101 Boat Quay, area 557 sq. ft., for 99 years,

图 8-7　陈金钟的土地拍卖结果报道

图片来源：*Straits Times*, 5 November 1913; The Straits Times © SPH Media Limited。

① Song Ong Siang, *One Hundred Years' History of the Chinese in Singapore*, p. 93.

② “Property Sale: The Estate of the late Mr Tan Kim Cheng”, *Straits Times*, 5 November 1913, p. 10, http://eresources.nlb.gov.sg/newspapers/Digitised/Article/straitstimes19131105-1.2.75 (Accessed 4 November 2021)，感谢林孝胜提供资料。

审阅土地拥有权的信息

为找寻驳船码头 28 号和沙球胜路 52-A 号的历年土地拥有权,我们查询新加坡土地管理局的数据系统。① 这两个地址属于今勘测区域 TS04-99345T,而编号(lot number)可以追溯到早期政府地契或契约地契(Grants or Leases)56 号、57 号和 192 号。

图 8-8　2021 年新加坡街道和驳船码头 28 号和沙球胜路 52-A 号的土地勘测区域

图片来源:onemap.gov.sg。

由新加坡土地管理局所提供的契约 56 号和 57 号的契约副本显示,该契约于 1826 年 6 月 24 日颁发给登姑隆(Tengku Long,即 Sultan Hussein Mohamed Shah),为期 999 年。如上所述,陈笃生在 1850 年逝世时仍是这两份契约的所有者。登姑隆与陈笃

图 8-9　驳船码头现状

---

① Integrated Land Information System (INLIS), https://app1.sla.gov.sg/INLIS/#/.

生之间曾经有何关系，因何土地易主，这是个耐人寻味的问题。

新加坡土地管理局所提供的资料显示，契约192号于1874年7月21日颁发给陈金钟。这片土地面积为702平方英尺，邻接契约56号和57号（驳船码头28号），位置与今日沙球朥路52-A号大致相符。此外，这片土地靠近陈金钟在19世纪60年代所申请的一小片土地，证明陈金钟欲取得驳船码头28号邻接的土地（见图8-5）。

19世纪60年代，陈金钟申请173英尺的A区土地。该土地邻接契约1557、55、56、57和58号的土地，位于沙球朥路、驳船码头、运河和几条桥之间（属于现今的沙球朥路52-A号）。

1874年，陈金钟取得面积为702平方英尺契约192号的土地（今沙球朥路52-A号）。

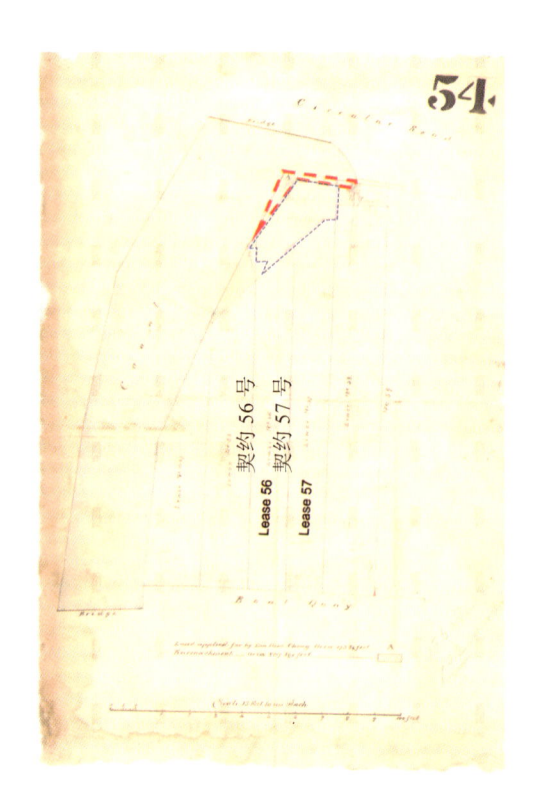

图8-10　19世纪60年代土地测量平面图（见图8-5），陈金钟取得的土地靠近驳船码头的契约56号和57号

图片来源：新加坡国家档案馆。

新加坡土地管理局索引中的不动产记录（Land Book）记载1914年至1917年，陈季骦、陈季随和陈金钟其他孙子和孙女有关契约56号、57号和192号的房贷和土地分配记录。这些文件证明陈季骦和陈季随在1913年的土

地拍卖会后拥有驳船码头 28 号和沙球勝路 52-A 号。兹录三份文件（契约 56 号、57 号和 192 号）的部分文字供参考。

· 契约 56 号部分文字记录

此契约签订于我们受上帝恩宠之大不列颠及爱尔兰联合王国君主乔治四世，国王，信仰的捍卫者等在位第七年之 6 月 24 日，即 1826 年。签署契约的甲方为英格兰商人东印度贸易联合公司，乙方为东印度新加坡岛新加坡镇的登姑隆……

……并将位于新加坡岛新加坡河的所有或一片土地，界于新加坡河北边契约 55 号东边、契约 57 号西边，南边沟渠，如土地兼并计划所述，包含……面积为 1845 平方英尺……

图 8-11　1826 年颁发的契约 56 号（驳船码头 28 号）

图片来源：新加坡土地管理局。

· 契约 57 号租契部分文字记录

　　此契约签订于我们受上帝恩宠之大不列颠及爱尔兰联合王国君主乔治四世，国王，信仰的捍卫者等在位第七年之 6 月 24 日，即 1826 年。签署契约的甲方为英格兰商人东印度贸易联合公司，乙方为东印度新加坡岛新加坡镇的登姑隆……

　　……并将委任位于新加坡岛新加坡河的所有或一片土地，在新加坡河北边的土地，契约 56 号东边的土地，契约 58 号西边的土地，和南边沟渠的土地，如土地兼并计划所述，包含……面积为 2008 平方英尺……

图 8-12　1826 年颁发的契约 57 号（驳船码头 28 号）

图片来源：新加坡土地管理局。

· 契约 192 号部分文字记录

　　此契约于 1874 年 7 月 21 日签署，甲方为代表女王陛下维多利亚，大不列颠与爱尔兰女王以及她的继承人的海峡殖民地总督阁下。乙方为陈金钟……

……并将委任位于新加坡岛新加坡河的区域,界于

租契(无)号之北

王室土地之南

王家土地契约56号、57号、58号之东

契约(无)号之西

如在此认可的平面图所示,所占面积约为702平方英尺

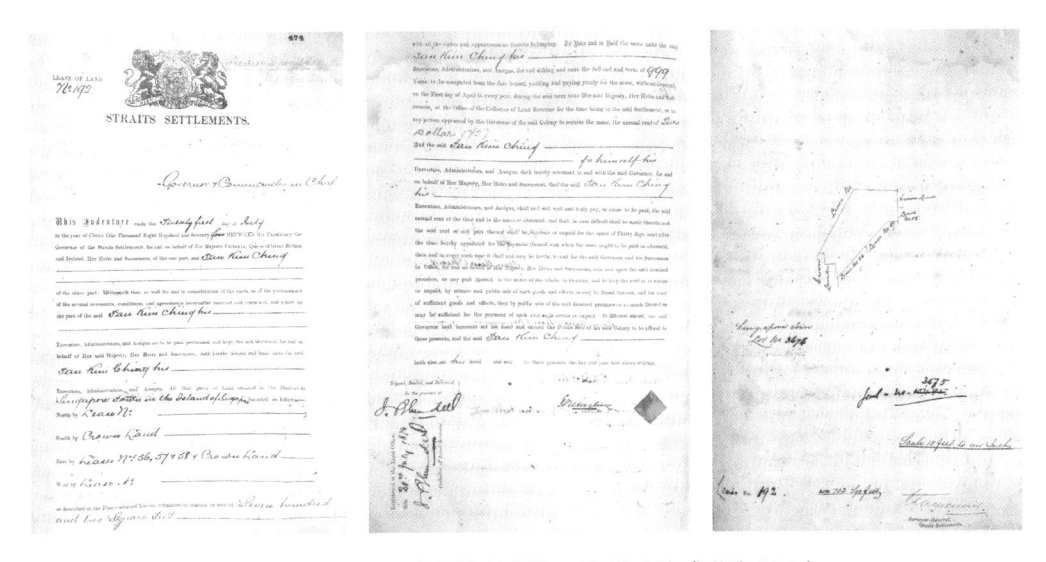

图8-13 1874年颁发的契约192号(沙球朥路52A)

图片来源:新加坡土地管理局。

关于驳船码头26号(今土地勘测编号TS04-00281A的区块,同时涵盖1557号租契)的考证,我们也询问了新加坡土地管理局。数据库中没有契约1557号,而1911年至1922年的不动产记录索引中,并未提及陈金钟的任何家属成员。因此,无法证明陈金钟拥有驳船码头26号的地产。

通过相关历史资料与土地拥有权文件,本节构建了上述土地持有人有关土地拥有的历史性经过,说明驳船码头28号在19世纪以来一直由陈笃生和陈金钟拥有。尽管如此,还有一些疑问:陈笃生何时且如何接管登姑隆的土地?注

明陈笃生和陈金钟拥有驳船码头 28 号的契约现在何处？为何 19 世纪 80 年代的年鉴标记陈金钟商行的地址为驳船码头 26 号？这些耐人寻味的问题留待后来研究者继续探讨。

* 廖文辉、何国宏译。

第二节
暹 宫

吴庆辉

19世纪20年代，英国东印度公司在马六甲海峡建立海峡殖民地，新加坡成为海峡殖民地首府，具有战略与经济中心地位，是资源互通与文化交流的枢纽。19世纪下半叶，从事暹罗白米贸易头盘商的陈金钟（1829~1892年），就曾经扮演暹罗王室在英属海峡殖民地的经纪人的关键角色。[①]

陈金钟于1850年继承父亲陈笃生事业，成为本地华社领袖，在父亲与暹罗王室建立起的良好关系基础上，更上一层楼，于1863年被暹罗拉玛四世蒙固国王（King Mongkut, Rama IV，1851~1868年在位）委任为暹罗驻新加坡领事。[②]

1871年与1890年陈金钟招待到访的新任暹王拉玛五世朱拉隆功（King Chulalongkorn, Rama V，1868~1910年在位），并在1885年升为暹罗驻海峡殖民地总领事（大暹国钦差大臣），[③]为王室张罗物资、代购新产品并推荐能够提供服务与满足需要的人选。他所提供的科技商品、国际社会动态与思潮的讯

[①] C.M. Turnbull, *A History of Singapore, 1819-1988* (Singapore: Oxford University Press, 1989), p. 28; Edwin Lee, *The British as Rulers: Governing Multiracial Singapore 1867–1914* (Singapore: Singapore University Press, 1991), p. xiv; Song Ong Siang, *One Hundred Years' History of the Chinese in Singapore* (Singapore: University Malaya Press, 1967 reprint), p. 92–93.

[②] 暹罗拉玛四世蒙固国王提及陈笃生是他的新加坡代理人及好朋友，1849年通过他才取得来自美国的心仪图书、地图与现代仪器，见本书第四章第一节。

[③] Song Ong Siang, *One Hundred Years' History of the Chinese in Singapore*, p. 92; "An Ode to Friendship: Celebrating Thailand–Singapore Relations (Exhibition)", *National Archives of Singapore Heritage Newsletter*, Vol. 11, Issue 2. 新加坡武吉布朗华人坟场的陈金钟墓碑碑文："诰授资政大夫赏戴花翎候补道、大暹国钦差大臣大英国甲必丹。"

息，帮助王室与时俱进。[1]

图 8-14　摄于 1863 年，照片中央前面的那间洋楼位于哥里门街和桥北路的交界处，就是后来的陈金钟故居的前身，后面那所教堂是亚美尼亚教堂（the Armenian Church of St. Gregory the Illuminator），照片右边的洋房的位置后来成为警署，在 1925 年至 20 世纪 70 年代是英国陆海军人俱乐部（Union Jack Club）所在地

图片来源：英国国家档案馆。

对华侨社会而言，陈金钟受封是无上的荣耀。位于桥北路的陈金钟故居，曾因用作暹王到访的行宫而有"暹宫"的雅称，虽然洋楼在百多年前就被拆除，但这栋楼地处本地侨社领袖在城中最早的住宅区，所留下的关于城市地貌变更、华社新式教育与本地商会发展的故事，还值得发掘与传述。

陈金钟故居的历史

俗称"暹宫"的陈金钟故居，最初是一栋两层楼高的帕拉第奥后期风格独立式洋楼，由时任英国东印度公司时代海峡殖民地建筑师哥里门设计，约于 1836 年至 1837 年建成。该建筑位于哥里门街和桥北路的交界处，即今天

---

[1] Vitthya Vejjajiva, "Siam's Old Singapore Ties", *Journal of the Siam Society*, Vol. 103, 2015, pp. 107–132.

的柏龄大厦（Peninsula Plaza）所在的位置。[①] 房子门牌号码本是桥北路606号，约在1911年左右改为107号。[②]

房子最初的主人是哥里门的欧亚裔女友塔可伊·玛尤（Takoyee Manuk）女士以及她大约七八岁的女儿米达·伊莉莎白·哥里门（Meda Elizabeth Coleman，生于1829年），1840年改为摄政时期的风格（Regency architecture），[③] 在1871年至1878年曾是汉堡酒店（Hotel Hamburg），[④] 大约在19世纪80年代成为陈金钟的产业。[⑤]

图 8-15　1893年陈金钟故居，俗称"暹宫"（中间位置），门牌桥北路606号，其左边哥里门路对面是伯斯大酒店（Hotel de la Paix），右边为警署

图片来源：*Plan of Singapore Town Showing Topographical Detail and Municipal Numbers*, 1893。

[①] Lee Kip Lin, The Singapore House, 1819–1942 (Singapore: Times Editions and Preservation of Monuments Board, 1988), pp. 32–35 & 43–45; Norman Edwards, *The Singapore House and Residential Life, 1819–1939* (Singapore: Talisman Publishing, 2017), pp. 37 & 43.

[②] Major H.E. McCallum, *Plan of Singapore Town Showing Topographical Detail and Municipal Numbers*, 1893.

[③] T.H.H. Hancock, *Coleman's Singapore* (Kuala Lumpur: Malaysian Branch of the Royal Asiatic Society in association with Pelanduk Publications, 1986), Monograph No. 15, p. 47; Norman Edwards, *The Singapore House and Residential Life, 1819–1939*, pp. 37 & 43; Chow Chue Heong, "A Man Called Coleman", *Singapore Tatler*, Vol. 1, No. 5, Feb 1983, pp. 14–17.

[④] "Robbery in the Hotel Hamburg", *Straits Times Overland Journal*, 20 December 1871, p. 10; "Notice Hamburg Hotel removed to the corner of Coleman Street and 54 High Street", *Singapore Daily*, 9 January 1878, p. 2; T.J. Keaughran, "Picturesque & Busy Singapore", *Straits Times*, 13 December 1886, p. 12.

[⑤] 暹王朱拉隆功在1890年访问新加坡的日记里提及，那是他首次来到陈金钟的新住宅。His Majesty King Chulalongkorn, *Raya thangsadet phra ratchadamnoen praphat thank bo thangruearop laem melau ratanakosin sok 109 [Royal Journal by Land and Sea Around the Malay Peninsula 1891]*, Vols. 1 & 2 (Bangkok: Khurusapha, 1964)。

图 8-16　照片摄于 1863 年，右边那间是后来的暹宫，即今天的柏龄大厦所在的位置。左边那间洋房的地址是哥里门街 3 号，为著名建筑师兼绘测师哥里门的住家（建于 1829 年），1841 年易手改为伦敦旅店，之后又几度易名，如伯斯大酒店、亚达菲酒店（Adelphi Hotel，后来搬到同街 1 号地址）、巴林顿酒店（Burlington Hotel）等，现址即今半岛酒店与购物中心（Peninsula Hotel and Shopping Centre）所在的位置

图片来源：英国国家档案馆。

哥里门的建筑遗产

佐治·德顾拉·哥里门（George Drumgoole Coleman，1795~1844 年）是一名出生于爱尔兰的专业建筑师，是早期参与建设新加坡的先驱人物。他先后在加尔各答和巴达维亚执业，1822 年应莱佛士之邀为新加坡城市规划提供咨询。新加坡在 1826 年海峡殖民地成立后进入开发建设期，哥里门到新加坡替政府测量土地（Surveyor，1830~1833 年），为商人盖私宅，1833 年担任工部局执行官（Superintendent of Public Works，1833~1841 年），建设道路，开辟水沟等公共设施，他是一位真正落实现代新加坡城市建设规划的建筑师。[1]

开埠初年，因英荷关系紧张，前景不明朗，新加坡盖的房子都是亚答木屋。哥里门在 1826 年至 1841 年的 15 年，交出亮丽的成绩单。他设计的多栋

---

[1] T.H.H. Hancock, *Coleman's Singapore* (Kuala Lumpur: Malaysian Branch of the Royal Asiatic Society in association with Pelanduk Publications, 1986), Monograph No. 15, pp. 18–21 & 30–31.

欧洲新古典风格建筑，改变了城市面貌，形成亮丽的建筑群风景线。

哥里门住在哥里门街（Coleman Street）3号。哥里门街3号自1841年起改作酒店用途，之后一直是水仙门地区的地标，这房子曾是伦敦旅店、亚达菲酒店、伯斯大酒店与巴林顿酒店，因此哥里门街也俗称"酒店街"。到了20世纪60年代末，这座百年老房子显露沧桑之态，于70年代初拆除，让位给今天的半岛酒店与购物中心（Peninsula Hotel and Shopping Centre）。①

汤申（J.T. Thomson，1821~1884年）是哥里门的接班人，担任海峡殖民地土地测量师（1841~1853年），他的一幅1851年的油画作品《丑闻角的滨海景观》（*The Esplanade from Scandal Point*），② 记录了哥里门所留下的时代印记，在大草场周围，有多栋由哥里门设计建造的建筑。

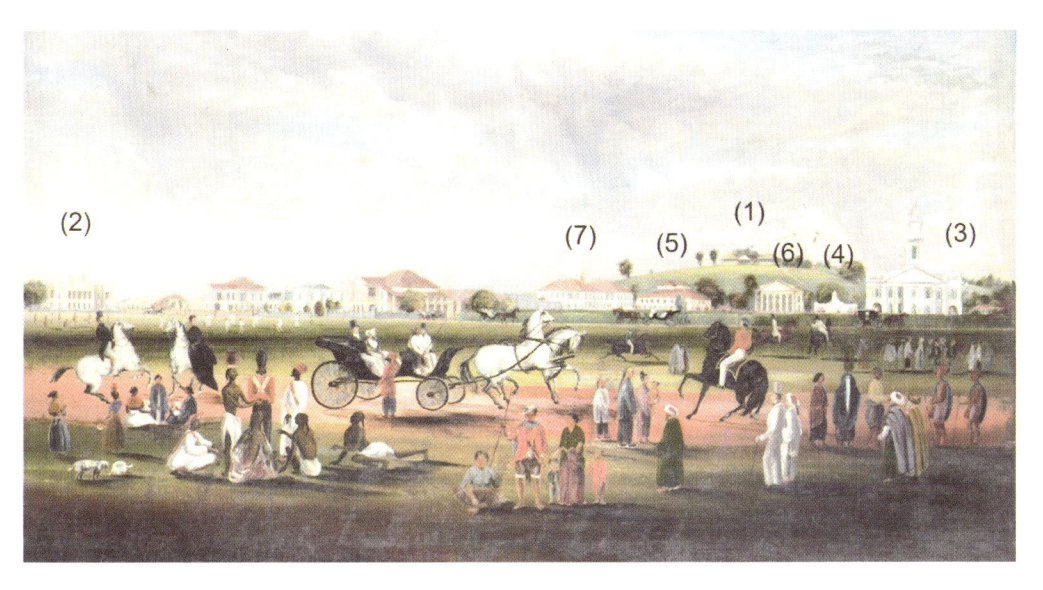

图8-17 《丑闻角的滨海景观》（汤申的油画，1851年）

注：图片中的序号由笔者标记。
图片来源：新加坡国家博物馆收藏。

---

① 吴庆辉：《哥里门街3号》，《联合晚报》2014年9月10日，第11页。
② *The Esplanade from Scandal Point*, J.T. Thomson 油画，高59cm，宽89cm，新加坡国家博物馆收藏（HP-0054）；John Hall-Jones & Christopher Hooi, *An Early Surveyor in Singapore* (Singapore: National Museum, 1979), p. 47。

（1）建于王家山（福康宁山）的莱佛士和驻扎官的砖屋（1823~1858 年，已拆除）。

（2）商人麦士威（John Argyle Maxwell）的平房，建于 1826~1827 年，后改修为国会大厦（1965~1999 年），现为旧国会大厦艺术之家（The Arts House at the Old Parliament，2004 年）。①

（3）旧圣安德烈教堂，建于 1838 年（原建筑已于 1858 年拆除）。

（4）亚美尼亚教堂，建于 1836 年（国家古迹）。

（5）哥里门街 3 号是哥里门的住宅，建于 1829 年（20 世纪 70 年代初拆除）。

（6）桥北路 606 号（哥里门街 3 号对面）是哥里门的欧亚裔女友及其女儿的住宅，后来成为陈金钟的产业，俗称"暹宫"（已拆除）。

（7）哥里门街 1 号和 2 号是哥里门回国度假后，跟来自爱尔兰的年轻太太返回新加坡后的新住家；不幸的是，在他们的儿子于 1844 年出生几个月后，49 岁的哥里门在此辞世。哥里门的墓碑今天还嵌在福康宁山旧坟场砖墙上。房子改为亚达菲酒店（已拆除，现为亚达菲商业大厦 The Adelphi）。

其他由哥里门设计但不在油画内的建筑有：

- 旧莱佛士书院 [已拆除，现为史丹福路莱佛士城（Raffles City）]。
- 赞美广场的前法庭书记住宅古德威尔屋（Caldwell House），建于 1840~1841 年（国家古迹）。

暹宫与 19 世纪的水仙门

暹宫所在地是精英活动中心。前方的圣安德烈教堂是英国国教圣公会教派的教堂，教堂边上大草场有莱佛士书院、板球俱乐部、皇后坊的市政厅与政府办公厅，还有欧洲旅店以及亚达菲两间高级酒店；左边是警署（1925 年至 20

---

① Koh Lay Tin, "The Arts House (Old Parliament House)", NLB Infopedia: https://eresources.nlb.gov.sg/infopedia/articles/SIP_836_2005-01-06.html.

世纪70年代为英国陆海军人俱乐部);后面是王家山,山脚下有共济会会所(Freemasonry Masonic Hall)、圣安德烈以及英华两所英校,山上是保卫城市的王家炮兵军事重地。

这里也是新加坡开埠初期的高级住宅区,俗称"水仙门"地段。① 在那个东陵乌节路尚未开发的年代,新加坡早期行政规划区里的住宅生活区范围就在新加坡河北岸与史丹福水道(Freshwater Stream,俗称"流水坑")之间、皇后坊政府行政区边上、福康宁山下的这块区域。主要街道包括桥北路靠近埃尔金桥的路段(吊桥头部分)、禧街(王家山脚)、谐街、哥里门街、福南街(Hock Lam Street)、振南街(Chin Nam Street)、圣格烈哥利坊(St. Gregory's Place)、陆佑街(Loke Yew Street)以及史丹福路等。

早期这片洋房林立的地区,代表商埠的繁荣,发迹的华人侨领富商在水仙门置产盖房,其中还有些中式的建筑。19世纪在水仙门落户的华人有陈金声、陈成宝、佘有进和黄亚佛,此外还有清朝驻新加坡的领事署等。②

(1)早期侨领陈金声(Tan Kim Seng,1805~1864年)的产业丰兴阁(Hong Hin Court),③ 在桥北路靠近吊桥头(现在的埃尔金桥)衔接振南路,陈金声的住宅在里峇峇利路的丰兴园(Panglima Prang)。

(2)陈成宝(Tan Seng Poh,1830~1879年)是新加坡第一位被委任为市政委员的华人,其故居位于禧街58号(旧号码),④ 建于1869年。后来陈家搬到东陵,新业主一度在1895年到1900年将房子租给清政府,成为驻新加坡署理总领事张弼士的领事馆,现址是陆佑街后方的电房。

---

① 吴庆辉:《王家山脚水仙门》,《联合晚报》2014年8月27日,第8页。"水仙门"名称的来源,几十年来流传该地因水仙花市而得名的说法,但其源头可能追溯到宋代的泉州。当时泉州海关设在南薰门,南薰门旁有座水仙宫,供奉商人和船员的海上保护神"水仙尊王"。南薰门俗称"水仙门"或"水门",进城的海关入口因此也叫"水仙门"。在1853年出版的一本厦语与英语对照字典里,其中"Gangway"(即轮船船边放下的斜梯或走道)译成"水仙门",就是"入口"意思。依此推断,泉州人后来把登陆口岸叫作"水仙门"的称呼带到马六甲与新加坡。
② 吴庆辉:《水仙门的名人故居》,《联合晚报》2014年10月1日,第22页。
③ "Hong Hin Court", *Straits Times*, 18 January 1908, p. 5.
④ "Property Sale", *Singapore Free Press*, 17 May 1900, p. 2; "Untitled", *Singapore Free Press*, 4 July 1912, p. 8.

（3）禧街49号（现今门牌是47号）是另一位潮州富商黄亚佛（Wee Ah Hood，1826~1875年）的故居，取名"大夫第"，后来卖给中华商务总会，即现在的中华总商会。

（4）潮州侨领佘有进（Seah Eu Chin，1805~1883年）是陈成宝的妹夫，住宅在靠近吊桥头的驳船码头北岸（No. 11 North Boat Quay），[①] 此楼由他大儿子佘石城建于1872年。陈成宝、黄亚佛、佘有进的三座楼连同陈旭年在登路（Tank Road）的"资政第"，合称"潮州四大厝"。

（5）刘金榜（Low Kim Pong，1838~1909年），万山中药店东，捐地建双林寺，中华商务总会创办人之一，福南街以刘金榜的福南银号命名。[②]

（6）张振南（Cheong Chin Nam，？~1924年），出身牙医世家，张春田的长子，弟弟振衡，振南街以他的名字命名。[③]

（7）清朝驻新加坡领事／总领事馆：左秉隆领事（1881~1891年在任）与黄遵宪总领事（1891~1894年在任）的领事署位于禧街34号（1881~1894年）；张弼士署总领事（1894~1900年在任）的领事署则在禧街58号（1895~1900年）。[④]

暹王日记里的暹宫

暹王拉玛五世朱拉隆功于1868年继王位时年仅15岁，登基后不久于1871年成为首位踏出国门访问的暹罗国王。他首度出访就到海峡殖民地新加坡与爪哇，向英国与荷兰殖民地政府学习管理制度。竖立于前国会大厦、今艺术之家旁的铜象就是当年赠送的纪念礼物。暹王朱拉隆功在新加坡期间下榻总督府，在位期间（1868~1910年）到访新加坡不下10次，其他到访期间多

[①] "Untitled", *Straits Times*, 24 September 1883, p. 2.
[②] 柯木林主编《新华历史人物列传》，第24页。
[③] "Chin Nam Street", *Straits Times*, 28 January 1905, p. 5.
[④] "在总共13位领事当中，好几任领事馆的办公地点是位于王家山脚水仙门的禧街。1906年以后，招待清官方活动从同济医院移到位于禧街新成立的中华商务总会。"吴庆辉，《19世纪同济医院的地缘文脉》，杜南发主编《同济医院150周年文集》，新加坡：同济医院，2017，第156页。

住在乌节路飓风屋（Hurricane House），即今天泰国大使馆所在地。[①]

陈金钟在桥北路的故居之所以被称为"暹宫"，是因为这里是暹王朱拉隆功在1890年5月30日至6月8日访问新加坡下榻的地方[②]，暹王此次行程保持低调，只有陈金钟跟其儿子陈纯道在码头迎接。暹王朱拉隆功在《王家旅途》这部私人旅行日记里面描述1890年5月30日（星期五）入住暹宫的经过："那天上午他们乘船从马六甲出发，原本预定下午四时抵达新加坡，航程因浓雾而延误……迟至晚上八时入港下锚，在船上用完晚餐后，九点才从红灯码头上岸，一行人上马车，途经加文纳桥、市政厅、大草场、欧洲酒店、圣安德烈教堂，最后抵达桥北路的洋房。"[③]

"这独立式洋房面对大路，对面是圣安德烈教堂的园地，草场右方是亚达菲酒店，房子左边是哥里门街，右边与警察局为邻，后面则住着本地两家大户人家。房子四面有围墙，前边两角边各有一扇门，马车路开到房前，中间庭院不算大；里面种满树木花草，西洋风格的房子，但内部装潢与家具是中西兼具。"[④]

日记还附上手绘洋房平面图，详细描绘屋子内部厅房的格局。

暹王在暹宫期间，陈金钟全家老小住在乌节路的另一所洋房，[⑤] 而在日记

[①] "An Ode to Friendship: Celebrating Thailand–Singapore Relations (Exhibition)", *National Archives of Singapore Heritage Newsletter*, Vol, 11, Issue 2.

[②] Song Ong Siang, *One Hundred Years' History of the Chinese in Singapore*, pp. 259–260.

[③] Nattawut Suthisongkram, "In His Majesty King Chulalongkorn's service during his visit to Singapore B. E. 2433 (A.E. 1890)", *Cheewit laeNgarn Kongsounthaikhong PhyaAnukulsiamkij [Life and Career of Phya Anukul Siamkij (Tan Kim Ching), Consul-General in Singpapore]*, pp. 232–252.

[④] Nattawut Suthisongkram, "In His Majesty King Chulalongkorn's service during his visit to Singapore B. E. 2433 (A.E. 1890)", *Cheewit laeNgarn Kongsounthaikhong PhyaAnukulsiamkij [Life and Career of Phya Anukul Siamkij (Tan Kim Ching), Consul-General in Singpapore]*, pp. 232–252.

[⑤] Nattawut Suthisongkram, "In His Majesty King Chulalongkorn's service during his visit to Singapore B. E. 2433 (A.E. 1890)", *Cheewit laeNgarn Kongsounthaikhong PhyaAnukulsiamkij [Life and Career of Phya Anukul Siamkij (Tan Kim Ching), Consul-General in Singpapore]*, pp. 232–252；陈金钟拥有不少产业，根据1913年《海峡时报》载其遗产出售记录，在乌节路一带的伊丽莎白山（Mount. Elizabeth）有3号、4号、8号三栋，苏菲雅山（Sophia Hill）18号及20号两栋，以及伊咯terminal1号是他的乌节路住家，见 Straits Times, 7 November 1913, p.10；另据记录，陈金钟曾要求暹王允许他把一栋在总督府山后的洋房命名为"曼谷楼"，参阅 Nattawut Suthisongkram, "In His Majesty King Chulalongkorn's service during his visit to Singapore B. E. 2433 (A.E. 1890)", *Cheewit laeNgarn Kongsounthaikhong PhyaAnukulsiamkij [Life and Career of Phya Anukul Siamkij (Tan Kim Ching), Consul-General in Singpapore]*, p. 251.

里，暹王也提及住宿中不太满意的体验："唯一不太习惯的是路过桥北路的有轨电车所发出的噪声与铃声可是通宵达旦（深夜 11 点 30 分），以及路上来往的人力车的喧闹声量，也会扰人清梦。"①

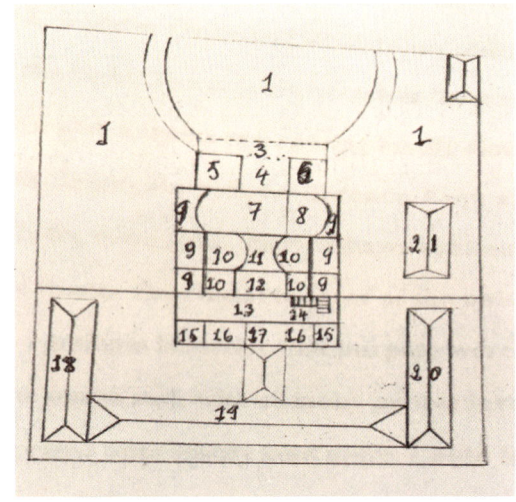

1. 草药园（Herbal garden）	11. 走道
2. 正门（Gates and Street）	12. 饭厅
3. 车道与门廊（Driveway and porch）	13. 观景楼（Belvedere）*
4. 楼下大厅与二楼小厅与三间房*	14. 楼梯
5. 儿童游戏玩具房	15. 茶水间（Pantry）与卫生间
6. 睡房*	16. 睡房*
7. 客厅（Drawing Room）	17. 茶水间（Pantry）
8. 二楼主人寝室*	18. 厨房外室
9. 阳台（Terrace）*	19. 贮藏室
10. 睡房*	20. 贮藏室
	21. 医生住房

图 8-18　暹王朱拉隆功日记中的手绘暹宫平面图

注：笔者推测这些房间应当是在二楼位置。

图片来源：Nattawut Suthisongkram, "In His Majesty King Chulalongkorn's service during his visit to Singapore B. E. 2433 (A.E. 1890)", *Cheewit laeNgarn Kongsounthaikhong PhyaAnukulsiamkij [Life and Career of Phya Anukul Siamkij (Tan Kim Ching), Consul-General in Singpapore]*, pp. 232–252.

这份暹王留宿暹宫的第一手记录是宝贵的历史资料，丰富了我们对这栋名人故居的认识。它提供了从红灯码头出发，越过新加坡河，经过大草场到水仙门的路段相对详尽的布局，对周边的环境的描述更勾勒出 19 世纪末新加坡城市发展的图景。

暹王朱拉隆功 1890 年的行程包括参观莱佛士书院、英华学校、福康宁与东陵军营、欧南监狱、制冰厂以及马来人的麻油作坊等，也购置东陵地区的飓

---

① Nattawut Suthisongkram, "In His Majesty King Chulalongkorn's service during his visit to Singapore B. E. 2433 (A.E. 1890)", *Cheewit laeNgarn Kongsounthaikhong PhyaAnukulsiamkij [Life and Career of Phya Anukul Siamkij (Tan Kim Ching), Consul-General in Singpapore]*, pp. 232–252.

风屋作为其在新加坡的行宫,之后多次因公因私出访新加坡均住在东陵。①

两年后,1892年2月27日,陈金钟与新女婿共进晚餐后,身感不适,隔天晚上在乌节区的伊咎路住家突然离世,在桥北路故居停柩一个月,葬于樟宜13英里私人墓园,②后迁葬武吉布朗市政会坟场。

曾是道南学堂与南洋华侨总商会旧址

陈金钟的几个儿子先后早逝,1892年陈金钟离世以后,事业由孙子陈武烈继承。陈武烈在市区的住家是在欧南路4号,③另外在花芭山有座金钟大厦(Golden Bell Mansion),建于1910年,以祖父金钟的名字命名。

20世纪初,福建社群办新式教育,道南学堂创办初期的校址就在陈金钟的桥北路故居。④根据道南学校1932年出版的纪念刊,道南学堂成立于1907年。按1907年11月1日《叻报》报道,学校先开设预备班,隔年才正式开课。大约在1911年,因为桥北路门牌号码的变更,道南学堂地址的门牌改成107号(No. 107 North Bridge Road),⑤1912年3月,道南学校在亚美尼亚街的新校舍竣工后搬离桥北路。

之后陈金钟故居成为南洋华侨总商会(Chinese Merchants' General Chamber of Commerce)的会址。⑥南洋华侨总商会是与新加坡中华商务总会对立的新商会,成立于1912年,同年获当地政府批准注册,4月获北京袁世凯政府批准立案。⑦

---

① 《暹王抵叻》,《叻报》1890年6月2~3日、6~10日;"The King of Siam's Visit", *Straits Times Weekly Issue*, 3 June 1890, pp. 1, 5 & 8; *Straits Times*, 5 June 1890, p. 3; *Straits Times Weekly Issue*, 11 June 1890, pp. 4, 7 &11。
② "Untitled", *Singapore Free Press*, 29 February 1892, p. 3.
③ "Untitled" (Announcement on Tan Boo Liat's marriage), *Straits Times*, 27 November 1922, p. 8.
④ 《叻报》1907年11月1日,第8页;《道南学校一览》,新加坡:道南学校,1932,校史第1页。
⑤ "Teacher Wanted" (at 107 North Bridge Road), *Straits Times*, 11 February 1911, p. 16; Lot History of TS10-17 (SLA) compiled by Goh Yu Mei, 2012.
⑥ "Advertisement", *Straits Times*, 5 June 1913, p. 16.
⑦ 杨进发:《星华史上新旧商会之争始末》,《星洲日报》1979年4月4日,第26页及1979年4月9日,第12页;柯木林主编《新华历史人物列传》,第223页。

图 8-19　道南学堂（陈金钟故居）的学生合照，摄于 1907 年

图片来源：Gretchen Liu, *Singapore: A Pictorial History 1819–2000* (Singapore: Archipelago Press in association with the National Heritage Board, 1999), pp. 168–169；新加坡国家文物局。

新商会创立原因是 1912 年 1 月 1 日举行的商会大会上，革命党人张永福等要求议决庆祝孙中山当选中华民国临时大总统不遂而决定另起炉灶。新商会采取分帮选举制度，首任正、副总理为沈子琴与留鸿石，其他要员包括邱国瓦、陈楚楠、陈延谦、张永福等，多数为同盟会活跃分子，且属于中小资产阶层，在财力上远不及中华商务总会的成员。[①]

1913 年 7 月，南洋华侨总商会搬到美芝路 509 号，在隔年 1914 年 8 月跟国民党交通部支部一起自动解散，其成员加入中华商务总会，不少成员加入 1915 年成立未注册的中华革命党。

[①] Yong C.F. & R. McKenna, "The Kuomintang Movement in Malaya and Singapore, 1912–1925", *Journal of Southeast Asian Studies (Singapore)*, Vol. 12, No. 1, 1981, pp. 118–132.

图 8-20　南洋华侨总商会（新商会），成立于 1912 年 8 月 15 日，会所在桥北路 107 号

图片来源：新加坡宗乡总会照片，新加坡国家档案馆提供。

1913 年 11 月，陈金钟故居被拍卖，[①]大约在 1914 年至 1915 年被拆除，新屋主曼纳瑟·梅耶（Manasseh Meyer，1846~1930 年）是本地早期犹太社群的先驱人物，他建造了两栋五层高的办公兼住宅大楼——梅耶大厦（Meyer Mansion），大约建于 1918 年，1968 年前后被拆除。主楼的地址在桥北路 107 号至 117 号（单数）以及哥里门街 36 号与 37 号，第二栋楼是桥北路 119 号、121 号及 123 号，其中 119 号是曾经积极支持孙中山革命活动的张永福的平民鞋厂的销售总行，而这栋楼后来改建成霸打鞋店大楼（Bata Building，1940~1979 年），即今柏龄大厦商业与购物中心（1979 年开幕）所在地。[②]

图 8-21　南洋华侨总商会的会址在桥北路 107 号

图片来源："To Be Let", *Straits Times*, 5 June 1913, p. 16。

① "To Be Let" (Sale of Estate of the Late Tan Kim Ching advertisement), *Straits Times*, 12 November 1913, p. 10.
② "Bata Shoe Relocated to Bata Building", *Malaya Tribune*, 20 June 1940, p. 14; "Bata Demolition Sale", *Straits Times*, 12 May 1978, p. 14; "Work Begins at Coleman Site After 3 Changes in Plans…", *New Nation*, 2 June 1976, p. 2.

图 8-22　20 世纪 30 年代的梅耶大厦

图片来源：新加坡国家文物局收藏。

水仙门地区与诸多历史人物故居纷纷让位 20 世纪 20 年代新一轮现代化发展的浪潮，这处陈家产业最终在 1913 年被变卖、拆除并淡出历史舞台。

暹宫尽管只招待过暹王 1890 年的那一次访问，但其历史光环没有因为 1892 年陈金钟的辞世而被遗忘。1906 年，它成为道南学堂的校址，与早期新加坡现代教育发展沾上关系。20 世纪 50 年代，暹宫因电影票房叫座的二十世纪霍士影业摄制电影《国王与我》而再度被人提起，故事里面的国王拉玛四世的儿子就是朱拉隆功，而女老师安娜的原型是通过陈金钟引荐在新加坡任教的安娜·李奥诺文斯，后到暹罗王宫担任六年英文补习老师。①

近年，陈笃生家族后人举办定期聚会，发掘、收集、整理家族历史资料，让祖先的功绩与精神以及所保留的古迹与足迹背后的故事得以流传，也丰富了地方历史，成为新加坡故事的一部分。

---

① Anna Harriette Leonowens, *The English Governess at the Siamese Court: Being Recollections of Six Years in the Royal Palace at Bangkok* (New York: Oxford University Press, 1988), p. v.

第三节
金钟大厦

陈继廉

望着金钟大厦的外墙,如果它们会说话,那它们会有怎样的故事?这栋特别的建筑与新加坡码头遥相对望,是社会名流云集、政治势力角逐之地,在历史上举足轻重,正如将其一手建成的主人那样精彩万分。

这座位于秉德路10号的金钟大厦由陈武烈(1875~1934年)建于1910年,以其祖父陈金钟(1829~1892年)之名命名。陈金钟是陈笃生(1798~1850年)之子。

图 8-23　金钟大厦现貌

图片来源:柯木林摄。

陈武烈于世纪之交因继承其父和祖父庞大的家产而成名。他最为人所知的事是担任天福宫的大董事，[①]并于1897年至1915年对天福宫进行现代化改革。[②]他也是道南学校创办人之一。1906年，道南学校仍未落成，陈武烈让第一批学校学生在其住宅暹宫[③]上课。

陈武烈的餐盘和酒杯都刻有金钟标徽，标徽下方是一条缎带，写有拉丁文"Confide recte agens"（意即见义勇为、当仁不让）。他也是赛马会的杰出会员，亦养多匹赛马，几乎都以"V"字母开头的英文命名，比如"瓦尔坎"（Vulcan）、"维多利亚"（Victoria）和"瓦尼塔斯"（Vanitas）。他的骑手在战袍和帽子上都印有显眼的苔绿色和粉紫色纹章。而名为"瓦尼塔斯"的这匹海湾骝马，更在1898年的加尔各答比赛中缔造历史，[④]成为海峡殖民地在海外赢得比赛的第一匹马，夺得"总督杯"（Viceroy Cup）及巨额奖金。这座银质总督杯重达15公斤（1公斤=1千克），高达650厘米。

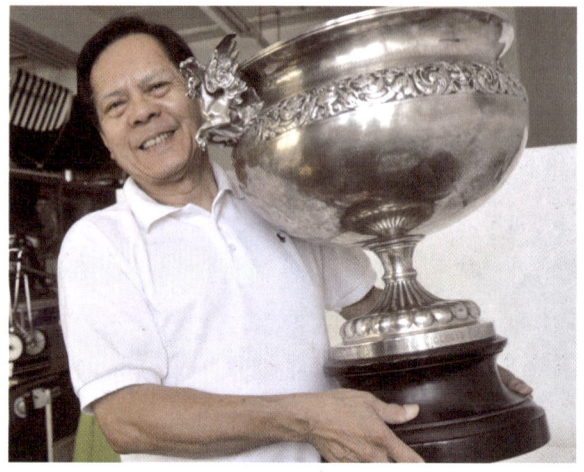

图8-24 左图为1898年陈武烈的名驹"万尼他斯"在加尔各答赢得的印度总督杯，右图为陈继廉手捧总督杯（重达15公斤）

---

① 天福宫在早期新加坡不仅是一座庙，也是一间会馆，是为华人移民提供就业、协助、福利和联系宗族的社会经济基地。
② *Guardian of the South Seas Thian Hock Keng and Singapore Hokkien Huay Kuan* (Singapore: Singapore Hokkien Huay Kuan, May 2006), pp. 41–43.
③ 暹宫是陈金钟所建，陈金钟曾担任新加坡与海峡殖民地首任暹罗总领事。
④ *The Winning Connection* (Singapore: Bukit Turf Club, 1992), pp. 42–43.

建筑计划与设计

豪宅位于华盛顿山（Mount Washington，今花柏山的一部分），主要用以招待宾客与亲友。他自己的住所位于哥里门街和桥北路交界处名为"暹宫"的宅邸，由祖父陈金钟建造。和许多富裕的华人一样，他还有其他住所，如位于西门斯路（Simons Road）[①]8号的独立式洋房、位于翡翠山路60号和117号的排屋。

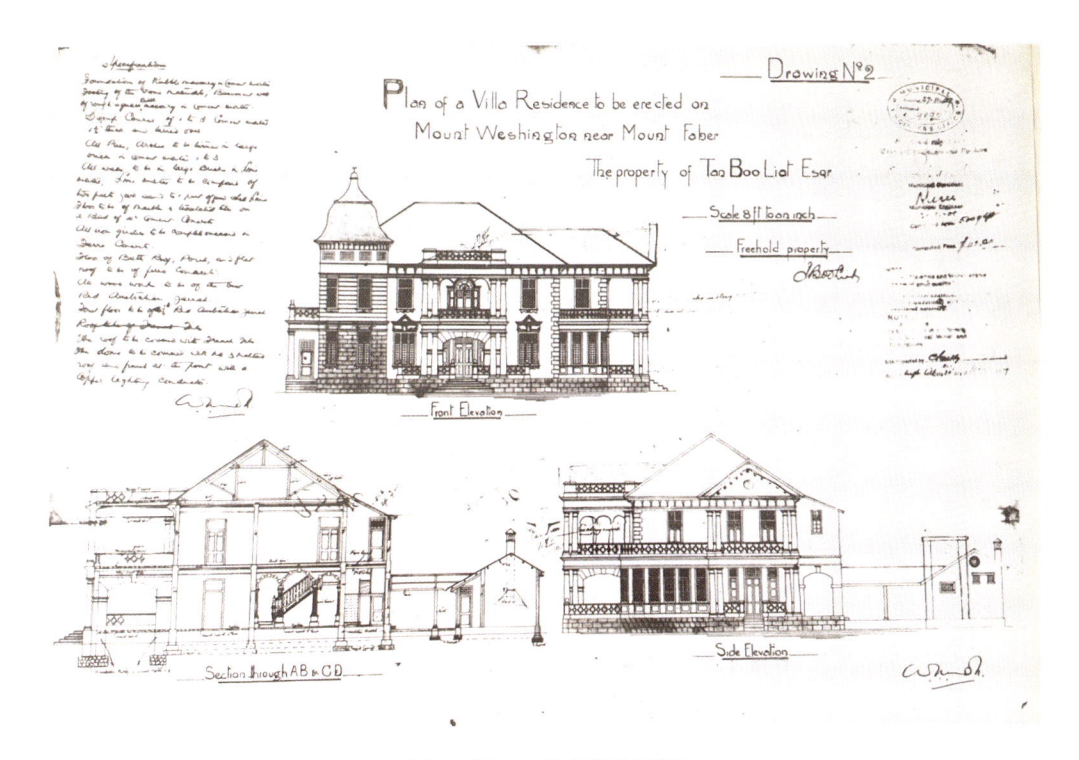

图 8-25　金钟大厦立面图

图片来源：新加坡国家档案馆。

金钟大厦由新加坡著名建筑师黄德茂（Wee Teck Moh）设计。[②] 新加坡著名文物建筑史学家与作家朱利安·戴维森（Julian Davison）称该大厦为"新加

[①] 1920年11月，市议会将西门斯路更名为安哥烈园（Angullia Park），参见 *Straits Times*，27 November 1920，p. 8。
[②] 黄德茂在大厦完工前于1910年6月辞世，葬武吉布朗坟山。

坡土生华人和海峡殖民地华商世纪之交的首选建筑"。① 他认为金钟大厦是黄德茂典型的巴拉甸式建筑风格设计，与位于翡翠山路 45 号和厦门街 90 号的店铺和排屋的设计不同。

金钟大厦建筑工程从 1909 年 11 月 29 日开始，于 1910 年末完工。一楼是通往左侧台球室和右侧吸烟房的入口大堂，后厅则通往饭厅和客房。主楼后面的有盖走廊连接厨房与佣人宿舍。

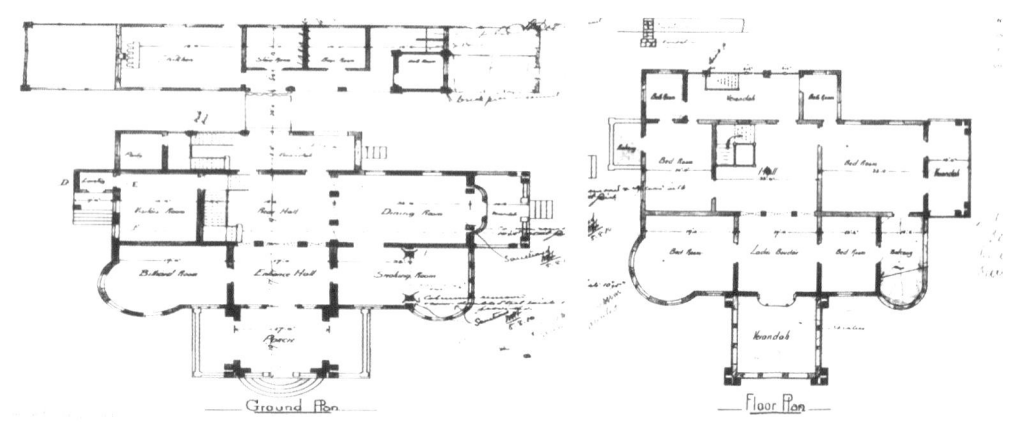

图 8-26　金钟大厦一楼平面图
图片来源：新加坡国家档案馆。

图 8-27　金钟大厦二楼平面图
图片来源：新加坡国家档案馆。

二楼平面图绘有四间卧室，其中三间设有阳台，还有一间女士专用房与前面两间卧室相通，再往前向外打开则是主阳台，位于门廊之上，放眼望去即为巴西班让地段海景；后面两间卧室都设有盥洗室。下楼的直楼梯则设在后厅，直楼梯现已拆除，由台球室的圆楼梯替代。

金钟大厦原址由两块地段组成，总面积大于 171 000 平方英尺，由花园、两座网球场和两间车库组成。从建筑图纸来看，构成墙壁的大砖头由石灰砂浆包覆，建筑师特别指定砂浆须用比例 2∶1 的优质砂子和优质贝砂混合而成。二楼顶梁和地板使用最好的澳大利亚红木，大厦屋顶使用法式瓦片，一楼地板

---

① Julian Davison, *Singapore Shophouse* (Singapore: Talisman Publishing, 2010), p. 110. 另见 *Straits Times*, 7 November 2015, Life Section, pp. 2–3.

铺上欧式蜡画花砖。由于常有雷雨，建筑师也特别为大厦圆顶安装铜质避雷针。这或许也为避免1851年5月发生的不幸事件，即花柏山的信号站和旗杆因没有安装避雷针而遭雷劈后烧毁。①

金钟大厦的建筑风格不拘一格，"具有各部位优良的布局和比例感"。② 建筑的正面有爱德华时代建筑和新古典主义建筑的特征，陶立克柱子、雕饰华美的拱门和古希腊式的横条装饰，皆为早期新加坡流行的建筑风格。外墙由红砖所砌，与层层的白色石膏镶边形成对比，即建筑师所说的"血与绷带"风格。

与金钟大厦风格相似的建筑物有建于1908年的新加坡中央消防局和建于1911年的陈德源大厦。为增加空气流通，百叶大窗和高大天花板都纳入建筑中，包括一楼的游廊（Veranda）和二楼的阳台。大厦的爱德华时代建筑风格与些微的浪漫主义风格重叠，尤其是台球室顶端圆柱塔盖上钟形的屋顶，犹如暹罗佛塔，如此刻意的设计是为了反映陈氏家族和暹罗王室的密切关系。③ 陈武烈的曾祖父陈笃生在蒙固（1804~1868年）未登基前就已担任其代理④，而其祖父陈金钟则在新加坡担任暹罗代理、领事与总领事近40年，并持有"Phraya Anukulsiamkit Upanikasit Siamrat"的头衔。

趣闻逸事

1911年10月11日，武昌起义后，孙中山搭乘半岛东方轮船公司的"帝瓦哈号"（Devanha）于1911年12月15日抵达新加坡，受邀入住金钟大厦。根据宋旺相所述，当时谣传清政府特务受命刺杀孙中山。⑤ 为安全起见，同盟

---

① "Mount Faber: History of Telok Blangah Hill & Signalling Station", Streetdirectory.com.
② Norman Edwards, *The Singapore House and Residential Life, 1819–1939*, p. 179.
③ 宋旺相形容陈武烈为"受暹罗朝廷欢迎的人"。见 Song Ong Siang, *One Hundred Years' History of the Chinese in Singapore*, p. 315. 如同其祖父，陈武烈于1920年受暹王瓦栖拉兀（拉玛六世）赐予"Phra Anukul Siamkitch"头衔。
④ Vitthya Vejjajiva, "Siam's Old Singapore Ties", *Journal of the Siam Society*, Vol. 103 (2015), p. 116.
⑤ Song Ong Siang, *One Hundred Years' History of the Chinese in Singapore*, p. 473.

会支持者包括陈楚楠和林义顺,临时将孙中山安置在位于偏僻花柏山的金钟大厦,而不是安置在平常入住的张永福别墅晚晴园。① 孙中山在新加坡短期逗留期间亦受英国政府特警的保护。

那晚,孙中山在金钟大厦向其支持者简述他成立中华民国的大计。② 至今,孙中山曾住宿过的金钟大厦在晚晴园存有大量的文献记载。晚晴园现为孙中山南洋纪念馆,以纪念这位"中华民国国父"。

孙中山原配夫人卢慕贞与知己陈粹芬、卢夫人的两个女儿孙娫和孙婉在回中国参加中华民国临时大总统就职典礼途中,于1912年2月15日路过新加坡时也在金钟大厦住宿。图8-28中第一排左起第七位和第八位为陈粹芬和卢慕贞,陈武烈夫人(本名郭金娘)则在左起第五位;陈武烈的千金丽丽和波丽坐在最左侧,长子陈敦厚站在第二排最左侧。

图 8-28 孙中山原配夫人,1912 年摄于金钟大厦

图片来源:新加坡国家档案馆。

---

① 1900 年至 1911 年,孙中山为革命事业四处奔走,九次抵达新加坡,其中四次住宿晚晴园。
② Tjio Kayloe, *The Unfinished Revolution: Sun Yat Sen and the Struggle for Modern China* (Singapore: Marshall Cavendish Editions, 2017).

这段时期，同盟会会员在金钟大厦召开会议，如图8-29所示。

现在要谈谈陈武烈于1920年6月初招待的另一位贵宾，但他不住金钟大厦，而是住在西门斯路8号（1920年改名安哥烈园）①的市区住宅。此贵宾为暹王朱拉隆功与邵瓦帕王后的第四子王储查拉邦思。当时王子私访新加坡，因为和陈武烈是世交，他选择在陈武烈住处居住。陈武烈祖父陈金钟曾是驻新加坡暹罗总领事，多年以来与王家建立了密切联系。王子从海路前来新加坡，途中染上流感，即使在新加坡得到最好的医疗服务，却不幸于1920年6月13日因肺炎病逝。②陈武烈在王子生病期间给予悉心照顾，因此在1920年6月26日受到暹王瓦栖拉兀的召见，并晋升他为"Phra Anukul Sayamkitch"，赐三等暹罗王冠勋章。③

图8-29　同盟会会员，1912年摄于金钟大厦

图片来源：新加坡国家档案馆。

陈武烈慷慨大方，善于利用金钟大厦，如1913年3月5日，他允许中华游泳队主席吴克俭使用大厦举办颁奖晚宴。当地新闻形容大厦的周围"用灯

---

① *Straits Times*, 27 November 1920, p. 8
② *Straits Times*, 14 June 1920, p. 9.
③ *Straits Times*, 26 June 1920, p. 9.

笼作漂亮装饰，内堂的电灯五彩缤纷，使周围令人赏心悦目。"①新加坡在那之前几年才开始给大众供应电力，金钟大厦或许是其中少数能亮灯的私人住宅。另一场在金钟大厦举办的大型活动是在1913年5月31日，为庆祝陈武烈夫人郭金娘的25岁生日。②

大厦易主

陈武烈拥有金钟大厦的时间并不长，为资助在东沙岛③和暹罗南部甲武里府④的商业投资，他于1916年将大厦房地产以3万元（叻币）售给泗水王振煌（Ong Tjien Hong）。⑤

王振煌是一位富裕的糖商，据说他在怡和轩1916年主办的慈善拍卖上以5000元高价买下金锤。⑥他也在1910年捐献200元为圣若瑟书院建设游廊，⑦并于1916年认购1万元的战争债券以示对英国的支持。⑧

1920年，王振煌将房地产以6万元卖给卫理公会（Methodist Episcopal Building and Location Board）。⑨卫理公会当时计划开设学院而成立学院理事会，由纳格（J. S. Nagle）牧师和当地社区领袖如陈嘉庚和李浚源等人组成，负责为建校募款。1921年2月12日至16日的年度委员会就在金钟大厦举办。⑩遗憾的是，英华学院开设计划因得不到殖民政府的支持而于1922年中止，原因是殖民政府1918年已有成立政府艺术科学学院的计划。当时政府计划将教学机构命名为莱佛士学院，以纪念斯坦福·莱佛士爵士开埠新加坡100

---

① *Straits Times*, 5 March 1913, p. 10.
② *Weekly Sun*, 31 May 1913, p. 6.
③ 陈武烈当年曾在东沙岛勘察磷酸盐。见刘永连、刘旭《近代华侨华人与我国南海资源开发》，《南洋问题研究》2019年第4期，第67~68页。
④ 1920年，陈武烈与叔叔陈惟贤（Tan Wi Yan）成立南暹罗勘察公司，在暹罗南部的甲武里府勘察锡矿。
⑤ Singapore Land Authority, Land Title Vol. 422 (CDXXII), No. 164.
⑥ *Malaya Tribune*, 20 November 1917, p. 4.
⑦ *Straits Times*, 25 November 1910, p. 6.
⑧ *Malaya Tribune*, 18 May 1916, p. 5.
⑨ Singapore Land Authority, Land Title Vol. 539 (DXXXIX), No. 105.
⑩ *Straits Times*, 12 February 1921, p. 10.

周年。因建筑工程延误，学院在 10 年后，即 1929 年 7 月 22 日才由海峡殖民地总督克利福爵士（Sir Hugh Clifford）正式主持开幕。[1]

设立英华学院的计划失败后，该委员会于 1924 年 4 月 26 日将大厦租给两位英国医生，即丹纳特医生（Dr. Malcolm Dannatt）和波兰医生（Dr. Vincent Boland）。在五年租赁期内，他们在金钟大厦设立私人医院。前者为圣安德烈教会医院名誉顾问外科医生，[2] 而后者为圣巴多罗买医院住院内科医生。[3] 然而他们的医疗机构只维持了 20 个月，就在报章上刊登出售医疗设备及配件的广告，原因不明。[4]

1938 年，新加坡港务局（Singapore Harbour Board）以 140795 元从卫理公会委员会那里购得金钟大厦房产，[5] 1964 年金钟大厦由新成立的新加坡港务局（Port of Singapore Authority，简称"PSA"）接管。自 1971 年起，金钟大厦约 171000 平方英尺（约 15900 平方米）的土地缩减至 28000 平方英尺（约 2560 平方米）。[6]

1985 年，金钟大厦租赁给丹麦海员教会（Danish Seamen's Church）。新加坡土地管理局的记录显示教会于 1998 年所缴的月租为 11000 新加坡元。[7]

根据报道，1989 年 3 月 6 日至 11 日曾在一所教堂内举办英国画家拜菲尔德（Graham Byfield）的水彩画展，其中有一幅金钟大厦的精美画作。[8]

2010 年 8 月 26 日，丹麦海员教会在金钟大厦举行了 25 周年庆典，丹麦王储弗雷德里克·克里斯蒂安（Frederik Christian）出席了庆典。陈继廉代表陈笃生家族出席了庆祝活动，并为王储讲述了这幢建筑的历史。

---

[1] Guay EeLing, "Raffles College", Infopedia, 2016.
[2] *Strait Times*, 31 July 1924, p. 8.
[3] *Malaya Tribune*, 19 December 1922, p. 6.
[4] *Singapore Free Press*, 21 November 1925, p. 7.
[5] Singapore Land Authority, Land Title Vol. 925 No. 44.
[6] Singapore Land Authority, Land Title Vol. 2803, No 160.
[7] *Straits Times*, 25 July 1998, p. 8.
[8] *Straits Times*, 6 March 1989, Miscellaneous Column 2, p. 31, 上述水彩画见于 Graham Byfield, *Singapore Sketchbook* (Singapore: Archipelago Press, 1995).

图 8-30　金钟大厦水彩画（Graham Byfield 绘）

图 8-31　2010 年，陈继廉在金钟大厦迎接丹麦王储

图片来源：丹麦海员教会。

金钟大厦百年庆

2002年3月12日,金钟大厦转为政府土地,并于2005年6月9日经新闻报道为南部山脊保护区后,升级成为保护级,以展示大厦的独特建筑风格及历史。

2011年7月26日,约百位陈笃生和陈武烈后人在此举办第三次家庭聚会,庆祝金钟大厦建成100周年。时任拉丁马士选区议员陈振泉为当日活动主持揭牌仪式,同时也为丹麦海员教会埃斯特鲁普(Kirsten Eistrup)牧师献上纪念品,感谢牧师准许陈笃生家族使用场地庆祝。当天典礼亦为来宾献上丰盛的丹麦式午餐,中英文报章均有大篇幅报道。[1]

图8-32 揭牌仪式由陈振泉议员主持

图片来源:陈联仁供。

金钟大厦经历百年风雨,屋顶漏水、窗口破裂、墙漆剥离。但令人兴奋的是,新加坡土地管理局目前正在开展修复工程,以恢复其昔日辉煌。工程主要包括水密性能整改、外墙修复,以及木制门窗和屋顶结构修复,预计花费200万新加坡元。虽然修复工程需要一两年的时间,但这项修复计划来得正是时候。我们正朝着正确的方向迈出第一步,那就是保存一栋具有历史意义的建筑物。

---

* 廖文辉、何国宏译。
[1] *Straits Times*, 27 July 2011, p. A3;《联合早报》2011年7月27日,第11页。

第四节
陈德源大厦

陈继廉

> 在新加坡医疗教育史上,只有少数如陈德源大厦和医学院那样具有显著特征的建筑。"[1]
>
> ——柯顺美医生(新加坡卫生部常任秘书兼医务总监,1984~1996年)

图 8-33 陈德源大厦(1911年)　　　图 8-34 陈德源大厦(2020年)

陈德源大厦与医学院构成了马来亚和新加坡的医疗教育中心,长达75年之久。陈德源大厦由陈齐贤于20世纪初建造,赠予七州府医学堂(Straits and Federated Malay States Medical School),以纪念其父陈德源(1844~1891年)。陈德源的父亲陈笃生(1798~1850年)在1844年创立了贫民医院,而陈德源

---

[1] Dr. Kwa Soon Bee, Permanent Secretary, Ministry of Health in "Forward", *Commemorate the Re-Opening of College of Medicine Building* (Singapore: Ministry of Health, August 1987), p. 2.

大厦也是陈氏家族给予公共健康领域的馈赠，坐落于新加坡中央医院内，地址是学院路（College Road）16A号，2002年被列为国家古迹，它是陈氏家族在20世纪初所建且仅存的两座建筑之一。另一座是位于秉德路10号的金钟大厦。[1] 2005年金钟大厦亦被列为受保护的古迹。

陈德源与陈齐贤父子都是著名慈善家，我们会在本节简述他们的生平。

历史沿革

1889年，殖民地首席医生西门（Max Simon）尝试为当地学生设立医学堂。由于没有达到合格的开班人数，结果失败。当时只有两名学生于1891年通过入学预试，之后被送到马德拉斯接受训练。

1905年：七州府医学堂

15年后，设立医学堂的建议重提。1904年，著名华社领袖陈若锦（1859~1917年）与一众亚裔社区代表向海峡殖民地总督安德森（Sir John Anderson）请愿设立医学院。1905年7月，已经募得87000元经费，主要用在把四排埔四栋尚未启用的女性精神病院改造为教室和实验室及购买医疗设备上。1905年9月18日，该学院被命名为七州府医学堂，由安德森总督正式宣布开幕。教解剖学的弗利尔（G. D. Freer）医生被委为校长，[2] 开学第一年就有17名全职学生进修五年的医生课程，以及4名学生注册修读两年的医院助理培训课程。[3] 弗利尔医生在1905年的年终报告提及，因引入橡胶种子到新马而成名的亨利·里德利（Henry Ridley）当时也在校教授植物学。第一批毕业生于1910年毕业。在取得医学和外科手术医生执照的13名毕业医生当中，

---

[1] 金钟大厦于1910年由陈笃生的曾孙陈武烈建造。
[2] 弗利尔医生在学堂担任四年校长后于1909年2月被调往雪兰莪担任高级医务官，取而代之的是基斯（R.D. Keith）医生。
[3] Lee Yong Kiat, "Tan Teck Guan Building, College of Medicine Building, Singapore", *Singapore Medical Journal*, Vol. 29, No. 3, June 1988, pp. 289–292.

陈树南医生（1885~1972年）日后成为教会领袖及支持废除吸食鸦片的热衷倡导者。[1]

1910年，医学堂的学生有90名全职生及30名医院助理培训生，于是开始考虑扩充校园。这时校方需要15000元，以建立一栋附属建筑作为校长和行政人员的办公楼，并为该校的病理学博物馆、图书馆和阅览室提供空间。

1911年：陈齐贤捐建附属建筑

筹募15000元建筑费的任务再次落到陈若锦肩上。他在拜访马六甲的家乡时，成功说服其挚友陈齐贤一同分担建筑费。陈齐贤当时从其父手中继承了"一笔庞大财富"。[2] 为感激陈齐贤的捐献，1910年3月15日，殖民地秘书杨格（Sir Arthur Young）致函说："在此告知，总督因听说您慷慨地捐赠15000元给七州府医学堂建立附属建筑后，深表满意。阁下允许我代表政府向您的慷慨大方致上诚挚的谢意。"[3]

陈德源大厦于1911年6月23日由代总督布罗克曼（Sir Edward Brockman）正式开幕，开幕典礼同时亦庆祝英王乔治五世的加冕。[4] 陈若锦和陈齐贤两人因在欧洲度假未能参与其盛。陈齐贤一家于3月27日搭乘德国邮船"艾丽斯公主号"（Princess Alice）前往欧洲，同行的还有前往英国会见丈夫的林文庆夫人（本名殷碧霞）。[5] 当地社区代表由殷雪村医生、陈庆直及邱雁宾担任，三人皆为校董。

---

[1] J.S. Cheah, T.M. Ho & B.Y. Ng, "The First Graduates in 1910", *Annals of the Academy of Medicine, Singapore*, Vol. 34, No. 6, July 2005, p. 20C.

[2] Song Ong Siang, *One Hundred Years' History of the Chinese in Singapore*, p. 178.

[3] *Straits Times*, 24 June 1911, p. 8.

[4] Lee Yong Kiat, "Tan Teck Guan Building, College of medicine Building, Singapore", *Singapore Medical Journal*, Vol. 29, No. 3, June 1988, p. 289.

[5] "Social & Personal", *Straits Times*, 27 March 1911, p. 6.

图 8-35　陈德源大厦开幕典礼

图片来源：新加坡国家档案馆。

校董会于七州府医学堂入口处立一铜匾，记录陈齐贤的捐献。[①] 此外，大厦建筑基金的捐赠者姓名及捐赠数额也镌刻在大厦东南方入口的两根石柱上。

图 8-36　陈德源大厦纪念铜匾原貌　　图 8-37　修复后的陈德源大厦纪念铜匾

图片来源：陈笃生家族珍藏。　　　　　图片来源：新加坡卫生部。

---

① Lee Yong Kiat, "Tan Teck Guan Building, College of medicine Building, Singapore", Singapore Medical Journal, Vol. 29, No. 3, June 1988, p. 289.

1913年：英王爱德华七世医学堂

七州府医学堂因从林文庆医生（1869~1957年）发起的英王爱德华七世纪念基金会那里获得12000元的补助，在1913年第12条例[①]下改名为"英王爱德华七世医学堂"（King Edward VII Medical School）。学堂的更名也表明它是在爱德华七世执政时设立的。

1926年：英王爱德华七世医学院

自1910年起获准建新大楼后，学院的扩充和更新工程一直持续到20世纪20年代。因扩充项目中包括委任全职教学人员，[②] 学院于1921年为展现其新身份而改名为"英王爱德华七世医学院"（King Edward VII College of Medicine）。1926年2月15日，由斯万（Swan）和麦克莱兰（McClellan）设计的新建筑被命名为医学院大厦，由总督基里玛爵士（Sir Laurence Guillemard）正式宣布开幕。行政办公室和其他位于陈德源大厦的部门搬迁到新大楼，解剖系则留在陈德源大厦，占有整座大厦。

这时期的卓越毕业生有先前在莱佛士书院就读的学生薛尔思（Benjamin Sheares，1907~1981年），他毕业于1929年，后来成为第一位受委任的妇产科教授。薛尔思于1971年至1981年担任新加坡第二任总统。杰出毕业生还有马来西亚前总理马哈迪和其夫人茜蒂哈斯玛，他们于1953年获得医学学位。[③]

1949年：马来亚大学医学院

1949年莱佛士学院与英王爱德华七世医学院合并为马来亚大学后，医学院被命名为马来亚大学医学院（Faculty of Medicine University of Malaya），今天大学则名为新加坡国立大学。

[①] Song Ong Siang, *One Hundred Years' History of the Chinese in Singapore*, p. 367.
[②] C.M. Turnbull, *A History of Modern Singapore, 1819–2005* (Singapore: NUS Press, 2005), p. 130.
[③] E.S. Teo, "The History of the College of Medicine and Tan Teck Guan Buildings", *Annals of the Academy of Medicine, Singapore*, Vol. 34, No. 6, July 2005, p. 65C.

建筑特征

两层楼高的陈德源大厦位于新加坡中央医院8万平方米的范围内。该大厦由德雷珀（William B. Y. Draper）[①]设计。陈德源大厦是经典的乔治亚风格建筑，仅有一个中央入口，正面排满纺锤形陶立克柱子，二楼则为爱奥尼柱子。如同晚期乔治亚建筑风格，该大厦的窗户皆为同等尺寸，外墙铺着与白色石膏花边形成对比的红砖。大厦内有木扶手的花岗石楼梯通往二楼。

与此风格相似的新加坡建筑物有麦士威大厦（Maxwell House，前国会大厦，现为艺术之家）、位于维多利亚街的古德威尔屋（Caldwell's House）和新加坡第一位驻地建筑师哥里门位于哥里门街的住宅。[②]

1982年5月，医学院获准迁入位于肯特岗（Kent Ridge）的新加坡国立大学校园，新加坡卫生部在新加坡古迹保存委员会的支持下，将陈德源大厦和医学院大厦列为国家古迹。两座建筑物符合新加坡古迹保存局的历史建筑标准，即"建筑物在描述新加坡特定历史时期的文化、经济和社会生活方面的重要性"。[③]1984年5月，政府核准大楼的修建工程。这项庞大工程始于1985年，耗资近1440万元新币，三年后完工。医学院大厦在1910年的设计图中原有的大阶梯不知何故而未建成，但在这次的修复工程中则已补建。大厦天花板也修缮如旧，带有檐壁饰带，其余空间则改为会议室和展厅这样的现代办公室。

由于原有的木质结构已遭白蚁侵蚀，陈德源大厦的修复工程主要以钢筋结构取代旧楼的木桁架、木地板和木托梁。原本的木窗、木框和木门则以相似设计的木结构取代。屋顶漏水的瓦片全部移除，装上法国进口的新陶瓷瓦片。大

[①] Lee Yong Kiat, "Tan Teck Guan Building, College of Medicine, Singapore", Singapore Medical Journal, Vol. 29, No. 3, June 1988, p. 289.
[②] Urban Renewal Authority and Preservation of Monuments Board, "The Tan Teck Guan Building Preservation Guidelines, October 2004, Vol. 1", p. 22. 古德威尔屋于1965年被拆除，原址即今半岛酒店和购物中心。
[③] "The Tan Teck Guan Building Preservation Guidelines, October 2004, Vol. 1", p. 3.

厦一楼通往二楼的老旧花岗石阶梯和木制扶手则予以保留。为增加大厦空间，拆除两面砖墙，1911年的纪念牌也修复如初。

1987年7月，新加坡卫生部、医学院和全科医生学院（现为家庭医学学院）迁入已修复的陈德源大厦和医学院大厦。同年8月开幕典礼时，新加坡卫生部常任秘书柯顺美称赞两座大厦的修复工程为"对新加坡医疗界先驱者恰如其分的致敬"。①

1988年10月，新加坡新闻与艺术部批准两座大厦成为国家古迹。该项决定后来于2002年12月2日，根据《古迹保护法》第239章2002节S609号，正式在《政府宪报》公布。②次年（2003年）6月，新加坡国家文物局安置了陈齐贤捐赠的纪念牌，并强调陈德源大厦的历史地位。

图 8-38 新加坡国家文物局纪念牌
图片来源：陈笃生家族珍藏。

自从被列为国家古迹后，陈德源大厦成了新加坡中央医院一系列水彩画和新加坡邮政局纪念邮票中的特写。③

新加坡卫生部与新加坡古迹保存局对陈德源大厦和医学院大厦的保护值得赞扬。这两栋象征新加坡医疗服务和医疗教育的建筑物将永远保留下来，特别是陈齐贤于1911年捐赠附属建筑给七州府医学堂的故事，会被后人铭记。陈齐贤的善举定能启发富有的新加坡人挺身而出，支持诸如教育这样重要的事业。

---

① Lawrence H.H. Lim & Lee Yong Kiat, *To Commemorate the Re-opening of the College Medicine Building, August 1987* (Singapore: Ministry of Health, 1987), p. 2.
② *Straits Times*, 6 December 2002, p. 13; E.S. Teo, "The History of the Tan Teck Guan and College of Medicine Buildings, p. 71C.
③ 2004年，新加坡中央医院委托当地水彩画画家杨建威绘画陈德源大厦和另外五栋位于原址的历史性建筑，这些画在2005年5月20日的展览会中展示。新加坡邮政局亦在2010年8月4日名为"国家历史文物"系列的纪念邮票中加入陈德源大厦和另五栋历史性建筑。

图 8-39　陈德源大厦纪念邮票

图片来源：新加坡邮政。

图 8-40　陈德源大厦水彩画

图片来源：新加坡中央医院博物馆。

大厦创始人

陈德源是陈笃生的幼子，是一个捐款给许多慈善事业的"显赫的马六甲公民"。[1] 陈德源是富裕的木薯农场主，也是一名敏锐的植物学学者，他将当地的植物样品寄送到多国展览，如新加坡花展和在伦敦及墨尔本举办的类似活动，获得赞赏。据其孙子陈温祥所述，他被王家园艺学会委任为马来亚森林稀有植物采集者。[2] 陈德源对该学会的贡献使他受邀参加 1875 年 7 月 29 日庆祝英女王生日的总督舞会，为少数获邀的马六甲和槟城贵宾之一。[3]

图 8-41　陈德源

图片来源：陈笃生家族珍藏。

1876 年 4 月 14 日，多名马六甲巨贾在《每日时报》（*Daily Times*）联署登函，向时任市政议员的陈德源及其密友曾德章致敬，感谢他们解决当地两

---

[1] Song Ong Siang, *One Hundred Years' History of the Chinese in Singapore*, p. 178.
[2] Tan Hoon Siang, 24 January 1983, Oral history interview by Lim How Seng, "Pioneers of Singapore", Oral History Centre, Accession No. 000077, https://www.nas.gov.sg/archivesonline/oral_history_inter-views/record-details/dfa08c05-115d-11e3-83d5-0050568939ad (Accessed 5 January 2021).
[3] Song Ong Siang, *One Hundred Years' History of the Chinese in Singapore*, p. 178.

个秘密会党间的争执，为马六甲带来和平与秩序。陈德源与曾德章当时协调福帮（音译 Hok Beng）和义武（音译 Ghee Boo）两个会党的领导人签订由法庭特别起草的合约，同意任何一方违约时必须捐赠 500 西班牙元给新加坡贫民医院基金会。[1]

1870 年至 1878 年，陈德源担任马六甲义学（Malacca Free School，今马六甲高等中学）董事。在任期间，他设立马六甲第一个奖学金——陈德源奖学金，以奖励成绩优异的学生。马六甲名人如考获七州府医学堂内外科医学执照的王万兴医生（1890~1964 年），以及香港上海汇丰银行买办陈宗历（1886~1947 年），都是早期陈德源奖学金的得奖人。[2] 在该校 180 周年纪念刊中，陈德源被校友们赞扬为"慈善事业和公共精神的崇高典范，值得后人效仿"。[3] 为表彰陈德源长期为社区服务，殖民政府于 1879 年封时年 35 岁的陈德源为太平绅士。[4]

当邵瓦帕王后和朱拉隆功国王于 1890 年 5 月 29 日访问马六甲时，陈德源有幸招待王后到荷兰街 73 号住宅茶叙。[5]

1907 年，新加坡以他的名字命名一条街道，以资纪念。陈德源街贯穿他在罗拔申码头（Robertson Quay）所拥有的土地。[6] 遗憾的是，20 世纪 90 年代末因新加坡市区重建计划，陈德源街消失了。

陈德源卒于 1891 年 10 月 22 日，留下巨大财富予其三子（齐贤、达贤、惟贤）及五女（容娘、纯娘、锦娘、润娘、庆娘）。陈德源是慈父，非常保护他的孩子，尤其是四个当时不及 21 岁的女儿，甚至在遗嘱中留下条款，防止女婿控制女儿的财产。[7]

---

[1] *Straits Times*, 22 April 1876, pp. 2 & 4.
[2] Chua Bok Chye, *Our Story: Malacca High School, 1826–2006*, pp. 182 & 185.
[3] Chua Bok Chye, *Our Story Malacca High School, 1826–2006*, p. 183.
[4] Song Ong Siang, *One Hundred Years' History of the Chinese in Singapore*, p. 178.
[5] Patricia Lim Pui Huen, *Through the Eyes of the King: The Travels of King Chulalongkorn to Malaya*, p. 54. 该房子至今尚在，由陈氏家族维持保养。
[6] Victor Savage & Brenda Yeoh, *Singapore Street Names: A Study of Toponymics*, p. 378.
[7] 1888 年 8 月 18 日陈德源遗嘱，第 24 段。

陈德源长子陈齐贤（1870~1916年）继承家族救助贫困穷人的精神，也是马六甲著名慈善家。除捐献15000元（当时是一笔可观的金额）建造医学院附属建筑以外，他和弟弟陈惟贤于1914年各捐1000元给圣芳济中学（St. Francis Institution）建筑侧厅。此外，1916年，陈齐贤号召华裔人士募得12800元，为英国政府添购一架战斗机，他个人捐了786元。[1] 24岁时担任马六甲市政议员和太平绅士。

陈齐贤是第一个以商业模式种植橡胶的土生华人，带动当地经济，为新加坡和马六甲带来繁荣。[2] 他在亚沙汉山（Bukit Asahan）有一片4300英亩的橡胶园，经营得非常成功，并于1906年以200万元的高价卖给名为马六甲种植园有限公司（Malacca Plantations Ltd.）的伦敦企业联合组织。当初他只花了20万元发展该橡胶园，却获得投资额近十倍的庞大净利。[3]

历史学家杨进发记载了有关陈嘉庚在启动橡胶生意时向陈齐贤求教的一则趣闻。当陈嘉庚听说陈齐贤成功地以180万元售出亚沙汉山的橡胶园后，乃于1906年6月联络陈齐贤请教有关种植橡胶和管理橡胶园的建议。[4] 陈齐贤也和亨利·里德利一样热衷于橡胶种植的推广，他不但与陈嘉庚分享了橡胶的相关知识，还以1800元低价卖出18万颗橡胶树种子给他，即每颗种子只1分钱。陈嘉庚将橡胶树种子种在柔佛福山园的黄梨园内，这也是陈嘉庚进入橡胶种植业的开始，数年后为他带来了巨大的财富。杨进发认为"那18万颗种子

图8-42 陈齐贤
图片来源：陈笃生家族珍藏。

---

[1] *Straits Times*, 17 February 1916, p. 8.
[2] *Malacca Guardian*, 8 April 1935, p. 3.
[3] Yong C. F., *Tan Kah-Kee, the Making of an Overseas Chinese Legend* (Singapore: World Scientific, 2014), 45.
[4] Yong C. F., *Tan Kah-Kee, the Making of an Overseas Chinese Legend*, p. 45.

为陈嘉庚的族人、社区和其在新马两地的政治领导铺下了道路"。[1]

陈齐贤也参与其他商业活动，1912年担任华商银行（Chinese Commercial Bank）董事，1913年成为联东保险有限公司（Eastern United Assurance Company）首任主席。[2]

他的儿子陈温祥是一名园艺爱好者，为了纪念园艺在他们的家庭事业中所扮演的重要角色，他将自身培育的一个兰花杂交种命名为"陈齐贤万代兰"（Vanda Tan Chay Yan）。该品种在1954年的切尔西花卉园艺展上获得一等奖，该奖是英国王家园艺学会颁发的最高奖项。1963年，新加坡邮政发行了一枚陈齐贤万代兰的邮票以资纪念。新加坡金融管理局也在2006年推出由新加坡造币厂铸造的"传世名种胡姬花纪念币珍藏版"，当中就有面值5元的陈齐贤万代兰精铸纪念银币。

图8-43 陈齐贤万代兰
图片来源：陈笃生家族珍藏。

图8-44 陈齐贤万代兰邮票
图片来源：新加坡儿童博物馆。

图8-45 陈齐贤万代兰精铸纪念银币
图片来源：新加坡造币厂。

---

* 廖文辉、何国宏译。
[1] Yong C. F., *Tan Kah-Kee, the Making of an Overseas Chinese Legend*, p. 45.
[2] Yong C. F., *Tan Kah-Kee, the Making of an Overseas Chinese Legend*, p. 47.

第九章

陈笃生家族的慈善精神

蔡淑仪

陈氏家族的慈善精神始于陈笃生，他在 1844 年为创立贫民医院出资 7000 元。[①] 笔者曾参观陈笃生医院历史博物馆，那里有一块石碑，上面的文字出自医院的创办人陈笃生（1798~1850 年）。石碑碑文有这么一句："余自经营商贾以来，私心窃念欲有所事于孤苦之人。"他的话让笔者深受感触。之后笔者开始去了解陈笃生其人及其后人的事迹。

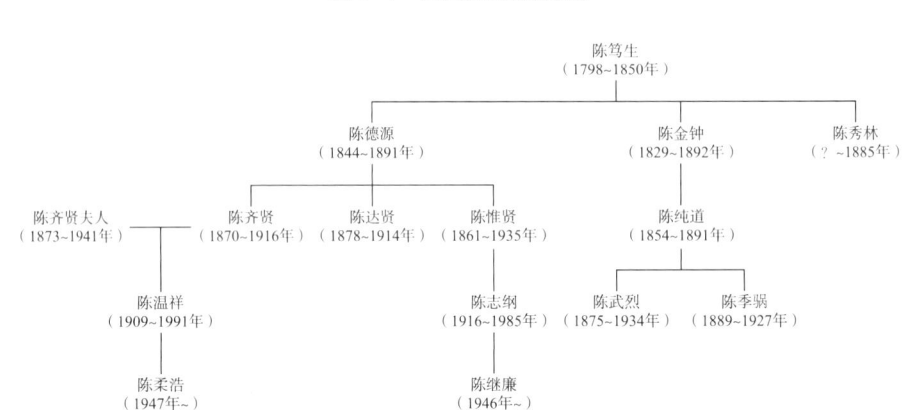

表 9-1 陈笃生家族简谱

```
                        陈笃生
                    (1798~1850年)
          ┌─────────────┼──────────────┐
        陈德源          陈金钟         陈秀林
      (1844~1891年)   (1829~1892年)   (?~1885年)
   ┌────┬────┬────┐         │
陈齐贤夫人 陈齐贤 陈达贤 陈惟贤      陈纯道
(1873~1941年)(1870~1916年)(1878~1914年)(1861~1935年)  (1854~1891年)
     │              │          ┌────┴────┐
   陈温祥          陈志纲      陈武烈    陈季骐
 (1909~1991年)  (1916~1985年)(1875~1934年)(1889~1927年)
     │              │
   陈柔浩          陈继廉
 (1947年~)       (1946年~)
```

陈笃生（1798~1850 年）

1844 年，陈笃生出资 7000 元创立贫民医院。1819 年新加坡开埠后不久，许多华工来到新加坡找寻机会，他们大部分聚居在牛车水一带。由于生活艰难，环境恶劣，许多人因此生病或负伤。当时常见的疾病有霍乱、伤寒、天花、肚肠或小肠热症。独自在异乡，没有亲人，且没有工作支付租金，许多人也因此无家可归，只能在街上乞讨。有些人吸食鸦片，甚至为了生存去犯罪，然而更多人却因疾病和饥饿丧命街头。贫民医院的创立就是为了应对当时社会的急需。

根据 1845 年 9 月 23 日《海峡时报》报道，当年新加坡华人有 36000 人，其中 1/3 是在贫困线上。警方证实每年约有 6000 人挨饿，超过 100 人饿死、

[①] 1890 年以前的区域通用货币是西班牙银元。此后若无特别注明，文中所及均为西班牙银元。

病死街头。[1]与来自中国乡下且主要为农民、小商人和手工艺者不同的是，[2]陈笃生是峇峇，出生于海峡殖民地，来自马六甲。他通晓当地语言，包括英语，结交了许多社会贤达，是一名成功的商人。面对这样严峻的社会环境，大多富贵人家都置之不理，然而陈笃生以慈悲为怀，当然不能坐视不理。

陈笃生秉持儒家勤劳、节俭、宽厚的美德。儒家思想涵盖人类许多的美好精神，包括修身齐家、待人友善、回馈社会以及仁爱乡里等。儒家名言有"达则兼善天下，穷则独善其身"，类似的理想砥砺着华人社会里的富人去行善助人，有志于改善社会，自愿去帮助弱者。更让笔者钦佩的是，陈笃生行善不是出于一种义务，而是出于自身的恻隐之心。

陈笃生行走在早期新加坡的街道，亲身感受人民所受的苦难。如《陈笃生医院缘起》碑文所述："人生况瘁之遭莫逾于此，能不目击而心伤哉？"陈笃生感同身受，并采取行动。除了亲自出资开办医院，支持医疗业务，他也协助埋葬街头无人认领的尸体，为无法支付殡葬费用的人出钱补助。[3]这些善举从1843年开始，直到他1850年逝世为止，其间他提供了1032副棺材，总计1073元3分。[4]

图9-1 《陈笃生医院缘起》
图片来源：陈笃生医院历史博物馆。

---

[1] *Straits Times*, 23 September 1845, cited in Lee Yong Kiat, "Singapore's Pauper and Tan Tock Seng Hospitals (1819–1873): Part I", *Journal of the Malaysian Branch of the Royal Asiatic Society*, Vol. 48, No. 2, 1975, p. 103.

[2] Maurice Freedman, "Immigrants and Associations: Chinese in Nineteenth-Century Singapore", *Comparative Studies in Society and History*, Vol. 3, No. 1, 1960, p. 26.

[3] Kamala Devi Dhoraisingam & Dhoraisingam S. Samuel, *Tan Tock Seng, Pioneer: His Life, Times, Contributions and Legacy* (Kota Kinabalu: Natural History Publications, 2003), pp. 24–27.

[4] *Straits Settlements Records*, AA. 26.(163), 26 June 1852, cited in Lee Yong Kiat, "Singapore's Pauper and Tan Tock Seng Hospitals (1819–1873): Part I", *Journal of the Malaysian Branch of the Royal Asiatic Society*, Vol.48, No. 2, 1975, p.109.

英文"慈善"(philanthropy)一字，是由希腊文的"爱"(φίλος)和"人性"(ἄνθρωπος)两字组成。因此，"慈善"的另一方面是对人类的爱。陈笃生是家族中的第一位慈善家，他在有生之年将自己的财富和资源倾注于社会公益。这些善行并非事后的想法，他也没有将使用金钱的决策交给别人，而是尽快地将财富花在减轻贫困病人的痛苦上。他的慈善精神也被后世子孙继承了下来。

陈金钟（1829~1892年）

陈金钟是陈笃生的长子，是一位见多识广、商业嗅觉相当敏锐的商人。他建立的跨国商业帝国，涵盖了当时的新加坡、暹罗、安南和中国。陈金钟小时候在新加坡义学（Singapore Institution Free School，即莱佛士书院的前身）求学，这是新加坡当时唯一的正规学校。他在那儿学习英文和拓宽视野，这些能力让他得以与欧洲商人和政府官员沟通。[1]陈笃生逝世后，经营家业的重担就落到陈金钟身上，当时他只有21岁。身为长子的他是陪伴陈笃生最久的孩子，在父亲身边观察学习，也得到父亲传授的经商之道。1850年，他以贸易商和代理商的身份设立"振成号"（Chop Chin Seng）。开始时，人们都只认定他是陈笃生之子，认为他倚靠的只是父亲花了数十年心血在新加坡及海外所建立起的广阔商业网络。尽管如此，他最后却成功为自己正名了，通过自身的努力成为一名杰出的商人、华社领袖、外交官和慈善家。

陈金钟与其母继续为陈笃生医院捐款，以其父之名支付医院的扩建费用。1852年，当他得知医院缺乏资金扩建时，慷慨捐出2000元承担所有经费。[2]1858年，他花费3340元在实龙岗路为医院增建两翼。[3]此外，他还继承父亲的美

---

[1] 详见本书第四章。
[2] Lee Yong Kiat, "The Pauper Hospital in Early Singapore (Part IV) (1850–1859) — Section 1", *Singapore Medical Journal*, Vol. 16, No. 4, December 1975, p. 280.
[3] Lee Yong Kiat, "Singapore's Pauper and Tan Tock Seng Hospitals: Part III. The New Hospital 1860", *Journal of the Malaysian Branch of the Royal Asiatic Society*, Vol. 49, No. 2, 1976, p. 177.

德，为在医院逝世的所有贫民支付丧葬费用，[1] 显示出陈金钟也有其父的慈爱之心。身为陈笃生医院的受托人，陈金钟十分了解医院的情形。据说在1855年，当他得知"贫民因连日下雨而饱受寒冷煎熬之苦，于是心生怜悯"，便给了每个病人一片四码（约3.66米）长的厚布。[2] 这些个人物品的捐赠也反映出陈金钟的细腻用心，因为他知道这些病患需要的不仅是医疗照护和栖身之处，还有被单带来的温暖。如同他父亲一样，陈金钟所做的善举出于同情心而非义务。

除了医院方面的善举，陈金钟在社区也相当活跃。1850年，陈笃生在直落亚逸街建立的天福宫需要整修，陈金钟捐赠了1719元，是捐款名单中捐赠最多的。从1852年到1863年，陈金钟与其他重要的商业和社区领袖共同出任陪审团（Grand Jury）。[3] 陪审团在法院中负责各项重任，即审查刑事案件以及报告其他法庭职权以外事务，如公共工程与社会议题。陈金钟的另一项举动也展现出他的公德心和善意。1858年，印度总督出于军事用途[4]征用他在新加坡市中心一块3.5英亩的土地，并拟支付2000元补偿金，陈金钟在慷慨捐地的同时也婉拒了补偿金。1865年，陈金钟被海峡殖民地政府授予太平绅士衔。身为华人甲必丹的他也处理小型案件，如两个帮派之间的斗争。不幸的是，陈金钟的两个儿子分别于1886年和1891年早于他逝世，而他本人也于1892年与世长辞。

---

[1] Lee Yong Kiat, "The Pauper Hospital in Early Singapore (Part IV) (1850–1859) — Section 2", *Singapore Medical Journal*, Vol. 17, No. 1, March 1976, p. 18.

[2] *Singapore Free Press*, 27 December 1855, cited in Lee Yong Kiat, "Singapore's Pauper and Tan Tock Seng Hospitals: Part III. The New Hospital 1860", *Journal of the Malaysian Branch of the Royal Asiatic Society*, Vol.48, No. 2, 1975, p.165.

[3] Lee Yong Kiat, "The Grand Jury in Early Singapore (1819–1873)", *Journal of the Malaysian Branch of the Royal Asiatic Society*, Vol. 46, No. 2, pp. 55-150.

[4] *Straits Settlements Records*, Z35. Copy of 2nd paragraph sent to Tan Kim Ching, 5 February 1858.

陈德源（1844~1891年）

陈德源是陈笃生的幼子，是一位善于占卜、风水和精通数学的华裔学者。[①] 住在马六甲的陈德源于1870年被选为马六甲义学（Malacca Free School，马六甲高等中学前身）受托人达八年之久，直到义学被正式移交给政府管理。作为受托人，陈德源负责基金的财务工作，是基金资产的监管人。陈德源在任职期间表现出"真诚热衷的心态"，他几乎出席每一场受托人会议。[②]

陈德源家财万贯，他同情穷人，想确保孩子们不会因为家境贫穷而无法上学，一生中都在努力为所有学生争取免费教育。他是委员会的成员之一，负责为马六甲义学争取公众筹款，使义学可以名副其实地提供免费教育。当其他委员认为有必要向学生收取5~10分钱的费用时，陈德源强烈反对这项使义学名不副实的决策。[③] 政府于1878年接管马六甲义学，并将其改名为"马六甲高等中学"。

陈德源也参与马六甲义学一年一度的颁奖典礼，贡献了许多奖品并辅导即将毕业的青少年。[④] 他也设立陈德源奖学金，这是马六甲设立的第一个奖学金。20世纪30年代，陈德源奖学金的第一名获得100元的奖学金和一份证书，而

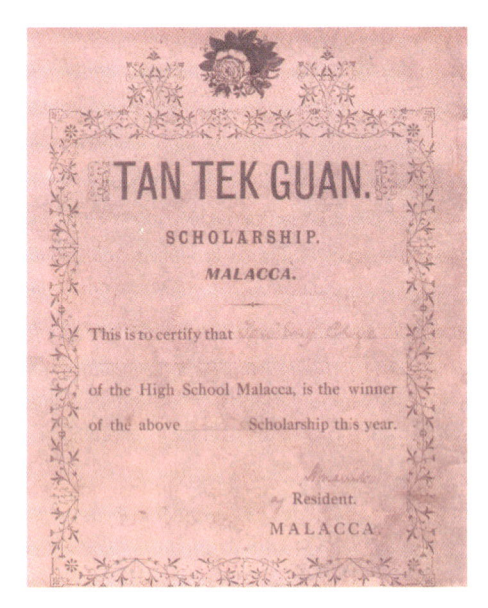

图9-2　陈德源奖学金获奖证书

图片来源：陈坤祥提供。

[①] Tan Hoon Siang, 24 January 1983, Oral History Interview by Lim How Seng, "Pioneers of Singapore", Oral History Centre, Accession No. 000077, https://www.nas.gov.sg/archivesonline/oral_history_interviews/record-details/dfa08c05-115d-11e3-83d5-0050568939ad (Accessed 5 January 2021).

[②] Chua Bok Chye, *Our Story: Malacca High School, 1826–2006* (Kuala Lumpur: MHS Anniversary, 2006), p.183.

[③] Chua Bok Chye, *Our Story: Malacca High School, 1826–2006*, p.183.

[④] Chua Bok Chye, *Our Story: Malacca High School, 1826–2006*, p.32.

第二名及第三名奖学金分别为 75 元和 50 元。[①] 其中著名的学生有 1907 年得奖者王万兴医生和陈成池医生。

虽然我们知道陈德源资助这笔奖学金，但没有任何记录记载他实际捐了多少钱给学校。他通过实际行动和服务支持学校的各项运作。这让笔者想到行善是否一定要涉及金钱，或许行善也能以其他方式贡献自己，就像陈德源为教育贡献出自己的时间、精力和影响力。

陈齐贤（1870~1916 年）

陈德源的长子陈齐贤在马六甲颇有影响力。陈齐贤的儿子陈温祥形容他沉默寡言、有耐心，不喜欢与别人争论。[②] 1896 年，陈齐贤在马来亚开辟了第一座橡胶种植园。他看到橡胶的经济价值，并大规模种植橡胶树。当时正是汽车产业崛起的时代，需要大量的橡胶制造轮胎，他的橡胶生意在当时非常成功。此外，陈齐贤也继承了其父的一大笔财富。

陈齐贤以财富回馈社会。1910 年初，挚友陈若锦到马六甲拜访他。陈若锦是一位杰出华社领袖，也是医疗教育的长期资助者。陈若锦在 1905 年于新加坡创立了七州府医学堂。1910 年，医学堂要建新大楼，设立阅览室、博物馆和教室。

图 9-3　陈齐贤

图片来源：陈笃生家族珍藏。

[①] Chua Bok Chye, *Our Story: Malacca High School, 1826–2006*, p.91.
[②] National Archives of Singapore, Tan Hoon Siang Oral History Interview by Lim How Seng, 24 January 1983, Pioneers of Singapore, Accession No.77, https://www.nas.gov.sg/archivesonline/oral_history_interviews/record-details/df9fa9fb-115d-11e3-83d5-0050568939ad?keywords=Tan%20Hoon%20Siang&keywords-type=all(Accessed 8 May 2021).

陈若锦拜访时，告知陈齐贤建筑大楼需要叻币[①]15000元的费用，陈齐贤决定负担所有费用，并以所建立的大楼纪念他已故父亲陈德源。[②]1911年，陈德源大厦正式开幕。陈齐贤所资助的正是新加坡第一所医药学院，用于培训当地学生掌握西方医疗技术。这栋精心设计的两层大楼有着乔治亚时代建筑风格和新古典主义风格的外观设计。基于大厦在历史上的重要性，大厦于2002年被列为新加坡国家历史古迹。[③]

陈齐贤另一项贡献是在1913年创立培风中学。他与曾江水和沈鸿柏等人认为，华裔子弟必须了解中华文化并能使用中文。因此，他们创办了培风小学（Pay Fong Dual-Level Primary School）。至今，培风中学是马六甲唯一的华人独立中学。陈齐贤的儿子陈温祥就曾在培风小学求学。

1914年，马六甲圣芳济中学计划建立一栋三层大楼新翼作为教室和宿舍，陈齐贤也为该校建筑基金捐赠了1000元。[④]圣芳济中学是一所位于怡力（Bandar Hilir）海滨的公立男校，1872年由法国德拉萨勒（De La Salle）兄弟共同创立经营。该校早年在为贫民提供罗马天主教传统教育中扮演重要角色。[⑤]陈齐贤与其兄弟陈达贤和陈惟贤也资助新加坡圣若瑟书院的扩建计划。他们的名字铭刻于位于今天勿拉士峇沙路（Bras Basah Road）71号该校旧址四根柱子的其中一根上。[⑥]

[①] 叻币通行于1909年至1939年。此后若无特别注明，文中所及皆为叻币。
[②] Lee Yong Kiat, "Tan Teck Guan Building, College of Medicine, Singapore", *Singapore Medical Journal*, Vol. 29, 1988, pp. 289–292.
[③] 详见本书第八章四节。
[④] "St Francis Institution: Rising in the face of adversity", *Star*, 10 June 2010, https://www.thestar.com.my/news/community/2010/06/10/st-francis-institution-rising-in-the-face-of-adversity (Accessed 24 May 2021). 陈惟贤也于1914年为圣芳济中学建筑基金捐赠1000元。鸣谢陈齐贤和陈惟贤捐赠给建筑基金的纪念碑至今仍保存在马六甲圣芳济中学。
[⑤] Wong Hoy Kee, "An investigation into the work of the De La Salle Brothers in the Far East", *Paedagogica Historica*, Vol. 6, No. 2, 1966, pp.440–504.
[⑥] "School days at SJI (now SAM) from 1977–1980", Blog of Sorts, https://blogofsorts.wordpress.com/2008/09/14/school-days-at-sji-now-sam-from-1977-1980/ (Accessed 18 May 2021).

图 9-4 位于圣芳济中学的捐款碑

图片来源：陈笃生家族珍藏。

图 9-5 陈氏三兄弟，由左至右为陈惟贤、陈齐贤和陈达贤

图片来源：陈笃生家族珍藏。

陈齐贤夫人（1873~1941年）

华人传统大多看重家族的男性成员，很少提及女性。陈氏家族也是如此，我们对于家族男性成员的妻子、女儿知之甚少。然而，陈齐贤夫人（名为蔡婉娘）是个例外。她是一位精明能干的女人，来自马六甲历史悠久和德高望重的蔡氏家族。在丈夫陈齐贤于1916年因疟疾逝世时，[1] 她接管其所留下的生意和家产，儿子陈温祥适龄时才接手。陈齐贤夫人乐善好施，在教育方面贡献良多。[2] 1926年，她为马六甲高等中学献上一个精美的校钟。[3] 她也为慈善事业捐赠了多块地皮，其中一片土地捐赠给圣芳济中学的奥古斯都牧师（Rev.Br.

---

[1] *The Peranakan*, Issue 2,2015,p.9.
[2] *The Peranakan*, Issue 2,2015,p.10.
[3] Chua Bok Chye, *Our Story: Malacca High School, 1826–2006*, pp.36–37.

Augustus），为班台昆罗（Pantai Kundor）的弟兄们建立独立式洋房度假屋。① 她也资助马来学校和基督教传教机构如葡萄牙教团，所资助的金额不亚于华人学校。在男性更有机会受教育的年代里，陈齐贤夫人更是女性教育的热衷支持者。

在与陈齐贤夫人侄孙陈继廉的一次采访中，他说，陈齐贤夫人给了马六甲童子军一块土地作为营地。陈继廉在 1956 年上小学时开始参加童子军，即使长大后，童子军还是他生命中重要的一部分，② 现在仍参与童子军团体活动，为其募款并宣传童子军的活动意义。因此，得知陈齐贤夫人也是童子军运动的支持者后，他有感而发："我为人处世的许多核心价值是在当童子军时发展出来的，其中一个价值观是，我认为心善的人都会有好运气，而且我相信陈齐贤夫人具有一颗善良的心，尤其在其为慈善工作献身时显而易见。"今天，这块营地被命名为陈齐贤（夫人）营地，位于马六甲武吉加迪（Bukit Katil）。每当陈继廉拜访营地时，童子军都会热烈欢迎他。这都是因为陈齐贤夫人在许多年前的慈善事业。

1941 年 6 月 12 日，英王诞辰纪念，由于陈齐贤夫人在海峡殖民地社会和慈善事业方面的贡献，她被授予大英帝国勋章（Order of the British Empire），③ 她也是唯一获颁此勋章的女性，④ 这确是她应得的荣耀。

图 9-6　陈齐贤夫人，原名蔡婉娘
图片来源：陈笃生家族珍藏。

---

① "St. Francis Institution", Franciscan Club, http://thefranciscan.org/SFI.html (Accessed 8 May 2021).
② "Our Scouting Stories, Here to Inspire", https://scout.sg/scouting-101(Accessed 8 May 2021).
③ Overseas Chinese in the British Empire, https://overseaschineseinthebritishempire.blogspot.com/2019/01/ (Accessed 8 May 2021).
④ *Singapore Free Press*, 13 June 1941, p.7.

陈惟贤（1881~1935 年）

陈惟贤是陈德源幼子，也是一个有趣的人。从陈继廉分享的故事和照片来看，可以想见他很会生活。陈惟贤是陈继廉祖父，但他在陈继廉出生以前就逝世了，所以陈继廉未曾见过他一面。陈继廉经常听说祖父的故事，也有他的照片。陈惟贤是首位拥有劳斯莱斯银鬼（Rolls Royce Silver Ghost）的新加坡人，[①] 那是一台 1910 年的敞篷车，别名 "40/50h.p."，底盘号码 1367，车牌号 S484。父亲陈志纲（Maurice Tan）告诉陈继廉，这辆劳斯莱斯的后车厢非常宽阔，里面还附有折叠桌，可以在开车时让乘客喝咖啡。陈惟贤曾与其兄长陈达贤驾驶 30h.p. 的戴姆勒（Daimler）和奥尔代斯与阿尼恩斯（Alldays and Onions），往返于马六甲和槟城之间。[②] 照片中的他经常穿着时髦的西装在花园或阅览室，还有一张照片是陈惟贤与他的欧洲朋友在实乞纳（Siglap）海边的独立式洋房，那栋洋房还附有网球场。虽然来自同一家庭，陈惟贤与生活朴素且不常持有奢侈品的长兄陈齐贤很不一样。

尽管陈惟贤懂得享受，生活较奢侈，他与陈齐贤同样是慈善家，很少对有需要救助的人说不。陈惟贤提供的帮助与其兄弟和祖父提供的别无二致。其中值得一提的是，陈惟贤与其商业伙伴沈振明和陈金华共同捐献 11150 元购买一架战斗机送给英国，作为英国参与世界第一次大战的礼物。该战斗机被命名

图 9-7　陈惟贤

图片来源：陈笃生家族珍藏。

[①] "All Barker-bodied pre-1916 Silver Ghost chassis numbers", Coachbuild.com, https://www.coachbuild.com/forum/viewtopic.php?t=13601(Accessed 23 June 2021).

[②] Singapore Free Press and Mercantile Advertiser (Weekly), 12 March 1908, p. 166.

为"马来亚四号",或曰"惟振金号",以三人姓名的中间字命名。该战斗机于 1915 年 8 月 16 日由林文庆博士转交给英国当局。[①]

图 9-8　陈惟贤与其商业伙伴捐赠给英国的战斗机

图片来源:Song Ong Siang, *One Hundred Years' History of the Chinese in Singapore*。

1914 年,陈惟贤捐赠 1000 元(在当时是一笔可观的金额)给马六甲圣芳济中学建筑基金。[②]1917 年,他捐 500 元给红十字会设立"我们的日子"基金("OurDay"Fund)。[③]这项基金是为受伤的士兵、战争寡妇和战俘所筹备的。[④]1918 年,他又捐赠 200 元给英王乔治水手基金,[⑤]这是为了帮助各类水手及其遗孀和孤儿而设的基金。[⑥]

陈惟贤的劳斯莱斯银鬼于 1915 年卖给暹王瓦栖拉兀(拉玛六世)。那辆车之

[①] "Sim Cheng Mea and Family (Bukit Brown)",Rojak Librarian,https://mymindisrojak.blogspot.com/2019/10/sim-cheng-mea-and-family-bukit-brown.html (Accessed 8 May 2021); *Singapore Free Press*, 9 November 1915, p.10.
[②] 陈惟贤与其兄弟的捐赠刻于马六甲圣芳济中学走廊上的石碑上。
[③] *Singapore Free Press*,19 October1917, p.10.
[④] "1914–1918:How Charities Helped to Win WW1", Third Sector,https://www.thirdsector.co.uk/1914-1918-charities-helped-win-ww1/volunteering/article/1299786 (Accessed8 May 2021).
[⑤] *Singapore Free Press*, 21 August 1918, p.5.
[⑥] "King George's Fund for Sailors", Imperial War Museums,https://www.iwm.org.uk/collections/item/object/30152 (Accessed 8 May 2021).

后转卖给一名英国买家，1989年被名古屋的丰田汽车博物馆收购，至今还在博物馆内。2012年和2018年陈继廉到日本参观这辆古董车。他回忆道："每当我坐在车内，就会感受到我与祖父的联系，似乎他与我同在。我想象他坐在我身旁，坐着车穿行在早期新加坡的街道，完成一笔又一笔的交易，偶尔停在路旁与欧洲朋友闲谈。他似乎还奇妙地活着，虽然他生活在离我百多年前的世界。"

图9-9　左图为陈惟贤在1910年乘坐的劳斯莱斯银鬼，右图为陈继廉坐在日本丰田汽车博物馆的劳斯莱斯车上

图片来源：陈笃生家族珍藏。

陈武烈（1875~1934年）

陈武烈是陈金钟的长孙，是一个充满魅力的领导人。[①]1897年，他在22岁时被选为天福宫大董事，领导新加坡福建方言群，这个职位需要做出与华人社会有关的种种决策，他的任期在1916年结束。陈武烈与其家庭成员一样，热心支持教育且关心社会问题。据载，他是循道寄宿学校［Boarding School Methodist School，亦被称为英华学校（Anglo-Chinese School）］的董事。[②] 校方与学校华裔支持者约定，对华裔学生只提供普通教育。然而，他发现校长与牧师却向华裔学生传教。因此在1896年，他与陈若锦同时辞去董事一职。这事显示出陈武烈不会盲目地给予支持，也不会为了讨好别人而一味满足对方。相反地，他是个胆大且有原则的人，所作所为与所思所想一致，对当时社会政

[①] *Malaya Tribune*, 16 October 1934, p.12.
[②] Song Ong Siang, *One Hundred Years' History of the Chinese in Singapore*, pp.291–292.

治议题极感兴趣。

除曾短暂支持循道寄宿学校外，1906年陈武烈创立道南学堂，在建校募款活动中扮演重要角色。富裕的闽商最后筹得58800元，道南学堂得以在1907年7月开始运作。陈武烈通过其公司振成号捐赠1000元。开始时，当道南学堂在亚米尼亚街（Armenian Street）的校舍正兴建之时，上课地点就在位于桥北路的陈武烈住宅——"暹宫"进行。

陈武烈也是新加坡华人女子学校的创办人之一，并在1899年出任财政。新加坡华人女子学校以改良后的现代教学法进行教学，并推广传统中华文化与儒家思想。该校的财务和思想体系也得到了当时的华人社群支持。在征求资助的通报上，写着该校是为"下一代的未来母亲"而服务。[1]同年，陈武烈与林文庆博士捐赠5000元在新加坡建立孔庙，以儒家思想为基础教导儒家义理。[2]1906年，又与林文庆博士和殷雪村医生共同设立振武戒烟善社，[3]为鸦片吸食者进行康复治疗。陈武烈倡议推翻清政府，是中国国民党新加坡交通部副部长，也是孙中山革命事业的坚定支持者；他也是早期加入同盟会的海外华侨之一，为孙中山的大业出钱出力。[4]

除了对新加坡的教育和政治有所贡献，陈武烈对暹罗与中国的慈善事业也十分热心。同他祖父一样，陈武烈在1930年以前经常到暹罗工作，并与暹罗王室成员关系密切。他的家族公司"振成栈"售卖泰国香米，陈武烈也以其公司名义为慈善事业做贡献。1903年，陈武烈捐款给天华医院，这是曼谷一所由海外华侨创办的传统中医诊所。[5]在天华医院的80周年庆时，陈武烈也捐了4000泰铢。1910年，陈武烈再捐一笔巨款给潮州人设立的报德堂基金会。不幸的是，振成号于1913年遭受火灾。之后，陈武烈只好拍卖陈金钟的一些资

---

[1] Song Ong Siang, *One Hundred Years' History of the Chinese in Singapore*, p.305.
[2] *Singapore Free Press*, 21 October 1899, p.3.
[3] 【档案号251】《新加坡总领事孙士鼎为职商陈武烈等集款设振武戒烟善社事致外务部申呈》，中国第一历史档案馆编《清代中国与东南亚各国关系档案史料汇编》，第324页。
[4] *Malaya Tribune*, 16 October 1934, p.12.
[5] 详见本书第六章。

产以弥补损失。尽管如此,他还是继续为公益捐赠。1930年,陈武烈为暹罗中华总商会的新址开幕捐了250泰铢。虽然这笔捐款远低于之前的数额,却显示出陈武烈尽管财务紧绷、余裕不多,但仍会尽力捐赠。

陈武烈比较独特的一点是,他会为祖籍地做出贡献,这反映出他虽身居异地,却与故里保持着密切联系。他在祖籍地做了许多慈善事业,如在祖籍福建省漳州后许村捐资修复庙宇以及支付建路费。2019年11月10日至11日,陈继廉、柯木林和林孝胜一起走访漳州,到有关陈氏家族重要的地点考察。虽然祖籍地后许村已有相当程度的发展,但让他们感到惊讶的是,许多属于陈氏祖先的村屋仍然保存得相当完好。他们拜访了苍头村里的庙,看到墙上有一块石碑,以红漆列出为庙宇整修的捐赠者名单,其中包括陈武烈及他的50大元捐款。之后,他们会见陈笃生叔伯的后代。陈继廉与他们虽是远亲,但他们却如同家人一般热情地招待陈继廉一行。之后,陈继廉一行人到附近的街道考察另一块石碑,上面记载陈武烈捐赠了150大元扩建街道。

图9-10 陈武烈在后许村为当地庙宇捐出修复经费

图片来源:陈笃生家族珍藏。

虽然陈武烈生活在百年以前，但人们至今仍从他的捐赠中受惠。陈武烈领导华社的勇气、他为华文及道德教育所做出的贡献，以及他那无论到何处都不忘本的心态，都广受称颂。我们在陈武烈身上可以看见"饮水思源"四个字。陈武烈是在新加坡和暹罗发财致富的成功人士，但他永不会忘记这些财富的由来，以及这一切是如何从中国的一个村庄里开始的。

陈季弱（1880~1927 年）

陈氏家族有一个传统，会在清明节时到欧南山的陈笃生祖坟祭奠。坟墓位于工商补习学校旧址。该校曾经有个迷你动物园和鳄鱼池塘，动物园内有鹿、蟒蛇、黑猩猩、兔子，还有养着各种鸟类的笼子。[1] 这片7180平方米[2]的土地原来曾经属于陈笃生之孙陈季骃，1929年他将土地卖给了工商补习学校。

华校、华团和华报长期以来被认为是海外华人在异乡维持中华文化的三根支柱。[3] 投资教育是最能让下一代受益的方法之一，下一代通过学习知识和技能，可以生存下来，摆脱贫困。许多华裔慈善家选择将钱捐给教育事业。陈季骃就是其中之一。他得知工商补习学校在寻找校址和筹款上遇到困难后，将欧南山的土地以五

图 9-11 陈季弱
图片来源：陈笃生家6族珍藏。

---

[1] "The Grand Stairs", Urban Explorers of Singapore, https://www.facebook.com/urban.explorers.of.singapore/posts/the-grand-stairswe-first-visited-the-graves-of-tan-tock-seng-and-chua-seah-neowu/1918415964874292/ (Accessed 8 May 2021).

[2] "Tribute to an early school pioneer hero—LinZeyang", Bukit Brown Cemetery: Our Roots,Our Future, https://blog.bukitbrown.org/post/44373495074/tribute-to-an-early-school-pioneer-hero-lin-z (Accessed 8 May 2021).

[3] LiuHong, "New Migrants and the Revival of Overseas Chinese Nationalism", in Liu Hong (ed.), *The Chinese Overseas: Routledge Library of Modern China* (London & New York: Routledge, 2006), Vol.IV, p.395.

折的价格（即 11000 元）售出，条件是要保留山上的两座祖坟，祖坟如今还保存完好。

陈温祥（1909~1991 年）

陈温祥是陈齐贤之子，陈齐贤逝世时，陈温祥只有七岁。陈齐贤认为，陈温祥应该接受华文教育，因此他早年都在马六甲上学。15 岁时，在林文庆博士的建议下，陈温祥的母亲将他送往英国牛津大学圣约翰法学院求学。毕业后，陈温祥回到新加坡并在西松与德莱（Sisson & Delay）法律事务所就业。虽然他在大学就读法律系，但他实际上是一名植物学家，并且是位种植兰花的高手。他将其中一株兰花杂交品种命名为"陈齐贤万代兰"。这个品种在 1954 年伦敦的切尔西花卉园艺展上得奖，将新加坡带到了世界园艺的舞台。

图 9-12　陈温祥
图片来源：陈笃生家族珍藏。

除了喜爱植物，陈温祥与其家长一样乐善好施。他曾在新加坡华人女子学校担任董事长数年，该校是由其堂兄陈武烈所创办的。[1] 当新校五栋大楼于 1994 年完工后，其中一栋楼被命名为陈温祥大楼，[2] 这反映出他在建设和经营学校方面是颇具影响力的。陈温祥也帮助特拉法加麻风之家（Trafalgar Home for Lepers）[3]，那是一座位于杨厝港偏僻地区、收容精神病患者的场所，就在旧板桥医院（Woodbridge Hospital）旁边。

---

[1] Kamala Devi Dhoraisingam & Dhoraisingam S.Samuel, *Tan Tock Seng, Pioneer: His Life, Times, Contributions and Legacy*, p.91.
[2] *Straits Times*, 9 July 1995, p. 22.
[3] Kamala Devi Dhoraisingam & Dhoraisingam S.Samuel, *Tan Tock Seng, Pioneer: His Life, Times, Contributions and Legacy*, p.91.

陈继廉忆起其曾在20世纪70年代与陈温祥见过一面，他为人友善，对家族历史更是侃侃而谈。陈温祥也是陈笃生医院的受托人，直到医院在1961年交由政府管理为止。他也请求政府保留其曾祖父的名字，不要将医院命名为"第二中央医院"。[1]试想如将陈笃生医院更名，那多可惜！在陈温祥之前，陈武烈、陈金钟都曾出任陈笃生医院受托人。

陈笃生家族的未来

行善（philanthropy）和公益（charity）有何分别？[2]有人认为前者涉及改变社会，而后者为减轻痛苦。就这些定义而言，陈氏家族的先辈如陈武烈和陈德源的善举是为改变当时的社会政治环境，更倾向于行善；而陈金钟、陈齐贤和陈惟贤等人散发家财，用以资助各种社会事业，更偏向于公益。无论他们的动机为何，其家族展现出了强烈的行善精神，即利用家族的资源为民众谋取福利。从笔者所采访的陈继廉身上，笔者也看到他在尽力帮助别人。

陈继廉身为陈笃生医院保健基金委员会主席，负责领导委员会对无法支付医疗费的基金申请者发放援助。他表示，人们应享有保健基金的庇护，不能因支付医疗费而致使自己或家人破产，也不能因为付不起费用而拒绝治疗。他曾在莱佛士初级学院（Raffles Junior College）咨询委员会担任过10多年委员，针对学校如何筹募资金以举办各项学校计划而提供指导。[3]陈继廉也曾在2000年初至2002年底担任西班牙的名誉领事，关照旅居新加坡的西班牙籍民众的事务，协助西班牙在新加坡建立起完善的使馆服务。不止陈继廉，陈笃生家族其他成员在为各项公益捐赠时都特别大方。比如2019年，家族成员便在陈笃

---

[1] National Archives of Singapore, Tan Hoon Siang Oral History Interview by Lim How Seng, 24 January 1983, Pioneers of Singapore, Accession No. 77, https://www.nas.gov.sg/archivesonline/oral_history_interviews/record-details/df9fa9fb-115d-11e3-83d5-0050568939ad?keywords=Tan%20Hoon%20Siang&keywords-type=all(Accessed 8 May 2021).

[2] "Philanthropy", Learning to Give, https://www.learningtogive.org/resources/philanthropy(Accessed 19 May 2021).

[3] "Our Scouting Stories, Here to Inspire", https://scout.sg/scouting-101(Accessed 8 May 2021).

生医院创办175周年庆时捐赠了10万新加坡元给医院。

追溯陈家家谱时，我们可以发现在这个庞大的家族内，各支系之间其实都有联系，只是他们自身并未察觉。这些家族支系持续不断地给予他们力量、智慧，撒播人间大爱。谈及本文列及陈家祖辈善举及家族慈善精神所能带来的寓意和期许，陈继廉说道："我希望后世子孙会记得祖先不仅是富商和地主，而且还是社会领袖、社会变革家和慈善家。愿这些知识能给后代以足够的信心，为他们、社区和世界打造出一个更美好的未来。"[①]

图 9-13　在陈笃生医院历史博物馆的陈笃生半身像

图片来源：陈笃生家族珍藏。

---

*　廖文辉、何国宏译。

第十章

陈笃生后人的五次聚会

谢燕燕

1850年辞世的陈笃生（1798~1850年），肯定想不到一个半世纪后的今天，他的后世子孙会遍布世界各地，后人中有不同国籍和不同肤色人种，如英国人、澳大利亚人、德国人和泰国人。有的后人样貌和洋人无异，却冠着华人姓氏，追本溯源时还是能追溯到陈笃生。当然，陈笃生的绝大多数后人依然生活在新马两地，当中不乏在不同领域做出杰出贡献的人才。

很多家族在过了三四代后便忘记祖先的历史，就连名门望族也不例外，尤其是年长一辈老去后，聚会机会就更少了；后人之间疏远失联，纵使见面也不相识。陈笃生的后人原本也一样，他们大多只认识家族直系亲戚，对其他旁系亲戚了解甚少，一直到2005年，大家才齐心协力将庞大的陈氏家族聚集在一起。

首次大型家族聚会，以及后续四次聚会，包括三次海外寻根之旅，都是由陈继廉发起和策划的，过程中得到陈继廉堂弟陈柔浩的大力支持与资助。他们俩都是陈笃生三子陈德源支系，是陈笃生的第五代裔孙。

聚会缘起

陈笃生后人的聚会是如何开始的？

2002年5月，陈继廉在报章上看到一则有关陈珠莲（Juliette Tan）为陈金钟支系的亲戚筹办家族聚会的新闻报道。[①] 陈继廉知道陈笃生其他支系后人偶尔也会举办类似的家族聚会，于是萌生一个想法：若能把所有陈笃生后裔像大家庭般聚集在一起，将是一件非常有意义的事。

陈继廉开始思索如何以及何时筹办这样一个大型家族聚会。他尝试联络在新加坡的陈珠莲，以及陈珠莲在英国的弟弟陈国成（Gerald Tan）和侄儿陈序文（Lawrence Tan）。陈国成和陈序文这对父子听后很兴奋，十分赞成这一想法。陈国成给予陈继廉很多的鼓励，正在编撰族谱的陈序文把已知亲戚名单和

---

① *Sunday Times*, 12 May 2002.

联络方式交给陈继廉，方便他开展联络工作。

陈继廉知道要筹办如此庞大的家族聚会并非易事，但他知道各支系后人都希望能聚在一起，因此有信心能办好活动。各种烦琐的筹备事项花了近两年，除了联系家族成员，他也接洽与家族历史有关的组织机构，如陈笃生医院和新加坡福建会馆。他心目中的家族聚会，最终在2005年9月19日正式举办。

2005年的第一次聚会不但让家族亲戚们齐聚新加坡，还建立起了家族成员之间的联络网。他们在2006年创立新的家族网站，方便传达各种信息。首次家族聚会办得很成功，出席的家族成员都希望翌年能再办相同的聚会，但规模庞大的聚会耗时耗力，因此无法如愿。

三年后，陈继廉和陈柔浩用了好几个月时间策划，才成功筹办第二次家族聚会。这之后，他们每三年举办一次家族聚会，已相继办了第三次、第四次和第五次家族聚会。第六次聚会原定在2020年举办，却因新冠疫情被迫取消。

聚会的大部分策划和协调工作由陈继廉和陈柔浩负责，其他家族成员从旁协助，例如，陈宝莲（Phyllis Tan Poh Lian）、王金莲（Helen Ong）、陈俊禧（Kenneth Tan）、陈珠莲和陈美玲（Tan Mae Ling）负责挑选晚宴佳肴。他们会到餐厅品尝美食一两回，确保晚宴菜肴都是上选的峇峇娘惹风味。

陈柔浩、陈吉瑞（Terence Tan）、陈继根（David Tan）、林少华（Jenny Lim）、白建基（Jackson Pek）和陈宝莲等人负责选购和提供奖品与纪念品。晚宴的歌曲由陈美莲（Rosalind Tan）、黄珠娘（Rosalind Wee）、夏金林（Ted Ha）、林苏民（Lim Su Min）、梁志文（Raphael Leong）和陈继根负责挑选。陈联仁（Darrell Tan）负责拍摄，把活动中的宝贵时刻记录下来。

以下为2005年至2017年所举办的五次家族聚会的情况。

◆第一次聚会（2005年9月19日到24日）

2005年9月19日，陈笃生三名儿子陈金钟、陈秀林和陈德源的百余名后裔出席了这次聚会，其中 25 人分别来自英国、美国、澳大利亚、马来西亚和泰国。他们之中，年龄最大的是出自陈武烈支系的第六代孙女陈珠莲，当时 76 岁，最小的是陈珠莲的 13 岁孙子王俊翔（Melvyn Ong）。

聚会第一天安排了一场祭祖仪式，陈家后人相约到欧南山麓的陈笃生墓祭拜老祖宗。陈家后人当中虽有不少基督教徒，但他们还是和大家一起上香、焚冥纸。陈家后人的孝行引起当地媒体，特别是华文报的注意与兴趣，认为这是一件值得报道和嘉许的事。① 随后，一行人也拜访了马可新路（亦称"陈圣王路"）15 号的保赤宫陈氏宗祠。

接下来的活动是陈笃生医院院长林学文医生（Dr.Lim Suet Wun）为陈家后人所设的茶会。医院还安排了导览活动，带领陈家后裔参观医院，包括新设立的陈笃生医院历史博物馆。导览员向陈家后人介绍了医院的简史和陈笃生如何于 1844 年创立贫民医院。

第二天，新加坡土生华人博物馆为陈家后裔安排了茶会和导览活动。来自英国的第七代孙陈序文将族谱副本献给土

图 10-1　在陈笃生墓前祭拜

图片来源：陈笃生家族珍藏。

图 10-2　拜访保赤宫陈氏宗祠

图片来源：陈笃生家族珍藏。

① 《联合早报》2005 年 9 月 26 日。

生华人博物馆。这份族谱以卷轴形式记录，收集了956个后裔的名字，全长约9公尺（26英尺），陈序文花了近10年时间收集、编撰，这项活动被媒体广为报道。

家族聚会的晚宴设在松林俱乐部（Pinetree Club）。陈继廉当晚介绍了家族历史，同时准备了丰盛的峇峇娘惹盛宴。陈继廉的姐姐陈美莲在宴会上弹奏钢琴。晚宴近尾声时，陈柔浩、陈水娘（Rosy Tan）和陈珠莲以家族代表的身份主持切蛋糕仪式，蛋糕重六公斤，家族成员手牵手齐唱《友谊万岁》，场面动人。

图 10-3　在新加坡土生华人博物馆揭开家谱

图片来源：陈联仁（陈秀林支系，陈笃生第七代孙）拍摄。

图 10-4　切蛋糕仪式，
左起：陈继廉、陈水娘、陈珠莲和陈柔浩

图片来源：陈笃生家族珍藏。

图 10-5　首次家族聚会晚宴（2005年）

图片来源：陈联仁拍摄。

◆ 第二次聚会（2008年7月19日至25日）

2008年举办第二次家族大聚会时，正逢陈笃生的210岁诞辰。这年7月19日至25日，超过150名陈笃生后裔参与其盛，当中40人来自新加坡以外的其他地区。

这次聚会对陈笃生的玄孙女陈朱钰（Doris Tan）来说别具意义，因为她居住在世界四大洲的女儿都回来与族人团聚，四姐妹分别是定居英国的洪瑞玉（Ivy Humphreys）、来自美国的洪梅玉（Evelyn Ang Trottier）、住在马来西亚的洪富玉（Emily Ang Ng）和移居澳大利亚的洪美玉（Susan Ang Doak）。

家族聚会的晚宴同样设在松林俱乐部，为了纪念陈笃生的210岁诞辰，主办者邀请年纪最大的两位出席者——黄习中（Mark Wee）和王素蝉（Ong Sow Chan），代表家族在宴会上主持切蛋糕仪式。

聚会期间，陈笃生医院邀请家族成员参加医院创建164周年纪念日的活动。新加坡著名古典乐队"唐四重奏"和医院的艺术疗法大使，一起为在场医护人员和病人演奏舒缓悦耳的古典音乐。当天也为唐四重奏的《疗愈之音》（The True Sound of Healing）光碟举行发布仪式，这张光碟也得到了陈氏家族的资助。陈笃生家族成员还受邀上台参与切蛋糕仪式，然后一起共享下午茶。

图10-6 陈继廉（左一）和林少华（左二）受邀参与切蛋糕仪式

图片来源：陈笃生医院。

◆ 首次海外寻根之旅：陈笃生出生地马六甲（2008年7月21至22日）

家族聚会的第三天，40名陈家后裔到陈笃生出生地马六甲寻根。当天晚上，陈柔浩招待陈家后裔到国际贵都大酒店（Equatorial Hotel）享用峇峇娘惹佳肴，陈笃生在马六甲的后裔徐瑞云（Chee Swee Hoon）为大家献唱助兴。

图 10-7 陈柔浩(中立者)与家族成员在国际贵都大酒店

图片来源:陈笃生家族珍藏。

隔天,一大群人到马六甲老街游玩,参观青云亭、荷兰街、圣保罗山和位于圣保罗山和达明沙里路(Jalan Taming Sari)的陈笃生双亲墓。遗憾的是,陈笃生家族的祖厝当时正在维修,无法入内参观。

◆ 第三次聚会(2011 年 7 月 26 日至 8 月 1 日)

第三次家族聚会的亮点是金钟大厦的百年庆典。建于 1910 年的金钟大厦,是陈武烈以其祖父陈金钟之名命名、位于花柏山的豪华别墅。金钟大厦曾在 1911 年 12 月 15 日接待从欧洲途经新加坡返回中国出任中华民国临时大总统的孙中山,两个月后又接待孙中山的妻女,因此是一栋具有非凡历史意义的古老建筑。陈继廉说,陈武烈和陈齐贤都是辛亥革命的坚定拥护者,两人都是同盟会成员。

金钟大厦百年庆典的开幕礼邀请新加坡前政务部长陈振泉担任主宾,由陈继廉讲解金钟大厦的历史。2011 年正好是辛亥革命 100 周年,使这项活动更

图 10-8　时任新加坡政务部长陈振泉（右一）出席金钟大厦百年庆典

图片来源：陈笃生家族珍藏。

图 10-9　维文医生（右三）将墙砖交给郭运光（右二）

图 10-10　钟亚伦博士（右三）与狄拉吾（右二）为陈金钟画像揭幕

图片来源：陈笃生家族珍藏。

具意义。

2011 年 7 月 23 日，陈家后裔受邀参加陈笃生医院创立 167 周年庆典。当天的活动是一群自行车骑行者把两块墙砖从陈笃生位于马六甲的祖厝一路运送到陈笃生医院。时任新加坡环境及水源部长的维文（Vivian Balakrishnan）医生是最后一段路程的骑行者之一，他负责把墙砖交给监管陈笃生医院的新加坡国立保健集团主席郭运光。

家族聚会的另一项活动是新加坡土生华人博物馆所设的招待会。陈序文把最新的族谱副本交给亚洲文明博物馆馆长钟亚伦博士。族谱的长度已从三年前的 19 公尺增至 26 公尺，共收录 1800 个名字。除此之外，陈金钟与其暹籍夫人刘籓娘（音译 Khunying Puen）支系的陈笃生第五代裔孙狄拉吾·科曼（Tiravudh Khoman），[①] 在活动上把一幅穿着清朝官服的陈金钟画像油画送给土生华人博物馆，由钟亚伦博士接收。

---

① 狄拉吾的母亲茉莉（Thampuying Molee）是陈金钟的外孙女，父亲他纳·科曼（Thanat Khoman）曾担任泰国外交部长，是当年倡议创建亚细安（ASEAN）的功臣之一。

为时一周的家族聚会和庆祝活动以松林俱乐部的大型晚宴作为最后项目。除了享用峇峇娘惹美食,陈家后裔也弹奏和演唱歌曲,以陈国成为代表的英国亲戚给大家留下深刻印象,他们所表演的歌唱节目与短剧最为出色。

◆ 第二次海外寻根之旅:祖籍地中国福建漳州后许村(2011年8月1日至5日)

晚宴隔天,32名陈家后裔动身前往中国厦门出席"笃行一生 继往开来"展览会的开幕礼,同时前往漳州后许村参观祖籍地。探讨陈笃生家族与新马社会的展览会,前后展出两个月,由厦门华侨博物馆和厦门大学图书馆联合主办,开幕礼由厦门和漳州地方官员一起主持。

图 10-11 "笃行一生 继往开来"展览会在厦门的开幕典礼

图片来源:陈联仁拍摄。

陈笃生父亲陈月中的出生地在厦门以东90公里的漳州后许村。18世纪50年代,陈月中从后许村迁移到马六甲,目前只有陈月中叔叔的后裔留在村子里。陈继廉此前曾两度前往漳州寻找祖籍地,其间得到厦门大学、厦门华侨博物馆和漳州官员的协助。

来到后许村,陈家后裔受到热情的接待,村民燃放爆竹迎接,还有舞狮团和女子腰鼓队助兴。欢迎仪式后,陈家后裔到宗祠拜祭祖先,再参观古色古香的村子。

当天的晚宴设在后许村子里的广场,陈家后裔在临时安装的照明灯下,享用丰富而典型的福建海鲜晚餐。后许村的后人也在宴会上呈献助兴节目,儿童献上舞蹈和歌谣,成人唱起福建流行歌曲。对陈家后人而言,那确实是个难忘的夜晚。

图 10-12　32 名寻根谒祖的"海澄勇士",摄于宗祠家庙前

图片来源:陈笃生家族珍藏。

◆ 第四次聚会(2014 年 7 月 24 日至 28 日)

2014 年 7 月 24 日至 28 日,大约 200 名新加坡本地和旅居外地的陈笃生后裔,第四度聚首新加坡寻根谒祖。这次行程排得相对紧凑,来自海外的后裔再次受到陈柔浩的热情款待,一起到滨海湾花园的冠华(Majestic Bay)海鲜馆用餐。这是陈柔浩为感谢从美国、英国等地远道而来的亲戚而挑选的餐厅。

这次聚会适逢陈笃生医院庆祝成立 170 周年,医院邀请后裔们出席茶会和参观刚装修好的历史博物馆。傍晚,陈笃生医院在圣淘沙名胜世界(Resort World Sentosa)举办隆重的创办人晚宴,邀请陈宝莲、陈俊澹和陈继廉出席,主宾是新加坡总统陈庆炎伉俪。

图 10-13　家族代表陈宝莲(左一)、陈俊澹(右一)和陈继廉(右二)与新加坡总统陈庆炎伉俪

图片来源:陈笃生医院。

中峇鲁成宝区居委会(Seng

Poh Residents Committee）主席汪嘉荣（Kelvin Ang）得知陈氏族人在 2014 年举办家族聚会后，便邀请陈笃生后裔到中峇鲁参加"阿公的路"（Is This Your Grandfather's Road?）活动。这项活动让历史变得"即真实又近在眼前"。[①] 家族成员还见证了丹戎巴葛区议员英兰妮（Indranee Rajah）在金钟街和齐贤街，为两个记录着先人历史事迹的匾牌主持揭幕仪式。仪式吸引许多人围观，新加坡电台和报章也进行报道。[②]

陈笃生曾被暹王蒙固（拉玛四世）委任为暹罗驻新加坡特使，从此陈氏族人便与暹罗王室关系密切。长子陈金钟（1829~1892 年）继父亲之后，成为暹罗总领事并为暹王朱拉隆功（拉玛五世）服务长达 30 年。在得知陈氏家族的聚会后，泰国谊可吉（Ekajit Kraivichien）大使邀请后裔们到泰国大使馆茶叙，同时参观大使馆。为感谢大使的招待，陈氏家族献上许多礼物，包括一张飓风屋老照片，飓风屋的原址正是今日的泰国大使馆。

为了容纳人数日渐增加的陈氏家族成员，2014 年的家族晚宴改在肯特岗的国大毕业生俱乐部（NUSS Guild House）举行。当晚还播放 2011 年家族成员拜访福建祖籍地的短片。

图 10-14　英兰妮议员（红色上衣）与陈显壮（Tan Hsien Chuang）为匾牌揭幕

图片来源：陈笃生家族珍藏。

图 10-15　陈高瓦（Gower Tan）出现在新传媒 8 频道的《前线追踪》节目

图片来源：截图自新加坡电视台 8 频道报道。

[①] *Today*, 28 July 2014.

[②] *Straits Times*, 28 July 2014.

第四次聚会最独特之处是整个活动过程被新传媒8频道拍成纪录片，在电视节目《前线追踪》上播放。陈继廉受访时说："陈笃生后裔的聚会能被电视台拍摄是一种荣幸。我从未听说有哪个家族聚会能受到国家电视台如此重视，以这样的规模记录和报道。"节目分三个部分，连续三周播出，每次25分钟。

◆ 第五次聚会（2017年7月23日至30日）

2017年7月23日至30日，超过200名陈笃生后人，包括大约50名来自七个不同国家的后裔，第五次聚首狮城新加坡，这是迄今出席人数最多的一次聚会。

和往常一样，为了让旅居海外的家族成员在长途跋涉后放松身心，陈柔浩再次以晚宴招待大家，地点选在华侨银行大厦的桃苑餐馆。隔天，聚会的行程才正式开始。

7月25日，陈笃生医院院长苏源财医生邀请陈笃生后人到陈笃生医院历史博物馆共用午餐。餐后，住在曼谷的陈笃生第六代泰国籍后裔丹萨库（Dr. Pongchanok Tansakul）赠送陈笃生半身雕像给医院，由苏院长接收。半身像出自泰国知名雕刻家尼彭（Nipon Thintawee）之手，按照陈笃生的旧画像和他的第五代裔孙陈继根的相貌来塑造。为了赶在家族聚会期间送达，捐赠者还将塑像从泰国空运到新加坡。

图10-16 根据陈笃生五代世孙陈继根（左）的相貌塑造的陈笃生雕像

图片来源：陈笃生家族珍藏。

图10-17 赠送峇峇娘惹陶瓷纪念品给苏源财院长（左）

图片来源：陈笃生家族珍藏。

图 10-18　第五次陈笃生家族聚会（2017 年）

图片来源：陈联仁拍摄。

很多陈笃生后裔对家族史深感兴趣，想更深入地了解这方面的历史。为了满足他们的期盼，这次聚会特地在陈笃生医院礼堂办了一场历史分享会，邀请三位主讲者分享他们对陈笃生家族史的研究成果。日本宫田敏之教授汇报了陈金钟生前所从事的稻米生意，新加坡知名历史学者柯木林谈陈武烈的各种历史事迹，而陈笃生第六代美国籍后裔林帕媞西娅（音译 Patricia Lin）博士则探讨女性成员在陈笃生家族中所扮演的角色。家族成员在分享会上踊跃参与讨论。

新上任的驻新加坡泰国大使通才（Thongchai Chasawath）在大使馆安排茶会招待陈笃生后人。陈笃生的曾孙女陈珠娘（Alice Tan Choo Neo）在茶会上，把一幅陈金钟画像献给大使。

土生华人博物馆在 2017 年聚会上第四次招待陈笃生后裔。茶会上，陈笃生英国籍后裔陈序文再一次为土生华人博物馆献上更新后的族谱。族谱的长度从 2014 年的 35 公尺增至 50 公尺，所收录的名字则从 2668 人增加到 3070 人。

图 10-19　与泰国大使（立于陈金钟画像旁）合照

图片来源：陈笃生家族珍藏。

第五次家族聚会的晚宴安排了不少有趣活动。除了峇峇娘惹佳肴、音乐之外，晚宴还播放一部讲述陈笃生生平的纪录片，由新传媒演员王利秦扮演陈笃生。纪录片播完时，穿着片中戏服的王利秦以陈笃生模样出现在台上。正当大家惊喜不已时，"陈笃生"开始演讲，他表示很高兴看到子孙们这些年来经常聚在一起用餐，还提醒后人要济贫救困，延续他乐善好施的美德。趁此难得机会，后裔纷纷上前与"老祖宗"握手拍照。

图 10-20　"陈笃生"与后裔对话

图片来源：陈联仁拍摄。

◆ **第三次海外寻根之旅：泰国曼谷（2017 年 7 月 31 日至 8 月 3 日）**

由 34 位陈笃生后人组成的"曼谷勇士"，在晚宴后第二天启程前往"微笑之国"泰国，开始一段与陈金钟关系密切的寻根之旅。陈金钟的第四代泰裔子孙狄拉吾·科曼和妻子西里拉沙玛（Sirilaksama）邀请来访族人在科曼家族的祖宅享用午餐。

"曼谷勇士"还有机会拜访陈金钟与暹籍妻子所生长子陈少康支系的第六代子孙哇茶拉普（Vajraput Vajrabhaya）的"暹宫"。哇茶拉普带领后人参观暹宫后，也留大家在那里吃午餐。

以上是2005年到2017年陈笃生家族聚会的情景。出席2005年第一次聚会的人员约100人；第二次增加到150人；第三次180人；第四次200人；到了2017年，聚会人员增至220人，表明家族聚会深受欢迎。下一次聚会预计会有250人参加。

图 10-21　摄于曼谷暹宫，右二是暹宫主人哇茶拉普

图片来源：陈笃生家族珍藏。

陈继廉认为聚会能取得成功，要归功于事前的精心策划。节目安排要照顾到与会后裔的兴趣，例如很多后裔对家族史感兴趣，因此安排了各种富有教育意义的导览参观活动，包括参观与家族史密切相关的历史古迹。另外，每一场晚宴都有余兴节目，如风趣的短剧、音乐表演、歌唱活动，还有峇峇娘惹美食。聚会结束前，所有与会陈笃生后人都会得到伴手礼，这些纪念品除了表达谢意，还会让他们时时想起这些难忘的聚会。

筹组五次家族聚会是很艰巨的任务，花掉了陈继廉不少时间，但他表示："组织这些家族聚会虽然耗时又费力，但一看到陈笃生的后人能像一个大家族那样聚在一起，心里就有一种说不出的满足感。"陈笃生后人也庆幸那五次聚会能让族人集聚起来，相互认识，尤其是能让年轻后辈了解家族史并为之感到骄傲。必须向陈继廉和陈柔浩致敬，他们的努力与付出让陈氏家族的精神代代相传。

◆ 与会后裔留言

以下是家族聚会时从家族成员那里收集到的一些感言与评语：

"万分感谢继廉为我们准备如此精彩的家族聚会。我们敬你！"

陈珠莲（新加坡），2008 年

"非常感谢您花时间为整个家族筹备如此完美的家族聚会。"

陈俊禧、王金莲（新加坡），2008 年

"感谢您的努力，我们所参加的活动、所见到的人都很精彩！我们离开时带走许多宝贵回忆。"

洪梅玉、劳伦·拓提尔（美国），2008 年

"恭喜您完美地完成任务！我们推举您为终身筹划人。"

锺珠英（澳大利亚），2008 年

"感谢您考虑得如此周全，做了这么多努力！"

白建基（泰国），2008 年 2 月 10 日

"您不懈和无私地为家族付出，照顾到聚会的所有细节，也打造了相信是最完美的家族聚会。"

陈国成（英国），2014 年 8 月 9 日

> "真的非常感谢您为陈笃生家族付出绝佳努力。您为我们付出的一切，我们很难用言语来对您言谢。"
>
> 陈木炎医生（新加坡），2015年2月14日

> "敬爱的陈继廉，感谢您为陈笃生家族的付出与不懈努力。"
>
> 锺珠英、锺财清、陈巧娘、许明远、邱珊娘和邱艾琳
> 在曼谷家族旅游时，2017年8月3日

> "要不是您坚持不懈地筹办如此庞大的活动，用心凝聚家族成员，整个陈氏家族可能早就散掉了。"
>
> 陈宝莲（新加坡），2020年12月4日

> "能看到这么多张微笑着的脸孔，知道他们都是'我的家人'，这种感觉真棒。我们的老祖宗陈笃生原来留下如此奇妙的事迹。"
>
> 陈序文（英国），2021年5月26日

> "我们的聚会都很有意义，充满正能量，最重要的是还很好玩！"
>
> 锺珠英（澳大利亚），2021年6月4日

附录

- 参考资料
- 索引
- 参与撰写本书作者
- 鸣谢

参考资料

专著

陈育崧、陈荆和编著《新加坡华文碑铭集录》，香港：中文大学出版部，1972。

《道南学校一览》，新加坡：道南学校，1932。

《东山薛氏家谱》。

杜南发主编《南海明珠：天福宫》，新加坡：新加坡福建会馆，2010。

傅吾康、陈铁凡编《马来西亚华文铭刻萃编》第1卷，吉隆坡：马来亚大学出版部，1982。

《海澄峨山陈氏家谱》。

《华侨报德善堂成立八十周年纪念特刊》，泰国：华侨报德善堂，1990。

黄友平编著《新加坡地名探索》，新加坡：八方文化创作室，2020。

黄裕端著，陈耀宗译《19世纪槟城华商五大姓的崛起与没落》，社会科学文献出版社，2016。

俊美陈氏理事会编《俊美陈氏大宗祠堂文化》（出版年代不详）。

柯木林：《从龙牙门到新加坡：东西海洋文化交汇点》，社会科学文献出版社，2016。

柯木林：《石叻史记》，新加坡：青年书局，2007。

柯木林主编《世界福建名人录·新加坡篇》，新加坡：新加坡福建会馆，2012。

柯木林主编《新华历史人物列传》，新加坡：教育出版私营有限公司，1995。

柯木林主编《新加坡华人通史》，新加坡：新加坡宗乡会馆联合总会，2015。

林孝胜等：《石叻古迹》，新加坡：南洋学会，1975。

林源瑞:《漫步古城老街谈故事》(马六甲:作者,2010年)。

上海博物馆图书资料室编《上海碑刻资料选辑》,上海人民出版社,1980。

苏精:《基督教与新加坡华人(1819~1846)》,新竹:台湾清华大学出版社,2010。

《泰国福建会馆庆祝成立九十五周年纪念特刊》,泰国:福建会馆,2008。

吴龙云:《14~19世纪暹罗华人的经贸发展研究》,台南:成功大学历史研究所硕士学位论文,2002年。

厦门市海沧区政协文史委员会编《厦门海沧文史资料第四辑·保生慈济文化专辑》,2008年4月。

颜清湟:《海外华人世界:族群、人物与政治》,新加坡:新加坡国立大学中文系、八方文化企业公司,2017。

张礼千:《马六甲史》,新加坡:郑成快先生纪念委员会,1941。

中国第一历史档案馆编《清代中国与东南亚各国关系档案史料汇编》,国际文化出版公司,1998。

庄钦永:《马六甲、新加坡华文碑文辑录》,台北:"中研院"民族学研究所,1998。

庄钦永:《新呷华人史新考》,新加坡:南洋学会,1990。

A. B. Griswold, *King Mongkut of Siam* (New York: Asia Society, 1961).

A. J. H. Latham and Heita Kawakatsu (ed.), *Intra-Asian Trade and the World Market* (London: Routledge, 2006).

Abdullah bin Abdul Kadir, A. H. Hill (trans.), *Hikayat Abdullah* (Kuala Lumpur: Malaysian Branch of the Royal Asiatic Society, 2009 reprint).

Akira Suehiro, *Capital Accumulation in Thailand 1855–1985* (Tokyo: Center for East Asian Cultural Studies, 1989).

Allyn Hum and Mervyn Koh, *The Bedside Palliative Medicine Handbook*: *Tan Tock*

Seng Hospital Palliative Care Service (Singapore: Tan Tock Seng Hospital, 2013).

Anna Harriette Leonowens, *The English Governess at the Siamese Court: Being Recollections of Six Years in the Royal Palace at Bangkok* (Singapore: Oxford University Press, 1988).

Anthony Reid (ed.), *Slavery, Bondage, and Dependency in Southeast Asia* (New York: St. Martin's Press, 1983).

Arnold Wright and H. A. Cartwright (eds.), *Twentieth Century Impressions of British Malaya: Its History, People, Commerce, Industries, and Resources* (London, Durban, Colombo, Perth, Singapore, Hong Kong, and Shanghai: Lloyd's Greater Britain Publishing Company, Ltd., 1908).

Arnold Wright and Oliver T. Breakspear (eds.), *Twentieth Century Impressions of Siam: Its History, People, Commerce, Industries, and Resources* (Bangkok: White Lotus, 1994[1908]).

Arnold Wright and Oliver T. Breakspear (eds.), *Twentieth Century Impressions of Siam: Its History, People, Commerce, Industries, and Resources* (London: Lloyd's Greater Britain Publishing Company, Ltd., 1908).

C. B. Buckley, *An Anecdotal History of Old Times in Singapore* (Singapore: University of Malaya Press, 1965 reprint).

C. D. Cowan, *Nineteenth-Century Malaya: The Origins of British Political Control* (London: Oxford University Press, 1962).

C. H. Withers Payne, *The Law of Administration of and Succession to Estate in the Straits Settlements* (Singapore: Printers Ltd., 1932).

C. M. Turnbull, *A History of Modern Singapore, 1819–2005* (Singapore: NUS Press, 2005).

C. M. Turnbull, *A History of Singapore, 1819–1975* (Kuala Lumpur: Oxford University Press, 1977).

C. M. Turnbull, *A History of Singapore, 1819–1988* (Singapore: Oxford University Press, 2001).

C. S. Wong, *A Gallery of Chinese Kapitans* (Singapore: Dewan Bahasa dan Kebudayaan Kebangsaan, Ministry of Culture, 1963).

Charles Burton Buckley, *An Anecdotal History of Old Times in Singapore* (Singapore: Singapore Free Press, 1902), Vol. II.

Charles Wilkes, *The Singapore Chapter of the Narrative of the United States Exploring Expedition during the Years 1838, 1839, 1840, 1841, 1842* (Singapore: Antiques of the Orient, 1984).

Chris Baker and Pasuk Phongpaichit, *A History of Thailand* (Cambridge: Cambridge University Press, 2005).

Chua Bok Chye, *Our Story: Malacca High School, 1826–2006* (Kuala Lumpur: MHS Anniversary, 2006).

Collecting Memories: The Asian Civilisations Museum at the Old Tao Nan School [触物生情话道南] (Singapore: National Heritage Board, 1997).

Communicable Disease Centre, *100 Years: A Commemorative Publication for the Communicable Disease Centre* (Singapore: Communicable Disease Centre, 2007).

Edwin Lee, *The British as Rulers: Governing Multiracial Singapore 1867–1914* (Singapore: Singapore University Press, 1991).

Emrys Chew, *Arming the Periphery: The Arms Trade in the Indian Ocean during the Age of Global Empire* (Hampshire: Palgrave Macmillan, 2012).

Erédia's Description of Malacca, Meridional India, and Cathay, translated from

Portuguese with notes by J. V. Mills (Singapore: Malayan Branch, Royal Asiatic Society, 1930).

Eric Tagliacozzo, *Secret Trades, Porous Borders: Smuggling and States along a Southeast Asian Frontier, 1865–1915* (New Haven and London: Yale University Press, 2009).

Francis Wayland, *A Memoir of the Life and Labors of the Rev. Adoniram Judson, D.D.* (Boston: Phillips, Sampson and Company, 1853), Vol. 2.

George Windsor Earl, *The Eastern Seas or Voyages and Adventures in the Indian Archipelago in 1832– 33–34* (London: W. H. Allen & Co., 1837).

Graham Byfield, *Singapore Sketchbook* (Singapore, Archipelago Press, 1995).

Guardian of the South Seas Thian Hock Keng and Singapore Hokkien Huay Kuan (Singapore: Singapore Hokkien Huay Kuan, May 2006).

H. S. Barlow, *Swettenham* (Kuala Lumpur: Southdene Sdn. Bhd., 1995).

His Majesty King Chulalongkorn, *Raya thangsadet phra ratchadamnoen praphat thank bo thang ruea rop laem melau ratanakosin sok 109 (Royal Journal by Land and Sea Around the Malay Peninsula 1891)* (Bangkok: Khurusapha, 1964), Vols. 1 and 2.

Hong Lysa, *Thailand in the Nineteenth Century: Evolution of the Economy and Society* (Singapore: ISEAS Publishing, 1984).

Jason Toh, *Singapore Through 19th Century Photographs* (Singapore: Editions Didier Millet, 2009).

Jeffery Sng and Pimpraphai Bisalputra, *A History of the Thai-Chinese* (Bangkok and Singapore: Editions Didier Millet, 2015).

Jennifer W. Cushman, *Family and State: The Formation of a Sino-Thai Tin-Mining Dynasty 1797– 1932* (Singapore: Oxford University Press, 1991).

John Bastin, *The Farquhar Silver Epergne Presented by the Chinese Inhabitants of Singapore* (Singapore: National Museum, 1993).

John Hall-Jones and Christopher Hooi, *An Early Surveyor in Singapore* (Singapore: National Museum, 1979).

Jonas Daniel Vaughan, *The Manners and Customs of the Chinese of the Straits Settlements* (Singapore: Mission Press, 1879).

Julian Davison, *Singapore Shophouse* (Singapore: Talisman Publishing, 2010).

K. S. Sabdhu and Paul Wheatlay (eds.), *Melaka: The Transformation of a Malay Capital, c1400–1980* (Kuala Lumpur: Oxford University Press, 1983). Vol. I.

Kamala Devi Dhoraisingam & Dhoraisingham S. Samuel, *Tan Tock Seng Pioneer: Pioneer; His Life, Times, Contributions and Legacy*〔Kota Kinabalu: Natural History Publications (Borneo), 2003〕.

Karl L. Hutterer (ed.), *Economic Exchange and Social Interaction in Southeast Asia* (Michigan: Center for South and Southeast Asian Studies, University of Michigan, 1977).

Kenneth Dean and Hue Guan Thye, *Chinese Epigraphy in Singapore: 1819–1911* (Singapore: NUS Press, 2017).

Khoo Kay Kim, *The Western Malay States 1850–1873: The Effects of Commercial Development on Malay Politics* (Kuala Lumpur: Oxford University Press, 1972).

Kwa Chong Guan and Kua Bak Lim (eds.), *A General History of the Chinese in Singapore* (Singapore: Singapore Federation of Chinese Clan Associations and World Scientific, 2019).

Lawrence H. H. Lim and Lee Yong Kiat, *To Commemorate the Re-opening of the College Medicine Building, August 1987* (Singapore: Ministry of Health, 1987).

Lee Chien Earn & K. Satku (eds.), *Singapore's Health Care System: What 50 Years*

Have Achieved (Singapore: World Scientific Publishing, 2016).

Lee Kip Lin, *The Singapore House 1819–1942* (Singapore: Marshall Cavendish, 2015).

Lee Kip Lin, *The Singapore House, 1819–1942* (Singapore: Times Editions and Preservation of Monuments Board, 1988).

Lee Siew Hua, *150 Years of Caring: The Legacy of Tan Tock Seng Hospital* (Singapore: TanTock Seng Hospital, 1994).

Lee Yong Kiat, *The Medical History of Early Singapore* (Tokyo: Southeast Asian Medical Information Center, 1978).

Liu Hong (ed.), *The Chinese Overseas: Routledge Library of Modern China* (London and New York: Routledge, 2006), Vol. IV.

Mervyn Llewelyn Wynne, *Triad and Tabut: A Survey of the Origin and Diffusion of Chinese and Mohamedan Secret Societies in the Malay Peninsula A.D. 1800–1935* (Singapore: Government Printing Office, 1941).

Ministry of Health, *Caring for our Nation* (Singapore: Ministry of Health. 2015).

Nadia H. Wright, *William Farquhar and Singapore: Stepping Out from Raffles' Shadow* (Penang: Entrepot Publishing, 2017).

Nattawut Suthisongkhram, *Chiwit lae ngankongsulthaikhong phrayaanukunsiammkit upanikkasitsiamrat (tan kim ceng) kongsulyeneoral thai khon raek na muangsingkhapo* [*Life and Achievements of the First Consul General in Singapore, Phraya Anukunsiamkitupanikkasitsiamrat (Tan Kim Ching)*] (Krungthep: Phim camnai nuang nai mahamongkonsamai khrawsomphot krungrattanakosin khroprop, 1982).

Nordin Hussin, *Trade and Society in the Straits of Melaka: Dutch Melaka and English Penang, 1780–1830* (Singapore: NUS Press, 2006).

Norman Edwards, *The Singapore House and Residential Life, 1819–1939* (Singapore: Talisman Publishing, 2017).

Official Catalogue of Exhibitors, Universal Exposition (St. Louis: Official Catalogue Company, 1904).

P. L. Burns, *The Journals of J. W. W. Birch: First British Resident to Perak 1874–1875* (Kuala Lumpur: Oxford University Press, 1976).

Patricia Lim Pui Huen, *Through the Eyes of the King: The Travels of King Chulalongkorn to Malaya* (Singapore: ISEAS Publishing, 2009).

Patrick Sullivan, *Social Relations of Dependence in a Malay State: Nineteenth Century Perak* (Kuala Lumpur: Malaysian Branch of the Royal Asiatic Society, 1982).

Prince Damrong Rajanubhab, *Khon dee thi Khaphachao Rujak* (*Good People I Have Known*) (Bangkok: Anon, 2006), Vol. 2.

Prince Damrong Rajanubhab, *RuangTamnaan Muang Ranong (History of Ranong Province), Prachoom Phongsawadarn Phaak thi hasib* (Collection of the Chronicles) (Bangkok: Kurusabha, 1968), Part 50.

Ray Tyers, *Singapore Then and Now* (Singapore, Landmark Books, 2018).

Ruam Phrarajanibondh nai Phrabatsomdat Phrachomklaochaoyuhua Rueng Phrarajhatlekha Nai Phrabatsomdet Phrachomklaochaoyuhua (Collection of King Mongkut's Correspondence) (Committee for the Bicentenary of His Birth, Fine Arts Department, 18 October 2004).

Sagop songmuang, "Anukun siam kit upanikkasit siam rat (tan kim ceng), phraya", *Saranukrom watthanathamthai phaktailem 18* (*Thai Cultural Encyclopedia: Southern Thailand Vol. 18*) (Krungthep: Munithi saranukromwatthanathamthai thanakhanthaiphanit (Bangkok: Siam Commercial Bank Foundation of Thai

Cultural Encyclopedia), 1999).

Sir John Bowring, *The Kingdom and People of Siam: With a Narrative of the Mission to that Country in 1855* (London: J. W. Parker and Son, 1857).

Song OngSiang, *One Hundred Years' History of the Chinese in Singapore* (*Singapore*: Oxford University Press, 1984).

Song Ong Siang, *One Hundred Years' History of the Chinese in Singapore* (Singapore: University of Malaya, 1967 reprint).

Song Ong Siang, *One Hundred Years' History of the Chinese in Singapore* (London: John Murray,

Song Ong Siang, *One Hundred Years' History of the Chinese in Singapore: The Annotated Edition* (Singapore: National Library Board, 2016).

T. H. H. Hancock, *Coleman's Singapore* (Kuala Lumpur: Malaysian Branch of the Royal Asiatic

Society in association with Pelanduk Publications, 1986), Monograph No. 15.

Tan Chee Beng, *The Baba of Melaka* (Kuala Lumpur: Pelanduk Publications, 1988).

The Indo-Chinese Gleaner (Malacca: Anglo-Chinese College, 1817–1822), No. X (October 1819).

The Winning Connection (Singapore: Bukit Turf Club, 1992), pp. 42–43.

Tjio Kayloe, *The Unfinished Revolution: Sun Yat Sen and the Struggle for Modern China* (Singapore: Marshall Cavendish Editions, 2017).

Victor Savage and Brenda Yeoh, *Singapore Street Names: A Study of Toponymics* (Singapore: Marshall Cavendish, 2013).

Wilfred Blythe, *The Impact of Chinese Secret Societies in Malaya: A Historical Study* (London: Oxford University Press, 1969).

Winai Pongsripan and Theera Nuchipiam (eds.), *The Writings of King Mongkut to Sir*

John Bowring (A.D. 1855–1868) (Bangkok: Historical Commission of the Prime Minister's Secretariat, 1994).

Wong Lin Ken, *The Malayan Tin Industry to 1914* (Tucson: The University of Arizona Press, 1965).

Wong Lin Ken, *The Trade of Singapore 1819–69* (Kuala Lumpur: Malayan Branch of the Royal Asiatic Society, 2003 reprint).

Wong Yee Tuan, *Penang Chinese Commerce in the 19th Century: The Rise and Fall of the Big Five* (Singapore: ISEAS Publishing, 2015).

Xie Shunyu, *Siam and the British, 1874–75: Sir Andrew Clarke and the Front Palace Crisis* (Bangkok: Thammasat University Press, 1988).

Yong Ching-Fatt, *Tan Kah-Kee, the Making of an Overseas Chinese Legend* (Singapore: World Scientific, 2014).

Hiroyoshi Kano (ed.), *Southeast Asian History 6: Rise and Fall of the Colonial Economy* (Tokyo: Iwanami Shoten, 2001) (in Japanese).

文章

黄贤强:《革命志士陈武烈在南洋和中国的跨域活动》,《孙学研究》(台北)第16期, 2014年, 第125~146页。

李塔娜:《寻找法属越南南方的华人米商》,《南方华裔研究杂志》第4卷, 2010年, 第189~201页。

李勇:《天福宫的领导层、组织与功能(1840~1915):基于报章资料的研究》,《华人研究国际学报》, 第2卷第2期, 2010年12月, 第1~25页。

梁元生:《李清辉与〈东游纪略〉:百年前一个新加坡人访问中国的纪录》,《南洋学报》, 第39卷第1/2期, 1984年, 第33~47页。

刘永连、刘旭:《近代华侨华人与我国南海资源开发》,《南洋问题研究》2019年第 4 期，第 66~76 页。

莫美颜:《点滴往事串联成的家族史片段：陈武烈外孙陈吉瑞访谈记》,《源》(双月刊) 第 134 期，新加坡：新加坡宗乡会馆联合总会，2018，第 4~7 页。

吴庆辉:《19 世纪同济医院的地缘文脉》，杜南发主编《同济医院 150 周年文集》新加坡：同济医院，2017，第 150~158 页。

颜清湟作，张清江译，《清朝鬻官制度与星马华族领导层（1877~1912）》，柯木林、吴振强编纂《新加坡华族史论集》，新加坡：南洋大学毕业生协会，1972，第 3~38 页。

曾玲:《侨乡碑文中的新加坡华社领袖》,《源》(双月刊) 第 128 期，新加坡：新加坡宗乡会馆联合总会，2017，第 8~9 页。

宮田敏之「戦前期タイ米経済の発展」加納啓良編著『岩波講座東南アジア史第 6 巻植民地経済の繁栄と凋落』岩波書店、2001、169~194 頁。

Aaron S. C. Foo, James C. M. Khoo, Peck Leong Ong, Kee Hang Ho, Wan Tew Seow and Tseng Tsai Yeo, "A tribute to Tham Cheok Fai, 'Founding Father' of Singapore Neurosurgery", *Annals of the Academy of Medicine Singapore*, August 2015, Vol. 44, No. 8, pp. 307–311.

"Address by Dr Richard Hu, Minister for Health and Finance at the Official Banquet of the 26th IUAT World Conference on Tuberculosis and Respiratory Diseases on Thursday, 6 November 1986", *Tan Tock Seng Hospital Newsletter*, December 1986, Vol X, No. 20, p. 2.

"An Ode to Friendship: Celebrating Thailand–Singapore Relations (Exhibition)", *National Archives of Singapore Heritage Newsletter*, 2005, Vol. 11, Issue 2.

Arthur Knight, "Tan Tock Seng's Hospital, Singapore", *Journal of the Malaysian Branch of the Royal Asiatic Society*, July 1969, Vol. 42, No. 1, pp. 252–255.

Charles Stuart Leckie, "The Commerce of Siam in Relation to the Trade of the British

Empire", *Journal of the Society of Arts*, 1894, Vol. 42, No. 2168, pp. 651–652.

Chew Chin Hin, "Tan Tock Seng Hospital: Some recollections from 1942 to 1997", *Annals of the Academy of Medicine Singapore*, January 1998, Vol. 27, No. 1, pp. 131–139.

Chow Chue Heong, "A Man Called Coleman", *Singapore Tatler*, February 1983, Vol. 1, No. 5, pp. 14–17.

Claudine Salmon, "On the Track of the Straits Baba Diaspora: Li Qinghui and his 'Summary Account of a Trip to the East (1889)'", *Chinese Southern Diaspora Studies*, 2011–2012, Vol. 5, No. 5, pp. 116–145.

E. S. Teo, "The History of the College of Medicine and Tan Teck Guan Buildings", *Annals of the Academy of Medicine, Singapore*, July 2005, Vol. 34, No. 6, pp. 61C–71C.

Eugene Fidelis Soh, "Building for the Known Unknown: Development of the National Centre for Infectious Diseases", *Annals of the Academy of Medicine, Singapore*, August 2020, Vol. 49, No. 8, pp. 582–587.

Eugene Fidelis Soh, Deborah Xue Ling Lee, Shu Ching Loh, Dawn Yi Cheng and Pei Xuan Chua, "Building a Hospital Without Walls", *Health Management*, 2020, Vol. 20, No. 8, pp. 596–601.

Feng Pao Hsii, "The Next 50 Years", *Medical Digest*, Tan Tock Seng Hospital, October–December 1994, p. 1.

Hong Lysa, "The Tax Farming System in the Early Bangkok Period", *Journal of Southeast Asian Studies*, September 1983, Vol. 14, No. 2, pp. 379–399.

Hsu Li Yang, "Singapore's SARS Hospital", *Medical Digest*, April–June 2003, pp. 3–7 and 14.

J. S. Cheah, T. M. Ho and B. Y. Ng, "The First Graduates in 1910", *Annals of the*

Academy of Medicine, Singapore, July 2005, Vol. 34, No. 6, pp. 19C–24C.

John M. Gullick, "Captain Speedy of Larut", *Journal of the Malayan Branch of the Royal Asiatic Society*, November 1953, Vol. 26, No. 3, p. 3–103.

Junko Koizumi, "Siamese Inter-State Relations in the Late Nineteenth Century: From an Asian Regional Perspective", *Taiwan Journal of Southeast Asian Studies*, 2008, Vol. 5, No. 1, pp. 65–92.

Khoo Kay Kim, "J. W. W. Birch: A Victorian Moralist in Perak's Augean Stable", *Journal of the Historical Society*, 1955/56, Vol. IV, pp. 33–47.

Lee Yong Kiat, "Singapore's Pauper and Tan Tock Seng Hospitals (1819–1873): Part I",*Journal of the Malaysian Branch of the Royal Asiatic Society*, 1975, Vol. 48, No. 2, pp. 79–111.

Lee Yong Kiat, "Singapore's Pauper and Tan Tock Seng Hospitals (1819–1873): Part II", *Journal of the Malaysian Branch of the Royal Asiatic Society*, 1976, Vol. 49, No. 1, pp. 113–133.

Lee Yong Kiat, "Singapore's Pauper and TanTock Seng Hospitals: Part III. The New Hospital 1860", *Journal of the Malaysian Branch of the Royal Asiatic Society*, 1976, Vol. 49, No. 2, pp. 164–183.

Lee Yong Kiat, "Singapore's Pauper and Tan Tock Seng Hospitals: Part IV. The Government Takes Over", *Journal of the Malaysian Branch of the Royal Asiatic Society*, 1977, Vol. 50, No. 2, pp. 111–135.

Lee Yong Kiat, "Tan Teck Guan Building, College of Medicine, Singapore", *Singapore Medical Journal*, 1988,Vol. 198, No. 29, pp. 289–292, http://smj.sma.org.sg/2903/2903smj20.pdf (Accessed 30 March 2022).

Lee Yong Kiat, "The Pauper Hospital in Early Singapore (Part IV) (1850–1859)— Section 1", *Singapore Medical Journal*, December 1975, Vol. 16, No. 4, pp.

269–289.

Lee Yong Kiat, "The Pauper Hospital in Early Singapore (Part IV) (1850–1859)—Section 2", *Singapore Medical Journal*, March 1976, Vol. 17, No. 1, pp. 16–31.

Lim How Seng, "Singapore Chinese Society in the 19th Century: Power Structure and Bang Politics", *Asian Culture*, June 2002, No. 26, pp. 26–52.

Ling Siang Chih, "Notes on Five Kapitans of Malacca in Dutch Sources", *Asian Culture*, December 2018, No. 42, p. 121.

Maurice Freedman, "Immigrants and Associations: Chinese in Nineteenth-Century Singapore", *Comparative Studies in Society and History*, 1960, Vol. 3, No. 1, pp. 25–48.

Phuwadol Songprasert, "The Development of Chinese Capital in Southern Siam, 1868–1932", PhD Thesis, Monash University, 1986.

Saw Swee-Hock, "Population Trends in Singapore, 1819–1967", *Journal of Southeast Asian History*, March 1969, Vol. 10, No. 1, Singapore Commemorative Issue 1819–1969, pp. 36–49.

Tan Ngoh Chuan, "Open Heart Surgery in Singapore— A Review", *Singapore Medical Journal*, December 1969, Vol. 10, No. 4, pp. 220–229.

Vitthya Vejjajiva, "Siam's Old Singapore Ties", *Journal of the Siam Society*, 2015, Vol. 103, pp. 107–132.

Win Wah, Sourav Das, Arul Earnest, Leo Kang Yang Lim, Cynthia Bin Eng Chee, Alex Richard Cook, Yee Tang Wang, Khin Mar Kyi Win, Marcus Eng Hock Ong and Li Yang Hsu, "Time series analysis of demographic and temporal trends of tuberculosis in Singapore", *BMC Public Health*, 2014, Vol. 14.

Wong Hoy Kee, "An investigation into the work of the De La Salle Brothers in the Far East", *Paedagogica Historica*, 1966, Vol. 6, No. 2, pp. 440–504.

Yong C. F. and R. McKenna, "The Kuomintang Movement in Malaya and Singapore, 1912–1925", *Journal of Southeast Asian Studies* (Singapore), 1981, Vol. 12, No. 1, pp. 118–132.

采访／口述历史／官方记录

陈继廉访谈录，由陈琬琳与蔡淑仪采访，2021年4月5日。

《海澄县志》，上海书店，2013。

1934年10月24日侨务委员会呈中国国民政府行政院报告。

苏源财医生访谈录，由陈琬琳与蔡淑仪采访，2021年4月8日。

（清）沈定均修，（清）吴联薰增纂，陈正统整理《漳州府志》，中华书局，2011。

農業之部「英領印度并暹羅米作ノ景況」『通商彙纂』第27卷第31号、1896年12月、10頁。

"Arrangement for Collecting the Revenues of Klang Made by Raja Doolah with Tan Kim Ching and W. H. Read", 9 April 1885, Selangor Secretariat File KL 954/85.

Annual Statement of the Foreign Trade and Navigation of Siam or Thailand (1902–1939).

Awards, Department of Agriculture, Group 84, *Louisiana Purchase Exposition Company Collection*, Missouri Historical Society Archives, 1904.

Chronicle and Directory for China, Corea, Japan, the Philippines, Cochin-China, Annam, Tonquin, Siam, Borneo, Straits Settlements, Malay States, &c. for the Year 1889.

Chronicles & Directories for 1892.

Directory & Chronicle for China, Japan, Corea, Indo-China, Straits Settlements, Malay States, Siam, Netherlands India, Borneo, the Philippines, &c. for the Years

1865–1892.

Directory & Chronicle for China, Japan, Corea, Indo-China, Straits Settlements, Malay States, Siam, Netherlands India, Borneo, the Philippines, &c. for the Years 1893–1912.

Directory & Chronicle for China, Japan, Corea, Indo-China, Straits Settlements, Malay States, Siam, Netherlands India, Borneo, the Philippines, &c. for the Years 1893–1913.

"Home Dept Public, 29 July 1833 No. 3 — Letter to R. Ibbetson, Governor of Prince of Wales Island, Singapore and Malacca, regarding the plan for a Chinese Poor House, the execution of

which the Governor General has agreed to sanction", National Archives Singapore, Microfilm Number NAB 1670.

"Hor Jotmaihethaeng Chart", National Archives of Thailand (NAT), Foreign Affairs Series, Microfilm Filed Document Mor Kor Tor (Lor) 15/110.

Interview with Dr. Eugene Fidelis Soh, conducted by Tan Wan Lin and Chua Shuyi, 8 April 2021. Interview with Mr. Roney Tan, conducted by Tan Wan Lin and Chua Shuyi, 5 April 2021.

Last Will and Testament of Kow Geok Neo, deceased, 13 November 1851.

Last Will and Testament of Tan Teck Guan, deceased, 18 August 1888.

"Letter of Tan Tock Seng to Governor Butterworth", *Straits Settlements Records*, S10, 17 October 1843.

Lot History of TS10-17 (SLA), compiled by Goh Yu Mei, 2012.

Ministry of Commerce and Communications, "Note on the Classification of Padi", *Record* (Bangkok: Ministry of Commerce and Communications, 1929), No. 34, pp. 311–312.

Ministry of Commerce and Communications, "The Rice Industry of Siam", *Commercial Directory for Siam 1929* (Bangkok: Ministry of Commerce and Communications, 1929), p. 38.

Ministry of Economic Affairs, *Commercial Directory for Thailand B.E. 2485* (Bangkok: Department of Commerce, Ministry of Economic Affairs, 1943).

National Archives of Thailand (NAT), Foreign Affairs Series, Microfilm Filed Document Kor Lor 5 Kor Tor (Lor) 3/17.

National Archives of Thailand (NAT), Foreign Affairs Series, Microfilm Filed Document Kor Ror 5 Kor Tor (Lor) 3/17, 55.

National Archives of Thailand (NAT), Foreign Affairs Series, Microfilm Filed Document Mor 5 Kor Tor (Lor) 3/113.

National Archives of Thailand (NAT), Foreign Affairs Series, Microfilm Filed Document Mor Kor Tor (Lor) 15/110.

On Paper: Singapore before 1867 (Singapore: National Library Board, 2019).

"Plan of Singapore Town Showing Topographical Detail and Municipal Numbers", by Col Engineer and Surveyor General S. S. Maj McCallum (Singapore: Survey Department, 1893).

Proceedings of Legislative Council on 29 October and 5 November Relative to Affairs of Perak, 15 November 1875, CO 273/81.

Report from Governor of the Straits Settlements on the subject of the supposed sale of arms to hostile powers, 4 February 1859, CO273/2.

Siam Directory (Bangkok: Siam Observer, 1878).

Singapore Almanack and Directory for the Year 1851.

Singapore Almanack and Directory for the Year 1858.

Singapore Almanack and Directory for the Year 1860.

Singapore Almanack and Directory for the Year 1880.

Singapore Almanack and Directory for the Years 1846–1869.

Singapore Almanack and Directory for the Years 1854–1857.

Singapore Almanack and Directory for the Years 1861 and 1863.

Singapore Almanack and Directory for the Years 1865–1892.

Singapore Almanack and Directory for the Years 1893–1912.

Singapore and Straits Directory for 1888.

Singapore and Straits Directory for 1890.

Singapore and Straits Directory for Year 1900.

Straits Calendar and Directory for the Year 1861.

Straits Calendar and Directory for the Year 1864.

Straits Calendar and Directory for the Year 1873.

Straits Calendar and Directory for the Year 1874.

Straits Calendar and Directory including Johore, Sarawak and Labuan for the Year 1874.

Singapore Chronicle and Commercial Register, 26 February 1829.

Singapore Directory for the Straits Settlements, 1879.

Singapore Institution Free School Fourth Annual Report 1837–38 (Singapore: Singapore Institution Free School, 1838).

Singapore Land Authority, Land Title Vol. 2803, No. 160.

Singapore Land Authority, Land Title Vol. 422 (CDXXII), No. 164.

Singapore Land Authority, Land Title Vol. 539 (DXXXIX), No. 105.

Singapore Land Authority, Land Title Vol. 925, No. 44.

Straits Settlement Blue Book for the Years 1868–1883.

Straits Settlement Blue Book for the Years 1872–1883.

Straits Settlements Factor Records, 169.

Straits Settlements Legislative Council Proceedings, 1877.

Straits Settlements Legislative Council Proceedings, 1878.

Straits Settlements Records, 1844, Vol. 9.

Straits Settlements Records, AA26(163), 26 June 1852.

Straits Settlements Records, L13, 29 April 1823.

Straits Settlements Records, L4, 24 February 1821.

Straits Settlements Records, L6, 4 December 1822.

Straits Settlements Records, R10(130), 29 March 1844.

Straits Settlements Records, R33(19), 4 March 1858.

Straits Settlements Records, R9(244), 31 October 1843.

Straits Settlements Records, S10(146), 18 December 1843.

Straits Settlements Records, S10, 17 October 1843.

Straits Settlements Records, V38.

Straits Settlements Records, W14(324), 3 February 1849.

Straits Settlements Records, W15(164), 20 May 1850.

Straits Settlements Records, W18(146), 13 December 1852.

Straits Settlements Records, W18(146), 13 February 1852.

Straits Settlements Records, W28(31), 14 September 1958.

Straits Settlements Records, W44(178), 15 October 1862.

Straits Settlements Records, W45(29), 15 January 1863.

Straits Settlements Records, W9(27), 3 February 1844.

Straits Settlements Records, Z35.

Straits Times Overland Journal, 13 August 1869, p. 2.

Tan Hoon Siang, 24 January 1983, Oral history interview by Lim How Seng,

"Pioneers of Singapore", Oral History Centre, Accession No. 000077, https://www.nas.gov.sg/archivesonline/oral_history_ interviews/record-details/dfa08c05-115d-11e3-83d5-0050568939ad (Accessed 5 January 2021).

Tan Tock Seng Hospital (Edited Version) (Tape 1 of 2), National Archives Singapore, Accession No. 1999000814.

The Madras new almanac and general directory for Calcutta, Agra, Delhi, Madras, Bombay, Ceylon and the Incorporated Settlements of Prince of Wales' Island, Singapore and Malacca and Asiatic register for 1844 (Athenaeum Press, 1844), https://eresources.nlb.gov.sg/printheritage/detail/f145b69c- 9609-4439-8c34-6070f8394f9a.aspx (Accessed 23 November 2021).

The Royal almanac and directory for the year 1864 (being leap year), the various departments of government, merchants, trades and professions, etc., at Singapore; The Straits calendar and directory for the year ..., 1865, 1866 (Singapore: Straits Times Press, 1846–1866), https://eresources.nlb. gov.sg/printheritage/detail/5b9519ae-1aad- 4cc8-891f-74407ed44f02.aspx.

The Singapore and Straits directory for 1881, containing also directories of Sarawak, Labuan, Siam, Johore and the Protected Native States of the Malay Peninsula and an appendix (Mission Press, 1881), https://eresources.nlb.gov.sg/printheritage/detail/6e76cb75-dfe3-4203-a211-76305cafde9d.aspx (Accessed 23 November 2021).

The Singapore directory for the Straits Settlements, 1879, https://eresources.nlb.gov.sg/printheritage/ detail/9879b97a-f840-4443-9452-3cbd165b388b.aspx (Accessed 23 November 2021).

The Straits Calendar and Directory for the year 1870; The Straits Calendar and Directory for the year 1871 (Singapore: Commercial Press, 1870–1871), https://eresources.nlb.gov.sg/printheritage/de- tail/902071bb-507b-4bca-a2b6-683f10a02323.aspx (Accessed 23 November 2021).

The Straits calendar and directory, 1867–69 (Singapore: Straits Time Press, 1867–1869), https:// eresources.nlb.gov.sg/printheritage/detail/64f199dd-6462-43a0-93fc-f2aea8cb1238.aspx.

Urban Renewal Authority and Preservation of Monuments Board, "The Tan Teck Guan Building Preservation Guidelines, October 2004, Vol. 1".

"*Ei, Futsuryo, Indo narabini Syamu beisaku no keikyo*", *Tsushoisan* ("Situations of Rice Production in British India, French Indo-China and Siam", Japanese Consular Report), 1895, No. 31, p. 10.

网络材料

《福建月港：当年的东南第一港怎么就衰落了？》，https://www.sohu.com/a/291807883_486911

"南院古寺太傅祠"，中国华文教育网，http://www.hwjyw.com/zhwh/regional_culture/mwh/bmcs/200706/t20070620_1837.shtml。

"温家宝总理会见第三届世界华侨华人社团联谊大会代表"，《侨务工作研究》2005 年第 3 期特别报道，http://qwgzyj.gqb.gov.cn/tbbd/124/227.shtml。

"1914–1918: How charities helped to win WW1", Third Sector, https://www.thirdsector.co.uk/1914-1918-charities-helped-win-ww1/volunteering/article/1299786 (Accessed 8 May 2021).

"Address by Mr Yeo Cheow Tong, Minister for Health, at the Tan Tock Seng Hospital Ground Breaking Ceremony on 4 September 1993 at 10.30am", p. 3. https://www.nas.gov.sg/ archivesonline/speeches/record-details/7170c563-115d-11e3-83d5-0050568939ad (Accessed 6 November 2021).

"All Barker-bodied pre-1916 Silver Ghost chassis numbers", Coachbuild.com, https://www.coachbuild.com/forum/viewtopic.php?t=13601 (Accessed 23 June 2021).

"At ground zero: First-line defenders at TTSH-NCID's COVID-19 Screening Centre", Tan Tock Seng Hospital website, 24 May 2020, https://www.ttsh.com.sg/About TTSH/TTSH-News/Pages/at-ground-zero.aspx (Accessed 1 August 2021).

"Centre for Health Activation", Tan Tock Seng Hospital website, https://www.ttsh.com.sg/Health-care-Professionals/Training-Workshops/Training-Courses/Pages/Centre-for-Health-Activation. aspx (Accessed 17 April 2021).

Cindy Co, "New infectious diseases centre to have real-time location tracking", Channel News Asia, 7 September 2019, https://www.channelnewsasia.com/news/singapore/ncid-national-centre-for-infectious-diseases-singapore-11882690 (Accessed 15 December 2019).

"Corporate Brochure: Redefining Medicine, Transforming Healthcare", Lee Kong Chian School of Medicine, 2019, https://issuu.com/lkcmedicine/docs/lkc_corporate_brochure__20180212__h/1 (Accessed 1 August 2021).

"George Stewart (1859–1919)", Grace's Guide to British Industrial History, https://www.gracesguide. co.uk/George_Stewart.

Guay Ee Ling, "Raffles College", Infopedia, 2016.

"History of Palliative Care Organisations and Services", Singapore Hospice Council website, 2019, http://singaporehospice.org.sg/history/page/4/ (Accessed 24 November 2019).

Integrated Land Information System (INLIS), https://app1.sla.gov.sg/INLIS/#/.

"Kapitan Cina", Wikipedia, https://en.wikipedia.org/wiki/Kapitan_Cina.

"King George's Fund for Sailors", Imperial War Museums, https://www.iwm.org.uk/collections/ item/object/30152 (Accessed 8 May 2021).

Koh Lay Tin, "The Arts House (Old Parliament House)", National Library Board Infopedia, 2010, https:// eresources.nlb.gov.sg/infopedia/articles/SIP_836_2005-01-06.html (Accessed on 1 August 2021).

"Making a Difference at the End Stage", Tan Tock Seng Hospital website, 2019, https://www.ttsh.com.sg/Patients-and-Visitors/Wellness/Health-Articles/Pages/Making-A-Difference-At-the-End-Stage.aspx (Accessed 17 December 2019).

Malayan BMD (Births, Marriages and Deaths), http://malayan-b-m-d.blogspot.com.

"Media Release: Institute of Geriatrics and Active Ageing to Improve Health and Quality of Life for Senior Citizens", TanTock Seng Hospital website, 28 September 2012, https://corp.nhg.com.sg/Media%20Releases/Presenting%20The%20Institute%20of%20Geriatrics%20Active%20Ageing_FINAL.pdf.

"Medifund Assistance Ensures Accessible Healthcare for Singaporeans", Ministry of Health website, 26 November 2019, https://www.moh.gov.sg/news-highlights/details/medifund-assistance-ensures-accessible-healthcare-for-singaporeans.

"Mongkut", Wikipedia, https://en.wikipedia.org/wiki/Mongkut.

"Mount Faber: History of Telok Blangah Hill & Signalling Station", Streetdirectory.com.

"National Centre for Infectious Diseases Officially Opens", National Centre for Infectious Diseases website, 7 September 2019, https://www.ncid.sg/News-Events/News/Pages/NCID-Official-Opening.aspx (Accessed 1 August 2021).

"Ng Teng Fong Centre for Healthcare Innovation opens up Singapore's healthcare to the world", Tan Tock Seng Hospital website, 9 May 2019, https://www.ttsh.com.sg/About-TTSH/TTSH-News/Pages/Ng-Teng-Fong-Centre-for-healthcare-innovation-opens-up-Singapore%27s-healthcare-to-the-world.aspx (Accessed 1 August 2021).

"NHG Partnership: A Well-deserved Lifetime Award", *The LKC Medicine Newsletter*, June 2019, Issue 42, https://www.ntu.edu.sg/medicine/news-events/magazines-and-newsletters/the-lkcmed-icine-june-2019/ nhg-partnership-a-well-deserved-lifetime-achievement-award (Accessed 1 November 2021).

Onemap maintained by the Singapore Land Authority, https://www.onemap.gov.sg/main/v2/about (Accessed 3 November 2021).

"Our History of Healthcare", National Heritage Board website, https://www.roots.gov.sg/stories-landing/ stories/history-of-healthcare-sg (Accessed 5 November 2021).

"Our Scouting Stories, Here to Inspire", https://scout.sg/scouting-101 (Accessed 8 May 2021).

Overseas Chinese in the British Empire, https://overseaschineseinthebritishempire.blogspot. com/2019/01/ (Accessed 8 May 2021).

"Palliative Medicine", TanTock Seng Hospital website, 2019, https://www.ttsh.com.sg/Patients-and-Visitors/Medical-Services/Palliative-Medicine/Pages/default.aspx (Accessed 24 November 2019).

"Philanthropy", Learning to Give, https://www.learningtogive.org/resources/philanthropy (Accessed 19 May 2021).

"Premier Wen Jiabao Meets with Representatives of the Third World Overseas Chinese Associations Conference", 2005, No. 3 Special Report, http://qwgzyj.gqb.gov.cn/tbbd/124/227.shtml.

"Prosthetics and Orthotics", TanTock Seng Hospital website, https://www.ttsh.com.sg/Patients-and-Visitors/Medical-Services/Prosthetics-and-Orthotics/Pages/default.aspx (Accessed 17 April 2021).

"Reorganisation of Healthcare System into Three Integrated Clusters to Better Meet

Future Healthcare Needs", Ministry of Health website, 18 January 2017, https://www.moh.gov.sg/news-highlights/ details/ reorganisation-of-healthcare-system-into-three-integrated-clusters-to-better-meet-future-healthcare-needs (Accessed 1 August 2021).

"Safe and progressive reopening of Tan Tock Seng Hospital", Tan Tock Seng Hospital website, 17 May 2021, https://www.ttsh.com.sg/About-TTSH/TTSH-News/Pages/Safe-and-Progressive-Reopening-of-Tan- Tock-Seng-Hospital.aspx (Accessed 1 August 2021).

"Sim Cheng Mea and family (Bukit Brown)", Rojak Librarian, https://mymindisrojak.blogspot. com/2019/10/sim-cheng-mea-and-family-bukit-brown.html (Accessed 8 May 2021).

"School days at SJI (now SAM) from 1977–1980", Blog of Sorts, https://blogofsorts.wordpress. com/2008/09/14/school-days-at-sji-now-sam-from-1977-1980/ (Accessed 18 May 2021).

"Singaporeans are living longer, but is quality of life better?", Mind Science Centre, Yong Loo Lin School of Medicine, https://medicine.nus.edu.sg/nmsc/singaporeans-are-living-longer-but-is-quality-of-life-better/ (Accessed 1 August 2021).

"Speech by DPM Lee Hsien Loong at the Opening of Tan Tock Seng Hospital Saturday, 1 April 2000, 5.30pm", https://www.nas.gov.sg/archivesonline/data/pdfdoc/2000040105.htm (Accessed 6 November 2021).

"Speech by Dr Balaji Sadasivan, Senior Minister of State for Information, Communications and the Arts and Health, at the 6th TTSH Oration at the TanTock Seng Hospital Doctors' Night 2004, 10 November 2004, 7.00pm at Raffles Town Club, Dunearn Ballroom", https://www.nas.gov.sg/ archivesonline/

data/ pdfdoc/2004111090.htm (Accessed 1 August 2021).

"Speech by Health Minister Gan Kim Yong at the Official Launch of HealthCity Novena", 30 August 2013, https://www.moh.gov.sg/news-highlights/details/speech-by-health-minister-gan-kim-yong-at-the-official-launch-of-health-city-novena-30-aug-2013 (Accessed 6 November 2021).

"Speech by Minister for Health, Mr Gan Kim Yong, at the MOH Committee of Supply Debate 2016", 13 April 2016, https://www.moh.gov.sg/news-highlights/details/speech-by-minister-for-health-mr-gan-kim-yong-at-the-moh-committee-of-supply-debate-2016 (Accessed 1 August 2021).

"St. Francis Institution", Franciscan Club, http://thefranciscan.org/SFI.html (Accessed 8 May 2021). "Tan Goan-kong", Wikipedia, https://en.wikipedia.org/wiki/Tan_Goan-kong.

"Tan Tock Seng Hospital's Integrated Care Hub Bridges Patients from Hospital to Home", Tan Tock Seng Hospital website, https://www.ttsh.com.sg/About-TTSH/TTSH-News/Pages/Tan-Tock-Seng-Hospital's-Integrated-Care-Hub-Bridges-Patients-from-Hospital-to-Home.aspx.

"TanTock Seng Hospital'sWard 9D to resume admissions after enhancing safety measures", Channel News Asia, 21 May 2021, https://www.channelnewsasia.com/news/singapore/tan-tock-seng-hospital-ward-9d-reopen-admissions-covid-19-cluste-14858408 (Accessed 1 August 2021).

TanTock Seng Hospital, *Health City Novena — Building a Community of Care*, 2019, https://issuu. com/ttsh/docs/ebook-healthcitynovena-buildingacom (Accessed 6 November 2021).

Tan Tock Seng Hospital Facebook post, 12 March 2020, https://www.facebook.com/TanTockSeng Hospital/posts/we-have-come-a-long-way-in-building-up-our-defences-against-infectious-disease-o/ 10158246603588069/ (Accessed 12 March 2020).

Tan Tock Seng Hospital Facebook post, 25 July 2014, https://www.facebook.com/TanTockSeng Hospital/posts/we-celebrated-our-170th-founders-day-today-with-a-milestone-event-the-official-o/ 10152567619978069/ (Accessed 1 August 2021).

Tan Tock Seng Hospital Facebook post, 28 July 2020, https://www.facebook.com/TanTockSengHospital/ photos/pcb.10158728389993069/10158728389233069/ (Accessed 1 August 2021).

TanTock Seng Hospital YouTube channel, 19 August 2015, https://www.youtube.com/watch?v=yAh-RIP88k8 (Accessed 1 August 2021).

"The entrance view of Middleton hospital", National Archives of Singapore website, https://www. nas. gov.sg/archivesonline/photographs/record-details/b28cfced-1161-11e3-83d5-0050568939ad (Accessed 5 November 2021).

"The Grand Stairs", Urban Explorers of Singapore, https://www.facebook.com/urban.explorers. of.singapore/posts/the-grand-stairswe-first-visited-the-graves-of-tan-tock-seng-and-chua-seah-ne- owu/1918415964874292/ (Accessed 8 May 2021).

"The Legacy of Tan Tock Seng (Part 2 of 2)", Singapore Memory Project website, https://www. singaporememory.sg/contents/SMA-510b81c0-5810-4f75-acea-1d12aeb0f77a (Accessed 6 November 2021).

"Tribute to anearly school pioneer hero — Lin Zeyang", Bukit Brown Cemetery: Our Roots, Our Future, https://blog.bukitbrown.org/post/44373495074/tribute-to-an-early-school-pioneer-he- ro-lin-z (Accessed 8 May 2021).

"TTSH Achievements 2011", Tan Tock Seng Hospital, https://issuu.com/ttsh/docs/

ttsh_achievements (Accessed 6 November 2021).

"TTSH Community Fund", Tan Tock Seng Hospital website, 2019, https://www.ttsh.com.sg/ About- TTSH/TTSH-Community-Fund/Pages/default.aspx (Accessed 2 December 2019).

"Volunteer", Tan Tock Seng Hospital website, https://www.ttsh.com.sg/About-TTSH/Volunteer-at-TTSH/ Pages/default.aspx (Accessed 5 November 2021).

"World Population Ageing 2019", United Nations website, https://www.un.org/development/desa/ pd/ sites/www.un.org.development.desa.pd/files/files/documents/2020/Jan/un_2019_worldpopulationageing_report.pdf (Accessed 17 April 2021).

"Yuegang", Wikipedia, https://en.wikipedia.org/wiki/Yuegang.

报刊

《察世俗每月统记传》

《叻报》

《联合晚报》

《联合早报》

《天南新报》

《星报》

《星洲日报》

《总汇新报》

Business Times

Daily Advertiser

Daily Times

Eastern Daily Mailand Straits Morning Advertiser

Malacca Guardian

Malaya Tribune

New Nation

Singapore Chronicle

Singapore Daily

Singapore Free Press and Mercantile Advertiser

Singapore Free Press and Mercantile Advertiser (Weekly)

Star

Straits Times Weekly Issue

Sunday Gazette

The Bangkok Times

The Peranakan

The Straits Times

The Straits Times Overland Journal

Today

Weekly Sun

索引

阿莎哥（Syed Mohamed bin A. Alsagoff） 156
阿莎哥公司（Alsagoff & Co.） 156
阿司姆斯（H. S. Assmus） 130, 131
艾丽斯公主号（Princess Alice） 302
爱伦波店屋 63, 64
埃斯特鲁普（Kirsten Eistrup） 299
安德森（John Anderson） 301
安泰保险公司 105, 119
奥德（Harry Ord） 152
奥古斯都（Vernier Augustus） 319
巴拉吉（Balaji Sadasivan） 238
巴特卫（W. J. Butterworth） 62
拜菲尔德（Graham Byfield） 297
白建基 333, 346
百克利（Charles Burton Buckley） 226
《邦咯条约》（Pangkor Treaty） 105
《保赤宫碑》 176

《保赤宫碑记》 175, 176
保赤宫陈氏宗祠 182, 334
报德善堂 8, 199, 204
报德堂基金会 324
保健基金（Medifund） 241
鲍宁（John Bowring） 122
《鲍宁条约》（Bowring Treaty） 71
保生大帝 165, 182
鲍威尔公司（Powell & Company） 112
比兰吉·霍牧西·卡玛公司（Byramjee Hormusjee Cama） 221
槟城华商五大姓 153, 158, 183
波兰（Vincent Boland） 297
伯治（James W. W. Birch） 151
布莱特（Wilfred Blythe） 153
布鲁克（Gilbert E. Brooke） 220, 221
布罗克曼（Edward Brockman） 302
蔡沧杰 41

索引

蔡沧浪　40, 41, 47

蔡金吉　105, 107, 108, 120, 181

蔡绵溪　180, 181, 186, 187, 188, 189, 190, 198

蔡清卓　107

蔡士章　3, 23, 34, 155

蔡婉娘　155, 319, 320

蔡文波　140

蔡文国　107, 108

蔡霞娘　155, 184

蔡延龄　65, 155

蔡紫薇　105, 106, 155

《察世俗每月统记传》　35, 39, 40, 41

陈安祥　154

陈宝琛　193

陈宝丽　206

陈宝莲　333, 340, 347

陈毕挂　108

陈波丽　294

陈采銮　154

陈长娘　105

陈成宝　146, 152, 281, 282

陈成池　317

陈楚楠　286, 294

陈初娘　22, 32

陈纯道　81, 88, 89, 105, 107, 112, 117, 118, 154, 157, 268, 283

陈春娘／陈足娘　89, 155, 184

陈粹芬　294

陈大耳　88

陈达贤　318, 319, 321

陈德源　3, 86, 87, 172, 230, 242, 261, 293, 300, 301, 302, 303, 304, 305, 306, 307, 308, 309, 316, 317, 318, 321, 328, 332, 333

陈德源大厦　3, 261, 293, 300, 302, 303, 304, 305, 306, 307, 318

陈德源奖学金　308, 316

陈笃生（陈卓生）　1-6, 8-13, 15-22, 24-29, 32, 35-43, 45, 46, 48-68, 70, 71, 76, 88, 91-96, 99, 105, 109, 129, 143, 144, 159, 161, 163, 164, 169-174, 182, 185, 190, 194, 195, 198, 200, 203, 205-208, 211-214, 216-260, 262, 263, 266, 267, 269, 273-275, 288, 289, 293, 297, 299-301, 303, 306, 307, 309-317,

319–321, 323, 325–329, 331–345, 347

陈笃生火药仓库　61

陈笃生奖　259

陈笃生桥　64

陈笃生商行／笃生商行／笃生公司　5, 26, 50, 54–58, 61, 70, 91, 92, 94, 99, 144, 267

陈笃生社区基金　241

陈笃生医院／陈笃生贫民医院　3, 10, 11, 13, 16, 25, 62, 76, 88, 95, 169, 171–172, 174, 182, 190, 200, 207–208, 213, 216–260, 312–315, 328–329, 333–334, 336, 338, 340, 342–343

陈笃生医院保健基金委员会　16, 241, 242, 328

陈笃生医院病人护理中心　238

陈笃生医院扶轮诊所　232

陈笃生医院管理委员会　190, 200, 226, 228, 229

陈笃生医院激励保健培训中心　253

陈笃生医院老年医科中心　250

陈笃生医院老年医学与乐龄研教学院　250

陈笃生医院历史博物馆　11, 213, 216, 217, 224, 228, 245, 312, 313, 329, 334, 342

陈笃生医院综合护理中心　252

陈笃生医院足部医疗及义肢设计中心　237

陈笃生医院作业控制中心　254

陈敦厚　294

陈佛　18, 190

陈福财　16

陈高瓦　341

陈跟惠／陈均惠　17, 19, 20

陈恭娘　67

陈恭锡　93

陈光亮　107, 108, 121

陈国成　332, 339, 346

陈国华　17, 18, 32

陈杞柏　167

陈吉蒂（陈宝月）　205

陈继根　245, 333, 342

陈季骝　268, 270, 326

陈继廉　2, 8, 16, 24, 181, 185, 189, 203, 205, 242, 245, 259, 289, 290, 297,

298, 300, 320, 321, 323, 325, 328, 329, 332, 333, 335, 336, 337, 339, 340, 342, 345, 347

陈季良　107, 108, 112, 114, 115, 116, 268

陈吉瑞　206, 333

陈季随　107, 108, 112, 114, 115, 116, 121, 268, 270

陈嘉庚　167, 184, 193, 296, 309, 310

陈佳节　109

陈金川　154

陈金华　321

陈金声　3, 12, 40, 49, 57, 95, 109, 155, 172, 173, 174, 175, 179, 190, 214, 220, 221, 226, 281

陈金钟　3, 5-10, 12, 13, 16, 27, 50, 57, 59, 65, 67-69, 71-89, 91-97, 99, 101-115, 117-122, 128-138, 141-152, 154-158, 167, 169, 172-186, 189, 190, 194, 198, 201, 204, 221, 223, 224, 226, 229, 261, 262, 264-268, 270, 273-277, 280, 283, 285-291, 293, 295, 314, 315, 323, 324, 328, 332, 333, 337, 338, 341, 343-345

陈金钟故居／曼谷宫　3, 88, 276, 277, 285, 286, 287

陈金钟故居／暹宫　3, 10, 71, 88, 148, 182, 193, 261, 276, 277, 278, 280, 282, 283, 284, 288, 290, 291, 324, 345

陈金钟碾米厂／振成碾米厂／振成米较　9, 106, 122, 128-135, 137-141, 146-147, 181

陈金钟商行／振成商行／振成号／振成公司／振成栈　3, 7-9, 49-50, 57, 65, 94-95, 97, 99-102, 104-108, 107-108, 113, 117, 120-122, 129, 132-141, 145, 147, 167, 174, 181, 190, 193, 199, 204, 267, 314, 324

陈俊僖　333, 340, 346

陈克让　81, 105, 107, 117, 132

陈坤水　56, 170

陈丽丽　294

陈连　150

陈联仁　299, 333, 335, 339, 343, 344

陈良　17, 18, 22, 32

陈罟美　29, 65, 67

陈美莲　333, 335

陈美玲　333

陈孟郎　26

陈明水　3, 173, 175, 176, 179, 180, 226, 229

陈平娘　29, 65, 67

陈齐贤　3, 155, 229, 234, 300, 301, 302, 303, 306, 309, 310, 317, 318, 319, 320, 321, 327, 328, 337

陈齐贤万代兰　310, 327

陈清标　154

陈青霓　107, 108, 120, 137, 138, 183, 267

陈庆如　154

陈庆炎　250, 340

陈庆直　302

陈柔浩　11, 245, 332, 333, 335, 336, 337, 340, 342, 345

陈秋娘　89

陈荣斯　107, 108

陈若锦　93, 186, 187, 301, 302, 317, 318, 323

陈善继　117, 132, 133, 154

陈少康　345

陈氏北庙派／开漳圣王派／将军派　18

陈氏南院派／太傅派　18, 19

陈树南　302

陈水娘　335

陈水源　16

陈送　41, 47

陈天成　41

陈罔娘　24, 35, 42

陈惟贤　242, 296, 309, 318, 319, 321, 322, 323, 328

陈文波　108

陈文水　206

陈温祥　3, 11, 233, 234, 245, 307, 310, 317, 318, 319, 327, 328

陈温祥大楼　327

陈武烈　3, 6, 8, 9, 12, 13, 16, 27, 50, 107, 108, 112, 114–116, 120, 122, 159, 167, 169, 184–194, 197–206, 226, 268, 285, 289, 290, 293–296, 299, 301, 323–328, 334, 337, 343

陈伍全　234

陈遐龄　89, 155, 184

陈霞娘　154, 183

陈咸温　16

陈祥志　232

陈兴　18

陈秀林　65, 67, 99, 101, 144, 145, 172, 174, 333, 335

陈旭年　152, 282

陈序文　332, 334, 335, 338, 343, 347

陈延谦　286

陈阳娘　29, 65, 67

陈荫娘　4, 26

陈邕　3, 18, 19

陈有郎　4, 26, 35, 40, 41, 42, 46, 48, 173

陈育崧　4, 25, 26, 48, 95, 161, 163, 169, 170, 171, 172, 173, 174, 175, 190, 201

陈元光　3, 18, 19, 20

陈缘娘　24, 35, 41, 42

陈月中　2, 3, 17, 21, 22, 23, 24, 25, 32, 33, 34, 35, 36, 37, 40, 41, 42, 339

陈昭彬　107, 108, 112, 114, 115, 116, 268

陈振泉　299, 337, 338

陈志纲　321

陈珠莲　332, 333, 334, 335, 346

陈珠娘　343

陈朱钰　336

陈重发　18

陈重启　18

陈重器　17, 18

陈宗历　308

崇德女学　205

崇福女校　12

《重修慈济祖宫碑记》　182

《重修俊美始祖陵寝碑记》　19

《重修麟山亭并桥路碑记》　190, 201

《重修天福宫碑记》　189, 191, 192, 198

《重修新加坡保赤宫陈圣王祠祀》　176

崇文阁　163, 165, 168, 172, 177

传染病中心（CDC）　230, 237, 238, 240, 246, 247, 255, 256

慈怀疗护综合（IMPACT）计划　240

崔乐（William Traill）　215

达尔豪斯侯爵（Marquess of Dalhousie）　220

大陪审团　209, 213

戴维森（Julian Davison） 291

戴维森（M.F. Davidson） 65, 94, 146

丹麦海员教会 297, 298, 299

丹麦王储克里斯蒂安（Frederik Christian） 297

丹纳特（Malcolm Dannatt） 297

丹戎巴葛船坞有限公司（Tanjong Pagar Dock Co. Ltd.）/新加坡港务局 101, 297

丹萨库（Pongchanok Tansakul） 342

道南学堂 192, 193, 194, 201, 285, 286, 288, 324

道台 105, 157, 181

德雷珀（William B. Y. Draper） 305

德明（Thomas Dunman） 215

德明警司 216, 221

德尼莫特迪申有限公司 140

登姑隆（Tengku Long，苏丹胡申 Sultan Hussein Mohamed Shah） 269, 217-273

狄拉吾（Tiravudh Khoman） 338, 345

帝瓦哈号（Devanha） 293

多拉辛根（Kamala Devi Dhoraisingam） 245

杜娜金矿公司（Dunna Gold Mining Company） 150

厄尔（George Windsor Earl） 53

法夸尔（William Farquhar） 36

丰兴号 57

复利百货公司 105, 118, 119

弗利尔（G. D. Freer） 301

福建保安会 190

福建号（Hockien） 55

福克斯（Wallace Fox） 235

格雷汉麦肯兹公司（Graham Mac Kenzie & Co.） 53

哥里门（G.D. Coleman） 210

龚光传 48, 170

工商补习学校 326

宫田敏之 2, 10, 104, 122, 343

宫廷危机 79

顾炎武 21

关圣帝君／关帝 38, 165, 167

观音大士 165

光绪帝 163, 164

广惠肇留医院 227, 229

郭金娘　206, 294, 296

国立保健集团（National Healthcare Group）　240

郭运光　338

哈莉玛（Halimah Yacob）　254

哈米达（Hamidah Ismail）　245

哈芝法蒂玛（Hadjee Fatima）　156

《海澄峨山陈氏家谱》　3, 4, 9, 16, 17, 18, 22, 24, 25, 26, 28, 32, 65, 91, 170, 172, 173, 184, 199

海澄县　3, 17, 19, 20, 23, 33, 143, 181

《海澄县志》　3, 20, 33

海唇福德祠　165

海山　151, 153, 154, 183

《海峡时报》　4, 5, 8, 11, 106, 109, 166, 174, 188, 189, 202, 203, 213, 215, 263, 264, 283, 312

海峡英籍华人公会　190, 200

海峡殖民地／三州府　10, 23, 25, 38, 47, 53, 62, 76, 84, 86, 87, 92, 94, 96, 103, 105, 110, 113, 122, 129, 130, 147, 151, 157, 164, 173, 190, 201, 202, 213, 218, 224, 225, 226, 237, 273, 275, 276, 278, 279, 282, 290, 292, 297, 301, 313, 315, 320

海峡殖民地档案　38, 47, 213, 218

和合社　154

何亚昌　179

恒山亭　4, 25, 26, 41, 48, 161, 162, 163, 166, 167

《恒山亭碑》　4, 25, 26, 48, 162

洪富玉　336

洪俊成　174

洪奎　92

洪梅玉　336, 346

洪美玉　336

洪瑞玉　336

红溪惨案　23

侯汉　23, 35

后许社　3, 17, 20, 21, 32, 34, 190, 201

侯玉娘　24, 25, 35, 36, 37, 42, 43

胡亚基（黄埔先生）　49, 95, 103, 174, 179, 180

华人济贫院　210

华人甲必丹（Kapitan Cina）　7, 23, 109, 157, 315

华人骑马会　202

华人义勇军　190, 200

花莎尼（MacLaine Fraser）　49

华商银行　310

画一轩　167, 168, 188

怀特海（John Horrocks Whitehead）　26-27, 49, 52-56, 66, 144, 264

黄保（Pao Virangkul）　89

黄德茂　291, 292

黄发成　154

黄麟根　51

黄廷芳　250, 254

黄廷芳医疗保健中心　254

黄廷芳医疗创新计划　250

黄文德　229

黄文发　199

黄习中　336

黄亚佛　281, 282

黄珠娘　333

黄遵宪　178, 282

会贤社　178

基里玛（Laurence Guillemard）　304

吉门（E.J. Gilman）　214

加百列（Johannes Gabriel）　57

加文纳（W.O. Cavenagh）　96

甲武里府（Kraburi）　74

甲型 H1N1 流感　246

迦耶勒南（Francis Joseph Jayaratnam）　239

建德堂　150, 153, 154

《建立天福宫碑记》　25, 161, 163, 165, 170-173

金福泰号　57, 58, 59, 61, 67

金福兴号　57, 58, 59, 61, 67, 99, 100, 101

禁烟运动　190, 201

金钟大厦　3, 190, 194, 201, 261, 285, 289, 291-299, 301, 337, 338

考柏（James Cowpar）　222

克拉（Kra）　74

克拉地峡（Kra Isthmus）　74, 75, 82, 84

克拉克（Andrew Clarke）　78, 80, 130, 151, 152

克利福（Hugh Clifford）　297

柯木林　13, 15, 27, 144, 155, 159, 161-

165, 171, 172, 180, 181, 184, 191, 193, 197, 282, 285, 289, 325, 343

柯顺美　300, 306

科文（C. D. Cowan）　122

库克（E. R.Koek）　108

库什曼（Jennifer W. Cushman）　84

坤成　113

拉惹阿都拉（Raja Abdullah）　151

拉惹尤索夫（Raja Yusof）　153

莱佛士（Stamford Raffles）　36-37, 46-47, 70, 77, 88, 92, 110, 112, 114, 172, 190, 199, 224, 278, 280, 284, 296, 304, 314, 328

莱佛士初级学院　328

莱佛士书院/新加坡义学　77, 88, 92, 93, 172, 190, 199, 280, 284, 304, 314

莱佛士学院　296, 304

莱基（Charles Stuart Leckie）　128

劳斯莱斯银鬼（Rolls Royce Silver Ghost）　321

《叻报》　7, 104, 105, 106, 107, 110, 111, 112, 113, 115, 116, 163, 165, 166, 167, 169, 177, 179, 181, 183, 185-189, 193, 198, 201, 285

乐善社　12, 168, 175-179, 194

李奥诺文斯（Anna Leonowens）　72

李德（C. R.Read）　64, 72, 95, 146, 151-152, 156-158, 221

李德（W. H. Read）　72

里德利（Henry Ridley）　301

李光前医学院　251

李浚源　296

李清池　65, 146, 152, 153, 154, 155, 183, 189

李清辉　155, 157

李清渊　155, 185, 186, 187, 188, 189, 193, 198

李荣杰　237

李淑娘　65, 67, 91, 94, 171, 223, 224

利特（R. Little）　221

李显龙　13, 243

联东保险有限公司　310

梁鸿筹　105, 107

梁鸿熙　105, 107

梁志文　333

林秉祥　112

林德廉　120, 121, 132, 133, 139, 140, 156

林和坂　188

林帕媞西娅　343

麟山亭　180, 190, 201

林少华　333, 336

林苏民　333

林文庆　12, 190, 201, 302, 304, 322, 324, 327

林孝胜　5, 31, 45, 91, 162, 164, 165, 171, 172, 173, 176, 268, 325

林学文　334

林义顺　112, 116, 190, 294

刘邦成　135

留鸿石　286

刘金榜　282

刘籓娘　89, 113, 155, 184, 338

卢慕贞　294

陆佑　228, 229, 281

伦敦传道会　27, 38, 39, 171

《伦敦航行》（Niras London）　71

罗威尔（T. Irvine Rowell）　226

《马德拉斯年鉴》　267

马哈迪（Mahathir Mohamad）　304

马克瓦尔德公司（A. Markwald and Co.）　135

马来半岛勘探有限公司（Malay Peninsula Prospecting Co. Limited）　156

马来亚大学医学院／新加坡国立大学医学院　304

《马来亚论坛报》　113

马来亚四号／惟振金号　322

马来医科大学　230

马六甲　2-5, 16, 22-26, 28, 29, 34-42, 46, 47, 51, 53, 55, 56, 66, 67, 74, 86, 87, 91-93, 99, 123, 143, 147, 152, 154, 155, 162, 172, 173, 177, 181, 208, 210, 229, 275, 281, 283, 302, 307-309, 313, 316-322, 327, 336-339

马六甲华人济困疾会　40

马六甲义学／马六甲高等中学　308, 316, 319

马六甲种植园有限公司（Malacca Plantations Ltd.）　309

麦高斯南（Richard McCausland）　130

麦士威（John Argyle Maxwell）　280

《曼谷时报》 9, 106, 140, 141

茂牙（Baw Yat） 150

梅记 48

《每日时报》 307

梅耶（Manasseh Meyer） 112

梅耶大厦 287, 288

蒙拉育泰（Mom Rajothai） 71

蒙泰罗（Ernest Steven Monteiro） 231

蒙咸（S.G. Bonham） 62

米德尔顿（W.R.C. Middleton） 230, 233

米德尔顿医院／传染病医院 230, 233

米怜（William Milne） 39

末广昭 142

茉莉（Molee Khoman） 89

莫实德（Boustead） 57

拿督克拉那（Dato Klana） 146

纳格（J. S. Nagle） 296

纳阔达基迪（Nakodah Ketek） 153

奈特（Arthur Knight） 229

南洋华侨总商会 285, 286, 287

尼彭（Nipon Thintawee） 342

牛车水 263, 312

诺克斯爵士（Thomas Knox） 79

诺维娜健康城 247, 248, 249, 250, 251, 255, 260

欧籍海员医院 216

欧南山墓园 29, 68, 172, 326, 334

培风小学 318

培风中学 318

漂泊者号（Wanderer） 97

婆罗洲有限公司（Borneo Co. Ltd.） 72

七州府医学堂／英王爱德华七世医学堂，英王爱德华七世医学院 300-304, 306, 308, 317

侨务委员会 193, 202-205

庆德会 41, 105, 163, 165

青山公司 92

青云亭 26, 41, 173, 337

邱德拔医院 252

邱国瓦 286

邱吉娘 206

邱新再 188, 189

邱雁宾 302

邱正忠 180, 186, 187, 190, 198

丘资（Thomas Church） 216

赛阿里阿裕尼（Syed Ali bin Mohamed Aljunied） 221

赛阿曼（Syed Ahman） 146

赛奥玛阿裕尼（Syed Omar Aljunied） 214

塞缪尔霍洛克斯号（Samuel Horrocks） 53–54

SARS（严重急性呼吸综合征） 245, 246, 255

上海泉漳会馆 157, 181

佘石城 146, 282

佘有进 103, 174, 179, 180, 208, 216, 220, 221, 281, 282

沈鸿柏 318

沈禄亚 163

沈允 163

沈振明 321

沈子琴 286

圣芳济中学 309, 318, 319, 322

圣路易斯万国博览会 138, 139

圣若瑟书院 296, 318

史蒂芬（James Stephens） 11

史蒂文（A. E. Stiven） 132

史都华（George Stewart） 134–315, 137

史密斯（Clementi Smith） 93

狮子号（Lion） 58, 98

水仙门 167, 279–282, 284, 288

斯玛特（William Sidney Smart） 137

宋旺相 12, 48, 145, 165, 190, 262, 267, 293

苏巴马廉（James Supramaniam） 235

素提宋干（Nattawut Suthisongkram） 9

苏源财（Eugene Fidelis Soh） 248, 254, 259, 342

孙福松 242

孙士鼎 190, 200, 201, 324

孙婉 294

孙娫 294

孙中山 6, 190, 199, 201, 286, 287, 293, 294, 324, 337

所罗门（Abraham Solomon） 49

他纳（Thanat Khoman） 89, 338

泰国国家档案馆 77

谭卓辉 235

唐可维 163

索引

汤申（John Turnbull Thomson） 63

天福宫 7, 8, 12, 25, 26, 41, 48, 61, 91, 93, 95, 144, 157, 159–175, 177–181, 183, 185–195, 198, 199, 201, 202, 290, 315, 323

天福宫福建会馆／新加坡福建会馆 26, 160, 161, 164, 168, 170, 182, 184, 333

天后宫 165

天华慈善医院 8, 204

天猛公阿都拉曼（Temenggong Abdul Rahman） 46

《天南新报》 177, 178, 181

天上圣母／天后圣母／天妃／妈祖／婆祖 91, 164–166, 170, 191

通才（Thongchai Chasawath） 343

哇茶拉普（Vajraput Vajrabhaya） 345

外尔维号（Wide Awake） 97, 100

晚晴园／孙中山南洋纪念馆 204, 294

王猜 41

王彩凤 41

王复赐 245

望海福德祠 165

《王家年鉴与名录》 267

汪嘉荣 341

王金辉 229

王金莲 333, 346

汪精卫 205

王俊翔 334

王利秦 344

王素蝉 336

王万兴 308, 317

王振煌 296

查尔斯·威尔克斯（Charles Wilkes） 50

威尔森（C. M. Wilson） 128

威汉（Jonas Daniel Vaughan） 12

卫理公会 296, 297

卫契特颂堪（Phraya Wichitsongkhram） 130

维文（Vivian Balakrishnan） 338

吻基 5, 26, 47, 48, 49, 50, 66, 91, 99, 110, 112, 114, 155

温家宝 1

温莎罗斯公司（Windsor, Rose & Co.） 135

文西阿都拉（Munshi Abdullah） 40

文仲公司 92

"我们的日子"基金 322

五股头 167

武吉布朗坟场 202

武吉布郎市政会坟场 285

吴克俭 295

兀兰医院 252

吴寿珍 187–189, 193, 198

吴新科 186–189

茜蒂哈斯玛（Siti Hasmah） 304

锡矿业 84, 130, 183

西里拉沙玛（Sirilaksama） 345

西门（Max Simon） 6, 201, 301

夏金林 333

暹罗福建会馆 199

《暹罗工商名录》/《泰国工商名录》 9, 122, 130, 131, 132, 140, 141

暹罗国王蒙固（郑明，Mongkut）/拉玛四世 9, 70, 71, 82, 96, 102, 122, 128, 144, 182, 275, 288, 341

暹罗国王帕南告（郑福，Nangklao）/拉玛三世 60, 70

暹罗国王普密蓬（郑固，Phumiphon）/拉玛九世 87

暹罗国王瓦栖拉兀（郑宝，Vajiravudh）/拉玛六世 293, 322

暹罗国王朱拉隆功（郑隆，Chulalongkorn）/拉玛五世 6, 10, 75, 105, 128, 129, 201, 204, 275, 282, 341

暹罗号 98, 104, 119, 137, 145

暹罗摄政王西索里亚翁（Sri Suriwongse，原名"川·汶那"） 75, 149

暹罗亲王昙隆（Damrong Rajanubhab） 75, 84

暹罗王后邵瓦帕（Saovabha Phongsri） 295, 308

暹罗王后苏南达（Sunanda Kumariratana） 81

暹罗王后瓦他那（Savang Vatana） 87

暹罗王子布里斯当（Prisdang Jumsai） 77

暹罗王子布姆拉（Bumrab） 79

暹罗王子查拉邦思（Chakrabongse Bhuvanardh） 201

暹罗御林军（Royal Page Corps） 77

暹罗中华会馆　199

暹罗中华总商会　9, 204, 325

饷码经营权　82, 83, 85, 158

肖保龄　206

肖怀特海公司（Shaw, Whitehead & Co.）　53–54, 66, 264

新冠疫情　255, 256, 259, 333

新加坡国家传染病中心（NCID）　230

新加坡国家文物局　1, 286, 288, 306

新加坡号　104, 106, 119, 129, 136, 137, 145

新加坡河　47–50, 61, 63, 64, 91, 94, 110, 144, 175, 208, 212, 263, 271–273, 281, 284

新加坡华人女子学校　12, 190, 201, 206, 324, 327

《新加坡纪事报》　5, 51

新加坡健康促进局（HPB）　243

《新加坡年鉴与指南》　96, 266, 267

新加坡商会　53, 60, 102

《新加坡条约》　208

新加坡土地管理局　266, 269, 270, 271, 272, 273, 297, 299

《新加坡与海峡指南》　7, 267

《新加坡指南》　5, 10, 50

新加坡中华商务总会　285

《新加坡自由西报》　4, 5, 7, 10, 11, 26, 40, 54, 89, 96, 108, 109, 174, 179, 183, 214, 216, 219

《星报》　169, 186–189, 198, 199

《星洲日报》　8, 163, 193, 202, 203, 285

许荣科　41

徐瑞云　336

许泗漳　83, 149, 150

许心光　150

薛尔思（Benjamin Sheares）　304

薛佛记　5, 26, 41, 162, 163, 170, 172, 173, 193

薛茂元（薛茂源）　5, 26, 41, 173

薛文仲　49

亚当森（William Adamson）　72

亚历山大（Alexandra）火药库　146

牙直利（James Guthrie）　49

牙直利公司（Guthrie & Co.）　263

颜金勇　248

延龄公司　92

颜应麟　180

颜元珍　41

颜永成　187, 188, 189

杨佛生　221

杨佛应　49

杨格（Arthur Young）　302

杨进发　285, 309

杨胜安　235

杨玉麟　236

耶德逊（Adoniram Judson）　9, 27, 59, 70

伊柏逊（Robert Ibbetson）　210

谊可吉（Ekajit Kraivichien）　341

易利迪亚（Emanuel Godinho de Erédia）　34

逸他亚（Vitthya Vejjajiva）　2, 70

义兴　7, 103, 151, 154, 157, 179, 183

殷碧霞　302

殷雪村　190, 201, 302, 324

《印中搜闻》　38

英国爱丁堡公爵阿尔弗雷德（Alfred Ernest Albert）　180

英国东印度公司　36, 37, 41, 46, 163, 208, 210, 212, 213, 275, 276

英国王家殖民地　225

英国维多利亚女王（Queen Victoria）　180

英国殖民地孟加拉政府　214, 218

英国殖民地印度政府　223

英华学校／循道寄宿学校　93, 284, 323, 324

英华学院　296, 297

英兰妮（Indranee Rajah）　341

袁世凯　285

月港　2, 20–23, 34

粤海清庙　165, 166, 216

约翰斯顿公司（A. L. Johnston and Company）　146, 156

约翰逊总统号（President Johnson）　202

约瑟·亚美达父子公司（Jose d'almeida & Sons）　101

曾德章　307, 308

曾江水　318

曾举荐　41

曾青山　170, 214

索引

曾有亮　41

张弼士　178, 281, 282

张春田　282

章芳琳　152, 180

张永福　112, 115, 204, 286, 287, 294

《漳州府志》　3, 32, 33

漳州门　34

张振衡　282

张振南　282

张左娘　22, 32, 33

赵光灏　245

振武戒烟善社　190, 200, 201, 324

郑来发　181

中国同盟会　6, 190, 201, 286, 293, 295, 324, 337

中国渠　34

中国招商保险公司　105, 117, 134

中国招商局汽船公司　105, 117, 119, 134

中华革命党　286

钟亚伦　338

中央坊　64

周梅　48

周振兴　235, 238

庄庆利拍卖行　7, 110

庄士顿（Johnston）　57

总督杯　202, 290

左秉隆　164, 178, 282

参与撰写本书作者

作者	简介
蔡淑仪	·独立研究员
陈继廉	·陈笃生玄孙、历史爱好者 ·陈笃生医院保健基金委员会主席 ·新加坡大学（今新加坡国立大学）研究员（1969~1971年）
陈琬琳	·独立研究员
宫田敏之（Toshiyuki Miyata）	·东京外国语大学教授
黄裕端	·澳洲国立大学历史系博士 ·马来西亚新纪元大学学院研究生院副院长及助理教授
柯木林	·新加坡宗乡会馆联合总会学术委员会主任 ·南洋理工大学华裔馆董事 ·新加坡国家图书馆管理局馆藏委员会委员 ·新加坡华族文化中心学术咨询委员会委员 ·晚晴园—孙中山南洋纪念馆智囊团成员 ·中国泉州华侨历史博物馆海外顾问 ·马来西亚新纪元大学学院中文系客座教授
林孝胜	·口述历史馆副馆长（1985~1992年） ·新加坡历史博物馆（今新加坡国家博物馆）馆长（1993~2003年） ·新加坡亚洲研究学会会长（1993~1996年）
吴庆辉	·新加坡国家文物局研究员
谢燕燕	·《联合早报》资深记者
逸他亚（Vitthya Vejjajiva）	·泰国历史学家及外交官 ·泰国外交部常任秘书（1991~1992年） ·泰国驻加拿大、比利时与欧洲经济共同体及美国大使（1981~1991年） ·泰国驻新加坡副大使（1967~1971年）

鸣谢

谨向以下单位和个人致谢，使本书成功出版：

新加坡国家文物局

新加坡国家档案馆

新加坡国家图书馆

陈笃生医院

新加坡中央医院博物馆

市区重建局

新加坡土地管理局

厦门大学

厦门华侨博物院

漳州市人民政府外事侨务办公室

漳州月港博物馆

泰国国家档案馆

泰国驻新加坡大使馆

洪卜仁

萧德洪

林振锋

图书在版编目（CIP）数据

家风传承：陈笃生家族史 / 柯木林，林孝胜，陈继廉主编 . -- 北京：社会科学文献出版社，2024.8
ISBN 978-7-5228-3541-9

Ⅰ.①家… Ⅱ.①柯… ②林… ③陈… Ⅲ.①陈笃生－家族－史料　Ⅳ.① K833.390.9

中国国家版本馆 CIP 数据核字（2024）第 080111 号

家风传承：陈笃生家族史

主　　　编 /	柯木林　林孝胜　陈继廉
出 版 人 /	冀祥德
组稿编辑 /	陈凤玲
责任编辑 /	宋淑洁
文稿编辑 /	赵慧茹
责任印制 /	王京美
出　　　版 /	社会科学文献出版社·经济与管理分社（010）59367226 地址：北京市北三环中路甲 29 号院华龙大厦　邮编：100029 网址：www.ssap.com.cn
发　　　行 /	社会科学文献出版社（010）59367028
印　　　装 /	三河市东方印刷有限公司
规　　　格 /	开本：787mm × 1092mm　1/16 印张：25.5　字数：351千字
版　　　次 /	2024 年 8 月第 1 版　2024 年 8 月第 1 次印刷
书　　　号 /	ISBN 978-7-5228-3541-9
著作权合同 登 记 号 /	图字 01-2024-2058 号
定　　　价 /	128.00 元

读者服务电话：4008918866

版权所有　翻印必究